KB181581

PRIVILEGE

특권

명문 사립 고등학교의
새로운 엘리트 만들기

셰이머스 라만 칸 지음 | 강예은 옮김

후마니타스

당신들의 지속적인 사랑과 지원을

내 평생 특권처럼 누릴 수 있도록 해주신 부모님께

장벽은 없어졌다기보다는 그 모양이 바뀌었다

알렉시스 드 토크빌

세인트폴 고등학교 캠퍼스 안내

학업용 건물

1 미술관
2 홀리 천문대
3 린제이 센터(수학·과학 수업)
4 오츠 공연예술 센터(무용·음악)
5 스쿨하우스(언어·인문학 수업)

체육 시설

6 체력단련 센터
7 블라스 클럽 하우스
8 보글~레크너 운동장
9 브리리 운동장
10 크럼패커 보트 창고
11 구조 가家 운동장
12 히치콕 운동장
13 헌트 운동장
14 마테스 케이지
15 매튜 하키 센터
16 맥레인 스쿼시 코트

17 노르딕 트레일
18 필즈버리 운동장
19 운동장
20 소프트볼 운동장
21 스토벨 테니스 코트
22 테니스 코트
23 티엔 트랙
24 대표팀 야구장

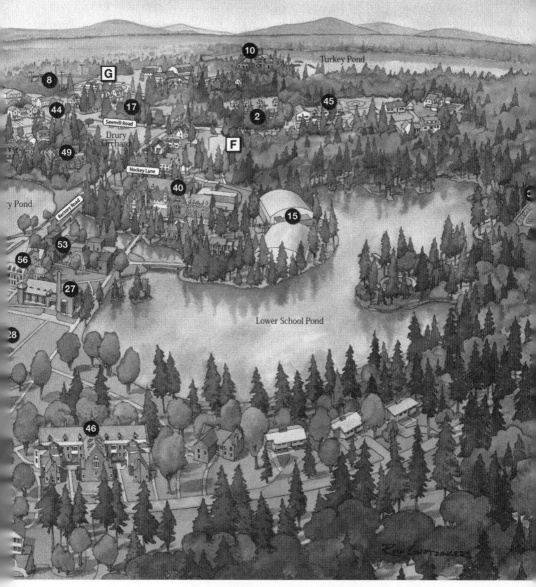

출처: www.sps.edu

차례

일러두기

- 본문에서 사용하고 있는 대괄호([ ])와 각주는 모두 옮긴이의 첨언이다. 단, 인용문 안의 대괄호는 저자의 것이다.
- 주된 번역어와 함께 사용할 수 있는 대안적인 번역어를 대괄호([ ]) 안에 병기했다(예컨대, 상호작용[교류]interaction).
- 본문에서 인용되고 있는 문헌들 가운데 국역본이 존재할 경우, 국역본의 서지 사항과 쪽수를 미주의 대괄호([ ]) 안에 병기하는 것으로 했다. 단, 기존의 번역을 그대로 따르지는 않았다.
- 외국어 고유명사의 우리말 표기는 국립국어원의 외래어 표기법을 따랐다. 그러나 관행적으로 굳어진 표기는 그대로 사용했다.
- 책이나 신문 등은 겹낫표(『 』), 논문은 홑낫표(「 」), 연극이나 영화 등의 작품명은 가랑이표(〈 〉)를 사용했다.

서론

민주적 불평등

한 사람의 미래는 그가 어떤 방향으로 교육받기 시작하는가에 따라 결정된다.

플라톤

제 이야기는 미국이라는 더 큰 이야기의 일부입니다.

버락 오바마

죄다 아프리카계랑 라틴계 애들뿐이군.

　새 기숙사 휴게실을 둘러보며 든 생각은 이것뿐이었다. 때는 1993년 9월, 나는 난생 처음 집을 떠나 본 열네 살짜리 애송이었다. 내 방에 짐 푸는 걸 도와주신 뒤 막 작별 인사를 할 참이었던 부모님도 비슷한 생각을 하시는 눈치였다. 우린 서로 아무 말도 하지 않았다. 하지만 부모님도 나처럼 놀란 기색이긴 마찬가지였다. 이건 내가 세인트폴 같은 사립학교에 입학하면서 예상했던 일이 전혀 아니었다. 나는 나 같은 애는 나밖에 없을 거라 생각했다. 나는 내 이름과 짙은 올리브색 피부만으로도 학생들 중에서 가장 열외자가 될 줄 알았다. 하지만 우리 부모님은, 비록 파키스탄과 아일랜드 시골 마을 출신에 아버지는 백인이 아니었지만, 부자였다. 성공한 외과의사인 아버지와 간호사인 어머니를 둔 덕에 나는 7학년* 때부터 사립학교를 다녔다. 그러니 내가 절반이 인도계라고 해서 억압받는 소수자 지위에 있다고는 할 수 없었다. 세인트폴은 오히려 내 주변의 다른 애들, 그러니까 미국 대도시의 가난한 동네 출신 애들에게 훨씬 더 생경한 경험이었다.

　세인트폴이 인종적 다양성과 거리가 멀다는 사실은 단박에 알아차릴 수 있었다. 이 어두운 피부색의 바다는 단지 우리가 '소수 학생 기

■　미국에서 중학교 과정에 들어가는 시기는 주마다 다르지만, 보통 7~8학년이 중학교, 9~12학년이 고등학교 과정에 해당한다.

숙사'라는 같은 장소에 모여 살기 때문에 존재하는 것이었다. 이 소수 학생 기숙사는 여학생용, 남학생용이 각각 하나씩 있었다. 캠퍼스 내 다른 열여덟 곳의 기숙사는, 록펠러나 밴더빌트 같은 집안 출신들이 다닐 법한 학교의 딱 그런 아이들로 채워져 있었다. 이런 격리 조치가 학교 측의 의도적인 인종차별 관행은 아니었다. 사실 학교 측은 이 문제를 상당히 의식하고 있었고, 몇 년 전에는 학생들을 피부색에 상관없이 모든 기숙사에 골고루 배치하려 한 적이 있었다. 하지만 유색인종 학생들이 항의했다. 비록 그들의 고향 동네인 뉴욕 할렘과 어퍼 이스트사이드는 맞닿아 있어도, 엘리트 학생들과 그렇지 않은 학생들 사이에는 꽤나 깊은 골이 존재했다. 서로가 함께 사는 것을 힘들어했다. 결국 소수 학생 기숙사는 1년 만에 부활했다. 유색인종 학생들은, 소수 민족끼리 모여 사는 고향 동네에서처럼, 그들만의 공간에 격리되었다.

나는 자라면서 여러 동네를 거쳤지만, 대부분의 미국인들이 사는 곳이 그렇듯, 다양한 인종이 섞여 사는 곳은 아무 데도 없었다.[1] 부모님 역시 서로를 만나기 전까지는 다양성을 크게 의식하지 않고 살았다. 이건 두 분 다 가난한 나라의 시골 마을에서 자란 이유가 컸다. 아버지의 고향 마을은 자급자족하는 농민들로 이루어져 있었고, 전기나 배관 시설 같은 문물은 내가 어릴 때 그곳에 놀러 가던 당시에나 생겼다. 어머니는 거친 날씨의 아일랜드 서부 작은 해안가 농장에서 자랐는데, 그녀가 태어났을 때만 해도 가족들은 직접 물을 길러다 썼으며, 전기는 없었고, 평가마에 요리를 했다. 현대적인 편의 시설들은 어머니가 좀 더 커서야 생겨났다.

내 부모님의 이야기는 어디서 한 번쯤은 들어 봤을 법한 이야기일 것이다. 두 분은 큰 뜻을 품고 기회의 땅 미국을 찾았다. 어린 시절 나는 뉴욕 주 외곽의 앨러가니 카운티에 살았는데, 부모님은 미국이라는 곳이 주는 기회를 최대한 활용하기 위해 보스턴 근교로 이사를 감행했다. 학군이 더 좋아서 나와 형에게 더 많은 가능성을 열어 줄 수 있다고 생각했기 때문이다. 바뀐 게 비단 학교만은 아니었다. 차도 시골 국도에서 흔히 볼 수 있는 폰티악에서 유럽제 고급차로 바뀌었다. 친척들을 만나러 아일랜드나 파키스탄으로 떠나던 가족 여행은 유럽이나 남아메리카, 아시아 등으로 떠나는 관광 여행으로 대체되었다. 우리 부모님도 여느 이민자들과 마찬가지로 문화적 따라잡기에 나섰던 것이다. [그 덕에] 나는 토요일마다 뉴잉글랜드 음악원에서 악기를 배웠으며, 공립학교를 팽개치고 사립학교에 입학했다. 더 이상 종교적인 교육을 받을 시간도 없었다. 우리는 세계인cosmopolitan이 되었다.

이 모든 변화에도 불구하고 아버지는 파키스탄 촌사람 특유의 문화적 표식 몇 가지는 결코 버리지 못했고, 보스턴에서 그가 겪었던 이런저런 일들도 아버지가 자신의 뿌리를 잊어버리게 놔두지 않았다. 아버지는 수술을 하든 땅을 파든 몸을 써서 일할 때 가장 행복해 하셨다. 취미 삼아 가꾸던 정원은 얼마 지나지 않아 가든 투어에 개방할 정도가 됐는데, 구경 온 사람들은 아버지를 일꾼으로 오해하곤 했다. 우리 집에 놀러 온 아버지 동료 가운데 한 분은 "대체 책은 어디 있는 거요!?"라고 핀잔을 주기도 했다. 나는 태어나서 한 번도 아버지가 소설책 읽는 모습을 본 적이 없었다. 아버지가 제일 좋아하는 음악은 여전히 어릴 때 봤던 인도 영화에 나온 곡 아니면 1970년대 초 디트로이트에 처음 발을 디뎠을 적에 듣던 곡이다. 아마 아버지는 바흐와 쇤베르크도 구분하지 못할 것이다. 이 같은 문화적 취향에 대한 뉴잉글랜드 명문가 출신 동료들의 핀잔에 아버지는 마치 선견지명이라도 있는 듯,

이렇게 대답하셨다. "장차 우리 애들은 원하는 책을 다 가질 수 있겠죠." 부모님은 자신들이 성취한 것에 당연히 자부심을 가졌고, 자신들이 결코 개발하지 못한 문화적 취향은 자식들에게 심어 주었다. 우리는 고급 레스토랑에서 식사를 하곤 했다. 나는 그중 한 곳에서 이슬람교도로 자라 온 아버지가 생애 처음으로 와인에 입을 대는 모습도 보았다. 계산을 할 사람이 부모님이라는 게 뻔한 상황에서도 나나 형에게 와인 리스트를 건네는 웨이터들의 속물적 행동이 나는 항상 언짢았지만 부모님은 전혀 괘념치 않는 것 같았다. 그들이 이루어 낸 것에 비하면 그런 모욕쯤은 사소했던 것이다.

엘리트 고등학교 입학은 교외에 위치한 우리 중산층 세계에서 성공을 상징하는 최고의 징표였고, 나는 그에 부응하기로 마음먹었다. 부모님은 집을 떠나 살겠다는 내 결정을 그다지 반기는 기색은 아니었지만, 기숙학교의 이점은 잘 알고 계셨다. 본인들이 살아온 삶을 생각해서인지, 부모님은 혼자 힘으로 자신의 길을 개척해 보겠다는 내 의지를 존중해 주셨다. 세인트폴은 내가 둘러본 뉴잉글랜드 지역 기숙학교들 중 하나였다. 그곳에 대해 아는 건 아무것도 없었지만, 첫 방문에서 나는 세인트폴에 완전히 넋이 나갔다. 학교의 외관은 정말 숨이 멎도록 아름다웠다(세계적으로도 가장 아름다운 캠퍼스로 손꼽힐 것이다). 운 좋게도, 나는 합격했다.

나는 새로운 삶을 시작할 준비가 되어 있지 않았다. 예전에 뉴욕주의 가난한 시골 동네에서 부유한 보스턴 근교로 이사했을 때의 충격이, 세인트폴 입학 후 처음 며칠간 똑같이 반복되었다. 이 학교는 꽤 오랫동안 이 나라의 수많은 엘리트들을 배출해 온 곳이었다. 여기엔 내가 살던 동네의 전문직 중산층 가정들과는 차원이 다른, 전국에서 내로라하는 상류층 자제들이 모여 있었다. 집이 몇 채씩 되고 주말 해외여행을 위해 비행기를 전세 내는 전통 있는 명문가 출신에 상상도 할 수 없을 만큼 엄청난 혜택[이점]advantage을 물려받은 아이들이 교정 곳곳에 차고 넘쳤다. 우리 부모님이 이제 막 얻은 부富는 이들의 부에 비하면 보잘것없었다. 나도 유럽 여행을 해봤고 바이올린 레슨도 받아봤고 사립학교도 다녀 봤지만, 그 정도로는 애들 앞에서 명함도 내밀 수 없었다. 나는 이 새로운 집단 안에 있는 게 결코 편치 않았다. 대신에 나는 그들의 특권 의식entitlement이 미치지 않는 내 기숙사 방구석에 처박혀 안식을 찾았다.

세인트폴에 다니는 내내 나는 똑같은 소수 학생 기숙사에 살았다. 하지만 학교가 더 편해지고 그 장소와 내 동기들을 이해하기 시작하면서, 나 또한 적응할 길을 찾아 갔다. 졸업과 동시에 나는 동문회 우리 기수 대표로 뽑혔다. 동창들의 이런 선택에 뿌듯하긴 했지만, 떠나는 게 애석하지는 않았다. 나는 동창들이 다니게 될 아이비리그 대학들*에 일부러 지원하지 않았다. 세인트폴에 결국 적응하긴 했지만, 사실 그 안에서 별로 행복하지 못했다.

내 불만의 근원은 불평등을 점점 더 의식하게 된 데 있었다. 나는 자꾸만 세인트폴에 도착한 첫날로 돌아가곤 했다. 소수 학생 기숙사에서 느꼈던 놀라움과 엘리트 학우들 사이에서 느꼈던 불편함으로 말이다. 그런 경험은 내게 점점 더 참기 어려운 궁금증으로 남았다. 왜 엘리트 학교교육이 어떤 이들에게는 태어날 때부터 당연히 주어지는 권

■　미국 북동부에 있는 8개 명문 사립대학을 가리킨다. 하버드, 예일, 펜실베이니아, 프린스턴, 컬럼비아, 브라운, 다트머스, 코넬 대학교가 있다.

리인데, 어떤 이들에게는 초인적 힘을 발휘해 성취해야 하는 일이 되는 것인가? 왜 어떤 배경의 학생들에겐 학교생활이 너무 편안하고 쉬운 일인데, 어떤 학생들에겐 끊임없이 악전고투해야 하는 일처럼 보이는가? 가장 중요한 질문은 이런 것이다. 이곳 학생들은 계속해서 최고 중의 최고라는 말을 듣는데,[2] 왜 그 최고 중의 대다수는 부유층 출신인가? 이런 질문들은 모두 불평등에 관한 것이었고, 바로 그 질문들이 나를 세인트폴의 세계에서 발을 빼게 만들었다. 하지만 불평등에 대해 더 많은 것들을 알게 되면서 나는 이 세계로 되돌아오게 되었다.

민주적 불평등과 엘리트 교육, 그리고 능력주의의 부상

그 어떤 사회도 결코 평등해질 수는 없을 것이다. "불평등이 존재하는가?" 이것은 불평등에 대한 질문일 수 없다. 질문은 다음과 같아야 한다. "불평등이 얼마나 존재하는가, 그리고 그 특징은 무엇인가?" 불평등은, 그 성격이 "공정"하다고 여겨진다면, 좀 더 참을 만한 것이 된다. 체계적이고 영속적인 불평등[3] — 유리함과 불리함이 세대를 거치면서 대물림되는 불평등 — 은 우리 시대 감성에서는 대체로 용납될 수 없다. 가난한 사람은 계속 가난하게 살아야 한다거나 부자가 부를 거머쥐고 놓지 않는 것처럼 보인다면 우리는 못마땅할 것이다. 인종과 같은 귀속적 특성이 우리 삶의 기회들을 결정짓는다는 생각에 대해서도 우리는 마찬가지로 불편함을 느낄 것이다. 불평등을 어느 정도까지 용인해 줄 수 있느냐는 약간 더 논쟁적인 문제다. 어떤 이들은, 빈부 격차가 크다고 해도 가난한 이들이 먹고사는 데 지장이 없을 만큼의 소득을 올리고 부자가 더 큰 부의 창출을 위해 혁신할 역량만 갖고 있다면 상관없다고 생각한다. 반면 빈부 격차가 커지면 커질수록 사회문제도 늘어날 것이라 생각하는 이들도 있다. 각종 데이터들에 따르면 불평등은 사회에 해를 끼치는 것으로 보인다.[4] 나 역시 이런 데이터들에 입각해 너무 과도한 불평등은 비도덕적일 뿐만 아니라 비효율적이라고 믿는 사람들 가운데 하나다.

최근 몇 년간 들었던 궁금증 가운데 하나는, 우리네 사회 제도[기관]들이 과거에는 배제했던 이들에게까지 점차 문을 열고 있음에도 불구하고, 어떻게 불평등은 그동안 계속 심해지기만 했는가 하는 것이다. 우리는 민주적 불평등의 세상에 살고 있다. 이 말은, 미국이 [평등한] 개방성과 접근성이라는 민주주의 원칙을 수용하고, 그 범위를 넓혀 왔지만, 그럼에도 미국 사회의 불평등 수준 또한 높아졌다는 뜻이다. 우리는 보통 개방성과 평등이 함께 가는 것이라고 생각한다. 그런데 지난 50년간 우리의 경험으로 미뤄 봤을 때, 그것은 절대 사실이 아니다. 이 점은 입학생들이 인종적으로는 점점 다양해지고 있지만 동시에 점점 부유한 학생들로 채워지고 있는 엘리트 대학들에서 가장 눈에 띄게 나타난다.

1951년의 엘리트 대학들에서는 흑인 학생들이 재학생의 약 0.8퍼센트를 차지했다.[5] 현재 흑인 학생들은 아이비리그 전체 학생들 가운데 8퍼센트를 차지하며, 컬럼비아 대학의 2014년 졸업 예정자[입학한 해를 기준으로 하는 한국식으로 말하자면 2010학년도 신입생] 가운데 13퍼센트가 흑인이다. 이는 미국 전체의 흑인 인구를 대변하는 수치다. 이와 같은 변화가 다른 인종의 경우에도 유사하게 나타난다. 또 오늘날 여성들은 남성들을 능가하고 있다. 대학 입학률의 경우 여성이 더 높다.[6] 엘리트 교육기관들이 다양한 인종과 여성에게 훨씬 더 개방적이 되었다는 사실에는 의심의 여지가 없다. 이는 혁명과도 다름없는 굉장한 변화다. 그리고 이런 변화는 학교뿐만이 아니라 정치·경제 영역에서도 일어났다.

하지만 이와 동시에 전체적인 불평등 수준은 극적으로 높아졌다. 우리는 '불평등'하면 보통 '가난'을 떠올린다. 사회과학자들도 불평등에 대해 연구할 때 주로 조건의 불리함에 초점을 맞추는 경향이 있다. 여기에는 타당한 이유가 있다. 가난한 이들의 삶을 이해해야 가난으로 인한 고충들을 일부라도 완화할 수 있기 때문이다. 그러나 우리가 최근 미국에서 나타나고 있는 불평등 수준의 상승세를 이해하려면, 부자들과 그들을 만들어 내고 유지하는 데 중요한 제도들에 대해서도 더 많은 것들을 알아내야 한다. 이는 지난 40년간 미국의 가계소득에 무슨 일이 일어났는지를 살펴보면 한층 분명해진다. 1967년부터 2008년까지 미국의 평균 가계소득은 약 25퍼센트 증가했다. 이건 물론 꽤 괜찮은 수치이긴 하지만, 감탄할 정도는 아니다. 그런데 소득 사다리를 올라갈수록 사뭇 극적인 변화를 볼 수 있다. 그사이 상위 5퍼센트의 가계소득이 68퍼센트 증가한 것이다. 위로 올라갈수록 소득 증가율은 더 높아진다. 상위 1퍼센트의 가계소득은 323퍼센트 증가했으며, 최상위 0.1퍼센트는 무려 492퍼센트의 소득 증가를 기록한 것이다.[7] 지난 40년간 불평등이 증가한 이유는 무엇일까? 주로 부자들의 소득이 폭발적으로 증가했기 때문이다.

개방성과 불평등이 함께 증가하는 이런 이중적 변화는 사회가 어떻게 돌아가는지에 관한 우리의 직관과 상당 부분 충돌한다. 우리의 가장 위엄 있는 엘리트 기관들—최고 수준의 경제적 성공에 도달하는 지름길 역할을 하는 곳들—이 과거에 자신들이 배제했던 이들에게 더욱 개방화되었음에도, 어떻게 이 나라의 전체적인 불평등 수준은 이처럼 극적으로 증가한 것인가? 보다 높은 수준의 개방성이라는 민주적 이상이 어떻게 소수의 특권층에게만 더 나은 삶으로 전환되고 대부분의 국민들에게는 침체 상태를 안겨 주었는가?

계급을 들여다보면 이 같은 상황에 대해 일부 설명할 수 있다. 앞서 내가 지적한 "개방성"은 인종적인 개방성이다. 하지만 여기에 계급을 더하면, 우린 조금 다른 문제에 직면하게 된다. 엘리트 사립대학들은 언론을 통해 자신들이 평범한 미국인들도 학비를 감당할 수 있도록 어떤 보조책을 쓰고 있는지 끊임없이 떠들어 대지만, 현실은 그렇지 않다. 대학은 부자들이 지배하는 곳이다. 내 동료인 앤드루 델반코의 지적을 살펴보자.

> 하버드 대학 재학생 중 90퍼센트는 중위 소득 5만5000달러 이상 되는 가정 출신이며, 하버드의 입학처장은 …… 하버드에서 "중간 소득" 수준이라 하면 11만~20만 달러 사이의 소득 구간에 위치한다고 밝힌 바 있다. …… 요즘 학생들은 이전 세대 선배들보다 평균적으로 더 부유하다. 1970년대 중반부터 1990년대 중반 사이에 11개 엘리트 대학들을 대상으로 표본조사를 해봤을 때, 전체 학생 중 최저 소득분위 가정 출신의 비율은 계속 10퍼센트대로 일정했다. 같은 기간 동안 최고 소득분위 가정 출신의 비율은 약 3분의 1에서 절반 수준으로 급증했다. …… 표본을 미국 상위 150개 대학들로 넓혀 보면, 최저 소득분위 학생의 비율은 3퍼센트로 떨어진다.[8]

하버드 기준에서 "중간 소득"은 이 나라 전체로 놓고 보면 상위 5퍼센트에 해당한다.[9] 이 사실 하나만으로도 우리는 이 나라의 엘리트 교육 기관들에 대해 많은 것을 알 수 있다. 이 기관들은 예전보다 더 개방화된 것으로 보이지만, 이는 우리가 개방성을 다양성으로, 그리고 다양성을 인종적 다양성으로 이해하는 탓이 크다. 하지만 문제는 계급이다.

[대학 입시에서] 가난한 학생들이 경험하는 불리함은 수없이 많다. 학교의 질도 낮고, 방과 후 프로그램에 접근하기도 힘들며, 난관에 봉착했을 때 필요한 지원도 부족하다. 하지만 대학들은 그런 난관에 대부분 눈을 감으며 가난한 학생들을 부유한 학생들과 같은 선상에 놓고 평가한다. 이는 가족 특혜(가족의 일원이 과거 같은 대학에 다녔을 경우 얻는)를 받고 들어온 학생들이나 체육 특기생, 혹은 소수집단 출신 학생들을 대하는 모습과는 현저히 대비된다. 이 세 집단은 대학들의 특별 고려 대상으로 그에 따라 입학률도 높아지고 있지만, 가난한 학생들에게 그런 혜택은 전혀 없다.[10] 아마 본인들의 주장은 다르겠지만, 대학들은 정말로 가장 나쁜 의미에서 "[지원자들의] 재정 상태에 무감"need-blind* 하다. 그들은 가난이라는 불리함에 대해 이중적인 태도를 보인다. 그 결과는 대학 입학 사정에서 뚜렷한 계급 편향으로 나타난다. 대학 교수들은 강의실만 둘러봐도 이 슬픈 진실을 단박에 알아차릴 수 있다. 간단히 말해서, 부잣집 아이들은 대부분이 대학에 가지만 가난

---

* 미국 대학 입시에서 지원자의 학자금 보조 신청과는 무관하게 성적과 자질만으로 입학 사정을 하는 정책으로, 장학금 신청자에게 그 어떤 불이익도 주지 않는 입학 심사 제도를 말한다. 반대로 재정 상태를 보는need-aware 정책을 쓰는 대학들의 경우 입학 사정시 장학금 신청 여부를 먼저 파악한 후 입학을 결정하기 때문에 자비로 학비를 전액 부담할 수 있는 학생들의 입학 가능성이 더 높다.

한 아이들은 대부분이 대학에 못 간다.[11]

불평등에 대해 이야기하면서 나는 계속 교육 문제, 특히 엘리트 교육 문제로 돌아가게 된다. 이는 우연이 아니다. 한 사람의 미래 소득을 예측할 수 있는 가장 정확한 변수 중 하나가 바로 교육 수준이다. 즉, 엘리트 교육기관 출신들이 훨씬 더 높은 임금을 받는다.[12] 학력은 부를 쌓는 데 중요하다. 대학 입학 과정이 얼마나 경쟁적인지를 보면, 대부분의 미국인들도 이 같은 사실을 매우 잘 알고 있음에 틀림없다. 지난 50년간 불평등 수준이 상승한 이유가 상당 부분 부익부 때문이고 엘리트 교육이 엘리트가 되는 데 핵심적인 역할을 한다는 점을 감안할 때, 우리는 엘리트 학교들이 어떻게 이 세상을 점점 불평등하게 만드는 이들을 길러 내고 있는지 좀 더 자세히 알 필요가 있다.

하지만 엘리트 학교를 문제의 원흉으로 단정 짓기는 아직 이르다. 내가 엘리트 학교들을 부의 수호자라 아무리 비판한다 해도, 우리는 이 학교들이 단순히 부유층 양성에만 열을 올리는 극악무도한 곳들은 아니라는 점을 기억해야 한다. 1940년으로 거슬러 올라가 보자. 당시 하버드 대학 총장이었던 제임스 브라이언트 코넌트는 "인생이라는 경주에서 모든 이들에게 자유로운 출발점과 공정한 기회를 보장하는 것"이 대학의 국가적 사명이라고 선언했다. 코넌트는 재능에 따라 엘리트가 선발되는 제퍼슨식 "자연 귀족정"natural aristocracy을 꿈꾸었다. 뼛속까지 토크빌주의자였던 코넌트가 원했던 건, 자격 없는 엘리트들을 몰아내고, 대신 그 자리에 자신이 진정 미국을 위대하게 만드는 요소라고 생각했던 것, 즉 조건의 평등을 자리 잡게 하는 것이었다.[13] 지난 60년간 엘리트 학교들은 특권층 부잣집 도련님들의 집합소에서 벗어나 사회 전반의 재능 있는 이들이 모이는 곳이 되고자 노력해 왔다.

많은 엘리트 학교들이 민권운동의 압박이 밀려오기 훨씬 전부터 흑인 학생들을 받았다. 또한 여성들에게도 입학을 그저 "허가"하는 정도의 변화에 그치지 않고, 성공의 조건을 마련해 주었다. 종교적 토대 위에서, 이런 학교들은 스스로를 특권층을 교육하는 곳일 뿐만 아니라 사회 진보를 이끌어 가는 곳이라 생각했다.

적지 않은 부분에서 이런 선구적 노력들은 재능에 따른 능력주의를 확립하려는 시도이기도 했다. 학생들의 부나 혈통을 중시하는 태도에서 벗어나 "타고난 적성"을 평가하고자 하는 SAT[미국의 대학 입학 자격시험] 같은 시험들 역시 이런 이상에서 나온 것이었다.[14] 이 시험은 1630년대에 미국으로 이주해 온 청교도 목사들의 후손인 헨리 촌시가 구상하고 도입한 것이었다. 그의 집안은 미국 WASP[앵글로색슨계 백인 신교도White Anglo-Saxon Protestant] 기득권층의 확고한 일원이었다. 가족 중에는 미국 최고의 기숙학교 중 하나인 그로튼 스쿨 첫 입학생들이 있었고, 촌시 자신도 하버드 졸업생이자 훗날 하버드 학장까지 지낸 인물이었다. SAT를 통해 촌시는 경쟁의 장을 평평하게 만들고자 했고, 그 과정에서 엘리트 학교의 변화와 그에 따른 엘리트층 자체의 변화를 추구했다. 개방적 불평등open inequality이라는 역설은 어떻게 이 프로젝트가 대단한 성공작인 동시에 대단한 실패작인지 보여 준다. 엘리트 학교의 구성원들은 달라진 것처럼 보인다. 그러나 이 나라의 부와 권력에 대한 엘리트의 지배력은 점점 더 공고해지고 있다.

그 이유 중 하나는, "능력"merit[실력, 성과, 실적]이란 게 결코 선천적인 것이 아니기 때문이다. 우리는 능력을 추상적이고 비역사적인 자질로 생각하는 경향이 있지만, 사실 능력으로 간주되는 것은 대단히 맥락 의존적이다. 시간이 지나면서 능력에 대한 정의가 문화적·제도적 맥락에 따라 어떤 식으로 변화해 왔는지에 대해서는 이미 많은 학자들이 지적한 바 있다.[15] "능력주의"meritocracy라는 용어를 만들어 낸 것은 마이클 영이었다. 1940년대에 영은 영국 노동당으로부터 영국의 모든 젊은이들에게 그들의 역량이 허락하는 한 최상의 교육을 받을 기회를 제공하는 새로운 교육 체계를 도입하는 데 힘을 보태 달라는 요청을 받았다. 영은 곧 그런 교육이 고취하는 것으로 보이는 인간상에 대한 일종의 기술관료적 접근에 냉소적인 입장이 되었다. 이 새로운 교육 제도를 어떤 용어로 설명할지 고심하던 그는, "귀족정"aristocracy 과 "민주정"democracy에서 착안해 "최선자aristos에 의한 지배"나 "인민 demos에 의한 지배"가 아니라 "가장 똑똑한 자들에 의한 지배"를 확립하려 한다는 의미에서 이 말을 만들어 냈다.[16] 오늘날 우리는 이 말이 칭찬의 의미를 담고 있다고 생각하지만, 사실 영은 자신이 보기에 역량의 냉혹한 과학화요 재능의 관료화라 생각했던 것에 대해 혹평하는 의미에서 고안해 낸 말이었다.

"능력주의"는 본질적으로 사회공학social engineering의 한 유형으로, 적재적소에 개개인을 선발해 쓸 수 있도록 사회 구성원들의 재능을 식별하는 것을 목표로 한다. SAT의 경우 이는 특정한 수학, 독해, 작문, 어휘 실력을 평가해서 그 결과를 학업 역량의 지표로 삼는 것을 의미한다.[17] 능력주의로의 이 같은 방향 전환은 과거에 중시되던 집단적 속성들[출신 가문이나 지역]을 해체해 이를 "타고난" 새로운 자질들로 개인화하려 했다. 이 새로운 체계는, 학생들을 입학시킬 때 좋은 집안 출신임을 드러내는 특성보다는, 사회의 성장盛裝, trapping들 너머로 눈길을 돌려 사람들이 가지고 있는 고유의 개별적 재능에 점수를 주려는 것이었다. 능력주의가 대학 입시 절차로 받아들여지기 시작했을 때, 당시 하버드 입학처장 윌버 벤더는 "선량함, 인간성, 성격, 따뜻함, 열정, 책임감, 활력, 창의성, 독립성, 이성애적 정체성 등을 식별하고 측정하는 무슨 좋은 방법이 없을까? 이런 것들에 대해 어쨌든 신경 써야 하지 않을까?"라며 걱정했다.[18] 제롬 카라벨이 보여 주었듯이, 이런 특성들 대부분은 엘리트 지위를 대신하는 것으로 사용되던 것들이었다.[19] 인디애나 주 고센 출신의 메노파 교도 부모를 둔 벤더는 엘리트 WASP 계층과는 거리가 멀었지만 1950, 60년대 엘리트 교육계 전반에 만연해 있던 우려를 대변했다.* 전통적인 미국 엘리트를 나타내는 특징적 요소들은 어떻게 될 것인가? 능력주의의 부상은 구엘리트의 종말을 뜻하는 것인가?

"능력"을 통해 우리는 사회적 연줄이나 지위 등을 중시하던 구습에서 탈피해, 이를 개인적 속성 ─ 노력, 규율, 천부적 지능 및 그밖에 [타고난] 사회적 삶의 조건[예컨대, 가문]과는 별개로 평가될 수 있는 다른 유형의 인적 자본 ─ 으로 대체한 것처럼 보인다. 그런데 이 같은 방식이 불러온 파장은 꽤나 모순된 결과로 이어졌다. 그런 방식 덕택에 족벌주의가 약화되고 이전에는 배제되었던 재능 있는 사회 구성원들을 학교가 받아들이게 된 것이다. 하지만 그것은 엄선된 기술관료적 도구로 측정된 성과[수행]performance 이외의 다른 요인들[인종, 성별,

---

* 벤더는 미래 사회에 더 영향을 미치거나 기여하는 것은 SAT 점수보다 인간의 내면적 능력이라고 주장했다. 이런 주장의 이면에는 부를 상속받은 선배보다 SAT 점수가 높은 공립학교 출신 졸업생이 과연 나중에 하버드에 후원금을 더 낼 것인가에 대한 고민이 존재했다. 벤더의 딜레마는, 사회 변화 속에서 하버드는 상류층 자제에게 계속 특혜를 베풀어 최선의 보답을 받을 것인가, 아니면 성적이 우수한 공립학교 출신들, 즉 신흥 계층에게 의탁할 것인가에 있었다.

장애 여부 등]을 고려한 차별 시정 조치 같은 정책들에 이의를 제기하는 데 사용되기도 했다. 또한 이미 부유한 자들의 지속적인 소득 증가를 (그들이 가진 기술이 너무나 가치 있고 대체 불가능한 것이라는 이유로) 정당화하는 데에도 사용되었다. 그리고 내가 보기에 가장 중요한 문제는 그것이, 성과라는 게 단순히 개인적 특성의 산물이 아니라는 사실을 모호하게 만들었다는 점이다. 후술하겠지만, 노력과 성취를 내세우는 이런 능력주의는 결과의 차이를 사람들이 만든 조건의 산물이 아니라 그 사람의 됨됨이에 따른 산물로 보이게 만들면서 사회적으로 구성된 구분[차별점]들을 자연적인 것으로 만들었다. 바로 이런 능력주의의 부상을 살펴봄으로써 우리는 신엘리트층과 우리 시대 불평등이 작동하는 방식을 더 잘 이해할 수 있다.

나는 세인트폴을 살펴보면서 어떻게 학교가 학생들에게 "능력주의적" 특성들을 심어 주는지 보여 줄 것이다. 우리는 그런 속성이 어떻게 소수만이 접근 가능한 엘리트들만의 무대 안에서 개발되는지 보게 될 것이다. 자연적으로 보이는 특성들은 실상 만들어지는 것이지만, 그와 같은 특성들이 만들어지는 과정에 접근할 수 있는 기회는 엄격히 제한되어 있다. 세인트폴에서 내가 보낸 첫날로 돌아가 보면, 이런 긴장을 어느 정도 이해할 수 있다. 학교 측은 소수민족 집단들에서 재능 있는 학생을 모집하기 위해 무진 애를 썼고, 캠퍼스에는 소수집단 출신들이 그 어느 때보다 많았다. 이 학생들이 단순히 겉치레 수준으로 다양성을 보여 주는 그런 존재는 아니었다. 오히려 세인트폴은 자유와 평등이라는 위대한 미국의 프로젝트 내에서 자신들이 담당해야 할 엘리트적 역할을 진지하게 받아들이고자 했다. 그러나 이 같은 야심 찬 이상에도 불구하고, 그런 프로젝트는 결코 단순한 것이 아니었다. 세인트폴 입학 경쟁은 믿을 수 없을 만큼 치열했다. 다시 말해 엘리트 학교가 되는 조건은 배제(혹은 적어도 배타성)이다. 재능 있는 소수집단 학생들을 받아들인다고 해서 [교내 인종 간] 통합이 보장되는 것도 아니었고, 개방성이 언제나 평등을 의미하는 것도 아니었다. 학교는 여전히 부유한 학생들이 지배하는 것으로 보였다. 그런데 이와 같은 상황이 능력주의를 중심으로 새롭게 조직화되면서, 이 결과는 조건의 차이가 아니라 적성의 차이에서 비롯된 것처럼 보였다. 결국 미국의 약속은 내 세인트폴 시절에는 지켜지지 않았다.

　문제는 왜냐는 거다. 이것은 결코 엘리트 기관들이 책무를 다하지 않아서도 아니고, 또 소외 계층이 사회적 유동성을 갈망하지 않아서도 아니다. 대체 무슨 일이 일어나고 있는 것인지 이해하기 위해 이 책은 사회통계학은 잠시 뒤로 제쳐 두고, 내가 교사이자 연구자로서 모교로 돌아가 세인트폴에서 보낸 1년이란 시간을 더듬어 볼 것이다.[20] 처음 이 프로젝트의 구상 당시 나는 내가 세인트폴에서 발견하게 될 것들에 대해 아주 잘 알고 있다고 꽤 확신에 차있었다. 나는 입학 첫날의 그 세계로 돌아가는 것이다. 캠퍼스는 특권층 부잣집 아이들로 가득할 테고, 얼마 안 되는 가난한 집 애들과 흑인·라틴계 애들은 자기들끼리 기숙사에 모여 있을 것이다. 나는 이미 차세대 엘리트가 될 준비가 되어 있는 세인트폴 입학생들의 사회적·문화적 이점들에 주목할 것이다. 그리고 그런 이점들이 어떻게 보호되고 유지되는지 보면 될 것이라 생각했다. 그러나 내가 돌아간 세인트폴은 불과 10년 전 내가 졸업한 학교와는 너무나 다른 곳이 되어 있었다. 세인트폴에 대한 민족지적 조사 결과는 나를 깜짝 놀라게 했다. 내가 세인트폴에서 발견한 것은 특권 의식의 오만함이 아니라 특권의 편안함ease*이었다. 이 책은 신엘리트―내가 세인트폴에서 두 번째 시간을 보내면서 재고해 보지 않을 수 없었던 집단―에 대한 이야기이자, 이 엘리트에 관해 알게 됨으로써 능력주의 안에 존재하는 불평등에 대한 우리의 이해가 어떤 식으로 쇄신될 수 있는지에 대한 이야기이다.

세인트폴로 돌아가다
특권과 신엘리트

우리 앞에는 굳게 닫힌 두 짝의 거대한 문이 버티고 서있었다. 두꺼운 참나무 평판에 중후한 문양이 조각된 문에는 밧줄 모양으로 꼬아 올린 커다란 철제 손잡이가 달려 있었는데, 여간해서는 열기 힘들어 보였다. 우리는 문 바깥의 복도에 서있었고 아치형 창문 너머로는 교정의 티끌 하나 없이 깨끗한 잔디밭과 연못, 건물, 그리고 벽돌길이 보였다. 문 뒤에서는 어렴풋한 오르간 소리와 수백 명이 웅성거리는 소리가 들

▪ 이 책에서 저자가 신엘리트의 핵심적 태도로 지적하고 있는 '편안함'이라는 특징은 여유, 자유로움, 우아함, 수월함, 어색함이 없음, 유창함, 노련함, 넉넉함 등의 의미로 이해할 수 있다. 부르디외에 따르면, 이 같은 특징은 지배계급이 가진 문화 자본 가운데 하나이기도 하고, 부르주아들이 가지고 있는 에토스이기도 한데, 이는 "세계와 자기에 대한 확신에 찬 관계로서, 그 결과 세계와 자기는 필연적인 것으로, 다시 말해 존재와 당위가 일치된 것으로 경험된다. 이 같은 일치는 건방짐, 우아함, 활달함, 기품, 자유로움, 한마디로 자연스러움이라는 자기에의 확신을 나타내는 내밀하거나 명백한 모든 형식에 토대를 제공하고 권위를 부여한다." 이에 대해서는, 『구별짓기』 하권, 618-619쪽 참조.

려왔다. 내 뒤로 줄을 선 이들을 흘끗 바라보니 상기된 얼굴, 겁에 질린 얼굴, 호기심 어린 얼굴, 지루해 하는 얼굴들이 보였다. 초조하게 조잘거리는 이들도 있었고, 그 자리에 얼어붙어 있는 이들도 있었다. 하나같이 말끔히 차려입은 내 주위의 십대 아이들은 문 너머에 무엇이 있는지 잘 모르는 눈치였다. 문 뒤에는 우리의 미래가 있었다. 우리는 기다렸다.

문이 열리자 모두가 숨을 죽였다. 낮고 흔들림 없는 목소리가 이름을 호명하기 시작했다. 이름이 불릴 때마다 한 명씩 문 너머의 칠흑같은 정적 속으로 발을 내딛었다. 줄은 점점 짧아졌고, 차례는 점점 다가왔다. 금세 나도 우리가 입장할 건물 안을 들여다볼 수 있었다. 내가 서있는 바깥쪽이 환했기 때문에 보이는 건 샹들리에 불빛이 은은하게 비추는 휑뎅그렁한 공간의 윤곽뿐이었다. 천장이 하도 높아서 샹들리에는 마치 공중에 떠있는 것 같았다. 열을 맞춰 앉은 사람들도 희미하게 보였다.

내 이름이 호명되었고, 나는 거대한 문 사이로 발을 내디뎠다. 예배당은 길고 좁았다. 눈이 적응하는 데 시간이 좀 걸렸다. 나는 스스로에게 긴장할 필요 없다고 되뇌었다. 어쨌든 나는 이미 몇 년 전에 이과정을 거쳐 보지 않았던가. 하지만 긴장은 좀처럼 풀리지 않았다. 나는 파란색과 빨간색 휘장을 걸친 검은 가운을 입고 새로 산 구두를 신었는데, 구두 굽이 차가운 돌바닥에 닿으며 너무 크게 또각거렸다. 내앞에서 걷던 신입 교사 몇몇은 마치 시골에서 갓 상경해 처음으로 고층 빌딩 숲을 거니는 관광객처럼 정신없이 두리번거렸다. 다른 이들은 저 멀리 있는 제단이 마치 그들을 안전한 자기 자리로 인도해 주는 등대인 양 그곳에 시선을 고정했다. 좌석들 사이로 무심히 느긋하게 걸어가는 동안 나는 낯익은 얼굴들과 수년 전 학창 시절에 내가 앉았던 자리들을 발견했다. 새로 부임한 교사진 중에서는 내가 가장 마지막으로 입장한 것이었고, 그 다음으로 갓 입학한 신입생들과 10학년, 11학년 학생들이 차례로 입장했다. 그 아이들은 불안감을 감추지 못한 채 내 뒤로 급히 몰려들어서는 내가 자리에 앉을 때까지 내 구두 뒤축을 밟아 댔다.

이것이 바로 우리가 학교에서 처음으로 치르는 의식, "자리 잡기"였다. 새로 들어온 구성원들은 이 의례를 통해 정식으로 학교에 소개되었고 공동체 내에서 우리가 어떤 위치에 속하는지도 볼 수 있었다. 새 구성원들에게는 각자 지정된 자리가 있었는데, 다음 한 해 동안 거의 매일 아침마다 앉게 될 곳이었다. 좌석은 미식축구 경기장의 옥외 관람석처럼 배치되어 있었다. 우리가 방금 행진해 들어온 통로를 사이에 두고 나무로 된 네 개 열의 좌석들이 서로 마주 보는 구조다. 내 자리는 제일 꼭대기의 맨 뒷줄, 교사들이 앉는 곳에 있었다. 내 오른쪽으로는 기존의 교사들이 연차 순으로 앉았고, 왼쪽으로는 신입 교사들이 있었다. 내 앞 아래쪽에는 학생들이 줄지어 앉았다. 신입생들이 제자리를 찾아가며 통로와 가장 가까이 있는 맨 앞줄을 채웠다. 교사들처럼 학생들도 자리가 학년 순으로 배치되어 12학년은 교사들 바로 아랫줄에, 신입생들은 제일 아래쪽 앞줄에 앉았다.

내 눈앞을 가득 채운 건 분투 끝에 세인트폴에 입학한 아이들이었다. 그들이 앉은 좌석은 미래의 성공에 대한 전망과 중압감으로 터질 듯했다. 나와 가장 가까운 곳에 앉은 졸업반 학생들은 내년에 자신들이 가게 될 확률이 가장 높은 학교가 하버드임을 알고 있었다. 그들 중 거의 3분의 1은 아이비리그 대학에, 그리고 거의 모두가 미국 최상위권 대학들 중 한 곳에 가게 될 것이다. 게다가 대학 진학은 그들의 정교하게 구축된 인생에서 그저 다음 단계일 뿐이었다. 이 자리 잡기 의식이 그들에게 세인트폴에서의 자리를 부여한 것처럼, 세인트폴 졸업장은 그들에게 훨씬 더 풍요로운 세상의 한 자리를 부여할 것이다. 분명히 그들의 열성적인 부모가 상기시켰던 대로, 그들은 훨씬 더 폭넓은 공동체의 일부 — 전 세계의 영향력 있는 자리들을 꿰찬 졸업생 집단의 구성원 — 가 될 것이다. 나를 둘러싼 학생들은, 비록 사춘기의 호르몬 과다 분비로 인한 몽롱함과 졸음을 물리치려 애쓰고 있긴 했지만, 자신들이 지난 한 세기 반 동안 미국의 정재계와 문화계를 주도해 온 이들이 한때 앉았던 자리에 앉아 있는 것이라는 사실을 잘 알고 있었다. 내 주위에 앉은 이 학생들 앞에 놓인 도전들 역시 이보다 더하면 더했지, 결코 덜하지 않았다. 그들이 바로 신엘리트였다.

1855년 이래로 세인트폴은 이 나라 청년 엘리트의 산실 가운데 하나였다. 언젠가 세상을 이끌 것이라 기대되는 아이들의 교육을 책임진다는 생각만으로도 누구든 묘한 기분이 들 텐데, 내 기분은 두 배로 묘했다. 한때는 저 학생들 가운데 하나였던 내가 이제는 나를 가르쳤던 교사들과 어깨를 나란히 하며 맨 뒷줄에 앉아 아이들을 내려다보고 있으니 말이다. 내가 여기 다시 돌아오다니. 다만 이번에 오게 된 이유는 훨씬 더 복잡했다. 나는 학생들을 가르치러 온 것이기도 했지만, 동시에 그들을 연구하러 온 것이기도 했다.

이런 기숙학교는 어떻게 학생들의 성공을 보장할 수 있는가? 이 학생들은 무엇을 가지고 있고, 무엇을 개발하고, 무엇을 배우기에 장차 수년간 유리한 위치에 서게 되는가? 수십 년 전만 해도 이런 질문에 쉽게 답할 수 있었을 것이다. 세인트폴에 입학하는 학생들은 이미 엄청난 이점을 지닌 집안 출신들이었다. 백 년이 넘도록 미국의 상류층은 세인트폴 같은 기관들을 이용해서 이 나라 정재계를 주무르는 자신들의 위치를 확고히 하고 그 권력을 다음 세대에 물려주었다. 세인트폴은 새로운 신입생들이 들어올 때마다 그들이 가진 생득권을 졸업장, 인맥, 문화로 전환시켜 주었는데, 이 모든 것이 그들의 성공을 보장했다.

오늘날 엘리트의 지배적인 역할은 좀 더 복잡해졌다. 내 앞에는 세계 전역에서 온 아이들이 앉아 있었다. 공립학교에서는 결코 있을 수 없는 일이다. 이곳에는 극소수의 공동체에서만 가능한 의도적인 다양성이 있다. 40년 전이었다면 결코 세인트폴에 들어오지 못했을 브롱크스 출신의 가난한 히스패닉 남학생 옆에 세계에서 가장 부유한 WASP 가문 출신의 여학생이 무서울 정도로 태연자약한 모습으로 앉아 있다. 여전히 세인트폴은 이미 엘리트인 이들을 위한 곳이다. 학부모들이 학교를 방문하는 날은 보통 벤츠나 BMW가 바다를 이루고, 간간이 기사를 동반한 롤스로이스가 보인다. 햇볕이 쨍쨍한 날이면 캠퍼스는 이들이 목과 손목, 손가락에 무심코 걸친 잘 세공된 보석류들로 인해 반짝거린다. 여기서 끝이 아니다. 오늘날 이 학교는 세계의 축소판이 되려고 한다. 빈자와 부자, 흑인과 백인, 여자애들과 남자애들이 한 공동체 안에서 함께 생활한다. 그들은 교실과 운동장, 댄스파티장과 기숙사, 그리고 심지어 침대에서 청소년기를 함께 보내며 다양하고 이상화된 공동체를 만들어 낸다. 예배당의 내 의자에 앉아 있자니, 코앞에서 다양성이 실현된 21세기적 세계의 쇼케이스를 보는 듯했다. 그리고 나는 세인트폴이 학생들에게 엘리트의 특권을 주입하는 새로운 방식들을 이해하기 시작했다.

다음 장들에서 나는 내가 "신엘리트"라 부르는 특권층 젊은이들의 초상을 그려 볼 것이다. 이들은 우리가 떠올리는 부자들의 전형적 이미지와는 꽤 다른 모습을 하고 있다. 모두가 부유한 가정에서 태어난 것도 아니고, 모두가 백인인 것도 아니다. 4세기 전 미국에 온 이민자 집안도 아니다. 모두가 미국 동북부 출신인 것도 아니다. 프레피 문화*를 공유하지도 않는다. 이를테면, 굳이 랩 음악을 마다하고 "더 고급스러운" 문화를 즐기려 드는 이들이 아니란 말이다.

우리는 우리 사회의 엘리트들에 대해 그다지 아는 게 없다. 『배너티 페어』에서 열심히 프로필을 찾아 읽고, 저녁 뉴스에 나오는 최신 폭로 기사를 챙겨 보며, 부자들의 터무니없는 허점을 보여 주는 TV프로그램을 틀어 놓고 히죽거리기도 하지만, 어떻게 그들이 그런 위치를 획득하고, 유지하고, 보호하는지에 대해서는 아무런 감이 없다. 우리 시대 엘리트들은 과연 누구인가? 그들은 어떻게 교육받는가? 이 세계에 대해, 타인들이 위치한 자리에 대해, 그리고 그들과 상호작용하는 방법에 대해 무엇을 배우는가? 또 지난 50년간 진행된 사회적 환경 변화에는 어떻게 적응했는가? 현대사의 대부분의 기간 동안 엘리트층에서 배제돼 왔던 이들이 쏟아 내는 개방 요구에 대해서는 어떻게 대처했는가?

내 주장은 신엘리트층이 단지 집안의 재력에 의존하거나 신탁 자금을 물려받아 쉽게 사는 특권 의식에 젖은 젊은이 집단은 아니라는 것이다. 신엘리트층은 그들의 유산만으로는 사회적 위계질서의 최정상 자리를 보장하기에 충분치 않다고도 생각하며, 자신들의 삶이 다른

▪ 명문대 진학을 목표로 하는 사립 고등학교인 프렙 스쿨(preparatory school의 준말)에 다니는 학생들의 문화를 말한다.

이들을 배제하는 것이어서는 안 된다고도 생각한다. 오히려 근본적인 면에서 보면 그들은 21세기 평범한 미국인들과 다를 게 없다. 즉, 그들은 세인트폴 같은 곳에 입성하는 데 중요한 것은 노력이며 자신들의 특권적 위치를 유지하기 위해서는 계속 노력해야 한다고 굳게 믿는다. 갓 이민 온 사람들이나 중산층 미국인들과 마찬가지로, 그들은 누구나 자신들처럼 될 수 있으며 계급 상승의 가능성은 이 나라에서 언제나 열려 있다고 생각한다. 그리고 다양한 피부색을 가진 동료들을 둘러보면서 그들이, 자신들이 옳다는 걸 입증해 주는 (비록 일화적이긴 해도) 경험적인 증거라고 여긴다.

나는 세인트폴의 교육이 **특권 의식**entitlement 대신, 점점 더 **특권**privilege을 길러 주는 쪽으로 가고 있음을 발견했다. 과거의 엘리트들은—"올바른" 가정교육과 연줄, 문화를 중심으로 자신들의 세계를 구축하면서—특권 의식에 젖어 있었던 반면, 신엘리트들은 특권, 즉 그들을 유리하게 만들어 주는 자아의식과 상호작용 양식을 개발한다. 구엘리트가 그들을 유리하게 만들어 주는 자원들 주위로 성벽을 쌓고 해자를 두르는 계급이었던 반면, 신엘리트는 스스로를 훨씬 더 개별화된 존재로 생각하며, 현재 자신의 위치가 자신이 해온 노력의 산물이라고 본다. 그들은 세련된 취향이나 "누구를 아는지"보다는 어떻게 행동하고 세상에 어떻게 다가갈지를 더 강조한다. 이것은 매우 특수한 엘리트 되기 방법으로, 오늘날의 문화적 습속과 전통적인 미국적 가치관의 대단히 흥미로운 조합이라 할 수 있다. 신엘리트층이 들려주는 이야기는 능력과 노력이 성공을 낳을 거라는, 미국인들의 뿌리 깊은 믿음을 바탕으로 한다. 그 이야기는 또한 무엇에서든 가치를 뽑아내고 흡수하면서 현재 일어나는 모든 일에 늘 정통한 21세기적 국제 전망을 동력으로 삼는다. 세인트폴이나 아이비리그 대학 같은 기관들은 그들의 이야기가 아무나 들어올 수 없는 요트 클럽처럼 보이기보다는 우리네 다양한 세상살이의 축소판처럼 보이게 하는 방식으로 말한다—비록 매우 특수한 사회적 규칙을 가진 축소판일지라도 말이다. 이 책은 세인트폴의 세계로 들어가 이곳 학생들이 배우는 특권에 대한 세 가지 가르침을 끄집어내 볼 것이다.

제1과
위계는 자연스러운 것이다.
이는 누구나 올라갈 수 있는 사다리이지, 누구를 가로막는 천장이 아니다

학생들은 그들이 누리는 행운에 대해 설명할 때 노력과 재능을 강조하라고 배운다. 이런 프레이밍은 열린사회에 대한 약속을 통해 강화된다. 그런 열린사회에서만이 노력이나 재능 같은 자질로 한 사람의 성공을 설명할 수 있기 때문이다. 그러나 학생들은 동시에 열린사회가 평등을 의미하는 것은 아니며, 오히려 그것과는 거리가 멀다는 점도 배운다. 위계란 자연스러운 것이며 늘 있어 왔고 앞으로도 그럴 것이라는 가르침이 끊임없이 반복된다. 열린사회 안에서도 승자와 패자가 있다. 하지만 그런 위치가 과거에는 상속을 통해 물려받는 것이었다면 오늘날에는 성취의 대상이라는 점이 다르다. 위계는 제한을 가하는 장애물이 아니라 출세를 가능하게 하는 사다리이다. 사다리를 올라가는 법을 배우기 위해서는 당신보다 위에 있는 사람들은 물론 아래에 있는 사람들과도 상호작용해야 하는데, 그 방법이 매우 까다롭다. 즉, 대등한 존재인 것처럼 행동하지 않으면서도 친밀감을 쌓아야 하는 것이다. 이는 꽤나 요령부득한 상호작용 기술로서, 위계를 존중하면서도 동시에 마치 그것이 존재하지 않는 척하는 것이다. 위계는 너무 고정되어 있거나 너무 존재감이 크면—즉, 닫힌 사회여서 노력과 재능이 아무런 의미가 없을 경우—위험하며 정당성이 없어진다. 따라서 학생들은 위계가 가능성을 부여하는 것이지 제한을 가하는 것이 아니라는—요컨대 공정한 것이라는—감수성과 그런 방식으로 상호작용하는 법을 배운다.

제2과
경험이 중요하다

학생들은 경험을 통해 제1과의 가르침을 배운다. 많은 세인트폴 학생들은 이미 특권적 배경을 갖고 있고, 그러니 이런 가르침들을 받아들이기가 좀 더 쉬울 거라고 생각할 수도 있다. 하지만 학교생활에 적응하는 것은 누구에게나 어려운 일이다. 이미 모든 성공의 열쇠를 쥐고 있는 양 행동하는 학생들은 특권 의식에 젖어 있다고 거부당한다. 학교에서 자신의 자리를 배워 나갈 때 학생들은 그들이 받은 유산이 아니라 **경험**에 의존한다. 당신이 누구인지를 중시하는 구엘리트의 논리에서 당신이 무엇을 해냈는지를 중시하는 신엘리트의 논리로 넘어오게 되는 것이다. 특권은 타고나는 것이 아니라 배워서 개발하고 길러

가야 하는 것이다.

제3과
특권은 상황에 구애받지 않고 편안하게 있는 것이다

학생들이 함양해야 하는 것은 어떻게 처신할지에 대한 감각이며, 이런 특권의 실천에 있어 핵심은 편안함, 즉 거의 어떤 사회적 상황에서도 안정감을 느끼는 것이다. 교실에선 『베오울프』*뿐만 아니라 〈죠스〉도 공부해야 하고, 교실 밖에선 클래식 음악과 힙합을 고루 듣는다. 우리가 "엘리트 지식"이라고 생각하는 것 — 서사시나 미술, 음악, 고전 등 — 을 동원해 자신을 구별짓는 대신, 신엘리트는 그런 지식과 더불어 그 밖의 다른 모든 것도 함께 배운다. 열린사회를 받아들이면서, 그들은 취향 면에서 급진적 평등주의 비슷한 경향을 드러낸다. 특권은 [자기들만의] 지식 주변에 경계를 두르고 그것을 자원으로서 보호하려는 시도가 아니다. 오히려 학생들은 일종의 잡식성을 드러낸다. 역설적이게도, 배타성은 위계적 열린사회에선 오히려 패자의 표식이다. 이런 관점에서 보면, 불평등은 엘리트층의 실천 때문이 아니라 오히려 소외 계층의 특성 때문이라 설명할 수 있다. 그들의 제한된(배타적인) 지식과 취향, 기질 때문에 새롭게 열린 세상의 과실을 손에 넣지 못한

▪ 북유럽 게르만족의 영웅 베오울프를 주인공으로 한 서사시로 고대 영어로 쓰인 가장 오래된 문학작품으로 알려져 있다.

것이다.

엘리트층에게 이런 편안함은 또한 상호작용에서 중요하게 쓰이는 체화된 자원이기도 하다. 식사부터 춤, 데이트에 이르기까지 일상의 평범한 행동처럼 보이는 것들 속에서 우리는 특권이 어떻게 학생들의 몸에 각인되며 학생들은 어떻게 서로 간의 상호작용을 통해 자신들의 특권을 드러낼 수 있는지 보게 될 것이다. 특권은 체화될 때 기회의 차이에 따른 결과가 아니라 기술, 재능, 역량 같은 걸로, 즉 "그 사람 그 자체"로 보이게 된다. 세인트폴 출신 학생들은 성공에 필요한 것들을 선천적으로 갖춘 듯 보인다. 이는 사회적으로 만들어진 차별점[구분]들을 자연화함으로써 끈질기게 지속되고 있는 불평등을 은폐하는데 일조한다.

이 책은 신엘리트층을 이해하고 특권이 주는 이런 교훈들을 통해 새로운 형태의 불평등을 설명해 보려는 시도이다. 이 연구는 종종 문화—학생들의 기질, 상호작용, 그리고 세상에 존재하는 방식—가 엘리트의 소속감을 규정하고, 그럼으로써 불평등을 조장하는 방식을 강조한다. 문화는 일종의 "자본"으로 생각해 볼 수 있다. 마치 돈처럼, 문화는 가치를 가지며 사회적 이점을 획득하는 데 사용될 수 있다. 이 책을 통해 나는 신엘리트층의 문화를 알아 가면서 능력주의 안에서 불평등이 작동하는 방식을 어느 정도 해명해 볼 수 있기 바란다.

세인트폴로 다시 돌아간 것은 대단히 고무적인 일이었다. 나는 어떻게 우리 사회의 가장 위엄 있는 기관들이 이전 세대에 통용되던 가정들을 다시 쓰고 보다 포괄적인 세상을 만들기 위해 노력하고 있는지 보았다. 하지만 모든 훌륭한 이야기들이 다 그렇듯, 이 이야기에도 이면이 있다. 세인트폴 출신 학생들은 의심의 여지없이 특권적이다. 그들은 실로 놀라운 이점들을 축적하는데, 이 학생들의 삶과 미국의 다른 십대 청소년들─심지어 뉴햄프셔 주 콩코드에 있는 이 학교에서 고작 몇 마일 떨어진 동네에 사는 아이들─의 삶 간에 보이는 괴리는 충격적일 수 있다. 엘리트층이 채택한 아메리칸드림은, 그 의도가 얼마나 선하든지 간에, 날로 증가하는 사회적 불평등을 배경으로 한다. 열린사회를 수용하고 특권을 체화하면서, 엘리트들은 이 세상에서 여전히 지속되고 있는 사회적 폐쇄성을 모호하게 만들었다.

20세기 내내 불평등에 맞선 투쟁들은 접근 기회를 위한 투쟁이었다. 여성, 흑인 등 배제되어 온 집단들이 우리 사회의 최고 기관들과 최고 위치에 통합될 수 있을 것인가를 놓고 벌어진 투쟁이었던 것이다. 이런 투쟁들은 대부분 승리했다. 그러나 그 결과는 우리가 상상했던 것과 사뭇 달랐다. 열린사회에 대한 약속은 단지 더 많은 접근 기회에 대한 약속이 아니라 더 많은 평등에 대한 약속이었다. 이 약속은 허구로 드러났다. 21세기 미국은 점점 더 개방돼 가고 있지만, 여전히 끈질기게 불평등하다. 우리의 다음 번 위대한 미국 프로젝트는 이런 역설로부터 벗어날 길을 찾는 것이어야 한다.

ST. PAUL'S SCHOOL

1

새로운 엘리트들

민족적·종교적으로 이질적인 민주주의 사회에서 대부분이 앵글로-색슨 개신교도로 이루어진 상류층의 장래 역할은 무엇일까? 이것이야말로 여러 가지 면에서 가장 중요한 질문이다.

에드워드 딕비 볼첼

항상 누군가는 다른 이들보다 우위를 차지할 것이다. 오늘 불평등을 없애 보라. 그러면 내일 다시 나타날 것이다.

랠프 월도 에머슨

나는 체이스 애벗의 건너편에 앉아 있었다. 우리가 마주 앉은 곳은 내 사무실이었는데, 벽에 목재 패널을 덧댄 그 방은 교내 주요 학업용 건물 중 하나인 스쿨하우스 1층에 있었다. 이따금 체이스는 그곳이 마치 자기 것인 양 영역 표시를 하는 것처럼 보였다. 그는 의자에 거의 드러 눕듯이 편안하게 몸을 맡겼다. 처음 들어와서는 내 책상 위의 문서들을 유심히 뜯어보았는데, 그 속을 뒤져 보고 싶은 욕구를 가까스로 억누르는 듯했다. 자리에 앉기 전엔 내 책장에 꽂힌 책들을 점검해 보고는, 심지어 한 권을 꺼내 무심한 척 휙휙 넘겨보고 엉뚱한 자리에 꽂아 넣기까지 했다. 대화에서도 편안함과 자신감이 넘쳐흘렀다. 어느 순간 면담을 하러 온 게 이 친구가 아니라 나라는 생각이 들 정도였다. 하지만 불가사의하게 자신감 넘치는 태도에도 불구하고 그는 여전히 십대 청소년이었다. 간혹 바닥을 내려다보거나 내 우측의 창문 밖을 내다보면서 시선을 피하곤 했다. 세인트폴 졸업반인 그는 아주 여유로운 것 같기도 했지만 동시에 어찌할 바를 모르는 것도 같았다.

체이스는 또래 친구들처럼 기다랗고 비쩍 마른 스타일이 아니었다. 보송보송하고 하얀 피부에 뺨과 코엔 홍조가 도는 얼굴이었다. 여름방학을 앞둔 학년 말이면 시어서커 정장에 분홍색 넥타이를 매고 양말 없이 보트슈즈를 신은 채 보터햇까지 쓴 모습으로 나타나곤 했는데, 그는 그런 차림을 했을 때 가장 편안해 보였다. 대다수 학생들이 기거하는 건물이자 학교 구성원들 전체가 모여 식사를 하는 곳이기도

한 어퍼the Upper에는 어두운 색 나무로 된 복도를 따라 모든 졸업생의 이름이 새겨져 있는데, 체이스는 삼시 세끼 밥을 먹으러 갈 때마다 수 세대에 걸쳐 같은 복도를 걸어 다녔던 애벗 가 남자들의 이름을 지나 쳤다. 그는 삶의 대부분을 세인트폴을 비롯한 엘리트 기숙학교 출신들 사이에서 보낸 셈이었다. 세인트폴에 다닌다는 건 그의 기억이 시작된 순간부터 예상된 일로서, 적어도 그에게는 생득권처럼 보였다. 하지 만 그의 학교생활은 성공적이지 못했다. 그는 성적이 좋은 것도 아니 었고 인기가 많은 편도 아니었다. 그가 가진 이 학교와의 오랜 연줄은 성공으로 전환되지 못했다. 엘리트 기숙학교 사회의 가장 중심부에서 나고 자란 체이스가 이 학교에서 학업에서뿐만 아니라 정서적으로 게 다가 사교적으로도 고전을 면치 못하고 있다는 사실은 내게 놀라운 일 이었다. 다른 학생은 몰라도 체이스 애벗만큼은 세인트폴을 제집 같이 여길 수 있는 부류가 아닌가.

룸메이트와 잘 어울리지 못하고, 지도교사나 다른 대부분의 교사 들과도 친해지지 못하는 등 유난히 힘겨운 첫 해를 마친 후, 체이스는 자신과 더 "비슷한 부류"의 학생들이 있는 앤드류스 하우스로 기숙사 를 옮겼다. 앤드류스의 학생들 역시 대체로 학교와 오랜 인연을 가지 고 있었다. 상당히 부유한 집안 출신인 그들 역시 체이스네 집안의 별 장이 있는 섬에 피서용 별장을 갖고 있었다. 대다수는 세인트폴에 입 학하기 전부터 이미 서로 알고 지내던 사이였고, 그렇지 않더라도 가 족이나 친구들을 거치면 바로 알 수 있는 그런 애들이었다. 그리고 그 가 학교에서 마음 붙일 곳을 발견한 곳도 바로 이곳이었다.

내가 체이스에게 어쩌다 세인트폴에 오게 됐는지 묻자, 그는 이런 질문 자체를 불쾌하게 여기는 눈치였다. 그는 바로 대대로 이 학교에 다녔던 집안사람들의 연대기를 읊기 시작했다. 그는 꼼꼼하게 학교의 역사와 자기 가문의 역사를 연결시켰다. 아버지와 할아버지, 삼촌들과 종조부들이 어느 교장 시절에 이 학교를 다녔는지 이야기하며 그는 마치 본인이 1930년대에 [세인트폴의 전성기를 이끈] 전설적 교장이었던 새뮤얼 드루리Samuel Drury의 재직 시절에 학교를 다니기라도 한 듯이 전직 교장들의 이름을 친밀하게 입에 올렸다. 자기 이야기, 그러니까 학교와 자기 집안의 역사에 대한 설교를 끝내며 체이스는 내게 화살을 돌렸다. **"선생님은** 어쩌다 여기 오시게 된 건데요?" 나도 그의 가족들이 수 세대에 걸쳐 다닌 이 학교에 다녔고 내 이름 또한 그의 가족들 이름 옆에 새겨져 있다고 대답하자, 그는 부러 약간 놀란 표정을 내비쳤다. 내 이름과 생김새는 체이스에게 내가 "그와 같은 부류"가 아니라는 사실, 그가 방금 들려준 것과 같은 유의 이야기를 나는 그려 낼 수 없다는 사실을 대번에 드러냈다. 내가 그에게 나의 훨씬 간결한 이야기 — 이 학교에 보낼 수 있을 정도로 재력을 갖추게 된 이민자 부모의 자식이라는 — 를 들려주는 동안, 체이스는 무심히 시선을 돌려 창밖을 심드렁하게 바라보면서 "흠……"이라고만 대꾸했다.

이런 대화가 만약 15년 전, 내가 아직 불안하고 서투른 십대 청소년이었을 적에 이루어졌다면, 아마 나는 수치심과 분노로 뒤범벅이 되었을 것이다. 하지만 세월이 흘러 나도 나이가 들고 학교도 변했기 때문에 나는 웃음밖에 나오지 않았다. 이 대화는 로버트 드 니로가 감독한 영화 〈굿 셰퍼드〉 중 한 장면을 떠올리게 했다. 영화에서 이탈리아 출신 이민자(이자 조폭인) 조셉 팔미[조 페시 분]는 스컬 앤 본스Skull and Bones[예일대의 엘리트 사교 클럽] 출신의 미 정부 소속 엘리트 에드워드 윌슨[맷 데이먼 분]에게 당신 같은 부류의 인생엔 뭐가 "있는지"

묻는다.

팔미는 이렇게 말한다. "이거 하나만 물어봅시다. 우리 이탈리아 인들에겐 말이야, 가족이 있소. 그리고 교회도 있지. 아일랜드인들한테는 조국이 있고, 유대인들에겐 전통이 있지. 심지어 깜둥이들한테도 자신들만의 음악이란 게 있잖소. 근데 당신들은 뭐가 있소?"

"우리에겐 미국이라는 나라가 있죠. 당신들은 그냥 방문객일 뿐이고."[1]

체이스의 "홈"은 그 나름대로 윌슨스러운 대답을 한 것이었다. 그에겐 세인트폴이 "있었고" 나 같은 사람은 그저 방문객에 불과했다. 자기 삶과 유산을 이 학교의 일대기와 연결하면서, 이 학교의 역사를 자기 것이라 주장하면서, 그리고 이 학교의 과거를 미화하면서, 체이스는 이 학교에 대한 소유권을 가져오려 한 것이다. 내가 웃은 건 이제 내가 나이가 들고 더 안정적인 사람이 되었기 때문만은 아니었다. 그의 그런 태도에는 어딘가 기묘하면서도 구식인 구석이 있었다. 학교의 역사를 들먹인다는 게 예전 같으면 설득력 있게 다가왔을지 모르겠지만 이제는 공허하게만 느껴졌다. 체이스의 질문과 내 대답에 대한 그의 반응 아래 깔린 힘이 무의미해진 것이다. 나는 이 학교가 제집인 양 하는 그의 시도들이 성공적이지 못했다는 것을 잘 알고 있었다. 그가 내 앞에 앉아 있는 이유 중 하나도 그가 학교생활에 힘들어하고 있기 때문이었다. 자신감과 독선이 주기적으로 끓어오르긴 했지만, 대부분의 시간 동안 그는 생득권이나 다름없는, 제집 같이 지내야 할 이곳에서 그렇게 지내고 있지 못했다.

다른 사람들은 나만큼 흥미로워 하지 않았다. 내가 체이스와 담소를 나누는 것을 보고, 나와 친하게 지내던 피터라는 학생은 다른 많은 이들이 했던 얘기를 똑같이 되풀이했다. "쟤는 집안 내력만 아니었어도 절대 여기 오지 못했을 거예요. …… 이 학교가 왜 아직도 저런 애를 받아 주는지 이해가 안 가요. 정말 이곳에 전혀 도움이 안 되는 애라니까요." 피터는 내가 체이스와 이야기를 나누는 것조차 거슬려 하는 것 같았다. 내가 세인트폴이라는 학교를 연구하기 위해 이곳에 와 있다는 걸 알았던 피터는 체이스가 여기 있을 자격이 없으며 그의 존재와 생각들은 내 프로젝트에 별 통찰을 제공해 주지 못할 거라고 강조했다. 피터는 코네티컷 주의 부유한 동네 출신으로 그의 집안도 엘리트 교육기관들에 연줄이 있었다. 그의 부모님은 하버드에서 만난 커플이었는데, 가족 중 하버드 출신이 그들이 처음도 아니었다. 그럼에도 불구하고, 피터와 체이스는 이 학교에서 자신들의 위치가 다르다고 생각했다. 체이스에게 그것은 생득권이었지만 피터에게 그것은 자신이 열심히 노력해서 얻어 낸 성과였다.

내가 이 학교에 교사이자 연구자로서 돌아오고 나서 처음 깨달은 사실은, 이 학교에 다니던 시절 내가 경험했던 유색인종 격리 조치가 과거의 유물이 되었다는 점이었다. 이제 유색인종 학생들은 캠퍼스 곳곳에 흩어져 살았다. 학생들에게 예전에 내가 "소수 학생 기숙사"에 있었다고 이야기했을 때 믿는 사람은 아무도 없었다. 한 학생은 사실 확인을 위해 도서관에 가서 과거 졸업 앨범들을 꺼내 보기까지 했다. 그는 흥분해서 돌아왔다. "믿을 수 없어요! 선생님 말씀이 맞았네요. **진짜** 한곳에 모여 살았네요! 저 방금 선생님네 기숙사 사진 보고 왔어요!"

학창 시절 내가 "소수 학생 기숙사"에 격리되어 있다는 걸 깨달았을 때만큼이나, 지금도 종류는 다르지만 격리가 이뤄지고 있다는 사실 역시 내게는 충격이었다. 오늘날에는 바로 체이스 애벗 같은 학생들이 거의 폐쇄된 사회 집단 속에서 살아간다. 가장 특권 의식에 젖은 학생들의 집단, 세인트폴과 아이비리그에 대대로 자식들을 보내는 미국에서 가장 저명한 집안 출신들 말이다. 체이스는 그와 "비슷한 부류"의 학생들과 같은 기숙사에 살았다. 동문 가족 전형으로 입학한 학생들 legacy students이 모두 다 체이스와 같은 곳에 살았던 건 아니지만, 개중 그런 연줄이 학교의 일원으로 인정받는 데 중요하다고 여기는—특권 의식을 가진—아이들은 그곳을 택했다. 학교 측 역시 이 사실을 잘 알고 있다. 학교에서 체이스의 기숙사를 그대로 둔 이유는, 학생들이 대개 살 곳을 직접 선택할 수 있다는 이유도 있지만, 그보다는 체이스 같은 애들과 살고 싶어 하는 학생이 거의 없기 때문이다. 불만을 가진 건 비단 피터만이 아니었다. 교사들도 체이스 같은 학생들의 존재를 공공연히 개탄했다. 집안 내력만 믿고 자신은 노력할 필요가 없으며, 노력해서 이 학교에 들어왔다고 말하는 학생들을 업신여겨도 된다고 생각하는 그런 부류 말이다. 학교 구성원들 대부분(교사, 직원, 학생, 졸업생 등)은 세인트폴의 치부로 체이스 같은 학생들을 지목한다. 그들은 그런 학생들의 입학 경위에 의문을 제기하고, 세인트폴에서 그런 학생들은 살아남지 못할 거라 생각한다—사실 체이스와 같은 태도를 지닌 학생들의 숫자가 점점 줄어들고 있는 걸 보면 그들의 생각이 맞다.

미국의 엘리트층에 무슨 일이 생긴 것일까? 가문의 번성이 중요하다고 믿는 기존의 지배 엘리트층이 어떻게 해서 세인트폴 같은 기관에 대한 영향력을 상실하게 된 것일까? 특권 의식을 가진 엘리트층이 어떻게 15년 전의 흑인 학생들처럼 점점 고립되어 가는 것일까? 그들은 힘을 잃은 걸까, 아니면 한곳에 밀집되어 있을 뿐 여전히 힘은 확고한 걸까? 그리고 세인트폴 같은 학교들은 어떻게 자기 학생들을 위한 특권은 계속해서 생산해 내면서도 그런 특권과 그렇게 오랫동안 결부돼 있었던 특권 의식은 거부할 수 있었던 것일까? 세인트폴과 같은 곳에서 발생한 이런 거대한 문화적 변동은 과연 엘리트층의 미래와 나머지 우리에게 무슨 의미가 있을까? 이런 질문들에 대한 답을 찾기 위해, 잠시 세인트폴에서 눈을 돌려 구체제ancien régime에서 구엘리트로, 그리고 다시 신엘리트로 넘어오기까지의 그 더딘 엘리트층의 변화 과정을 살펴보자.

엘리트들의 몰락과 발흥

현재의 엘리트들을 이해하기 위해서는, 먼저 그들을 최근의 급속한 사회 변화의 맥락 안에 두고 살펴봐야 한다. 독자들은 내가 250년의 역사를 "급속하다"고 표현하는 것에 놀랄 수도 있겠지만, 인간 역사의 대부분 동안 엘리트들이 비교적 정체해 있었다는 점을 감안하면, 우리의 엘리트들은 기하급수적인 속도로 변화하고 있는 것으로 보인다. 우리가 가장 주목해야 할 시대는 바로 "장기 19세기", 그러니까 프랑스대혁명으로부터 제1차 세계대전에 이르는 시기이다. 1789년과 1914년 사이에 우리는 세 번의 혁명을 겪었다. 프랑스에서는 정치적 혁명이었고, 영국에서는 산업혁명이었으며, 가장 중요한 건 국제적으로 발흥한 미국의 등장이었다. 이 세 혁명은 전 지구적으로 급속히 퍼져 나가며 우리 세계를 변화시켰다. 사회 권력의 중심은 정치적인 것에서 경제적인 것으로, 옛것에서 새것으로 옮겨 가는 듯했다. 왕정은 몰락했고, 민주주의가 부상했으며, 자본가들은 승리를 거두었다. 이 시기에 우리는 정치적 권리와 경제적 가능성이 엄청나게 확장하는 걸 보았지만, 그와 동시에 불평등 역시 크게 증가하는 걸 목격했다. 구체제—영원할 것만 같던 유럽의 귀족들—가 세상을 통제하던 힘을 잃고, 내가 "구"엘리트층이라 부르는 다른 종류의 엘리트층이 사회적 권력과 영향력의 담지자로 등장했다.

잘 알려져 있는 사실은 아니지만, "신"엘리트층—내가 보기에 오늘날 우리 주변에서 새롭게 부상하고 있는 집단—의 이념적 기반 역시 이 시기에 형성됐다. 우리 사회 엘리트층의 변화는 구체제의 몰락과 직접적으로 연결돼 있다고 할 수 있다. 우리가 아는 귀족정은 더 이상 존재하지 않는다. 이에 대해서는 상징적으로 왕과 왕비가 신민(곧 시민들)에 의해 참수당하는 광경을 떠올려 보는 것만으로도 충분할 것이다. 부르주아사회의 성공은, 부분적으로는, 우리 자신의 개인적 권리와 가능성에 대한 감각의 출현을 뜻했다. 생득적 차별점은 군주의 머리처럼 잘려 나갔던 것이다. 변화는 놀랍도록 빠르게 다가왔다. 기록상으로 남아 있는 대부분의 문화권에서 인간 사회는 왕이나 황제, 또는 군벌과 그 후계자들에 의해 다스려졌다. 구체제에서 구엘리트 사회로의 주된 변화는 작위titles의 상속에서 부의 상속으로, 그리고 귀속집단ascriptive groupings[2]을 중시하던 것에서 개인을 중시하는 것으로 바뀐 데 있었다. 이후 구엘리트층에서 신엘리트층으로의 변화는, 이 과정에 참여할 수 있는 잠재적 참가자들을 사회의 모든 구성원들로 (즉, 여성과 유색인종으로까지) 확장한 데 있다.

내 초점은 미국 사례에 있다. 이는 결코 우연이 아니다. 미국은 국가에 대한 새로운 모델을 제시했다. 장기 19세기는 낡은 유럽적 방식의 종말과 보다 미국적인 모델의 발흥을 보여 주었다. 18세기 유럽의 정치사상가들이 극찬했던 자유는 미국에서 (적어도 어떤 이들에겐) 더 현실화됐다. 그리고 유럽은 이내 자신의 과거와 점점 더 멀어지면서 미국적 자유 개념을 받아들였다. 미국에는 유럽 엘리트들과는 꽤나 다른 종류의 엘리트들이 있는데, 그것이 이 나라가 그토록 독특한 이유 중 하나다─그것이 바로 우리의 "미국 예외주의"[3]인 것이다. 유럽에서 귀족정치의 영향력은 1789년 파리에서 일어난 것과 같은 부르주아 혁명을 거치고 난 후에도 오랫동안 지속되었다. 1815년에 나폴레옹은 [프랑스혁명 이후 쫓겨났던] 귀족들의 지위를 복구시켰고, 이후 19세기 내내 프랑스는 [부르주아] 민주주의 혁명 이후라는 사실이 무색할 정도로 수많은 왕과 황제들을 배출했다.[4] 이런 상황을 설명해 줄 핵심 요인 중 하나는 문화다. 비록 군주들이 가진 정치권력은 제각기 엄청난 차이를 보였지만, 유럽 전역에 걸쳐 신흥 계급들은 귀족적인 문화적 표식들을 자신들의 부와 위치의 상징으로 활용했다.[5] 그런 귀족 문화가 없었던 미국인들은 부 그 자체를 자신의 상징물로 활용하는 경향이 더 높게 나타났다.

명예, 지위, 작위의 상속에서 부의 상속으로의 변화는 (특히 작위를 돈으로 살 수 있었다는 점에서) 사소해 보일지 모르지만, 사회적 삶을 근본적으로 재고하게 만든 변화였다. 돈은 벌 수 있지만, 작위는 주어지는 것이다. 이런 차이에서 핵심은 (왕의 아량이 아니라) 개인의 성과에 엄격히 근거한 사회적 유동성에 대한 약속에 있다. 구체제에서는 사회적 삶의 질이 거의 고정되어 있으며, 그 속에서 특권이든 가난이든 모두 날 때부터 주어지는 것이다. 소작농은 자신이 평생 소작농으로 살거란 걸 잘 알고 있다. 그러나 구엘리트 사회에서는 잠재적인 출세의 기회가 있다. 그런 기회 자체는, 그것이 아무리 실낱같다 할지라도, 사람들이 자기 자신을 이해하는 방식은 물론 타인들과 맺는 관계에도 변화를 가져왔다. 출세가 가능한 대신 파멸의 위험 또한 있었다. 엘리트들에게 있어, 빈곤층 및 중간계급의 발흥과 자신들이 파멸할 잠재적 가능성이라는 한 쌍의 위협은 사회적 삶의 근간을 바꿔 놓았다.

지위에 기반을 둔 귀족정에서 벗어났다는 것은 보통 자유주의적 평등을 재빨리 수용했다는 의미로 받아들여진다. 이는 듣기 좋은 이야기이긴 하지만, 명백히 허구다. 미국 역사에서 압도적으로 오랜 기간 동안 법에는 인구의 대다수가 시민권을 가질 자격이 없다고 되어 있었으며, 이 나라 역사의 상당 기간 동안 성인 인구의 대다수에게는 시민권도, 온전한 정치 참여의 자격도 주어지지 않았다.[6] 자본주의적 산업화 과정은 보통 민주주의의 출현과 연관되어 있지만, 자본주의의 성장에는 항상 귀족정에 대한 우려가 뒤따랐다. 토크빌은 1831년에 미국을 여행하면서 민주주의와 귀족정의 관계가 결코 배타적이지 않음을 내다보았다.

국가 안에서 여러 조건들이 점점 더 평등해지면서, 공산품의 필요성은 보편화하고 더 커져 간다. 가진 재산이 많지 않은 이들도 제품을 손에 넣을 수 있을 정도의 값싼 가격이야말로 성공을 가능하게 하는 필수 요건이 된다. 자신의 부와 지식을 산업에 바치려는 부유하고 학식 있는 이들이 나날이 증가한다. 이들은 엄격한 노동 분업이 존재하는 거대한 작업장을 차림으로써 사방팔방에서 눈에 띄는 새로운 수요를 충족시키려 한다. 그리하여 이 나라의 대중이 민주주의에 의지해 감에 따라 산업체를 운영하는 특정 계급은 더욱 귀족화된다. 사람들은 어떤 측면에서는 서로 점점 더 비슷해지는 동시에 다른 측면에서는 점점 더 차이를 나타낸다. 사회 전반적으로는 불평등이 줄어들지만 보다 작은 규모의 사회 집단 안에서는 불평등이 증가한다. 결론적으로, 이런 상황들의 근원으로 거슬러 올라가 보면, 어떤 자연적 자극이 민주주의의 심장부에서 귀족정의 등장을 촉발하는 것으로 보인다.[7]

　　많은 이들이 토크빌의 상상 — 이런 "산업 귀족" — 이 도금 시대, 즉 남북전쟁이 끝나고 제1차 세계대전이 일어나기 전까지의 시기에 현실화되었음을 느끼고 있었다. 비록 미국인들은 동시대 유럽인들보다 귀족정에 덜 경도되었지만, 머지않아 재력을 소유한 귀족이 모습을 드러낼 것처럼 보였다. 게다가 아주 최근까지도 특정 형태의 생득권은 불변의 것으로 남아 있었다. 시민들 사이에 뼛속 깊이 내재된 인종차별주의와 남성이 당연히 여성을 지배해야 한다는 신념을 버리는 데만도 수 세기가 걸렸다.[8]

　　도금 시대 동안 발생한 부와 엘리트 문화의 변화는 최근 우리가 겪은 사회 변화들과 몇 가지 점에서 아주 유사한 구석이 있다. 우선 경제와 사회생활이 모두 재개념화되었다. 2차 산업혁명이 동북부 지역에서 시작되어, 사실상 최초의 근대적 산업 경제가 구축됐다. 미국의 제품 생산은 곧 영국, 프랑스, 독일의 제품 생산을 합한 것보다도 앞섰다. 막대한 부의 축적이 동북부 도시들에 집중되었고, 그것은 오늘날까지도 건재한 이 나라 최고의 교육·문화시설들 대부분을 세우거나 지원하는 데 쓰였다. 동시에 이 과정은 미국 사회의 중추를 이루는, 땅을 소유한 일반 백인 시민이라는 이상적 시민상을 위축시켰는데, 수백만 명의 이민노동자들이 미국에 물밀듯이 몰려와 사회 기반 시설을 짓거나 공장에서 상품을 생산하는 데 고용되었기 때문이다. 이 이민노동자들 대다수가 시민으로, 거대한 국가적 프로젝트의 참가자로 받아들여졌다. 자본가들은 그들을 이용해 엄청난 부를 축적했다. 악덕 자본가들robber barons, 즉 반경쟁적이고 불공정한 사업 관행을 통해 산업을 지배하게 된 이들은 이민노동자들의 불안정한 위치와 인종 간 혹은 민족 집단 간의 긴장을 이용해 겨우 생존이 가능한 정도의 임금만을 지불하며 그들을 직접적으로 착취했다. 도금 시대는 어찌 보면 지금 우리 시대와 비슷했다. 즉, 이전 세기들의 사회적 제한과 비교할 때 부의 축적에 대해서는 상대적으로 개방적이었지만, 이런 개방성은 불평등의 엄청난 증가와 짝을 이루고 있었고, 그 불평등의 대부분은 인종적·민족적 차원에서 발생하는 것이었다. 뉴욕과 필라델피아의 은행들에 돈이 쌓여가는 동안 미국의 도시들에는 빈곤과 생활고에 시달리는 이들이 점점 더 늘어만 갔다.

가능성도 열려 있었지만 한계도 뚜렷했다. 인종과 민족성뿐만 아니라 젠더와 종교적 신념 같은 귀속적 특징들이 출세를 막거나 방해했다. 그러나 동시에 "일확천금"의 기회가 상존하는 것처럼 보였다. 이 시대는 특히 자수성가, 곧 호레이쇼 앨저류의 소설*이 들려주는 가능성에 열려 있었다. 실제로 사상 최대의 부를 쌓은 두 남자, 록펠러와 카네기는 무일푼에서 시작한 이들이었다. (꿈을 안고 미국으로 건너온) 값싼 이민노동자들에 힘입어 새로운 종류의 엘리트층이 출현해서는 대토지를 소유한 이전의 귀족층을 대체했다.[9] 미국 귀족층의 일원이

■ 앨저는 백 권이 넘는 소설들을 통해 가난한 소년들이 성실하게 일해서 안정된 중산층의 삶을 살게 된다는 성공 신화를 대중화했다.

되기 위해 더 이상 거대한 토지를 소유할 필요는 없었다. 하지만 여전히 (사회적 습속에 위배되지 않을 만큼 하얗거나) 백인이고 남자여야 했다. 또 이제는 상품을 만들거나 사고팔아야 했고, 아니면 이 나라를 규정하기 시작한 그 엄청나고도 복잡한 자본주의 시장에 참여하기 위해 새로운 금융 도구를 개발해야만 했다.

이 도금 시대 엘리트들은 별개의 계급으로 분화해 가면서 자신들과 노동자들을 사회적으로나 문화적으로, 그리고 심지어 공간적으로 분리하기 시작했다. 이에 따라 세계가 경제적으로 더욱 개방되어 가는 동시에 다른 형태의 사회적 봉쇄social closure*가 모습을 드러냈다. 엘리트들은 끝없이 치고 올라오는 다른 이들(고작 몇 년 전까지만 해도 그들 자신이 속했던, 성공을 위해 고군분투하는 부류 등)로부터 자신들을 보호하고 자신들이 누구인지 명확히 하기 위해 "우리"와 "그들"을 명확히 구별지었다. 부란 것이 엄청나게 중요해졌고, 미국인들은 적극적으로 이를 드러내 보였다. 이에 대해서는 허드슨 강가의 아래위로 조성된 대규모 사유지들이나, 공공장소 설계로 유명세를 떨쳤지만 실은 부자들의 땅을 설계하느라 바빴던 프레더릭 로 옴스테드** 같은 설계사들의 등장, 엘리트들의 집과 몸을 차별점과 차이의 표식들로 치장해 주는 티파니 같은 회사들만 떠올려 봐도 된다. 사회적 유동성으로 인해 자신들의 존재와 위치에 대해 불안감을 갖게 된 엘리트들은 엘리트 문

■   베버가 처음 사용한 개념으로, 한 집단이 자신들의 상황을 개선하고자 자원을 독점하고 충원을 제한하는 과정을 가리킨다. 예를 들어 귀족 사회, 숙련공 조합의 견습 체계, 전문가 집단(의사나 변호사 등)의 자격증 체계를 들 수 있다.

■■   뉴욕의 센트럴파크와 프로스펙트 파크, 나이아가라 폭포 주립 공원 등을 디자인한 공원 설계사로 미국 조경술의 아버지로 불린다.

화를 만들어 가기 시작했고, 엄격히 규제된 사회적 네트워크가 힘을 얻게 되었다. 이런 문화와 사회적 연줄들로 이루어진 네트워크는 엘리트들을 더 응집력 있고 폐쇄적인 사회 집단으로 만들었다. 당시의 불평등은 상당 부분 이런 폐쇄성으로 설명될 수 있으며, 그 방법의 일환으로 그들은 자신들을 대중과 분리하기 위해—실제로든 비유적으로든—담장을 쌓고 해자를 둘렀다.

이런 담장 쌓기는 아마도 뉴욕의 엘리트층이 가난한 서민, 노동자, 이민자들이 주로 거주하는 맨해튼 남쪽 공장 지대로부터 현재의 어퍼 이스트사이드(맨해튼 동북부)에 해당하는 안전 지역으로 집을 옮겨 간 현상에서 가장 분명하게 드러난다. 센트럴파크의 동쪽을 중심으로, 엘리트층은 그들만의 공간—뉴욕 시 안에 있지만 파이브 포인츠, 로워 이스트사이드, 그리니치빌리지 같은 바벨*과는 다른 차원의 세상—을 만들고자 했다. 그들의 새로운 집단 거주지는 고작 몇 마일 남쪽에 사는, 그들과 예전에 이웃하고 살았던 다른 계급 사람들을 배제하기 위해 지어진 것이었다. 1877년과 1881년 사이에 이 엘리트들이 실제로 제7뉴욕 민병대 **연대본부****를 어퍼 이스트사이드에 세웠다는

- 모두 이민자들의 대표적인 초기 정착지들이다. 예컨대, 영화 <갱스 오브 뉴욕>의 배경이 되기도 한 파이브 포인츠는 뉴욕의 차이나타운 서남쪽 경계에 위치한 곳으로 초기에는 독일과 아일랜드 출신 이주민들이, 그 이후로는 이탈리아와 중국 이주민들이 뒤섞여 살며, 각종 범죄가 난무하며 떠들썩했던 지역(babel)으로 유명했다. 영화 <원스 어폰 어 타임 인 아메리카>의 배경이기도 한 로워 이스트사이드는 동유럽 출신 이민자(주로 유대인) 정착지 가운데 하나로, 특히 밀주, 마약, 청부살인, 성매매 등으로 악명이 높았다.
- 제7뉴욕 민병대는 실크 스타킹(한때 왕이나 귀족, 부호들만이 신을 수 있던 스타킹) 연대로도 불리는데, 다른 민병대에 비해 뉴욕의 엘리트들이 다수를 점하고 있

사실을 잊어선 안 된다. 이전의 연대본부는 남쪽 다운타운에 있었지만, 부자들이 북쪽으로 이사하면서 이들을 보호할 민병대 본부 또한 함께 옮겨 간 것이다. 66번가와 67번가, 파크 애비뉴와 렉싱턴 애비뉴 사이의 한 블록 전체를 차지한 이 연대본부 건물은 "모든 방면에서 군중mobs을 막아 낼 수 있도록 지어졌다."[10] 연대를 훈련시킬 수 있는 공간까지 갖춘 그들의 새로운 본부 건물은 또한 계급 전쟁이 일어날 것을 대비해서 이 동네 가족들 대부분을 수용할 수 있을 정도로 넓었다. 게다가 이곳은 그들의 보호에 적합할 뿐만 아니라 편안함과 기호까지 고려해 맞춤 제작되었는데, 당대의 저명한 디자이너 루이스 컴포트 티파니와 스탠퍼드 화이트*가 이곳 내부의 오락실, 회의실, 사교실 장식을 설계하고 건축했던 것이다.[11]

엘리트층은 멀리 떨어진 곳으로 집을 옮김과 동시에 그것을 문자 그대로 요새화함으로써 자신들을 보호했을 뿐만 아니라, 문화시설들을 이용해서 구별짓기를 했다. 도금 시대에 지어진 메트로폴리탄 미술관이 괜히 5번가의 맨션들 사이에 자리 잡고 있는 게 아니다. 19세기 초반까지만 해도, "순수"미술은 계층을 막론하고 널리 소비되었다. 인쇄업자들이 복제한 그림들은 맨해튼 남쪽에서 싼 값에 팔렸다(주로 포르노그래피로 판 것이긴 했다). 하지만 자신들과 다른 이들 사이에 거리를 두려 한 엘리트층은 "순수 미술"을 박물관 벽에 가두고 반포르노

었기 때문이다. 이 건물은 뉴욕 부호들이 기부한 민간 기금으로 건설되었다.
* 루이스 컴포트 티파니는 19세기 미국의 보석 디자이너로 아버지인 찰스 루이스 티파니가 세운 고급 보석 브랜드 '티파니앤코'의 수석 디자이너로 활동했다. 스탠퍼드 화이트는 건축가로 뉴욕 워싱턴 스퀘어의 개선문 등 다양한 공공시설을 설계했으며, 이밖에도 부유층의 저택과 오락 시설 등을 설계해 준 것으로 알려져 있다.

그래피 컴스톡법*을 이용해 그것이 널리 소비되는 것을 막았다.[12] 지금 박물관들은 "공공" 기관으로 소개되곤 하지만, 초창기 박물관들은 그와는 전혀 거리가 멀었다. 박물관은 하층계급을 예술로부터 소외시키기 위해 작동했다. 극장은 가난한 서민들의 연극 관람을 점점 더 어렵게 만들기 위해 개조되었다. 로런스 러바인이 지적하고 있듯이, 『허클베리 핀』을 보면, 오늘날 우리가 고급문화적highbrow cultural 특성으로 여기는 것들이 19세기에만 해도 상당 부분 서민들 역시 향유하던 문화였다는 사실을 알 수 있다. 트웨인의 소설에서는, 공작과 왕**이 셰익스피어 희곡을 멋대로 공연하는 사기 행각을 벌이려다가 마을에서 쫓겨나는 일이 발생한다. 그런데 여기서 마을 사람들이 연극이 엉망이라는 사실을 알아챈 이유는 바로 그들이 셰익스피어의 희곡을 소상히 잘 **알고** 있었기 때문이다. 장차 고급 취향의 정점이 될 셰익스피어 희곡이, 그 당시에는 아칸소 주의 시골 사람들도 일상적으로 알고 있는 것이었다. 이와 유사하게, 오페라 역시 가난한 계층, 특히 미국에 온 지 얼마 되지 않은 이민자들 사이에서 엄청난 인기를 끌었고, 오페라 극단은 당시 "후미진 벽지"라 여겨지던 곳까지 전국 방방곡곡을 돌아다니며 안목 있는 관객들 앞에서 공연을 펼쳤다. 그러나 극장이 연극을 [서민들로부터] 격리시키고 콘서트홀이 오케스트라와 오페라를 격리시키기 시작하면서(그리고 예술가들이 부자들 곁을 떠나지 않도록 뉴

---

* 1873년에 사회운동가 앤서니 컴스톡이 주창한 법으로, 우편을 이용해 음란한 내용의 문서나 그림, 피임 또는 임신 중지 도구 등을 배포하는 것을 금지했다.
** 자신이 브리지워터 공작 가문의 상속자라 주장하는 중년의 사기꾼과 프랑스 루이 16세의 아들로 왕이 되어야 한다고 주장하는 노인을 가리킨다.

욕의 부호들이 그들에게 충분히 사례하기 시작하면서), 문화적 차이는 계급을 구분하는 보다 지배적인 표식으로 자리매김하기 시작했다.[13]

세인트폴은 바로 19세기 미국의 이런 격동 속에서 탄생했다. 후술하겠지만, 정확히 누가 엘리트층을 구성할 것이며, 어떻게 그들의 엘리트 지위가 다음 세대로 대물림될 것인가를 둘러싼 긴장은 미국의 전통적 부유층이나 신흥 부유층 모두의 커다란 걱정거리가 되었다. [이같은 상황에서] 명문 기숙학교는 엘리트 양성소로 자리 잡았다. 그런 학교들은 엘리트들이 서로 연결될 수 있는 네트워크를 형성하고 공동의 경험을 쌓을 수 있도록 해주었다. 구분과 지리적 격리를 만들어 낸 문화시설들과 유사하게, 명문 기숙학교들은 엘리트층이 자녀들을 다른 세상, 피부색이 어둡고 가난하고 그들과는 꽤 다르며 제법 위험하기도 한 이들과 동떨어진 세상에 둘 수 있도록 지원한 것이다.

명문 기숙학교들

세인트폴의 창립 멤버는 다섯 명에 불과했다. 1856년, 세 명의 학생과 한 명의 선생, 그리고 결혼한 지 일주일 된 그의 아내가 마차를 타고 뉴햄프셔 주의 콩코드에 있는 단독주택에 도착했다. 학교는 보스턴 명문가 출신의 저명한 의사였던 조지 C. 셰턱 2세George C. Shattuck Jr.가 기부한 밀빌의 별장에 마련됐다. 첫 교사이자 유일한 교사였던 헨리 코이트Henry Coit는 당시 겨우 스물네 살이었다. 그가 이 자리를 수락한다고 했을 때, 세인트폴의 초대 이사회는 "당신은 학교의 땅과 건물들을 소유하게 되겠지만, 우리가 당신에게 급여를 줄 수 있으리라고는 약속하지 못합니다"라고 말했다. 학생들과 코이트는 자급자족해야 했다. 오늘날까지도 전해지는 이야기에 따르면, 도착하자마자 학생 둘은 공부를 시작했고 다른 한 학생은 낚시터로 보내졌다. 저녁거리가 필요했기 때문이다. 그들은 도시의 타락한 생활에서 벗어나 전원의 가족적인 환경에서 지내게 되었다.

일주일에 6일, 세인트폴 창립 멤버는 해 뜨면 일어나 함께 기도하고, 그날 주어진 일들(청소, 농사, 유지 보수)을 하고, 밥을 먹고, 공부하고, 기도하고, 침실로 돌아갔다. 일요일은 예배당에서 보냈다. 장차 미국 엘리트층의 본산 중 한 곳이 될 학교의 출발은 이처럼 소박했다. 코이트가 임기를 마칠 무렵 그는 영국의 럭비 스쿨을 이끈 토머스 아널드Thomas Arnold의 영향력[14]에 필적할 만큼 미국의 교육 체계에 막대한 영향력을 행사하고 있었다. 코이트는 1895년, 생을 마감하는 날까지도 학교의 책임자 자리를 굳건히 지켰다. 그의 40년 임기가 끝나는 시점에 세인트폴은 35명의 교사와 345명의 학생을 보유한 학교가 되어 있었다.

미국의 다른 두 유명한 기숙학교인 필립스 앤도버 아카데미와 필립스 엑세터 아카데미는 세인트폴보다 거의 한 세기 앞서 창립되었다. 이 두 학교는 영국식 기숙학교와 훨씬 더 비슷해서, 재학생 소년들에게 상당한 독립성과 이동을 허용하는 영국식 모델을 차용했다. 앤도버와 엑세터에서 학생들은, 수 세기 전 창립된 영국의 전통적인 학교들과 마찬가지로, 캠퍼스 밖에서 하숙을 했다. 19세기 초반만 해도 영국 기숙학교들은 사랑하는 자식들을 보낼 만한 곳이 아니었고, 아이들이 교육을 받을 만한 곳은 더더욱 아니었다. 제임스 맥라클랜이 기숙학교에 대해 설명하면서 지적한 대로, "19세기 초반 영국의 교육은 사상 최악의 수준이었다. 대학들은 빈사 상태였고, 중등교육은 너무나 중구난방이라 그 어떤 일반화도 불가능했다."[15] 어거스트 헉셔는 그런 학교들이 "개탄스러운 상태에 있었고, 학문적으로 안일했으며, 학생들은 방종하고 반항적이기 일쑤였다"라고 짚었다.[16] 이튼, 해로우, 럭비 같은 [영국의] 유명 학교들은 한 학급당 학생 수가 100~200명에 달했다. 학생들은 학교 안에서 살지는 않았지만(몇몇 가난한 학생들만 그랬다), 호화로운 사설 숙박 시설에서 학교 당국과는 완전히 독립된 채 보통은 꽤나 자유분방하게 살았다. "소년들은 이런 학교들에서 양질의 고전적 교육을 받을 수 있겠지만, 그러기 위해서는 상당 부분 본인의 주도적인 노력이 있어야만 했다."[17]

세인트폴이 개교한 지 얼마 지나지 않아 미국의 학교들도 세인트폴의 비전을 좇아 학생들의 독립성을 제한하고 공동체의 성장을 장려하는 학교로 변화해 갔다. 원래 1850년대 이전까지만 해도 학교들은 어린 소년들에게 스스로 성장할 수 있는 기회를 주었지만 세인트폴은 그런 기회를 허용하지 않았다.[18] 세인트폴은 새로운 시대의 풍습을 본보기 삼았고, 이미 확실히 자리 잡은 영국 학교들과 미국 학교들도 아직 실현하지 못한 빅토리아시대의 이상을 토대로 지어졌다. 이 학교의 목적은 국가나 부유층에 봉사하는 충신들을 대량생산하는 것이 아니라, "신사들"의 공동체를 만들어 내는 것이었다. 세인트폴이 학생들의 미래—대학 생활, 경제 활동 등등—를 준비하기 위한 프렙 스쿨이라는 생각은 상당히 오해의 소지가 있다. "이 땅에서의 배움을 허락해 주시고, 그 지식이 하늘에서도 이어지게 해주옵소서"Ea discamus in terris quorum scientia perseveret in coelis라는 교훈校訓은 뚜렷한 현실적 목표를 내세우지 않는 이 학교의 내세적 방향성을 보여 준다. 세인트폴의 1회 졸업생 70명 중에서 대학에 진학한 학생은 다섯 명뿐이었다. "진보적이고 인문학적인 커리큘럼에 종교적 훈육과 스포츠 활동, 그리고 공동체 생활을 결합한 이곳의 이상은 이 학교를 그 자신만의 길로 가도록 인도했다."[19] 이는 [유년기의] 순수함을 "온화하고 가족적인 기독교적 교육을 통해 육성"함으로써 이루어졌다. 학생들은 비도덕적이거나 악마적인 영향으로부터[20] 안전하도록 격리된 가족적 환경에서 고도로 통제받는 생활을 했으며, 이런 친밀도 높은 환경 속에서 기독교적 가치관을 교육받았다.

장기 19세기가 진행되면서, 아이들이 가족과 시설[기관]에 의존해 교육을 받아야 한다고 생각되는 기간은 점점 더 길어졌다. 빅토리아시대 사람들도 소년들이 좀 더 순수하고 순결해 보이는 시기인 유년기를 연장시켰다. 방치한다면 빠른 속도로 타락할 것이기 때문에 의존성과 순수함은 떼려야 뗄 수 없는 관계였다. 1860년대 무렵에는 세인트폴 학생들의 나이가 1820년대 하버드 대학생들의 나이와 비슷했고, 세인트폴의 커리큘럼은 그 시대 하버드의 커리큘럼과 거의 유사했다.[21] 이렇게 늦춰진 성년기는 상류층 아이들에게 성장의 세 단계를 제공했다. 첫 번째는 가족과 함께 집에서, 두 번째는 격리를 통해 그들의 순수함을 보호하는 세인트폴 같은 학교에서, 그리고 마지막은 격리는 덜 하고 각자 스스로를 책임지도록 맡겨 두는 대학이나 견습직에서였다. 여기서 목표는 젊은 청년들이 성장의 세 번째 단계에 들어서기 전인 처음 두 단계를 통해 그들을 보호하는 것이었다. 이런 구조는 또한 으레 집에서 일터로 직행하는 가난한 노동자계급의 아이들과 중상층 아이들을 구분지었다. 부자들은 연장된 유년기 동안 "더 큰" 도덕성의 발달을 이루었고, 이런 발달은 그들에게 차이의 표식, 신사다운 도덕성이라는 표식을 제공했다.

　그런 발달에 내재된 가부장주의는 충분히 강조되지 않으면 안 된다. 세상에 홀로 남겨진 소년들이 도덕적 존재로 성장하리라고 기대할 수는 없는 노릇이었다. 차라리 그들은 부패로부터 격리되어야 했고 한시도 눈을 떼지 않는 감시가 필요했다. 가족이라는 제도의 사회적 역사에 대한 방대한 연구에서, 필립 아리에스Philippe Aries는 소년들에게 심각한 도덕성 관리가 요구되었다고 언급했다. 부모들은 종종 아들을 지켜보고, 보호하며, 도덕적 곤경을 피할 수 있도록 도와줄 개인교사preceptor를 고용했다.[22] 프랑스 귀족인 앙리 드 멤므H. de Mesmes의 전기를 인용하자면, "아버지는 도라의 제자인 J. 말루당을 내 개인교사로 붙여 주었는데, 그는 학식 있는 남자로, 생활이 청렴할뿐더러 연배가 (내가 그처럼 스스로를 통제할 수 있을 때까지) 내 청년기를 인도하기 적합했기 때문에 선택된 것이었다."[23]* 16세기 프랑스가 배경인 이 이야기가 보여 주듯이, 소년들의 도덕성을 이렇게 가부장적으로 보호하는 행위는, 빅토리아시대에 훨씬 더 강화되었다. 세인트폴이 개교했을 당시, 멤므에게 충분했던 단순한 감독 조치는 더 이상 충분하지 않게 되었다. 이제는 격리까지 필요해진 것이다. 19세기 말 미국에서는, 개인 교사가 기숙학교로 진화했다.

■　아리에스의 설명에 따르면, 개인 교사는 콜레주를 대신하는 존재가 아니라 콜레주에 다니는 부유한 집안 출신 아이들을 데리고 다니면서 학교생활과 학업을 공유하고, 이들을 감시하고 보호하며 돕는(특히 학교생활에서의 육체적·도덕적 위험을 방지하는) 역할을 하는 나이 많은 동료였다.

커리큘럼만 놓고 보면 세인트폴은 그보다 심지어 150년 앞선 학교들과도 별반 차이점이 없었다. 학교 창립 당시에는 라틴어, 희랍어, 수학, 이렇게 세 과목이 있었다. 20년 후에는 영어, 프랑스어, 그리고 역사가 추가되었다. 종교 의식은 일상 활동을 특징지었다. 학교가 창립된 이후 거의 한 세기 동안 매일같이 예배가 있었고, 일요일마다 세 번의 예배가 진행되었으며, 목요일 저녁에는 교장이 설교를 했다. 이 중 그 어떤 것도 당대의 다른 학교들에 비해 유별나게 새로운 건 없었다. 세인트폴에서 중요한 것, 이후의 기숙학교들이 모방한 것, 그리고 오늘날까지도 핵심으로 남아 있는 것은 그 안에서 살아가는 방식이었다. 소수의 학생들이 코이트와 함께 도착해 그와 그의 아내의 집에 함께 들어가 사는 모습을 떠올려 보면 이해가 쉬울 것이다. 영국의 비슷한 학교들이나 앞서 세워진 미국의 학교들과는 달리, 세인트폴의 학생들은 가족 또는 공동체라 불리는 환경 속에서 교사들과 함께 살았다.

학생 수가 늘어남에 따라, 학교 당국은 세인트폴의 근간을 이루는 공동체 의식의 함양과 유지를 위해 새로 충원되는 교사들에게도 (가족이 있다면 가족과 함께) 학교 안에서 생활하도록 종용했다. 코이트 이래로 세인트폴의 교장들과 이사회는 내부적으로나 외부적으로 이 같은 공동체 의식을 온전히 유지하기 위해 분투했다. 시간이 흐르면서 그들은 학교 주변의 모든 땅을 사들여 원래의 소박한 50에이커 부지를 2000에이커[8.1제곱킬로미터]의 최신식 부지로 탈바꿈시켰다. 모든 교사와 그 가족들은 계속 캠퍼스 안에서 ─ 대부분 기숙사와 붙어 있는 집에서 ─ 생활했다. 그들은 부모를 대신하는 역할을 했으며, 보통 학교와 그들이 가르치는 학생들에게 일생을 바치는 것 같았다. 학교 문장紋章에는 펠리컨 한 마리가 새끼들을 먹이기 위해 자신의 가슴살을 직접 떼어 내는 그림이 있는데, 이는 학생들이 매우 훌륭한 그들의 스승들에게 기대할 수 있는 것, 곧 궁극적인 희생을 상징한다. 과거와 마찬가지로, 오늘날에도 세인트폴에서는 학생들과 교사들이 함께 생활할 뿐만 아니라 하루 대부분의 시간을 함께 보낸다. 개교 시점부터 이 학교는 놀라울 정도로 정기적으로 전체 구성원 모임을 가졌다. 초창기에는 전교생과 교사들이 일주일에 30번 이상 모였다. 그들은 만찬장에서 모든 식사를 함께했고, 매일 아침 그리고 일요일에는 몇 번이고 예배당에서 함께했으며, 일주일에 6일은 운동장에서 만났다. 기숙사는 최소한의 사생활만 보장하도록 설계되었다. 오늘날까지도 학생들의 방문에는 잠금장치가 없으며, 교사들은 낮이고 밤이고 언제나 학생들 방문을 열어젖힐 수 있다. 또래 아이들끼리만 방을 쓰도록 되어 있지도 않다. 학교 측의 구상은, 학생들이 마치 형제처럼, 나이 많은 학생들이 어린 학생들과 함께 살며 그들을 보살피는 것이다.

세인트폴은 오늘날에도 여전히 유럽식 제도의 일부 특징을 차용하고 있다. 학교 역사의 대부분 동안 세인트폴은 [9~12학년이 다니는] 고등학교가 아니라 7~12학년생들을 위한 곳이었다. 영국 학교들과 유사하게, 학생들은 퍼스트 폼first form에 입학해 식스 폼sixth form 학생으로 졸업했다. 이런 "폼" 체제는 세인트폴에 여전히 존재한다.* 학생들은 신입생freshman이 아니라 써드 폼third form[일반고의 9학년]으로

---

* 폼 체제는 만 12세부터 진행되는 영국의 전통적인 고등교육 체계에서 따온 것이다. 1990년대 이전까지 영국은 퍼스트 폼(7학년)으로 입학 후 매년 다음 폼에 진급하고 마지막 식스 폼은 2년 과정으로 13학년에 졸업하는 체제였다. 현재는 영국에서도 폼 체제가 거의 사용되지 않으며, 식스 폼 칼리지Sixth Form College로 불리는 2년제 고등교육 과정 형태로만 남아 있다.

들어오는 것이며, 졸업반senior class은 식스 폼sixth form이라고 한다. 이는 세인트폴 학생들과 다른 공립학교 학생들 사이의 상징적 차별점을 만들어 낸다.

기숙학교가 엘리트들의 자녀를 "유해한" 영향으로부터 보호했다는 식으로 말하는 것은, 심각한 인종차별주의와 계급 보호주의라는 이미 우리에게 익숙한 이야기를 건전하게 보이도록 포장하는 것이다. 초창기 미국에서 앤도버와 엑세터가 개척했던 모델은 꽤 성공적이었는데, 19세기 중후반에 엘리트들이 위기를 맞게 되자 상황은 달라졌다. 이 위기란 바로 도시 빈곤과 이주민의 유입이라는 이중의 위협이었는데, 여기에 도금 시대의 새로운 경제를 특징지은 운 좋은 이민자들이 쌓은 엄청난 부로 말미암아 구엘리트층[의 위상]이 점점 취약해지는 상황까지 결합되었다. 엘리트층 아이들은 더 이상 도시에서 안전하지 못했고, 엘리트 가문들은 경제적 지배를 넘어 그들의 지위를 공고히 할 수 있는 사회적 네트워크를 강구하고 있었다. 그들은 보호를 위한 피난처가 필요했다. 그리고 기숙학교가 바로 그것이 되어 주었다.

　동북부 지방 전역에 걸쳐 유럽에서 새로 건너온 이민자들이 뉴욕과 보스턴, 필라델피아 같은 도시들에 넘쳐 나고, 산업화가 폭발적으로 진행되며, 계급 간 긴장이 상승하면서, 엘리트층은 현대화되어 가는 국가의 위협으로부터 그들 가문을 보호할 수 있는 기관들을 세우기 시작했다. 박물관이나 오케스트라 공연장, 극장 같은 문화시설들이 엘리트와 엘리트가 아닌 자들 사이에 상징적인 경계를 그은 것처럼, 그리고 파크 애비뉴 아모리[제7뉴욕 민병대 본부 건물의 또 다른 이름]가 달갑지 않은 사람들[예컨대, 범죄자들을 비롯한 위험인물들]을 상대로 잠재적 방어벽을 세운 것처럼, 기숙학교 같은 기관들은 엘리트 소년들을 가난한 이민자들의 위협으로부터 물리적으로 격리시켜 그들의 사회적 위치와 순수함 모두를 보호했다.

니콜라 바이젤에 따르면 엘리트층에게는 가족 간의 유대가 필수적이다. 사실 좋은 가족 관계를 유지하는 것은 때로 자본 이익보다 더 중요했다.

> 자본가의 목표는 자본을 가능한 한 많이 축적하는 것이 아니라 사회적으로 선택받은 이들에게 받아들여질 수 있는 가문을 만드는 것이었다. 상류사회에 받아들여지기 위해서는 부유해야 했지만, 부유하다고 받아들여질 수 있는 건 아니었다. 이 외에 한 가문이 자기 위치를 유지하기 위해서는 더 많은 부를 축적하는 것이 아니라 사교계에서 유대를 돈독히 해줄 사교 활동에 참여하는 게 필요했다.[24]

기숙학교는 가문들이 서로 유대를 형성하고 그 관계를 공고히 하는 데 일조했으며, 여기서 아이들은 다른 엘리트들과 함께 활동하는 데 필요한 소양을 갖출 수 있었다. 이런 학교들은 성공에 필요한 지식뿐만 아니라 미국 엘리트층에 필수적인 문화, 도덕성, 그리고 사회적 유대의 제공을 목적으로 하는 보호주의적 기관들이었다. 미국 구엘리트층의 압도적 관심사가 그저 자본축적만은 아니었다는 사실은, 장벽을 세워서 다른 이들이 자신들의 공간에 침범하는 것을 막고자 했던, 더 오래

되고 더 귀족주의적인 형태의 엘리트에 대한 암묵적 동의를 보여 주는 것이기도 하다.

그렇다면 기숙학교들은 신엘리트의 등장과 우리 사회의 개방성을 관찰할 수 있는 가능성이 제일 낮은 곳으로 보일 수 있다. 그러나 우리는 소중한 노블레스 오블리주 정신을 잊어서는 안 된다. 우리네 엘리트층이 오늘날에도 그렇고 한 세기 전에도 지녔던 믿음, 그들의 특권적 위치에는 불우한 이들을 위해 좋은 일을 해야 한다는 책임 또는 의무가 따른다는 믿음 말이다. 엘리트 대부분은 진심으로 엘리트 학교들이 이 나라의 도덕적 권위를 담지하는 매개체라고 믿는데, 특히 엘리트 학교 출신일수록 그렇다. 미국 사회가 변해 감에 따라, 세인트 폴 같은 곳의 엘리트들은 그들이 남들을 뒤따르기보다는 앞서서 이끌어야 한다고 생각했다. 학자들은 그런 학교를 설립하는 데 필수적인 일종의 고립주의와 보호주의가 오늘날에도 여전히 작동하고 있다고 주장해 왔다.[25] 기존의 이론에 따르면, 교육기관들은 학생들에게 장래 사회적·문화적 위치에 맞는 소양을 길러 주는 역할을 한다. 따라서 학생들은 개성을 잃어버리고 "자기 계급의 병사"가 된다. 이런 정식화에서 기숙학교는, 그 구성원들에게 특정한 성향이 생겨나도록 그들의 삶을 통제하는 "총체적 기관"total institution"이다.[26]

- 어빙 고프먼은 자신의 저작 『수용소』(심보선 옮김, 문학과지성사, 2018)에서 "비슷한 상황에 놓인 다수의 개인이 상당 기간 동안 바깥 사회와 단절된 채 거주하고 일하는 장소"(11쪽)를 총체적 기관으로 정의한다. 정신병원, 교도소, 군대, 기숙학교 등 "총체적 기관에 수용된 개인들은 외부와 단절된 공통의 일과를 보내며, 공식적 행정의 관리 대상이 된다"(11쪽).

시작부터 엘리트 학교들은 개인주의라는 다루기 힘든 물질을 녹여 엘리트 집단주의라는 강철로 빚어내는 책임을 지게 되었다. 학생들을 고향으로부터 격리시키고 그들의 성장에 개입하면서, 자기 계급의 병사가 돼 주기를 바란 것이다. 총체적 기관은 집단의 이익을 향상시키기 위해 자신의 중요한 일부를 포기하도록 개개인에게 압력을 가하는 도덕적 환경과 같다. …… 학생들이 함께 먹고, 자고, 공부해야 하는 조건은 집단적 정체성을 만들어 내고 지속적으로 강화한다.[27]

나는 이런 설명이 한 세기 반 전, 세인트폴의 초창기 시절에는 사실이었다고 생각한다. 하지만 이런 일반적인 관점은 엘리트 기숙학교들 내에서 발생한 엄청난 변화와 자기 변신을 고려하고 있지 않으며, 따라서 이런 기관들이―그리고 엘리트층 자체가―오늘날 어떻게 작동하는지에 대해 잘못된 인식을 심어 준다. 예를 들어, 세인트폴이 자신을 세상을 반영한 모델, 전형으로 제시한 것은 50년도 더 된 일이다. 세인트폴의 교장이었던 매튜 워런은 1960년에 졸업생들에게 이렇게 이야기했다. "우리는 바로 우리가 뻗어 나갈 세상의 축소판입니다. 여기서는 어떤 식으로든 20개국이 대표됩니다. 미국 사회의 모든 부분이 여기 있습니다. 장학금을 받는 비중도 거의 4분의 1에 달합니다."[28] 학교를 세상의 축소판으로 보는 이런 관점은 이 학교가 노골적인 계급 재생산이나 엘리트 집단주의와 연관돼 있다고 보는 모든 주장과 상충하는 것이다. 세인트폴이 처음으로 흑인 교사인 존 T. 워커를 고용한 것은 1950년대로 민권운동 기간 중 사회적 저항이 분수령을 이룬 시점보다 훨씬 이전의 일이었다. 세인트폴은 세상을 재생산하는 기관이 아니라 변화시키는 기관으로 자임하고 있다. 물론 이 같은 변화는 매우 더디게 진행되었으며, 문제가 없는 것도 아니었다. 하지만 계급 재생산의 협력자가 되는 대신 세상의 축소판이 되겠다는 이 학교의 이상은 구엘리트층의 계급 기반 모델—귀속적 차이를 활용해서 인구의 대부분을 배제하고 문화와 도덕성, 사회적 유대로 자기 집단을 세상의 압도적 다수로부터 차단해 버렸던—에 엄청난 변화가 생겼음을 상징한다. 더욱이 내가 세인트폴에서 지내는 동안 목격했던, 인적 자본을 점점 더 강조하는 모습이나 학생들과 교사들이 지닌 개인적 차별점에 가치를 두는 모습은 일반적인 계급 집단주의 개념과 상반된다.

이렇듯 개인의 고유한 특성과 역량을 점점 더 강조하게 된 데에는 엘리트 학교에 자녀를 보내는 가장 부유한 미국인들이 돈을 버는 방식이 변화한 이유가 적잖이 작용한다. 1929년, 미국에서 가장 부유한 0.01퍼센트가 얻는 수입은 압도적으로 자본에서 비롯되었다. 이들 부유층의 총소득 가운데 70퍼센트는 공장 등에 대한 소유권에서 왔으며, 임금을 통해 벌어들이는 돈은 고작 10퍼센트에 불과했다. 1998년 즈음에는 이런 상황이 근본적으로 바뀌었다. 오늘날 미국 최고 부자들의 수입 중 단 17퍼센트만이 자본에서 비롯되고, 수입의 절반 이상인 52퍼센트는 임금 소득이다.[29] 오늘날 부자들이 자신들의 위치를, 그

■ 흔히 신자유주의 '금융화'가 임금 소득 비율의 감소와 자본 소득 비율의 증가를 의미한다고 생각하지만, 현실은 그렇지 않다. '효율성'을 명목으로 한 무분별한 구조 조정과 이를 통한 주주 가치의 상승, 그리고 그 이후에 전문 경영인들에게 배당되는 어마어마한 금액의 스톡옵션 등을 생각해 보면 되는데, 이를 통해 최상층의 임금 소득은 크게 증가하고 점점 더 집중된다. 이 점에서 뒤메닐과 레비는 금융화된 신자유주의를 "상위 소득 계층의 소득 발생을 목표로 한 사회질서"라 말한다. 좀 더 자세한 설명은 제라르 뒤메닐·도미니크 레비, 『신자유주의의 위기』 (김덕민 옮김, 후마니타스, 2014), 46-47쪽 참조.

들이 가진 자본이나 물려받은 위치가 아니라, 그들이 하는 일로 설명한다는 사실은 매우 중요하다. "우리"와 "그들" 간의 차이는 이전처럼 공장을 소유하느냐 그 공장에서 일하느냐의 차이를 기반으로 하지 않는다. 오히려 엘리트층은 자신들을 다른 이들과 동일시한다. 아침에 일어나 월급 받기 위해 출근한다는 것이다. 경제구조와 경제적 보상 구조의 변화는 부자들에 대한 문화적 이해도 바꿔 놓았다. 이제 단순히 계급 집단주의만으로는 엘리트층이 누구이고 그들이 왜 다른 이들과 다른지에 대해 설득력 있게 설명하지 못하게 된 것이다.

우리의 신엘리트층을 이해하기 위해서는 새로운 이해 방식이 필요하고, 이는 우리가 이 나라를 옥죄는 새로운 형태의 불평등을 이해하는 데 도움을 줄 것이다. 우리는 능력주의의 발흥이 어떻게 보호주의와는 멀어지고 개방성과는 가까워진 신엘리트층을 만들어 냈는지 이해해야 한다.

신엘리트층, 오래된 불평등, 그리고 능력주의의 발흥

도금 시대가 저물면서 [부자가 될 수 있는] 가능성 역시 상당수에게는 사라졌고, 아메리칸드림 역시 공장과 조선소들에서 끊임없이 요구되는 고된 노동으로 인해 퇴색했다. 자본주의의 거대한 엔진에서 개개인의 발전을 위한 공간은 존재하지 않는 듯했으며, 그저 끝없는 노동력 공급, 이름 없는 소모용 부품들의 공급만 필요할 뿐이었다. 그 엔진을 작동시키는 이들, 곧 엘리트층은 자신들의 지배를 굳건히 하고 자신들의 요새 주변에 담장을 높이 쌓아 올렸다. 미국의 2000여 엘리트 가문들의 혈통과 주소, 결혼 이력 등을 편집한 『사교계 명사 인명록』의 첫 호는 1887년에 나왔다. 이 적은 숫자와 그들의 신원이 모두 확인될 수 있었다는 사실만 봐도 엘리트층이 얼마나 배타적이었는지 알 수 있다. 즉, 그것은 그들만의 인적 네트워크를 만들고 자신들의 위치를 확고히 하기 위해 그들이 얼마나 노력했는지를 잘 보여 준다. 30년 뒤 루이스 브랜다이스는 미국의 경제 권력이 한 곳에 어마어마하게 집중되어 있는 현상에 대해 기록했다. 주요 기업체 이사진을 연구하면서, 브랜다이스는 소수의 핵심 관리자들이 점점 "이 나라의 비즈니스 전반을 지배하고 '약탈품을 나눌 수 있게' 되었다"[30]는 사실을 발견했다.

서로 맞물려 있는 소집단의 이미지는 이후 100년간 엘리트층에 대한 우리의 이해를 지배하게 된다. 엘리트층은 경제 권력과 폐쇄된 네트워크, 그리고 공통의 문화로 구성된 차별화된 계급으로 생각되었다. 이 이야기의 시초는 금융업자들의 야합과 공모에 대한 것이었지만, 1950년대 C. 라이트 밀스는 지배계급을 지배 도당ruling cabal으로 생각하던 것에서 벗어나 사회적·경제적 권력 모두가 집중되는 자본주의 내의 구조적 경향을 인식해야 한다고 주장했다. 밀스는 여전히 엘리트층이 계급 응집력[결속력]class coherence을 갖는다고 생각했다. "권력의 세 영역에서 지도적인 인물들—군 수뇌부, 기업의 우두머리들, 정치 지도자들—은 한데 **뭉쳐** 미국의 파워 엘리트를 형성하는 경향이 있다."[31] 하지만 밀스는 엘리트들에게 사악한 악당이라는 틀을 씌우는 대신, 그런 집단이 자본주의의 경제적 배치 내에서 어떻게 부상하는지 살펴보자고 제안했다. 학자들이 엘리트층 가까이(보통은 그 가족들에게로) 다가갈수록 이 집단의 응집력은 회의실을 넘어 침실로 확장하는 것으로 보였다. 에드워드 딕비 볼첼은 그가 "공통의 이익으로 뭉친" "미국의 비즈니스 귀족"이라고 생각한 집단의 사회-가족적 삶Social-familial life에 대한 설명을 제공했다.[32] 그는 미국의 상류층이 자신들의 수를 제한하고 문화를 보존하기 위해 서로 통혼하고 있음에 주목했다.

이런 무수한 관찰 결과들 — 어떤 이사회에 누가 있는지부터 자본주의가 구조적으로 어떻게 생겨 먹었으며 누가 누구와 결혼했는지까지 — 을 통해 학자들이 일반적으로 이끌어 낸 결론은 불평등이 폐쇄성과 배제의 산물이라는 것이었다. 이런 견해들 가운데 가장 최근에 나온 중요한 연구로는 윌리엄 돔호프를 들 수 있다. 그는 "사회적으로 응집력 있는 국가적 상류층이 존재한다는 설득력 있는 근거"가 있다고 주장했다.[33] 현재 엘리트에 대한 이 같은 우리의 지배적 사고방식은 어딘가 부정확해 보인다. 심지어 전반적인 불평등에 대해서조차 그렇다. 적어도 이는 오늘날 우리가 직면한 도전 과제들과 맞지 않는 것으로 보인다. 왜냐하면 오늘날 신엘리트층은 과거에 배제되었던 구성원들에게도 개방적이고 관대한 것처럼 보이기 때문이다.

이 점을 이해하기 위해 나는 엘리트들의 문화를 들여다보기로 했다. 미국 엘리트층의 문화적 재구성 — 배타적 엘리트에서 잡식성 엘리트가 되기까지의 변화 — 은 계속 내 안을 맴돌고 있는 수수께끼를 풀어 줄 가장 명확한 사례를 제공해 주었다. 프랑스 사회학자 피에르 부르디외는 자본과의 유비를 통해 문화적·사회적 유대가, 마치 지갑 속의 현찰처럼, 사회적 출세나 제한에 일조한다고 말한다.[34] 부르디외의 이런 통찰은 구엘리트층의 이야기, 그러니까 유독 배타적인 엘리트 문화와 인맥이 각종 혜택들을 가능케 함으로써 경제적으로 획득한 것들을 보충하고 보호하는 데 요긴했다는 이야기를 해명하는 데 도움을 줄 수 있다. 또한 그의 통찰은, 세상의 변화에도 불구하고, 엘리트층이 구별짓기를 하는 데 있어서 문화가 여전히 중요한 역할을 한다는 점을 볼 수 있게 해줄 것이다. 오늘날 엘리트층의 독특한 점은 배타성이 아니라 이전보다 훨씬 개방된 세상을 폭넓게 받아들이며 그 안에서 편안함을 누린다는 것이다. 『사교계 명사 인명록』은 이제 필요 없다. 격리되는 것은 체이스 애벗과 그의 보다 귀족적인 동급생들이다. 내가 만나 본 이들 가운데, 개방된 사회라는 도덕적 명령에 대한 가장 확고한 지지자들은 세인트폴의 교사와 입학사정관들, 그리고 행정 직원들 중에 있었다. 이런 학교들은 자신들을 의도적으로 인종적·민족적·경제적 다양성을 갖춘 공동체로 만들기 위해 열심히 노력한다. 차별적인 요새가 아니라, 오히려 나머지 세상이 닮기를 열망하는 모델을 자처하는 것이다.

그런 포부를 가졌다고 해서 이런 학교들이 배타적이지 **않다**는 뜻은 아니다. 슬쩍 보기만 해도 세인트폴이 이미 특권을 가진 젊은이들이 청소년기를 보내는 곳이라는 점에는 의심의 여지가 없다. 이 학교 학생의 3분의 2가 고등학교 학비로 1년에 4만 달러 이상을 쓸 수 있는 가정 출신이다. 세인트폴 졸업생들이 **가장 많이 가는** 대학은 하버드이며, 브라운, 펜실베이니아, 다트머스, 예일, 코넬, 프린스턴, 그리고 스탠퍼드가 그 뒤를 잇는다. 이 대학들에 합격하는 비율은 전국 평균의 세 배 이상이다. 최근 몇 년간을 보면, 졸업생 중 30퍼센트는 아이비리그에 진학했고, 약 80퍼센트는 전국 상위 30위 안에 드는 대학들에 진학했다.[35] 이 학교가 1년에 한 학생에게 지출하는 경비는 8만 달러 이상으로 대부분의 고등학교들이 쓰는 비용의 열 배 가까이 된다. 세인트폴은 또한 이 나라의 모든 교육기관들 중에서도 가장 많은 기부금 (한 학생당 거의 100만 달러)을 받는 곳 중 하나다. 한 세기가 넘도록 이 학교는 국가적 관심과 흥미를 한 몸에 받는 곳이기도 했다. 최근 몇 년 간 이 학교의 내부 동향은 『월 스트리트 저널』과 『뉴욕 타임스』의 1면 은 물론 『보그』와 같은 전국적으로 판매되는 유명 잡지에도 대서특필 되었다. 그러나 이런 학교들의 배타성은 이제 새로운 종류의 것으로 바뀌었다. 체이스 애벗의 귀족적인 속성은 멸종 직전에 있다. 엘리트 학교들은 오늘날 자신들의 배타성을, 재능을 기반으로 최고 중의 최고 를 뽑기 위한 것으로 프레임화한다. 이런 최고들은 사회 곳곳에서 발 견될 수 있기 때문에 엘리트층은 그들을 발굴하고 포용하기 위해 노력 한다는 것이다.

포용성inclusivity이라는 이 새로운 프레임은 엘리트층이 자신들의 위치를 정당화하기 위해 지어낸 터무니없는 이야기가 아니다. 오히려 그것은 이 나라의 가장 영향력 있는 학자들로부터 지지를 받았다. 노 벨상을 수상한 경제학자 게리 베커는 학자들뿐만 아니라 대중들 사이 에서도 공감대를 형성하고 있던 견해를 다음과 같이 분명히 표명했다. "고소득과 마찬가지로 저소득 역시 아버지에서 아들로 확고하게 대물 림되는 것은 아니다."[36] 20세기 말 사회평론가들은 미국이 보장하는 출세의 약속을 널리 알렸다. 엘리트들의 존재를 부정하지는 않았지만, 거기에 깔린 시각은 그들의 위치가 "정당한 방법"으로 획득되었다는 것이었다. 데이비드 브룩스가 주장하듯이, "모든 사회에는 엘리트들 이 있고, 우리의 학식 있는 엘리트층은 혈통이나 재산, 무용武勇을 기 반으로 한 과거의 엘리트들보다 훨씬 더 깨어 있다."[37] 이 나라는 평등 한 곳은 아닐지 모르지만, 공정한 기회는 가질 수 있는 나라다. 열심히 노력하고 기술을 개발하면 성공할 것이다. 우리가 이뤄 낸 결과물은 혈통의 산물이 아니라 **당신의** 노력의 산물이다. 이것은 잠재력에 대한 이야기일 뿐만 아니라 책임감에 대한 이야기이기도 하다. 그것은 미국에 대한, 아니 아메리칸드림에 대한 이야기이다. 노력한 만큼 가져가게 될 지어다. 바닥에 남겨지는 사람들도 있겠지만, 기술이 있고 꾸준히 일한다면 꼭대기 자리에 설 수 있을 것이다. 어떤 이들은 이를 기본적인 공정함에 대한 이야기라고 생각하기도 한다.

미국인들 대다수는 이런 미국적인 이야기를 믿고 싶어 한다. 우리는 뉴스와 신문에서 보는 모든 불의와 끔찍한 사건들에도 불구하고 우리 세계가 근본적으로 공정하다고 믿고 싶어 한다. 그런 희망이야말로 사실 엘리트층과 나머지 우리가 공통적으로 가진 것들 중 하나일 수 있다. 그러나 이런 공통의 희망은 빠른 속도로 공통의 망상이 되어 가고 있다. 이것이 망상임을 알 수 있는 한 가지 방법은 바로 사라져 가고 있는 우리의 중산층을 살펴보는 것이다. 제2차 세계대전 이후 엘리트들은 우리의 관심 대상에서 벗어났다. 대신 우리는 빈곤층과 신흥 계급들에 관심을 두었다. 개방성은 더 평등한 세계, 정치권력과 도덕적 권위를 가진, 가족과 일이 사회의 중심인 평범한 시민의 세계를 만들어 가고 있었다. 엘리트들이 공동의 밥그릇에서 가져가는 몫은 점점 줄어들었다. 그리고 민권운동 이후, 많은 이들은 흑인이든 백인이든 또는 아시아계든 라틴계든 상관없이 모든 미국인이 성공에 대한 평등한 기회를 가져야 한다는 데 동의했다. 민권운동은 경제적으로 어떤 결과를 낳을 것인가? 페미니스트 혁명이 성공한다면 우리네 가족에는 어떤 변화가 생길까? 우리 중산층들에게 미치는 장기적인 결과는 무엇일까? 사회가 개방되면서 우리는 어떤 새 세상을 기대하는가? 우리 마음속에는, 곧 멸종될 예스러워 보이는 귀족적 엘리트에 대한 질문들이 아닌, 이런 희망찬 질문들이 있었다.

그러나 누구나 성공할 수 있는 세상이라는 베커의 희망적인 비전은 오늘날 점점 더 틀린 것이 되어 가는 것 같다. 즉, "부전자전"이라는 말이 맞으며, 어쩌면 아들은 우리가 상상한 것보다도 훨씬 많은 것을 아버지한테서 받고 있는 것 같다.[38] 나는 이것을 "계급"의 영향이라 생각하기로 했다. 부모의 출발점이 자녀의 도착점을 말해 주는 훌륭한 지표라는 것이다.[39] 인생의 기회들이 부모의 부에 따라 상당 부분 결정된다는―즉, 자녀들이 이점 아니면 가난을 물려받는 경우가 허다하다는―사실을 보여 주는 증거는 차고 넘치며, 더 중요하게는, 전후의 낙관주의 시기가 중산층이 나라의 주인이라고 주장하는 미국적 진보의 길고 험난한 길의 정점이 아니었음을 말해 주는 증거 또한 상당히 많다. 부자들의 계좌에 재산이 점점 더 쌓여 가는 것을 보면, 전후 낙관주의의 시기는 정말 끈질긴 불평등으로 얼룩진 미국 역사에서 예상 밖의 기이한 순간이었는지도 모르겠다.

세상은 더 개방되었지만 여전히 불평등하다. 계급이 미래 소득에 큰 영향을 미치지만, 엘리트 기관들은 그 어느 때보다 더 소외 계층을 환영한다고 적극적으로 주장한다. 왜 이렇게 서로 일치하지 않아 보이는 모습들이 공존하는지에 대한 명쾌한 대답은 없다. 신엘리트층은 그들 이전의 엘리트들과는 다르게 행동한다. 과거 악덕 자본가들은 [석유 산업을 독점한 록펠러, 철강 산업을 독점한 카네기, 금융 산업을 독점한 J. P. 모건, 철도 산업을 독점한 밴더빌트처럼] 산업 독점과 미국에 온 지 얼마 안 된 다양한 민족의 이민자들에 대한 직접적인 착취(와 분할)로 유명했다. 이때 이들이 사용한 전략에는 산업 내에서의 경제적 실천[독점

관행]도 있었지만 인구의 대부분이 엘리트 위치에 접근하지 못하도록 노골적으로 가로막는 사회적 실천도 있었다. 오늘날 우리 주위에는 이와 반대되는 사례들, 역사적으로 닫혀 있었던 위치들이 사회적으로 어느 정도 개방된 사례들이 많다. 이를테면, 여성 CEO라든지 흑인 대통령이 그렇다. 1950년대에 시작돼 오늘날까지 이어지고 있는 소수자 인권 혁명은 소속 집단을 기반으로 한 차별적 관행을 제거하고자 했다.[40] 공공 기관과 민간 기관 모두 구성원의 자격 조건을 구별지을 수 있었지만, 그렇다고 어느 한 사회 집단의 구성원만을 체계적으로 배제할 수는 없었다. 이는 한 세대 전만 해도 이런 기관들의 문턱조차 밟을 수 없던 이들에게 문을 활짝 열어젖힌다는 뜻이었다. 우리 사회 거의 모든 엘리트 기관이 달라진 것으로 보이며, 이런 변화는 우리의 신엘리트층을 이해하는 데 매우 중요하다.

그러니 이제 역사적 고찰은 뒤로하고 이 엘리트 기관들 중 한 곳으로 직접 들어가 보자. 나는 독자들을 세인트폴의 교문 안으로 데려가 그곳의 학생과 교사, 직원들의 생활을 소개할 것이다. 이런 엘리트 학교의 초상을 통해 엘리트층이 어떻게 배제의 윤리에서 포용의 윤리로 옮겨 갔는지에 대한 일차적인 대답을 제시할 수 있으면 좋겠다. 우리는 능력주의의 중요성을 계속해서 보게 될 것이다. 이런 능력주의 안에서 학생들은 자신의 성공을 각고의 노력과 재능의 산물로 설명하고 특권 의식에서 나오는 성장盛裝들을 거부한다. 하지만 세인트폴에서의 1년을 통해 우리는 엘리트층이 어떻게 개인의 재능과 노력을 강조하는 환경 속에서, 배제나 보호주의 없이도 여전히 자신의 위치를 재생산해서 자녀들에게 물려줄 수 있는지 보게 될 것이다. 나는 심각하게 정형화된 불평등이 어떻게 능력주의 안에서 유지되고 은폐되는지 보여 줄 작정이다. 특권의 이런 굉장한 트릭[술책, 기술]trick은 이 세상이 더 개방되어 가지만, 그럼에도 더 불평등해질 수 있다는 점을 이해하는 데 도움이 될 것이다.

2
자기 자리 찾기

국가의 어느 누구도 동료 신민들과 대비되는 세습적 특권을 가져서는 안 된다. 그 누구도 자신이 국가에서 차지하고 있는 계급에 부여된 특권을 자손에게 물려주어서는 안 되며, 마치 태어나면서부터 통치자 자격을 가졌다는 듯이 행동해 다른 이들이 ……
그들 나름의 능력을 발휘해서 위계질서의 보다 높은 단계에 도달하는 것을 강제로 막아서도 안 된다. 그 이외의 모든 것은, 그것이 그의 인신과 관련된 것이 아니라 물질적인 것이라면, 물려줘도 된다. 그것이 설령 재산으로 습득되거나 처분되어 수세대에 걸쳐 국가 구성원들 사이에 어마어마한 부의 불평등을 만들어 낸다 해도 말이다. ……
하지만 아랫사람들이 재능과 근면함, 행운으로 자신과 동등한 수준까지 올라올 수 있고 또 그럴 자격이 있다면, 그들이 그렇게 하는 것을 막아서는 안 된다.

임마누엘 칸트

왕이 통치하는 것은 오만함의 징후가 아니다. 왕은 통치하라고 있는 것이다.

윌리엄 E. 버클리 2세

일주일에 두 번, 세인트폴 학생들은 정장을 차려입고 교사 한 명과 함께 저녁 식사를 한다. 내게 이 자리는 흥미로울 때도 있고, 심히 불편할 때도 있고, 미치도록 따분할 때도 있었다. 그렇지만 이 십대들이 내 호기심의 대상이었기에 나는 늘 내 차례가 돌아오는 화요일과 목요일 저녁을 기다렸다. 물론 학생들은 그 자리가 얼른 끝나기만을 기다리는 것 같았다. [식사가 끝나기 무섭게] 묵직한 원목 의자들이 끔찍한 소리를 내며 바닥을 긁으면 그들은 대식당을 빠져나와 커피를 마실 수 있는 어퍼 휴게실로 벌떼같이 몰려가곤 했다.

교사들 입장에서 보면, 이렇게 좁은 공간에 바글바글 모여든 학생들은 탈출을 어렵게 하는 일종의 도전과도 같았는데, 대식당을 벗어나려면 그들이 방금 몰려간 어퍼 휴게실을 거쳐 가야 했기 때문이다. 학생들 입장에서 보면, 이때가 그날의 사교 활동에서 가장 중요한 순간이다. 누가 누군지 분간하기도 어려운 무리 속에 끼인 채, 학생들은 제각기 남자 친구, 여자 친구, 동급생, 룸메이트, 그리고 친구들을 찾아 꿈틀대며 나아간다. 이 장면을 바깥에서 보고 있자면, 그저 혼돈과 소음밖엔 없는 것 같지만 여기엔 묘한 질서가 존재한다.

블레이저를 입고 넥타이를 맨 남학생들과 이브닝드레스를 입은 여학생들을 보고 있노라면 훗날 미국의 엘리트들이 칵테일파티를 벌이는 모습을 보는 것만 같다. 바로 이런 순간에 학생들은 상류층 문화의 필수 요소를 배운다. 격식 있게 차려입고도 그렇지 않은 듯 행동하는 법을 말이다. 마치 이 방이 전혀 붐비지 않는다는 듯이 이 무리에서 저 무리로 능숙하게 움직이는 학생들과, 구석에서 불편하게 서있는 신입생들을 보고 있노라면, 여기 있는 학생들 모두 이 방 안에서 자신들이 있을 자리를 잘 알고 있다는 사실이 분명해진다. 그들은 자신이 속한 곳과 그렇지 않은 곳을 잘 알고 있다.

학생들 뒤쪽 멀리 구석진 곳엔 어느 정도 은신처가 될 만한 곳이 숨어 있다. 앉자마자 몸을 감싸 오는 적갈색의 가죽 소파가 바로 그것이다. 이 소파는 무리를 내다볼 수 있는 위치에 있다. 하지만 거기 앉는다고 해서 남들을 관찰할 수 있는 건 아니다. 오히려 남들 눈에 띄기 십상이다. 이 장소는 엄격하게 졸업반 학생들을 위해 지정된 곳이다. 이 물건이 무언가 신성불가침의 대상이라고 하면 너무 과장된 말일 수도 있겠지만 이 소파에 대한 의례적인 존중을 보면 학생들이 그것을 얼마나 중요하게 생각하는지 알 수 있다. 저녁 식사 후 커피 타임에 어퍼 휴게실의 다른 공간들은 모두 사람들로 북적이지만, 구석에 감춰져 있는 이 소파만큼은 그곳을 차지한 이들에게 여유 공간을 제공해 준다. 직사각형의 두 변처럼 소파의 양측에 줄지어 선 학생들은 이 성역을 지키는 장벽 역할을 한다. 이 장벽을 유지하는 건 졸업반 선배들과 수다를 떠는 후배 학생들이다. 이런 식의 체계가 갖춰진 이유는 후배들은 소파가 놓인 양탄자 위에 서는 것이 금지되어 있기 때문이다. "졸업반 양탄자"의 가장자리에 아슬아슬하게 발끝을 댄 채 후배들은 졸업반 선배들에게 경의를 표하며 그들을 호위한다.

그해 중반부로 접어들 때쯤 나는 동료 교사이자 이 학교 졸업생이며, 또한 내 동기 중 한 명의 자매이기도 했던 잉거 한센과 일요일 브런치를 함께 했다. 잉거와 나는 세인트폴 학교 당국이 직면한 난관들, 특히 내가 4장에서 자세히 다룰 여학생 기숙사에서 있었던 꽤나 드라마틱한 신고식에 대해 이야기를 나눴다. 우리 둘 다 학생들 사이에서 성화^{聖化}°되어 있는 위계질서가 문제의 원인 중 하나라고 생각했고, 대식당을 나오면서 변화를 한 번 줘보자고 의기투합했다. 졸업반의 소파에 앉아 보기로 한 것이다. 우리 둘 다 졸업반 시절 이후로 거기 앉아 보는 건 처음이었다. 우리가 그저 거기에 앉는 것만으로도 고의적인 위반 행위가 될 것이다. 그러니까 우리는 이곳에서 작동하는 질서에 작은 도전을 감행해 보는 것이었다.

기분이 이상했다. 학생들은 모두 소파 옆을 지나가면서 우리를 의식했다. 일부는 깜짝 놀란 듯 보였고 일부는 약간 불쾌함마저 느끼는 듯했다. 우리는 지나가는 애들에게 말을 걸며 학생들을 이곳으로 불러들이기 시작했다. 그들 중 졸업반은 아무도 없었다. 모두들 예의를 차리며 우리 쪽으로 왔지만 여전히 양탄자라는 장벽만큼은 존중했다. 그러다 우리는 라이언이라는 한 학생에게 소파에 합석하자고 권했다. 처음으로 졸업반 양탄자 위에 발을 딛게 된 그의 몸짓은 굉장히 조심스러웠는데, 마치 그 위에 자신의 체중을 싣는 게 양탄자한테 미안한 일이

• 뒤르켐에서 온 이 용어의 의미에 대한 자세한 설명은 이 책의 297-299쪽 참조.

라도 되는 듯했다. 라이언은 조심조심 우리 옆에 앉으려 했지만, 그러기엔 소파가 너무 푹신했다. 그는 어쩔 수 없이 소파에 몸을 파묻고 등을 기댈 수밖에 없었다. 잉거와 내가 이 소파의 호사스런 편안함을 즐기는 동안, 라이언은 소파에 파묻힌 자기 자세에 겁먹은 표정이었다. 졸업반 학생 한 명이 합류하고, 대화의 주제가 대학으로 넘어가자, 라이언은 그 틈을 타서 조용히 자리를 떴다. 그의 웅얼거리는 인사와 빨리 그곳을 벗어나고 싶어 하는 간절한 발걸음을 보고서야, 나는 우리가 그에게 부당한 요구를 했음을 깨달았다.

그 졸업반 학생은 라이언의 위반 행위에 대해 일언반구도 없었고, 그런 후배의 존재를 그다지 신경 쓰는 것처럼 보이지도 않았다. 오히려 그의 심기를 건드린 건 바로 잉거와 나인 듯했다. 그는 굳이 우리가 여기서 뭘 하고 있는지 물어 왔다. 실제로 비난하는 기색은 보이지 않았지만, 교사인 우리가 이 소파에 앉아 있는 것이 뭔가 옳지 않다는 것을 이 자리에 있는 모두가 인지하고 있음은 분명했다. 이 소파는 우리가 있을 자리가 아니었다. 우리는 이 학교의 교사이자 졸업생이었지만, 소파는 우리가 있을 곳은 아니었던 것이다.

이 나라의 대다수는 꿈도 꾸지 못하는 이곳 세인트폴에서의 생활에 대해 이해하기 위해서는 먼저 자기 자리를 찾는다는 것의 중요성에서 시작할 필요가 있다. 세인트폴의 학생 대부분은 이곳에 신입생으로 들어오기 한참 전부터 이미 자신들의 중요성을 잘 알고 있다. 가족의 부나 명망, 인맥, 또는 이 세 가지 전부에서 나오는 그들의 특권 의식은 그들의 기억이 시작됐을 때부터 그들 삶의 현실이었다. 하지만 이 학교는 특권 의식이라는 "자기 자리 알기"와 특권이라는 "자기 자리 찾기" 사이의 긴장을—어쩌면 이 학생들 인생에서 처음으로—경험하게 한다.

세인트폴에서 자기 자리를 찾는다는 것은 (칵테일파티에서 누구와 이야기를 나눌지에서부터 어떤 소파가 앉아도 되는 소파인지에 이르기까지) 냉엄한 위계 관계들, 즉 언제나 엘리트 제도의 일부였던 무수히 많은, 모호하기 짝이 없는 규칙들을 익혀야 한다는 뜻이다. 그러나 여기 신엘리트층에서는 반전이 하나 있다. 바로 위계질서가 사다리로 쓰일 수 있다는 것이다. 학생들은, 이전에 그들의 아버지와 할아버지가 그랬던 것처럼, 기존의 질서를 인정해야 하지만, 또한 그 질서에 따라 차근차근 한 단계씩 밟고 올라가다 보면 출세가 가능하다. 위계는, 미국 역사의 상당 기간 동안 그랬듯, 출세와 성공을 제한하거나 억압하는 게 아니라 오히려 출세와 성공을 가능하게 하는 열쇠이다. 따라서 엘리트층의 영속화에 결정적인 것은 새로운 세대마다 이 위계질서를 타고 올라가는negotiate 법을 배운다는 것이다. 이런 타고 오르기는 상호적이며 신체적인 기술corporeal skill로, 피에르 부르디외가 말하는 아비투스 habitus*라는 것이다. 앞으로 보게 되겠지만, 이렇게 올라가는 기술을 개발하는 것이야말로 세인트폴의 가장 중요한 — 하지만 좀처럼 인식되고 있지는 못한 — 책무 중 하나다.

■ 부르디외에게 아비투스는 특정 환경 및 교육에 의해 후천적으로 학습되고 내면화되어 특정 방식의 사유·판단·행동으로 발현되는 체화된 성향을 뜻한다. 반복적이며 기계적이고 자동적이며 재생산적인 '습관'과 달리 아비투스는 고도로 '생성적'이어서 스스로 변화하며 객관적 조건화의 논리를 생산한다.

자리 잡기

세인트폴은 성공회 학교다. 학교에서의 일상생활은 대부분 예배당을 중심으로 돌아간다. 일주일에 나흘은 하루 일과가 예배당에서 시작되고, 학교의 공식적인 의례 절차들 대부분 ─ 졸업생의 부고를 전하(고종을 울리)는 일부터 종교 기념일들에 올리는 연극 무대, 그리고 매 학기마다 열리는 저녁 예배까지 ─ 도 거기서 진행된다.

예배당 건물은 교회보다는 성당에 더 가까운데, 그곳의 종탑은 캠퍼스 거의 어느 지점에서나 볼 수 있으며, 위치 또한 캠퍼스 한가운데 떡하니 의도적으로 버티고 선 모양새다. 심지어 예배당에 모이는 날이 아니더라도, 학교 구성원들은 이 건물의 위풍당당한 외관을 지나쳐 가지 않을 수 없다. 안으로 들어가면, 신도석이 모두 아름답게 조각된 나무로 되어 있고, 건물 내벽은 목재 패널이 줄지어 늘어선 모양새다. 어마어마한 높이의 천장에는 연철로 된 조명 기구들이 걸려 있는데, 전구가 아니라 마치 촛불처럼 보여서, 공간에 은은한 빛을 드리우며 마치 별세계 같은 아름다움을 자아낸다. [하지만] 학생들이 이곳에서 보내는 무수히 많은 시간들은 이곳의 위용도 빛바래게 만들어 졸업할 무렵이면 대다수가 아침 예배에 잠옷 차림으로 나타난다. 학교에서 보내는 시간이 쌓일수록 예배당은 위압적인 곳에서 일종의 거실, 즉 편한 마음으로 들어가 지낼 수 있는 일상적인 공간으로 변모하게 되는 것이다. 이곳은 학생들이 문자 그대로 학교에서 "자기 자리"를 배울 뿐만 아니라 학교의 조직 원리를 배우게 되는 곳이기도 하다.

앞에서 서술했듯이, 모든 교사와 학생들에겐 예배당 안에 배정된 자기 좌석이 있다. 좌석이 있다는 건 그 자체로 중요한 상징적 표식이다. 이 공동체의 모든 사람들이 이런 권리를 누릴 수 있는 것은 아니다. 예를 들어, 학교의 수많은 요리사, 청소부, 행정직 등 교직원들에게는 좌석이 주어지지 않는다. 반면에 학생들에게는 첫날부터 학교에 자기 자리, 오로지 그들만 차지할 수 있는 지정석이 있다는 사실이 주입된다. 가장 초기의 기독교 형태에서부터, 좌석이 있다는 것은 한 공동체 안에서 그 일원의 중요성을 나타내는 표식이었다. 그것은 가르침을 행할 권력과 위치에 있다는 표현이었다. 산상수훈을 행할 당시 예수도 착석한 상태였다.[1]

예배당 좌석에 앉으면 학생과 교사들은 서로를 마주 보게 된다. 학생들은 학년이 올라갈수록, 그들의 좌석이 점점 [가장 뒷줄에 앉은] 교사들과 가까운 곳으로 "상승"하는 것을 볼 수 있다. 그렇게 윗자리로 옮겨 가면서 그들은 점점 성인에 가까워지고, 아래에 있는 어린 후배들과 한때 그들도 앉았던 자리를 내려다보게 된다. 학교 구성원 전체가 가장 자주 모이는 공간이자 캠퍼스의 가장 중심이 되는 공간, 그리고 캠퍼스에서 상징적으로 가장 중요한 공간이 노골적으로 위계질서를 드러내도록 배열돼 있는 것은 결코 우연이 아니다.

교사들끼리도 동등한 수준의 자리에 앉는 것은 아니다. 그들도 학생들과 마찬가지로 연차순으로 배치되며, 가장 연차가 높은 교사가 예배당 앞쪽[제단 쪽], 교장과 학과장들 옆에 앉는다. 신입 교사들을 위한 오리엔테이션 투어에서, 빌 포크너는 대부분의 시간을 예배당 설명에 할애했다. 교내에서 가장 연차가 높은 교사인 빌은 예배당 내 교사용 좌석들 가운데 끝자리를 가리키며, 사뭇 애정 어린 말투로 저곳이 자기 자리라고 말했다. "저 자리를 우리는 ['모퉁이만 돌면 관coffin이 기다리는 곳'이라는 의미에서] '코핀 코너'Coffin Corner라고 부른답니다. 왜냐하면 저기 앉는 사람들은 무덤과 가장 가까이 있는 우리 원로 교사들이거든요."

학년의 시작을 알리는 것은, 내가 서론에서 묘사했던, 학교가 "자리 잡기"라고 부르는 거창한 의식이다. 한 번 앉으면, 학생과 교사들 모두 그 학년을 마칠 때까지 그 자리에 앉게 된다. 자기 자리를 정해 놓고 1년간 그 자리에 앉게 하는 이 의례가 강조하는 것은 일련의 특정 사회관계들 — 세인트폴 학생들에게 놀랄 만한 혜택을 안겨 주는 바로 그런 관계들 — 을 구축하고, 존중하고, 유지하는 게 중요하다는 점이다. 매일같이 예배당의 같은 좌석에 앉는 일을 비롯해 그 외 학교에서 하게 되는 수많은 공식·비공식적 경험을 통해 학생들은 세상은 위계적인 곳이며 이런 위계질서 안에서 사람들은 다 제각기 서로 다른 곳에 위치한다는 사실을 배운다. 학년이 올라가며 자리를 옮길 때 변화하는 것은 위계질서 그 자체가 아니다. 즉 예배당 안의 좌석들은 고정되어 있다. 세월이 흘러도 변함없을 것처럼 보이는 건물에는 만물의 질서가 말 그대로 새겨져 있다. 이 공간의 거의 고전적이라 할 만한 인테리어에서는 영원불변의 풍모가 느껴진다. 학생들은 이런 질서 안에서 움직이며, 그 규칙과 절차에 스스로 적응해 간다.

위계질서의 성화聖化를 관찰할 수 있는 곳이 비단 예배당만은 아니다. 학생과 교사, 교직원 모두 위계적 배열의 사례들을 공식·비공식적으로 수없이 경험한다. 만찬 후 커피를 마시며 사교 활동을 하는 의식 같은 건 없다 해도, 해마다 학생들은 그들의 위치를 재확인하는 상징적 행위들에 참여한다. 매년 6월, 시니어 학생들은 졸업과 동시에 (기말고사를 치르기 위해 학교에 남아야 하는) 재학생들보다 먼저 캠퍼스를 떠나게 된다. 졸업생들이 떠나는 날 저녁부터 며칠 밤낮에 걸쳐, 이제 곧 졸업반이 될 학생들은 졸업반 소파와 졸업반 양탄자를 사정없이 점령한다. 학기 중에 소파는 대개 비어 있지만, 졸업한 선배들이 떠난 직후 며칠간은 주니어 학생들이 돌아가며 꼭 한 명 이상씩 졸업반을 위해 지정된 그 공간에 앉는다. 이런 행위는 그들이 이 캠퍼스의 새 졸업반이며, 따라서 그들만을 위해 지정된 권리와 공간을 얻게 되었음을 학교의 전 구성원들에게 상기시키고자 하는 것이다.

얼핏 보면, "자리 잡기"의 과정은 그다지 중요해 보이지 않을 수도 있다. 사실 그것은 몇천 년 동안 교회와 영지들, 그리고 정부 기관들에서 다양한 형태로 되풀이되어 온 귀족들 사이의 의식儀式과 비슷해 보인다. 예배당의 자리 배치나 저녁 식사 후 "칵테일 타임"이라는 약정된 사교 모임은 고정된 위계 관계를 주입하는 것으로 해석될 수 있으며, 이는 과거의 엘리트들이나 대서양 건너편의 엘리트들이 가질 법한 그런 관계들과 별반 다르지 않을지 모른다. 주니어 학생들이 졸업반 소파를 차지하는 것은 단순히 그들이 응당 가져야 할 위치를 물려받는 것일 수 있다. "자리 잡기"는 귀족 신분의 표식을 부여하는 것으로 이해될 수 있는 것이다.

하지만 실은 그렇지 않다. 학생들이 위계에서 상승한다는 것은, 귀족 사회에서는 거의 불가능에 가까운 일을 하는 것이다. 귀족 사회에서 구성원들은 "올라가지" 않는다 — 귀족 사회의 핵심은 관계가 고정되어 있다는 것이다. 예배당으로 치면, 결코 "좌석을 옮기는 일" 같은 건 없다. 귀족들은 세대가 바뀌어도 [선조들이 앉던] 그 자리에 그대로 앉는 것이다. 귀족 체제에서는 좌석이 고정되어 있고, 거기 앉는 사람들도 특정 인물들로 고정돼 있다. 신엘리트층의 경우 위계질서의 좌석들은 고정되어 있고 거기에는 질서가 있지만, 학생들은 이런 위치들

안에서 올라가는 법을 배운다. 세인트폴은 세상을 그렇게 급진적으로 재고하는 곳이 아니다. 위계질서는 그대로 남아 있으며, 다만 그 안에 존재하는 가능성들이 새로운 것이다. 학생들은 어디나 위계질서가 존재한다는 것을 잘 알고 있다. 여기서 중요한 점은 이 같은 위계질서들이 조직화되는 원리를 이해하는 것이다. 그것이 태생이든, 재산이든, 인종이든, 재능이든, 그밖에 다른 무엇이든지 간에 말이다. 그렇다면 그 원리는 대체 무엇일까? 학생들은 대체 어떤 원리에 의해 귀족의 특권 의식을 내려놓고 신엘리트층의 일부가 되는 특권을 수용하게 되는 것일까?

스탠은 세인트폴 졸업반 학생들 가운데 그다지 두각을 나타내는 편은 아니었다. 그는 최상위권에 있는 리버럴아츠 칼리지liberal arts college*에 합격했는데, 그곳은 여느 고등학생이라면 대체로 자랑스럽게 다닐 만한 대학이었다. 하지만 세인트폴 학생들에게 그곳은 차선책으로 보일 뿐이었다. 스탠은 부유한 집안 출신이었지만, 썩 저명한 집안은 아니었다. 다른 학생과 교사들은 스탠에게 그런대로 우호적인 것 같았다. "걔는 결코 노력파는 아니에요. 그래도 좋은 아이죠." 그의 지도 교

---

* 학부 중심의 소규모 대학으로 대학원 과정이 없다. 대학원 과정이 있고 연구 중심으로 운영되는 유니버시티와 구분된다. 스워스모어나 애머스트 등의 명문 LAC들은 아이비리그 명문대들과 동등한 위치로 여겨진다.

사가 내게 말했다. 하지만 내가 스탠 본인에게 그의 공부와 예배당 내 좌석 배치에 대해 물었을 때, 그는 사뭇 다른 입장을 보였다.

"전 이 자리에 오려고 정말 열심히 노력했어요." 스탠이 말했다. 우리는 예배당의 맨 꼭대기 줄에 있는 그의 좌석을 바라보고 있었다. "수업도 열심히 듣고, 학교 [스포츠] 대표팀에 들어가려고 운동도 열심히 했어요. 힘들었죠. 하지만 해냈어요. 우리 모두가 다 그래요. 열심히 해서 따내는 거죠. 아침에 예배당에 와서 내가 얼마나 멀리 왔는지 볼 때마다 기분이 좋아요." 학교 관리자들의 감시의 눈길에서 멀리 벗어나 있는 예배당 구석진 곳, 슬리피 할로우sleepy hollow로 들어서면서, 스탠은 나를 향해 웃어 보였다. "여기 슬리피 할로우에서 저기가 제 자리였어요. 그 시절을 떠올려 보면 웃지 않을 수 없네요. 전 정말 먼 길을 왔어요. 쉽진 않았죠. …… 아니 …… 여전히 쉽지 않아요. 오히려 더 어려울 수도 있죠. …… 하지만 전 해냈어요. …… 모두가 이렇게 되는 건, 이렇게 높이 올라올 수 있는 건 아니거든요. 정말 많은 걸 해야 해요. 물론 아직 끝난 게 아니라는 것도 알아요." 그는 기분 좋게 말했다. "어떻게 보면 이제 막 시작한 거죠. 하지만 이제 전 할 수 있어요. 조건은 다 갖췄으니까요."

스탠은 예배당에서 자신의 [좌석] 상승을 열심히 노력한 결과였다고 설명한다. 그 과정에서 그는 자기 자신과 자신의 역량에 대해 알게 되고, 이제 "조건은 다 갖췄다"고 선언할 수 있는 것이다. 그는 그것이 "쉽진 않았다"고 거리낌 없이 인정하지만, 이런 고생스런 경험들은 그의 자의식에 필수적이다. 이런 난관들이야말로 그가 들인 노력과 능력을 증명하는 것이다. 세인트폴에서 지낸 4년 동안 스탠이 거친 자연스러운 상향 이동은 필연적인 것으로 생각되지 않는다. 그것은 특권 의식—미국적 습속과 직접적으로 충돌하는 이상인—에서 나온 게 아니라 능력과 노력이라는 고전적 미국식 규범을 통해 재해석된 것이다.

스탠이 내게 했던 "모두가 이렇게 되는 건, 이렇게 높이 올라올 수 있는 건 아니거든요"라는 말은 완전히 틀린 소리다. 사실 세인트폴의 **모두가** "그렇게 된다." 교과과정을 끝마치지 못하는 학생은 극소수에 불과하다.[2] 그리고 그렇게 끝마치지 못한 학생도 절대 실패자로 치부되진 않는다. 내 1년 재임 기간이 끝날 무렵 한 학생이 학교를 자퇴하자, 교장은 그녀가 "필요한 경험을 집에서 쌓게 될 것"이라고 설명했다. 그 학생은 실패한 것이 아니었다. 단지 세인트폴과 맞지 않았던 것뿐이다. 하지만 다른 학생들처럼 스탠도 자신의 진급이 [교과과정상] 당연한 일이라는 사실을 애써 무시하려 한다. 오히려 그는 자신이 성취한 것들은 모두 자신이 해온 활동들 때문인 것으로 생각한다. 여기서 차이는 미묘하지만 중요한 것이다. 학생들은 자신들의 성공을 응당 받아 마땅한 것이 아니라 손수 얻어 낸 것으로 보이기 위해 노력한다. 성공은 자신들이 해낸 일의 산물이지, 그들의 출신 배경의 산물은 아니라는 것이다. 이런 식의 프레임화는—의식적이든 아니든—특권 의식에 대한 우리의 오래된 그리고 매우 통상적인 의구심에 반하며, 부자들은 그저 부자이기 때문에 성공한다는 끈질기게 이어져 온 생각과도 상반된다. 세인트폴의 학생들은 그 프레임을 성취에 기초한 것으로 대체하고자 한다.[3]

이런 성취 프레임이 비단 공식적인 공간에서만 발견되는 것은 아니다. 주니어 학생들이 졸업식 이후 졸업반 소파를 공격적으로 차지하기 시작하면서, 나는 그들에게 이 공간을 그토록 적극적으로 차지하는 일이 왜 그렇게 중요한지 물어보았다.

"뭐랄까, 이건 말하자면 금단의 열매 같은 거예요." 잘생긴 외모에 자신감이 넘쳐흐르는 제임스가 내게 말했다. 그는 "이 학교에서 짱먹기"를 고대하고 있는 게 분명했다. "아시잖아요, 여태까지 여긴 저희한테 출입 금지 구역이었죠. 그래서 여기 앉으면 어떨지 너무 궁금했어요."

"맞아요." 그의 여자 친구인 에밀리가 맞장구쳤다. "게다가 이 소파는 편하잖아요."

둘이 여기 소파에 앉으려고 했던 이유가 소파가 편하기 때문이라는 의견에 나는 약간 짜증이 올라왔다. "말도 안 돼! 편하다고? 너희들이 여기 앉으려 하는 이유가 이게 편해서라고?"

제임스가 대꾸했다. "뭐, 편하긴 하잖아요. 선생님도 방금 여기서 잠들 수도 있을 것 같다고 하셨고요."

하지만 에밀리는 내 말뜻을 제대로 이해했다. "이건 진짜 터무니없다고 생각하실지도 모르게는데요. 여기서의 삶은 힘들어요. 그리고 이 소파는 제게 하나의 목표였죠. 그러니까, 저는 매일같이 이곳을 지나다니면서 졸업반 선배들이 여기 앉아 있는 걸 봤어요. 처음에 저는, '나는 절대 저기까지 갈 수 없을 거야. …… 내가 그렇게 할 수 있을 것 같지가 않아' 하고 생각했죠. 하지만 그게 저한테 동기부여가 됐어요. 저한테 이건 단순히 '금단의 열매' 같은 게 아니에요. 이건 목표였어요. 그걸 바라보며 노력할 수 있었던 거죠. 매일같이 이걸 보면서 저 자신한테 '난 반드시 저기로 갈 거야. …… 난 정말 할 수 있어' 이렇게 되뇌었어요. 그리고 보세요! 지금 전 여기 있잖아요. 전 해냈어요. 솔직히 말해서 전 **소파** 자체는 관심도 없어요. 하지만 이건 중요해요. 제가 해냈다는 걸 증명해 주는 거요. 그 많은 노력이 결실을 맺었다는 것, 그 모든 게 그만한 가치가 있었다는 거요."

에밀리는 스탠이 예배당에 대해 얘기했을 때와 똑같은 프레임을 졸업반 소파에 적용한다. 그녀의 상승은 노력을 통해 도달한 목표이지 그저 시간이 흘러서 혹은 누군가 물려줘서 응당 받게 된 몫은 아니라는 것이다. 에밀리와 스탠 둘 다 이 새로운 지위를 따내는 데 자신의 역량이 중요했다고 강조한다. 에밀리는 자신이 "할 수 있다"고 했고, 스탠은, 증거가 불충분함에도 불구하고, 자신이 목표로 한 것들을 스스로 성취했으며 모두가 다 그러지는 못한다고 했다.

이런 성취 역량이라는 것은 학생들이 단순히 자신의 진급을 설명하기 위해 동원하는 수사가 아니다. 학생들은 학교에서 자신이 겪은 경험에 엄청난 중요성을 부여한다. 교사와 학생 모두 유리한 위치를 통해 획득한 지식을 단순히 과시하기보다는 자신이 직접 경험한 내용에 의지하도록 서로를 단련시킨다. 이것이 가장 흔한 방식으로 나타나는 게 "노력 얘기"다. 내가 이 학교에서 나눴던 거의 모든 대화는 결국 얼마나 많은 노력을 쏟아부어야 하는지에 대한 논의로 귀결됐다. 그런 노력 얘기에 동참하지 않는 이들은 노력해야 한다는 주의를 들었다. 학생들은 주로 공용 공간이 아니라 각자의 방에 있는 컴퓨터로 영화와 텔레비전 프로그램을 시청했다. 이는 사생활 보호 차원이기도 했지만, 그보다는 교사나 동급생들에게 자신이 공부 안 하는 모습은 보이고 싶지 않다는 이유가 더 컸다. 학생들과 교사들이 마냥 공부만 하고 일만 하는 것은 아니었지만, 그런 것처럼 보이기 위해 말로든 실제 행동으로든 종잡을 수 없는 일들을 했다. 그런 노력의 중요성을 부정한 체이스 애벗과 같은 학생들은 그 대가로 멸시당하고, 거부되고, 심지어는 징계를 받기까지 했다.

에번 윌리엄스는 9학년 신입생이었다. 그는 갓 사춘기에 들어선

듯 앳돼 보였다. 다른 대다수의 동급생들과 달리 그의 얼굴은 아직 여드름으로 덮여 있지 않았다. 그는 살짝 통통했다. 뚱뚱하지는 않았지만, 곧 다가올 세월 속에서 잃어버리게 될 어린 시절의 보드라움을 여전히 간직하고 있었다. 바가지 머리는 그를 제 나이보다 훨씬 어려 보이게 만들었다. 심지어 말할 때도 아이스러움이 배어 나왔는데, 목소리는 여전히 소년의 목소리였지만 변성기에 막 접어들어 간혹 어색하게 끽끽거리는 소리를 내기도 했다. 그러나 이곳에 와서 처음 며칠간은 자신감에 차있었고, 거만하기까지 했다. 그의 누나가 몇 년 전에 세인트폴을 졸업했기 때문에, 에번은 이 학교에 대해 이미 모든 걸 알고 있는 상태였다. 그는 "전형적인" 세인트폴 출신다운 배경을 갖추고 있었다. 아주 부유한 동네의 엘리트 사립 중학교 출신에, 명문 기숙학교 세계와 깊고 오랜 인연이 있는 부모님을 둔 것이다. 그 부모님을 처음 만났을 때 나는 그들이 세인트폴 캠퍼스에 발을 들인 게 이번이 처음이 아니라는 사실을 곧바로 알아차릴 수 있었다. 기숙사 방에 자기 짐을 풀자마자 에번은 써드 폼 신입생들 사이에서 리더 역할을 맡으려 들었다.

그는 미국 중서부 출신의 신입생 조쉬에게 이렇게 말했다. "자, 나는 짐 정리 다했어. 이제 터크Tuck에 갈 거야! 누구 같이 갈 사람?"

"'터크'가 뭐야?" 조쉬가 궁금해 했다.

에번은 조쉬의 무지에 코웃음을 쳤다. 그는 비아냥거리고 싶은 충동은 겨우 억누르는 듯했지만, 그 기회를 이용해 본인이 한 번도 가본 적 없는 터크에 대해 온갖 걸 다 알고 있다며 자랑스레 떠벌렸다. "사람들이 모여서 노는 데야. 거기 음식이 어퍼보다 훨씬 맛있어. 당구장 같은 것들도 있지. 하지만 대부분은 주로 아래층에서 놀아. 우리 통금 시간 이후에도 여전히 자유 시간을 가질 수 있는 식스 폼 선배들이 가는 곳이거든."

조쉬는 놀라움과, 이곳이 자기가 상상했던 것보다 훨씬 더 감당하기 벅찰 것 같다는 근심 어린 표정으로 에번을 바라보았다.

"거긴 아직 문 열기 전이야. 문 열려면 멀었어." 한 단호한 여자 목소리가 난데없이 등장했다.

"아, 그렇죠. 제가 깜빡했네요."

이 기숙사의 지도교사인 브라운 선생님은 이 기회를 놓치지 않고 에번을 다잡았다. 그녀는 에번이 학교 첫날이라 이미 불안해 하고 있는 조쉬를 더 불안하게 만드는 것을 용납하지 않았다. "정말 다 준비된 게 맞니, 에번? 이럴 시간에 어디 뭐가 있는지 전부 확실히 알 수 있도록 해두는 게 좋을 거다. 네 어머니께서 어떤 물건을 어디다가 두셨을지 넌 아는 게 없잖아. 여긴 정말이지 눈 깜짝할 사이에 정신없어진단다. 지금은 정리를 할 때야."

에번은 거의 울 것 같은 얼굴이 되어 자기 방으로 도망쳤다. 이런 일—에번이 이곳에 대한 "지식"을 과시하려 하지만, 알고 보니 그가 틀렸음이 밝혀지는 일—은 그리 드물지 않았다. 그는 굉장히 화가 나서 다른 학생들에게 신경질을 부리거나 아니면 아무에게도 우는 모습을 보이지 않으려고 재빨리 자기 방으로 숨곤 했다. 브라운 선생님이 에번의 잘못된 정보를 바로잡은 일, 그가 이사를 끝낸 것은 그의 어머니가 모든 것을 정리했기 때문이라는 그녀의 관찰, 그리고 그가 곧 학교생활에 정신없어질 거라는 그녀의 언급은, 에번이 그의 허세에도 불구하고 실은 다가올 일들에 대해 거의 아는 게 없다는 사실을 폭로한 것이었다. 그녀는 에번에게, 그가 물려받은 것이 그가 기대하는 모든 것을 다 제공해 주지는 않는다는 점을 상기시켜 주려 한 것이다.

신입생으로서는 도저히 알 수 없는 장소에 대한 지식을 과시하려는 에번 같은 애들을 선배들은(심지어는 교사들도) 가혹하게 다룬다. 학생들은 세인트폴에 대한 지식을 적극적으로 단속한다. 에번은 그의 "내부자 지식" 덕분에 신입생들에게 처음에는 존중 받았지만, 곧 그렇게 지식을 과시하면 선배들로부터 가혹한 취급을 받게 된다는 사실을 깨닫게 되었다. 실제로 선배들은 그의 동년배 신입생들보다 그에게 더 못되게 굴었다. 그들은 에번에게 그런 지식은 머릿속에 들어 있다고 되는 것도 아니고 다른 이들로부터 물려받을 수 있는 것도 아니라고 계속해서 상기시켰다. 에번은 세인트폴에 대한 모든 것―터크 상점부터 비밀 터널들, 어떤 기숙사들이 "간지" 나고 어떤 기숙사들이 별로인지까지―을 알 수 있었지만, 이런 세부 사항들은 선배들이 보기엔 그저 하찮은 정보 몇 가닥에 지나지 않는 것이었다. 진짜 지식[앎]은 오로지 이곳에 대한 **경험**을 통해서만 얻을 수 있는 것이었다. 이 학생들은, 유일하게 가치 있는 지식은 신체적인 것―세인트폴에서 살아가는 경험을 통해 스스로에게 각인된 것―이라는 점을 고집했다.

한 번은 에번이 2년 전 자기 누나가 다닐 때 상연된 연극 공연에 대한 이야기를 꺼냈다. 그 연극에 참여했던 3학년 조니가 우연히 그 대화를 엿듣고는 곧장 에번에게 욕을 날렸다. "씨발 주둥이 닥쳐라, 윌리엄스." 나와 다른 교사들이 보고 있는 앞에서도 이렇게 욕을 먹는 일은 다반사였다. 자기가 직접 경험해서 얻었을 리 없는 어떤 지식을 과시하고 나면 언제나 그런 욕을 들었다. 조니는 내가 그의 말을 듣고 있고 그를 엄격하게 벌할 것이라는 사실을 알고 있었다. 신입생한테 욕을 했다는 이유로 한 달 전에 내가 다른 남학생에게 징계를 내린 적이 있었기 때문이다. 그럼에도 그는 여전히 에번을 질책하는 쪽을 택했다. 교사들에게 처벌받을 것을 뻔히 알면서도 학생들은 이런 식으로 에번을 계속 단속했다. 조니에게 내가 거기 있다는 걸 알면서도 에번에게 욕을 한 이유에 대해 묻자, 그는 내게 이렇게 말했다. "죄송해요, 선생님. 근데 윌리엄스가 가끔 개소리를 지껄이잖아요. 그것 때문에 돌아 버리겠다니까요. 걔는 그나마 여기 러글스 기숙사니까 편하게 지내는 거예요. [조니가 신입생으로 처음 들어갔던] 바클레이 기숙사였으면 훨씬 더 괴롭힘을 당했을 걸요. 걔는 그걸 알아야 해요. 계속 자기가 뭐라도 되는 양 흉내나 내고 다니고 말이죠. 아니, 내가 **나온** 연극을 지가 뭘 안다고 떠들어 대냐고요. 걔는 여기 온 지 반 년밖에 안 돼요. 그러면서 자기가 졸업반이라도 되는 것처럼 굴잖아요. 걔는 진짜 여기가 어떻게 돌아가는지 아무것도 몰라요."

에번에 대한 조니의 반감은 크게 두 가지로 볼 수 있다. 첫째는, 그가 자기 분수도 모르고 "졸업반이라도 되는 양 행동한다"라는 것이고, 둘째는 그가 실제로 경험해 보지도 않았으면서 세인트폴에 대해 떠들고 다니지만, "진짜 여기가 어떻게 돌아가는지 아무것도 모른다"라는 것이다. 사실 에번은 세인트폴에 대해 많은 것을 알고 있었다. 나는 이 학교에 3년이나 살았고, 에번은 고작 석 달을 살았지만, 나는 그를 통해 이전까지 내가 전혀 몰랐던 것들을 알게 됐다. 하지만 그런 지식은 잘못된 방식으로 얻어진 것이었고, 따라서 학교가 중요하다고 여기는 원칙에 위배되는 것이었다.

세인트폴에 대한 연구를 시작하면서 나는, 에번 윌리엄스 같은 학생들—이곳에 대한 내부자 지식 또는 가족[으로부터 얻은] 지식이 있고 이전에도 세인트폴 같은 엘리트 기관을 경험해 본 적 있는 이들—

이 가장 잘나갈 거라고 생각했다. 그들은 세인트폴에서 일어날 일들을 이미 알고 있을 테고, 더 중요하게는, 특권을 어느 정도 이미 체화하고 있을 테니 말이다. 그런 학생은 이런 집단의 일원이 되는 데 필수적인 기술과 기질을 이미 갖추고 있을 것이다. 하지만 항상 그렇지는 않았다. 실제로는 정반대인 경우가 더 많았다. 오히려 자기가 도저히 경험했을 리 없는 것들에 대해 안다고 나서면, 그런 학생들은 "개소리"를 한다며 질타를 받았다.

에번은 세인트폴 사람이 되는 데는 자기 자신의 경험이 필요하다는 사실을 빠르게 습득했다. 선배들은 에번 같은 신입생을 혹독하게 다스렸다. 아무도 보지 않을 때 팔에 잽싸게 주먹을 날린다거나, 샤워 중에 엄청나게 뜨거운 물이 쏟아지게 변기 물을 내려 버린다거나, 키보드와 마우스를 감춘다거나, 하루 종일 마치 거기 없는 사람처럼 완전히 무시하고선 바로 다음날 아무 일도 없었다는 듯이 말을 건네는 일 등이 반복되고, 특권 의식에 젖은 짓을 할 때마다 바로바로 그런 일들을 당하게 되면서, 신입생들은 자신이 세인트폴의 일원임을 주장할 수 있는 역량은 시간이 지나야만 생기는 거라는 사실을 배워 나갔다. 이런 부딪힘들은 특권 의식을 내세우는 태도에 이의를 제기하는 것이었다. 자기 가족 덕택에 알게 된 지식은 학생들에게 중요하지 않았다. 오히려 중요한 것은 어떤 일을 겪고 살았는지, 직접 두 눈으로 본 게 무엇인지였다. 체이스 애벗과 그의 친구들이 특권 의식에 젖은 학생들의 기숙사에 격리되고 세인트폴에 대해 "이해하지 못하는" 아이들로 취급받았듯이, 에번 윌리엄스가 보인 것과 같은 특권 의식의 과시는 경멸을 불러일으켰는데, 그건 그가 정말로 "아무것도 모르기" 때문이었다. 세인트폴에서 편안히 지내려면 그리고 학교에서 성공하려면 학생들은 자기가 누구인지에 기초한 특권 의식에 의존하지 않고 자신이 겪은 경험들을 분명하게 보여 줘야 했다.

보이지 않는 사람들

세인트폴에는 매우 열심히 노력하면서도 학교가 학생들에게 약속하고 제공하는 것들은 전혀 경험하지 못하는 이들이 많다. 사실 [학생들이 세인트폴에 다니는] 4년보다 훨씬 더 오랜 기간을 이 학교에 몸담고 있는 사람들이 많다. 학교를 사시사철 돌아가게 만드는 교직원이 그들이다.⁴ 그들은 캠퍼스에서 가장 흥미로우면서도 가장 간과되는 사람들로, 우리 사회에서 특권 의식, 특권 그리고 경험이 어떤 의미인지에 대해 철저히 다른 시각을 제공해 줄 수 있다.

　이 사람들은 보통 눈에 보이지 않지만, 이 학교가 제대로 운영되는 것은 고딕 양식의 학교 정문 안에서 교정을 티끌 하나 없이 깨끗하게 관리하는 사람들이 수행하는 업무 덕분이다. 그러니 이런 질문을 해봐야 한다. 세인트폴 공동체는 서로 다른 두 세계에서 온 듯한 사람들—한쪽은 미국의 엘리트층이요, 다른 한쪽은 엘리트층을 먹여 살리고 따라다니며 뒤치다꺼리를 해주는 이들—의 상호작용에 어떻게 다리를 놔주는 것일까? 세인트폴에 사는 동안 학생들은 교직원들의 노고를 인정하도록 단련된다. 교직원들은 근속 5년마다 예배당에서 축하를 받고, 기숙사 학생들에게는 그들의 공간을 깨끗하게 유지해 주는 이들의 노고를 틈날 때마다 상기시킨다. 매년 졸업반 학생들은 자기 기숙사를 관리하는 직원들에게 줄 크리스마스 선물을 조직적으로 구입한다. 보통 학생들은 각자 능력에 따라 돈을 내면 된다.

아마 대다수는 이 학생들이 대부분의 버릇없는 십대 청소년들처럼 교직원은 안중에도 없을 거라고 생각할 것이다. 그러나 현실은 훨씬 더 복잡하다. 놀랍게도 나는, 토크빌이 한 세기 반 전에 당시 신생국이었던 미국을 여행하면서 보았던 것을 발견했다. 미국인들은 유럽 귀족들처럼 계급 간에 존재하는 불변의 차별점을 고수하기보다는 그런 차별점을 제거하기 위해 고군분투하는 것으로 보였다. "미국에서는 부유한 시민일수록 평범한 사람들과 거리를 두지 않기 위해 상당히 신경을 쓴다. 오히려 그들은 하층계급과 끊임없이 우호적인 관계를 유지한다. 매일같이 그들의 말을 들어 주기도 하고 그들에게 말을 걸기도 하면서 말이다."⁵ 하지만 이런 관찰은, 그 자신이 귀족이었던 토크빌이 경험한 충격에서 일부 기인했고, 또 일정 부분은 희망 섞인 관측에 불과했다. 엘리트들과 그들을 둘러싼 노동자들 사이의 간극에 관해 학생들과 교직원들에게 똑같이 의견을 구하면서, 나는 엘리트들을 특징짓고 또 그들을 다른 모든 이들과 차별화하는 몇몇 결정적인 차이점들을 찾아냈다. 우리는 부자들과 나머지 우리들 간의 간극이 흔히 문화적 지식의 차이에서 비롯된다고 추정하거나, 혹은 부의 차이를 우리가 간단히 극복할 수는 없을 거라고 생각한다. 또는 이 집단들 사이의 상호작용은 실패할 수밖에 없다고 생각한다—사람들은 그토록 엄청나게 깊은 골을 건너 서로 의미 있는 방식으로 상호작용할 수가 없기 때문이다. 하지만 세인트폴에서 지내고 난 이후, 나는 이런 모든 생각들이 틀렸다고 믿게 되었다.

조이스는 정년퇴임을 앞두고 있다. 이제는 중년을 훌쩍 넘겨 노년에 접어든 여성으로, 그녀의 손은 날마다 화학약품으로 청소를 하느라 거칠어질 대로 거칠어졌다. 그녀는 여전히 매일 아침저녁으로 청소 업무를 수행하는 데 필요한 체력을 어느 정도 유지하고 있음이 분명하지만 일평생의 노동으로 인해 매우 지쳐 있는 것으로 보인다. 그녀는 내가 세인트폴 학생이었을 적에 스쿨하우스 건물을 청소했는데, 다시 돌아왔을 때도 여전히 그 일을 계속하고 있는 모습을 보고 나는 마음이 아팠다. 나는 그녀를 [단번에] 기억해 내지 못해서 민망했는데, 사실 이는 특이한 일이 아니다. 학생들이 가장 애정을 가지는 사람들 중에는 그들의 거처를 청소해 주고, 음식을 내주고, 우편물을 배달해 주는 직원들도 일부 있지만, 대다수 교직원들은 학생들의 관심 뒷전으로 밀려나 있다. 사실, 많은 학생들이 대부분의 교직원들과 상호작용하는 방식은 그들을 무시하는 것이다.

그러나 교직원들은 이 학교에 관해 극소수만이 아는 일들을 알고 있다. 그들은 콘돔 포장지를 발견하면 교사들에게 학생들이 섹스를 하고 있는 장소를 알려 주기도 하고, 학생들이 속이 안 좋을 때 (좀 더 가능성이 높기로는, 과음을 했을 때) 화장실에 쏟아 놓은 토사물을 청소하며 그들이 뭘 먹는지 혹은 더 중요하게는 누가 식사를 안 하고 있는지를 알아챈다. 때로는 학생들의 비밀을 지켜 주고 때로는 폭로하며, 대부분의 경우 그저 자기가 맡은 일을 다하고 하루가 끝나면 집으로 돌아간다. 그들의 집은 학교 주변 마을에 있다. 그들은 하루 일과를 마치면 차를 몰고 퇴근하는데, 그들이 그렇게 학교를 떠나 학교와는 동떨어진 삶을 산다는 사실은 캠퍼스 안에 사는 학생 및 교사와 캠퍼스 바깥 어딘가에 사는 교직원들 간의 상징적 경계를 긋는 데 일조한다.[6]

조이스는 나와 이야기하는 것을 꽤나 좋아했다(그리고 그 한 해 동안 쭉 그런 모습을 보였다). 그녀는 매일 오전 4시 반에 출근해서 낮 12시 반까지 일한다. 그녀가 하는 청소일의 대부분은 학생들이 학교 건물에 들어오는 시간인 8시 반 전에 이루어져야 한다. 그 일은 틀림없이 고된 일이고, 그녀의 말에 따르면 나이가 들수록 더 힘든 일이다. 스쿨하우스는 캠퍼스에서 가장 큰 건물로, 그 안에는 수십 개의 사무실과 교실, 화장실, 그리고 복도가 있다. 수업 시간이면 이 건물에 학교 전체 인원의 약 3분의 1, 즉 200여 명의 사람들이 들어찬다. 조이스는 거의 70대가 다 되어 간다. 나로서는 그녀가 하는 일을 한다는 건 상상도 할 수 없다. 그러나 그 모든 어려움에도 불구하고, 조이스는 자신의 일에 자부심을 드러낼 뿐 내가 느낀 (어쩌면 부르주아의 죄책감인지도 모를) 슬픔은 드러내지 않는다.

"세인트폴에서 일한 지 23년이네요." 그녀가 내게 말했다. "예전 상사가 내 전임자랑 갈등이 좀 있었어요. 휴가를 너무 자주 쓴다고요. 이런 건물을 맡으면 그래선 안돼요. 그래서 그 상사가 나보고 해보겠냐고 그러더군요. 그렇게 이 건물에서 15년째 일하고 있답니다." 그녀는 캠퍼스 안에서 가장 어려운 관리 업무 가운데 하나를 계속해서 할 수 있는 자신의 능력을 분명 매우 자랑스러워했다. "내가 은퇴하고 나면 여기 사람들이 어떻게 할지 모르겠네요. 내가 쉬는 날이면 모두들 나랑 내 상사한테, 저 건물은 엄두도 못 내겠다고 그러거든요." 조이스가 나를 보며 미소 지었다. 그녀는 다른 사람들은 엄두도 못 낼 일을 할 수 있는 것이다. "하지만 일이 점점 힘들어지네요." 이 건물에서는 일주일에 6일이나 수업이 있다. 그녀는 500명의 학생들과 100명의 교사들, 그리고 다른 직원들이 어질러 놓고 간 자리를 치우기 위해 우리 중 누구보다 일찍 출근한다.

스탠과 비슷하게, 그녀도 자신이 이 학교에서 얼마나 열심히 일했는지에 대해 이야기한다. 스탠처럼 그녀도 자신이 해온 일에 자부심을 드러낸다. 그러나 스탠과 달리, 그녀는 출세하지 못했다. 그녀는 단 한 번도 그와 동일한 기회를 갖지 못했다. 그녀는 공립 고등학교를 마치고 얼마 지나지 않아 결혼했고 가정과 직장 생활을 병행하기 시작했다. 그녀가 세인트폴에서 얻은 직업은 적당하고 안정적인 자리였다. 월급이 많진 않았지만 꾸준했다. 월급을 많이 줄 만한 직업들은 대체로 그녀가 할 수 없는 일들이었다. 그녀는 대학을 나오지 않았고, 한때 좀 더 높은 임금을 주었던 제조업 일자리들은 이미 오래전에 미국 동북부 지역을 떠났다.

나는 그녀가 옴짝달싹 못하는 처지라고 생각했다. 하지만 조이스의 생각은 달랐다. 그녀는 자신의 일을, (내가 한 번도 만난 적은 없지만 얘기는 많이 들었던) 그녀의 가족을, 그리고 그녀 자신을 자랑스러워한다. 또한 그녀는 결코 가져 보지 못한 기회들을 누리는 학생들이 다니는 학교에서 일한다는 사실도 자랑스러워한다. 그녀의 일에 대한 자부심은, 스탠의 그것과는 다르게, 출세와 연결되지 않는다. 학생들은 한결같이 열심히 한다는 표현을 사용하는데, 이는 교직원들도 마찬가지다. 여기서 차이는, 학생들은 그런 노력을 통해 어딘가 더 나은 곳으로 진출하게 된다면, 조이스 같은 교직원들은 그렇게 열심히 일한 결과로 뭔가를, 그러니까 일종의 자부심 같은 걸 얻게 된다는 점이다. 양쪽 모두 노력이라는 행위 규범을 차용하지만, 그 의미는 사뭇 다르다. 한쪽에게 그것은 "자기 일을 열심히 하면 출세할 수 있다"는 뜻이다. 다른 쪽에게 그것은 일을 잘 해냈다는 자부심이자 세계에서 제일 우수한 학교 중 한 곳의 일부가 된다는 뜻이다.

　　그러나 세인트폴 교직원들이 그들 주변의 엘리트들과 비슷한 삶을 살고 있다는 착각에 빠져서 더없이 행복해 한다고 말하는 건 어리석은 일일 것이다. 그들이 학교에서 불평등을 보지 못했을 리도 없고 자신들에게 주어진 삶의 기회가 어떤 것이었는지에 대해서도 잘 알고 있었다. 교직원 대부분은 좀처럼 나나 다른 교사, 학생들 누구와도 어울리려 들지 않았다. 나는 이에 대해 눈치 없이 계속해서 묻고 다녔다. 한 번은 이렇게 물은 적이 있다. "왜 우리는 당신 이름을 모르는 거죠? 왜 우리는 도통 교류가 없는 걸까요?"(내가 가장 쪽팔렸던 순간들 중 하나다). 이런 질문을 받으면 모두 피했는데, 딱 한 번 예외가 있었다. 학년이 끝나 갈 때쯤, 청소부 여성 한 분이 내게 차갑게 말했다. "왜냐하면 당신은 그럴 필요가 없기 때문이죠, **셰이머스**. 그리고 우리도 그걸 잘 알고 있고요." 그녀는 내 이름을 부르면서 자기 셔츠 왼쪽 상단을 단호하게 가리켰다. 수잔은 명찰을 달고 있었다. 메시지는 분명했다. 그녀는 내 이름을 이미 알고 있고, 또 알 것이라 기대되지만, 내게는 그런 게 기대되지 않는다는 것이다. 필요한 경우에 내가 볼 수 있게 [직원은] 명찰을 달고 있는데도 말이다. 수잔의 짤막한 대답은 세인트폴에서 직원과 "진짜" 이 학교 사람 사이를 고통스러울 정도로 정확하게 요약해 주는 것 같았다. 학생들은 교직원들 주위로 형성된 거리감을 통해 배운다. 자신들이 알아야 하고 어울릴 필요가 있는 이들이 누구인지, 그리고 그들에게 보이지 않아도 되는 이들은 누구인지 깨닫게 되는 것이다.

내가 학생 때는 교칙 중 하나를 어기면—술을 마시거나 마약을 하거나 혹은 통금 시간 이후에 기숙사 밖에 있다가 걸리거나 학업적으로 부정행위를 했을 경우—"근로 봉사"를 해야 했다. 이는 곧 학생들이 교직원들과 함께 육체노동을 수행해야 한다는 뜻이었다. 그러나 학교 측은 최근에 근로 봉사를 없앴는데, 학생들이 나쁜 짓을 저질렀을 때 직원들이 매일같이 하는 업무를 벌로서 하게 하는 것은 직원들을 모욕하는 일일 수 있다고 보았기 때문이다. 이런 변화는 내게 동시에 두 가지 의미로 다가왔다. 즉, 계몽된 사고를 보여 주는 흥미로운 사례이자 학생들로 하여금 그들을 위해 일하는 사람들과의 상호작용[어울림]을 피하게 하는 또 다른 수단으로 보였다. 직원들에게 물어보면, 그들은 학교의 결정을 알고 있긴 했지만 그 이슈를 그다지 중요하게 생각하는 것 같지 않았다. 수위 중 한 명인 제임스는 내게 이렇게 말했다. "내 아들이 말썽을 피우면 난 집안일을 시키죠. 그게 그 애한테도 좋으니까요. 교훈을 얻을 수 있거든요. 여기 애들도 마찬가지예요. 그러니까 아내와 나는 매일 그런 집안일을 하죠. 다른 때 같으면 우리가 했을 일을 아들한테 시키는 게 우리한테 모욕적이지는 않아요. 그 애한테 필요한 교훈을 주는 거니까요. 그러니까 내 말은, 그 학생들이 우리랑 같이 일하는 것도 난 상관없었어요. 이건 그냥 내 일일 뿐이죠." 제임스는 나를 재빨리 위아래로 훑어보았다. 내가 신뢰할 만한 인간인지 아닌지 가늠하려는 것 같았다. "내 일을 존중한다는 티를 내고 싶다고요?" 그가 말했다. "그럼 월급이나 올려 주든가."

교직원들을 무시하는 교사나 학생들의 태도와 경비 절감을 위해 선뜻 일자리를 줄이려 드는 학교 본부의 모습은 종종 이들로 하여금 자신들이 인정받지 못한다는 느낌을 갖게 했다. 내가 이곳에 오기 전 여러 해 동안, 새 교장이었던 크레이그 앤더슨은 세인트폴이 기부금에 지나치게 의존한다고 걱정했다. 그러면서 그는 이제는 학교가 허리띠를 졸라매야 한다고 주장했다. 방법은 여러 가지가 있겠지만 이는 특히 교직원들의 일자리 감축을 의미했다. 관리직과 서비스직이 해고되자, 남은 이들이 그 빈자리까지 도맡았다. 이는 사실 가장 낮은 임금을 받는 이들에게 가장 큰 희생을 감내하도록 요구하는 조직들에서 오래전부터 흔히 있었던 일이다. 여기서 직원들에게 특히나 상처를 준─그리고 앤더슨의 궁극적인 사퇴를 가속화했던─일은, 경비를 아낀다며 직원 일자리는 줄이면서, 앤더슨 본인의 연봉은 18만 달러에서 53만 달러로 올려 받았다는 것이다. 이런 재산과 더불어 그는 맨션 한 채와 별도의 관리직원, 그리고 개인 요리사까지 있었는데, 이중에서 경비 절감에 보탬이 되고자 희생된 것은 아무것도 없었다.

그러나 이렇듯 감사 인사를 듣거나 인정을 받는 경우가 상대적으로 드문 와중에도 직원들은 종종 자신들의 일에서 의미를 찾았다. 그 의미는 선생들과 흡사했다. 많은 교직원들은 내게 그들이 학교에서 일한다는 사실의 중요성을 피력하곤 했다. "나는 예전에 어떤 사무실에서 일했어요." 구내식당에서 급식을 담당하고 있는 신디가 내게 말했다. "그 일도 괜찮았죠. 사실 그렇게 어려운 일이 아니었어요. 게다가 월급도 더 많이 받았고요. 그런데 그 자리는 월세를 내게 해준다는 것 말고는 딱히 나한테 의미가 없었어요. 전 여기 애들이 좋아요. 애들을 보고, 걔네들 하루의 일부가 되는 게 좋은 것 같아요. 저는 애들이 언제 울적해 하는지, 어떻게 하면 웃는지도 알아요. 그래서 이 일이 할 만한 거죠."

이런 정서를 가진 건 신디만이 아니었다. 예배당의 유지·보수를 맡은 톰은 내가 학생이었을 적에 100만 달러짜리 복권에 당첨됐다. 그런데도 그는 일을 계속했다. 그는 이렇게 설명했다. "여기서 일하는 게 좋고, 여기 아이들이 좋아요. 그리고 이곳을 어떻게 돌봐야 하는지도 잘 알고 있죠. 큰 책임을 맡은 건 아니지만, 중요한 일이잖아요. …… 어떨 때는 너무 힘들어서 그만둘까 하는 생각도 들어요. 하지만 그럴 때면 뭔가 일이 터지고, 나는 내가 뭔가 중요한 일을 하고 있다는 사실을 깨닫게 되죠." 나는 신디가 학생들의 기운을 북돋아 주고, 최근에 맛본 실패에 대해 불평하는 걸 들어 주고, 친구와의 결별이나 극성맞은 부모에 대해 상담해 주는 등 그들을 위해 감정적 일emotional work*을 수행하는 광경을 자주 보곤 했다.[7] 그녀는 내게도 마찬가지였다.

제임스는 어떤 기관이 노동자들에 대해 "존중"을 표시할 수 있는 방법으로 월급 인상을 꼽았지만, 거의 모든 교직원들이 십대 청소년들을 돌보고 양육하는 데 도움을 주는 [감정적] 일을 이래저래 무보수로 ― 그리고 종종 고맙다는 인사도 받지 못한 채 ― 제공했다. 그런데 그들 모두가 이런 경험을 가치 있는 것으로 여겼다. 세인트폴의 많은 직원들은 조이스와 비슷하다. 즉, 그들은 높은 임금을 주는 제조업 일자리들이 오래전에 사라져 버리고 고등학교 졸업장으로는 저임금의 그나마 몇 안 되는 직장에 취업할 수밖에 없는 지역에서 옴짝달싹 못하고 갇혀 있는 것이다. 그러니 이 같은 돌봄 노동은 월급을 통한 보상을 기대할 수 없는 세상에서 [일 자체의] 의미를 창출하도록 한다. 이전의

---

* 앨리 러셀 혹실드에 따르면, 이는 사적인 영역에서, 예를 들면 가족이나 친구 관계에서 금전적 보상 없이 이루어지는 감정 관리를 가리키는 것으로, 공적 영역(특히 서비스 직종)에서 감당하는 상품화된 감정 노동emotional labour과는 구분된다.

사무직 일자리에 대해 이야기하면서 신디는, 그 당시에 하던 일이 세인트폴에서 지금 하고 있는 일보다 훨씬 쉬웠다고 했다. 비록 이 일이 더 어렵긴 하지만, 그녀에게는 그만한 가치가 있다. 학생과 교사, 그리고 교직원들은 노력의 가치에 대한 믿음을 공유하고 있었을 뿐만 아니라, 또한 자신들이 몸담고 있는 곳, 그들이 관여하고 있는 일의 중요성에 대해서도 강한 믿음을 공유하고 있었다. 이런 관점에서 보면, 직원과 학생들 사이에는 공통점이 많은 것처럼 보일 수 있다. 하지만 실제로 서로 간 상호작용의 순간마다 거의 항상 두 집단 사이에는 간극이 존재했다. 마치 둘은 동시대를 살긴 하지만 완전히 분리된 세계에 존재하는 것 같았다.

나는 미국의 엘리트들이 한 일이 위계질서를 보존하되 그것을 눈에 보이지 않게 만든 것이라고 주장한 바 있다. 만일 그렇다면, 청년 엘리트층은 그들을 둘러싼 위계질서와 그런 위계질서로부터 발생하는 명백한 불평등을 끈질기게 상기시켜 주는 가시적 증거들에 어떻게 대처하고 있을까? 가장 흔한 방법은 그냥 직원들을 무시하는 것이었다. 학생들한테 직원들에 대해 물었을 때, 그들에게 매일같이 음식을 내다 주고 그들이 기거하는 건물을 지속적으로 청소해 주는 이들, 그들과 일상적으로 상호작용하는 이들의 이름을 실제로 댈 수 있는 학생은 거의 없었다.

그러나 나와 이야기를 나눈 학생들은 모두 자신들이 무관심하다는 의견에 반대하면서 직원과의 사적인 관계에 대한 이야기를 꺼내 놓았다. 그들은 이런 관계를 예로 들며 자신들이 직원들을 그냥 무시하는 것은 아니라고 했다. 뉴잉글랜드의 부유한 가정에서 온 11학년생 제시카는, 자신이 구내식당에서 일하는 사람들의 이름을 모른다고 해서 직원들을 개인적으로 모른다고 할 수는 없다고 주장했다. 실제로도 그중 몇몇은 제시카의 삶에서 중요한 부분을 차지하고 있었다. 그녀는 자신의 기숙사를 청소하는 여성 중 한 명에 대해 이야기하면서 이렇게 말했다. "그러니까, 사실 저는 그레첸과 만나는 걸 매일 진심으로 기대해요. 그레첸은 정말 다정해요. 나이 많은 고모나 이모 같달까. 그리고 저에 대해 뭔가 기억을 잘 해줘요. 제가 목요일에 치르는 시험 때문에 스트레스 받는다고 하면, 금요일에 저한테 시험이 어땠는지 물어보죠. 우린 대화를 나눠요. 그리고 전 그녀에게 이곳의 어느 누구에게도 하지 못할 이야기들을 해요. …… 그 이유 중에 하나는 그녀가 여기 일들에 휘말려 있지 않아서예요. 솔직히 말하자면, 전 그레첸 없이는 이 모든 일들을 어떻게 헤쳐 나갈 수 있을지 모르겠어요. 그녀는 제가 여기서 생활하는 데 정말 중요해요." 이렇게 말하며 그녀는 잠시 고개를 돌려 허공을 바라보았는데, 마치 개인적인 성찰의 시간이라도 갖는 듯했다.

제시카가 특이한 경우는 아니었다. 내가 들은 이야기들은 때로 굉장히 감동적이었다. 한 여학생의 경우, 어떤 직원한테서 받은 작은 생일 선물이 분명 엄청난 의미가 있었다. 그녀의 부모가 준 훨씬 비싼 선물만큼이나 말이다. 마찬가지로 학생들이 자기가 하는 일에 의미를 불어넣어 준다고 말하는 신디도 특이한 경우가 아니었다. 예전에 하던 사무직 일과 달리, 세인트폴에서 그녀의 일은 중요한 것이었다—그녀는 학생들의 교육에 일조하고 있었다. 이런 교육은 학생들이 교실에서 배우는 것보다 훨씬 더 실용적인 것이었다. 직원과 학생 모두 이런 일상의 교훈들을 중요하게 생각했다. 한 번은 어떤 신입생이 구내식당에 앉아 식당 직원에게 부엌에서 나와 아침 식사를 "차려 달라고" 했는데, 그때 선배 하나가 그 신입생을 나무랐다. 이 일에 대해 내가 그 선배 학생에게 묻자, 그녀는 자신이 신입생이었을 때 그와 똑같은 짓을 한 적이 있는데, 그때 그녀에게 음식을 가져다준 직원이 자기 직업은 그녀의 식사 시중을 드는 게 아니라며 가벼운 농담을 던졌다고 했다. 그것은 그녀에게 귀중한 교훈으로 각인되었고, 그 한 해 동안 우리 두 사람이 다른 학생들에게 되풀이해서 전달한 교훈이기도 했다.

그렇지만 학생들이 교직원과 상호작용하는 방식은 교사들과 상호작용하는 방식과 중요한 점에서 차이가 있다. 제시카는 그녀의 기숙사를 청소하는 여성을 "그레첸"이라고 불렀다. 나는 학생이 교사를 성이 아닌 이름으로 부르는 것을 단 한 번도 들어 보지 못했다. 나는 언제나 "칸 선생님"이었다. 학생들이 내 사무실에서 오열하며 부모에게도 절대 말하지 못할 것들을 털어놓을 때조차 그 호칭엔 변함이 없었다. 학생과 교사 사이는 상당히 친밀하지만 — 어쨌든 함께 사는 사이니까 — 절대 넘지 말고 존중해야 할 상징적 경계도 엄연히 존재한다. 내가 제시카에게 그레첸의 삶에 대해 더 캐묻자, 그녀가 그레첸의 학교 밖 생활에 대해 아는 게 거의 없다는 사실은 곧 분명해졌다.

그레첸에게 그녀는 학생들의 삶에 대해 알고 있는데 학생들은 그녀의 삶에 대해 모르는 이유가 뭐라고 생각하냐고 묻자, 그녀는 곧바로 그게 학생들이 자신에게 관심이 없기 때문은 아니라고 주장했다. "저는 제 일터에 사생활을 가져오고 싶지 않아요. 제 삶의 그 부분만큼은 분리해 두고 싶어요. 여기 애들은 …… 뭐 …… 애들이잖아요. 애들이 아닌 것처럼 보일 수도 있죠. 이곳 애들은 다른 애들보다 독립적이니까요. 얘네들은 부모와 떨어져 지내고, 무거운 짐을 지고 있죠. 하지만 다 그런 과정을 거쳐서 어른이 되는 거죠. 애들은 우리 삶에 대해 몰라요. 그게 우리한테 관심이 없어서는 아니에요. 제가 이야기를 안하는 거죠. 근데 우리 삶에 적극적으로 관심을 가질 만한 열여섯 살짜리가 과연 몇이나 될까요?"

나는 그레첸의 질문에 답하지 않았다. 하지만 세인트폴에서 1년을 보내는 동안 그 대답은 "꽤 많이요"였다. 학생들은 때로 교사들의 삶에 거의 병적인 수준으로 심취했다. 무수히 많은 상황에서 나는 학생들이 교사와 그 가족에 대해 이야기하고, 그들 삶의 구석구석에 대해 추측하는 소리를 듣곤 했다. 학생들은 또 나한테서 다른 교사들에 대한 정보를 캐내려고 열심이었고 내 삶에 대해 물어보는 것도 겁내지 않았다. 미혼인 교사들의 연애사는 끝없는 억측의 원천이었다. 세인트폴 졸업생 출신 교사들도 꽤 많았는데, 학생들은 그들이 재학생이었을 당시의 자세한 역사를 캐기 위해 도서관에서 상당한 시간을 보내며 졸업 앨범을 뒤지기도 했다. 교사에 대해 아는 것은 학생들에게 매우 중요했다. [반면] 직원에 대해 아는 것은 그렇지 않았다. 부분적으로 그 이유는 학생들이 교직원과 자신들 간의 관계를 서로 "공유"하지 않기 때문이었다. 그런 관계는 교실에서 형성되는 공동의 유대감과는 거리가 멀었다. 학생들이 교직원과 맺는 관계에서 유대감은 친밀감을 나타내는 사소한 행동들, 이를테면 매일 아침 복도에서 인사를 한다거나 대식당 한 켠에서 가볍게 수다를 떠는 등의—그러니까 다른 학생들은 끌어들이지 않는—행동을 중심으로 생겨나는 것이었다. 하지만 직원들에 대해 아는 것이 적은 이유는 양쪽의 삶을 가르는 거대한 간극 때문이기도 했다. 직원들과 학생들은 서로 다른 세계에서 왔고, 철저하게 다른 방향으로 나아가는 인생들이었다. 직원들은 인생의 대부분을 [세인트폴이 위치한] 콩코드에 있는 여러 학교들 가운데 한 곳이나 그와 비슷한 어떤 장소에 남아 일할 확률이 높았다. 학생들에게는 장차 부와 권력 등의 보상이 보장된 미래가 있었다.

　나는 학생들에게 교직원들의 이력에 대해 생각해 보라고, 나아가 이들은 왜 대다수(그 학생들의 부모를 포함해)가 장래성 없는 직업으로 생각할 법한 일자리에 계속 매달려 있는지 생각해 보라고 밀어붙였다. 처음에는 많은 애들이 이런 생각 자체에 놀라워했다. 이 학생들은 자기 주변에 존재하는 일자리들의 질에 대해, 그런 일자리들이 가진 가능성(또는 가능성의 부재)과 함정에 대해 단 한 번도 생각해 본 적이 없는 것 같았다. 이런 인식 부재는 내게 지극히 청소년다운 특징으로 다가왔다. 그리고 얼마 후 학생들은 알고 지내던 직원들에 관한 이야기를 종종 들려주기 시작했다. 이런 이야기들은 직원들이 운이 없었다거나, 다른 가치관을 갖고 있었다거나, 아니면 지금과 같은 기회들을 누릴 수 없었던 지난 세대 출신이라는 점을 강조하는 경향이 있었다. 물론 이 세 가지를 이리저리 뒤섞기도 했다. 제시카는 그레첸이 "나는 절대 기억하지 못할 일들을 기억한다"는 점에서 볼 때 분명 유능하며, 다만 아마도 불운했을 것이라고 말했다. "그러니까 저는 정말 행운이죠. 이렇게나 많은 기회를 가지게 되었으니 말예요. 어떤 사람들은 그렇지 못하잖아요. 그 사람들은 정말이지 불운했던 거죠." 제이슨은 그와 돈독했던 마이크라는 구장 관리인에 대해 이야기하면서, 그가 그저 다른 선택을 했을 뿐이라고 했다. "그는 사냥을 정말 좋아해요. 우린 사냥에 대해 수다를 떨곤 하죠. 그는 행복해 하더라고요. 이 근처에서 사냥도 하고 낚시도 할 수 있으니까요. 마이크가 삶에서 가장 사랑하는 게 그거예요. 전 진심으로 이해해요. 그러니까 완전히 말이 되잖아요. 그는 제가 아는 많은 사람들보다 더 행복한 걸요." 또 다른 한 학생은, 나이 많은 구내식당 직원인 저스틴을 떠올리면서, 그녀가 아마도 동등한[자신들과 같은] 기회를 누리지 못했을 거라고 주장했다. "40년 전에 여성들은 이런 곳에 들어오지 못했잖아요. 우린 정말 먼 길을 온 것 같아요. 이제는 상황이 많이 다르죠." 이런 사례들에서 우리는 학생들이 사회적 유동성의 부재를 설명하기 위해 이야기를 특정 형태로 구축하는 것을 볼 수 있다. 직원들 각각이 삶에서 봉착한 난관은 그 사람에게만 일어난 특이한 일이라는 것이다. 그 결과, 학생들은 직원 전체의 사회적 유동성이 비교적 떨어진다는 사실을 인식할 필요가 없다. 불평등이 구조적인 불평등보다는 개개인이 맞닥뜨린 난관으로(또는 이미 넘어선 과거의 불평등으로) 간주되면서 그 지속성은 모호해지는 것이다.

학생들에게 교직원에 대한 질문을 해나가면서 나는 언제나 이 두 사람, 즉 "빅 가이"Big Guy와 "우유 난쟁이"Milk Gnome에 대한 이야기가 빼놓지 않고 나온다는 점에 주목했다. 학생들은 이 두 붙박이 직원이 내가 이 학교에 다니고 있을 때도 있었는지 묻곤 했다. 내가 그렇다고 대답할 때마다 학생들은 기뻐하는 것처럼 보였는데, 마치 그 직원들이 오래 근무했다는 사실이 이 학교에 대해 그 두 인물이 갖는 모종의 보편성과 중요성을 증명하기라도 하는 것 같았다. "빅 가이"의 이름은 브래들리 메이슨이다. 그는 세인트폴 고등학교 구내식당에서 25년 넘게 일했다. 모든 학생들이 그를 아는데, 이건 그가 학생 한 명 한 명을 모두 알려고 노력하기 때문이다. 그는 매년 거의 전교생의 이름을 외우고 틈만 나면 학생들에게 말을 건다. 또 댄스파티가 열리는 족족 찾아가 밤새도록 춤을 추기도 한다. 이런 데서 그를 만나면 그는 즐거워하며 당신에게 이렇게 말할 것이다. "이 학교 춤짱은 나야!" 메이슨이 "빅 가이"라고 불리는 이유는 그가 스스로 그렇게 자칭하기 때문이다. 그는 신입생들이 자신과 늘 비슷한 방식으로 상호작용하도록 그들을 단련시킨다. 오후가 되면 그는 보통 캠퍼스 이곳저곳을 휘젓고 다니는데, 학생들이 다가오면 이렇게 말한다. "어이 ○○○(상대 학생 이름), 여기 짱이 누구지?" 그러면 학생들은 거의 매번 "바로 당신이 죠, 빅 가이!"라고 대답하고, 여기에 메이슨은 "우후!"라고 응수하며 손을 높이 치켜들고 집게손가락을 세운다. 이에 대해 대부분의 학생들은 웃음으로 답한다. 메이슨에게 이에 대한 이야기를 꺼내자, 그는 내게 자신이 캠퍼스에서 학생들과 상호작용하고 댄스파티에서 그들과 즐거운 시간을 보내며 그들을 행복하게 해주는 것을 얼마나 즐기고 있는지 이야기했다. 메이슨은 발달 장애인이다. 그래서 어떤 학생들은 메이슨 옆에 있는 것을 불편해 하고 그와의 상호작용을 피하기도 한다. 하지만 그렇지 않은 학생들도 많다. 아랫사람 다루듯, 한 번 봐주며 웃어넘기는 식으로 말이다.

그에 반해 "우유 난쟁이"는 학생들과 상호작용하는 경우가 극히 드물다. 교사들은 학생들이 조지 스티븐스를 "우유 난쟁이"라고 부르는 데 대해서는 좀 더 까다롭게 군다. 메이슨과 달리, 그의 별명은 그가 직접 지은 것이 아니기 때문이다. 나는 스티븐스가 자신에게 이런 별명이 붙여졌다는 걸 알고 있는지조차 확신할 수가 없다. 그에게 이에 대해 물어보자니 너무 민망했다. 스티븐스에게 이런 별명이 붙은 이유는 키가 작은데다 그가 구내식당에서 하는 많은 일들 중 하나가 우유가 다 떨어지면 교체하는 것이기 때문이다. 그 별명은 적어도 내 학창 시절부터 10년도 넘게 전해 내려온 것이었다.

모든 걸 다 받아 줄 듯한 메이슨의 친절함과 달리, 스티븐스는 훨씬 덜 사교적이고 덜 쾌활하다. 그는 학생들에게 매우 무뚝뚝한 태도를 보이는데, 자신이 우유를 교체하거나 그 외 다른 일들을 할 수 있게 당장 비키라고 말하는 식이다. 그는 성실하고 유능한 일꾼으로, 학생들에게는 한시도 허비할 틈이 없어 보인다. 메이슨처럼 스티븐스 역시 발달 장애인이다. 학생들은 모두 그를 알지만, 그의 진짜 이름을 아는 이는 거의 없다.

만약 대다수 학생들이 아는 유일한 직원이 메이슨뿐이었다면, 나는 학생들 사이에서 그의 특별한 존재감이 그 활발한 성격과 학생들에 대한 지속적인 관심 그리고 꾸준한 상호작용 덕택이라고 생각했을 것이다. 하지만 모든 학생들이 아는 또 다른 직원은 다름 아닌 스티븐스다. 스티븐스는 메이슨과 성격이 전혀 딴판이고, 나는 그가 비키라고 말할 때 빼고는 학생들과 말 섞는 모습을 본 적이 없다. 이들의 공통된 특징은 두 가지가 있다. 두 사람 다 구내식당, 즉 모든 학생이 하루에 두세 번은 들르는 곳에서 일한다는 것, 그리고 두 사람 모두 발달 장애인이라는 사실이다. 그런데 학생들이 알지도 못하고 관심도 없는 다른 구내식당 직원들이 너무나도 많으니, 그 둘을 묶어 설명할 만한 특징은 장애밖에 없었다.

학생들의 관점에서 보면, 그들이 개인적으로 아는 직원들 — 그리고 그들이 자신들의 일자리에 "옴짝달싹 못하고 있는" 것일지도 모른다는 사실 — 은 누구나 성공할 수 있다는 미국적 교리에 대한 자신들의 일반적인 믿음에 들어맞지 않는 예외에 해당한다. 그들은 불운하거나, 다른 가치관을 갖고 있거나, 과거의 불공평함의 유감스러운 피해자들이다. [반면] 모두가 다 아는 그 두 직원, 학생들의 일상 속에 자연스럽게 묻히지 않고 도드라지는 그 둘, 학생들이 집단적으로 인식하는 그 둘은 학생들이 [자신들의 관점에서] 프레임화하기 가장 쉬운 이들이다. 일반적으로 교직원들은 사회에서 누구는 특권을 얻고 누구는 그러지 못하는 현실을 설명해 줄 다른 과정이 있음을 학생들에게 집요하게 상기시키는 존재일 수 있을 텐데, 학생들이 관심을 가지는 그 두 직원 은 그렇지 않다. 요컨대, 학생들이 메이슨과 스티븐스에게 부담 없이 관심을 갖고 그들과의 관계를 집단적으로 공유할 수 있는 까닭은 그들 의 장애가 그들이 출세하지 못하는 데 대한 명백한 설명을 제공해 주 기 때문이다.

세인트폴 학생들의 생활 속에서 직원들이 차지하는 어색한 위치 는, 사실 몇몇 학생들의 경우 그들의 부모가 청소부나 접시닦이 또는 사무직 노동자라는 점을 생각할 때 더욱 흥미로워진다. 세인트폴 재학 생 가운데 약 3분의 1 정도가 상당한 액수의 장학금을 받으며, 이 학교 는 사회경제적 사다리에서 좀 더 낮은 계급 출신의 학생들을 뽑기 위 해 매우 의식적인 노력을 기울이기도 한다. 나는 이런 중간계급 및 노 동자계급 출신의 학생들이 세인트폴에서 간과되는 구성원들과 더 쉽 게 어울릴 수 있을 것이라고 예상했다. 이 학교에 입학하기 전에 바로 그런 계급으로 살았으니 말이다. 이에 반해 부잣집 학생들은 그들의 특권적 위치로 인해 직원들의 삶이 어떤지 전혀 아는 게 없을 테니 직 원과 어울리는 것[상호작용]을 불편하게 여기리라 판단했다. 그런데 이런 내 생각은 빗나갔다.

직원들에게 더 많이 "관심을 기울이는"건 사실 중간계급 아이들 보다 부잣집 아이들이었다. 직원들과 관계를 맺으려 할 가능성이 더 큰 것도 이 아이들이었다. 처음에 이런 관찰 결과는 말도 안 된다고 생 각했다. 내가 이야기를 나눈 부잣집 학생들이 단순히 남들과 어울리기 를 좋아하고(아무래도 세인트폴에서 더 편안하게 지낼 테니까), 누구와도 대화를 잘 트는 스타일이라 그런 게 아닌가 추측했다. 한동안 이렇게 생각하고 있다가 나는 부잣집 학생들이 오히려 자신들이 직원들과 맺은 관계의 중요성과 교감의 깊이, 서로 공유하고 있는 부분에 대해 내게 훨씬 더 열심히 입증하려 노력한다는 사실을 발견했다. 부잣집 학생들은, 그들 "아래"에 있는 이들과 어울릴 수 있는 능력을 의식적으로 개발하고 있는 것처럼 보였다. 이 같은 능력의 개발은 민주화된 미국 땅에서 유용하고 꼭 필요한 도구다. 엘리트 학생들은 장차 사회에 나가 엘리트가 아닌 이들과 어울리지 않을 수 없을 것이고, 그런 어울림에 책임을 져야 할 것이기 때문이다. 그들과 성공적으로 협상하는 법을 배우는 것은 이들이 개발해야 할 중요한 기술이었다.

이와는 대조적으로, 부잣집 출신이 아닌 학생들은 엘리트 기관[학교]를 통해 혹은 인맥을 쌓아 자신들이 상향 이동할 수 있는 데 도움이 될 상호작용의 도구를 개발하는 데 훨씬 더 관심이 있었다. 게다가 부잣집 학생들은 그들 자신의 지위와 위치가 확실하기 때문에 직원들을 더 편안하게 인정하고 그들과 상호작용할 수 있다. 이미 자기 자리에 편안히 안착한 부자들에게는 직원들의 존재가 엘리트로 이행하기 위해 쏟아야 하는 노력들 속에 내재한 불안과 갈등을 두드러지게 만드는 역할을 하지 않는 것이다. 중간계급 및 노동자계급 학생들에게 직원들의 존재는 세인트폴에서 지내는 현재의 삶과 고향에서 보낸 과거의 삶 간의 차이를 두드러지게 했다. 부유하지 않은 학생들은 세인트폴에서 겪는 "극히 예외적인" 경험과 이전에 그들이 이 학교와는 딴판인 고향에서 겪었던 "일상적" 경험 간의 모순을 관리하는 법을 배워야 했다. 부잣집 학생들은 그와 같은 모순을 관리할 필요가 없었다. 중산층 아이들에게 직원들은, 세인트폴이라는 공간—목재 패널로 호화롭게 장식된 방들에 화려한 건물과 신성한 공간들, 그리고 티끌 하나 없이 깨

끗하게 손질된 구장들이 있는—이 그들의 출신지가 아니며 그들에게
익숙한 곳도 아니라는 사실을 매일같이 상기시켜 주는 존재였다. 직원
들은 이런 모순을, 즉 그들 존재의 이질성을 상기시킴으로써 이곳에
대한 지식과 편안함을 드러내 보여야 하는 필수적인 과제를 더 어렵게
만들었던 것이다.

교직원들—영원히 그들 아래 있을 사람들—과 친밀감을 구축
하는 법을 배우면서, 학생들은 계급이라는 사회적 경계를 가로질러 상
호작용하는 능력을 발전시켰다. 이런 상호작용을 배우면서 엘리트들
은 하층계급을 다루는 것이 불가피해질 미래를 준비하며, 이와 동시에
사회적 경계들이 가짜이거나 사소한 것에 불과한 것으로 보이게 한다.
계산대 직원과 수다를 떨거나 수위와 농담을 주고받을 수 있다면, 이
는 결국 오랫동안 불평등을 나타내는 형식에 있어서 필수적이었던 [신
분상의] 범주적 구별짓기를 모호하게 만드는 것이다. [이렇게 되면] 계
급 차이나 아메리칸드림의 냉혹한 한계를 계속 들먹일 필요가 없다.
오히려 학생들은, 그들이 목격한 사소한 불평등의 조각들이나 사회적
유동성의 부재를 "극히 예외적인" 경우—메이슨과 스티븐스처럼 [장
애로 말미암아] 도저히 출세할 수 없는 경우—로 이해하든지, 아니면
개인적 서사—괜찮은 사람들이지만 불운했거나 [자신들과는] 다른 선
택을 했다거나 아니면 과거의 불평등 때문에 이 학교에 오게 됐다는
식의—를 만들어 냈다. 그렇게 이해할 경우 직원들 사이에서 나타나
는 유동성의 부재는 사회적 삶 전반을 지배하는 특징이 아니라 예외가
되는 것이다. 학생들과 마찬가지로 이 학교의 일원으로서 노력하는 삶
을 중시하는 사람들 사이에서 나타나는 예외 말이다.

학생이 교직원들과 맺는 관계와 교사와 맺는 관계는 완전히 다르다. 직원들과의 상호작용은, 의도적인 것은 아니지만, 학생들이 위계질서 안에서 사람들과 교류하는 법을 실천할 수 있는 기회를 제공한다. 반면, 세인트폴의 교사들은 학교의 위계질서에서 근본적으로 다른(그렇다고 복잡하지 않은 것은 아니다) 자리를 차지한다. 교사와 학생 사이의 관계는 "복잡다단하다"는 말로 가장 잘 설명될 수 있는데, 그것은 학생과 교사들이 서로 복합적이고 때로는 모순적인 방식들로 상호작용한다는 뜻이다. 교사들과 맺는 복잡다단한 관계는 친밀하게 지내는 것과 정중하게 거리를 두는 것 모두를 가능케 한다. 학생들은 바로 이런 관계를 형성하는 법을 배움으로써 특권을 익히는 데 필수적인 특정 상호작용의 역학을 발전시킨다. 직원들과의 관계도 가끔은 학교의 조직 원리와 상호작용 방식, 행위 규범 등에 대한 시험대 역할을 할 수 있지만, 교사들과의 관계는 [특히] 위계질서 안에서 움직이는 방식을 구체화[물화]하는 데 도움을 준다.

아이들을 양육하는 다른 공간들과 달리, 세인트폴에서 어른들은 학생들 삶의 모든 측면을 함께한다. 대부분의 고등학생들은 삶의 많은 부분을 부모와 선생들의 시야 밖에서 보낸다. 그러나 세인트폴 학생들은 방과 후에 학교를 떠나 집으로 돌아가지 않는다. 그리고 공동체적인 기숙사 모델 때문에 모든 학생 기숙사에는 적어도 두 명의 교사가 함께 살아야 하는데, 따라서 학생들은 밤이 되어도 교사로부터 몇백 피트 이상 떨어져 있지 못한다. 세인트폴의 교사들은 학생들을 가르치는 역할뿐 아니라 조언자, 부모, 코치의 역할, 그리고 훈육과 감시, 위로와 달래는 역할을 담당하게 되어 있는데, 어떨 때는 단 하루 동안 한 학생에게 이런 여러 역할을 다 해주기도 한다. 이렇게 복합적이고 때로 모순적인 관계는 정서적인 복잡다단함을 만들어 내는데, 이는 [학생들에게] 한편으로는 놀랄 만한 성장의 기회를 제공하면서도 다른 한편으로는 엄청난 난관이 되기도 한다. 학생들이 세인트폴에서 성공할 수 있는 열쇠는 이런 복잡성을 다루는 법을 익히는 데 있다. 이런 복합적이고 복잡다단한 관계는 학생들에게 위계질서상 그들보다 높은 곳에 있는 이들과 스스럼없으면서도(심지어 가족 같을 정도로) 정중하게 예의를 갖춘 방식으로 상호작용하는 법을 가르쳐 준다. 하지만 동시에, 교사들이 언제나 학생들 곁에 있고 그들을 위해 대기 중이라는 사실은 학생들의 자존감을 북돋아 준다. 세인트폴의 어른들이 자기 삶을 그들에게 바치는 것이나 다름없으니 말이다.

전체적으로 학생들은 세인트폴을 신뢰한다. 그들은 주변의 학생들을 둘러보며 자신들이 우수한 인재들에 둘러싸여 있음을 실감한다. 그들은 교사들을 보며 대체로 그들이 뛰어나다고 생각한다. 그리고 선배들을 보면서 엘리트 대학 입학률이 얼마나 놀라운 수준인지 알게 된다. 학교를 방문한 졸업생들은 그간의 업적을 줄줄이 나열하며 소개되는데, 이는 재학생들(과 수표책을 쥔 학부모들)에게 졸업생들이 현재 뭘 하며 살고 있는지 그리고 세인트폴이 그런 환상적인 성공을 일구는 데 어떤 도움을 줬는지 주지시킨다. 학교 당국은 학교에 대한 신뢰도를 높이느라 여념이 없는데, 이는 직설적으로 말해 학비가 정말 비싸기 때문이다. 돈이 그렇게 많이 드는 만큼 필히 그 구성원들을 위해 **뭔가** 해야 하는 것이다.

세인트폴은 그야말로 "유구한" 역사를 자랑하는데, 학교에 대해 하는 이야기들은 거의가 다 미담들뿐이다. 대부분의 학생들은 교실에서 받는 수업이 이 학교에 들어온 주된 목적은 아니라는 점을 인정한다. 자신감 넘치는 졸업반 학생 제니퍼는 내게 이렇게 말했다. "전 보스턴 출신이에요. 저희 집 주변에도 좋은 학교는 꽤 많아요. 사실 저희 동네 공립 고등학교의 시험 성적이 이 학교 성적보다 높다는 얘기도 들었어요. 솔직히 학문적으로 대단한 학교를 원했다면 여기 올 필요가 없었겠죠. 제가 갈 수 있는 곳은 엄청 많았으니까요."

모든 학생들이 세인트폴을 이런 식으로 생각하는 건 아니었다. 많은 학생들은 세인트폴의 교육이 자신이 받을 수 있는 최고의 교육 중 하나라고 생각했다. 하지만 학생들은 그런 사실이 이 학교가 갖는 핵심적 매력 요인은 아니라고 강조했다. 제니퍼 같은 아이들은 그들이 집 근처 학교에 갈 수 있었고, 아마 거기서도 높은 수준의 교육을 받았을 것이라 말하기도 했다. 그렇다면 학생들로 하여금 세인트폴 같은 곳을 신뢰하게 만드는 것은 과연 무엇일까?

엘리트 교육기관에 다닌다는 흥분과 온갖 상징물들로 뒤덮인 환경 속에서 이 기숙학교의 건학 이념에 대한 세인트폴 학생들의 신뢰는 한결같이 유지된다. 물론, 물리학이나 미적분은 어디서나 배울 수 있다. 이를 가르치는 훌륭한 교육기관은 무수히 많다. 전국 어느 고등학교에서나 고전학을 배울 수 있으며, 하고자 하는 의욕만 있다면—이런 학생들 모두가 자신이 그렇다고 믿듯이—독학도 할 수 있다. 세인트폴 같은 엘리트 학교와 다른 학교들의 교과과정에 어느 정도 차이가 있긴 하지만, 수업 내용으로 말미암아 세인트폴이 다른 학교들과 달라지는 것은 아니다. 엘리트 기숙학교 경험을 나타내는 진정한 표식은 교실 저 너머에서 흘러나온다. 최근 졸업생들과의 인터뷰에서, 많은 이들은 자기가 세인트폴에서 배운 게 별로 없다는 사실을 깨닫고 적잖이 당황스러워 했다. 그러나 동시에 그들은 학교에서 자신이 배운 것들에 대한 상찬을 늘어놓았다. 차이는 배움의 양이 아니라 배움의 방식에 있었다.

이는 보통 교사들의 우수성이나 동기들의 역량과 결부되었다. (록펠러 가의 자손인) 넬슨 올드리치는 1950년대 후반에 이 학교를 다녔다. 점심 식사 자리에서 그는 내게 영화 〈죽은 시인의 사회〉를 보러 갔을 때의 이야기를 들려주었다.

"솔직히 정말 형편없는 영화였네." 그가 지적했다. 그리고 그는 내게 그 영화를 봤는지 물었고, 우리 둘 다 영화의 터무니없는 감상주의를 떠올리는 듯했다. "그 영화의 어떤 것도 특별한 점이 없었지. 그런데 극장을 나오면서, 내 뺨을 타고 눈물이 흘러내리기 시작하더라고. 그러니까 다 큰 남자가, 꽤나 끔찍한 영화를 보고 나와서는, 뉴욕의 길모퉁이에서 흐느껴 울고 있었다니까! 왜냐고? 나를 교육하기 위해, 나 같은 청소년들을 교육하기 위해 자신들의 삶을 바쳤던 그 모든 훌륭한 선생님들이 떠올랐기 때문이었네. 난 단 한 번도 그들에게 '감사합니다'라고 말해 본 적이 없었단 말이지."[8]

올드리치가 그의 스승들을 향해 느끼는 감상주의는 특이한 것이 아니다. 교사들 중에는 정말로 뛰어난 스승도 있고, 올드리치가 말하듯 대부분이 제자들의 교육을 위해 일생을 바친다. 이처럼 교사들이 자신들의 삶 전부를 오롯이 학생들에게 헌신하는(캠퍼스 안에 살고, 오전 7시 반부터 밤 11시까지 학생들과 공부하고, 무슨 일이 일어날 것에 대비해 항상 "대기 중"인) 모습은 엘리트 학생들에게 자기 삶의 중요성과 자신들의 가치를 주입시키는 데 일조한다. 그런 경험이 자칫 만들어 낼 수도 있는 특권 의식을 견제하면서, 학생과 교사들은 화목한 가족과도 같은 관계를 발전시켜 나간다. 그리고 거기서 그들은 주변 세상으로부터 엄청나게 많은 것을 기대하되, 그런 것들을 특권 의식으로 요구하기보다는 선물로서 감사히 여기는 법을 배운다.

아이들을 위해 자신을 희생한다는 이미지는 교사들 사이에도 잘 각인되어 있다. 많은 교사들에게 그것은 자신들이 하는 일을 규정하는 지배적인 틀로 작용한다. 하지만 교사들이 항상 자신들만 희생한다고 불평하는 경우도 종종 있다. 그해가 끝날 무렵, 한 번은 젊은 교사 중 한 명인 피터가 술에 취해서는 학교 문장紋章의 펠리컨, 곧 새끼를 먹이기 위해 자기 가슴에서 살점을 떼어 내는 그 펠리컨에 대해 이야기하기 시작했다.

"제가 계속 생각하고 있던 게 뭔지 아세요? 그 펠리컨이요. 망할 놈의 그 펠리컨. 우리가 아이들한테 그 펠리컨을 가지고 가르치는 게 뭔데요?" 그는 지치고 취한 채 해답을 찾는 듯한 표정으로 나를 쳐다보았다. "아니 뭐, 아이들이 다른 사람을 위해 희생하는 법을 배우는 거라고 할 수도 있겠죠. 걔네가 펠리컨이고 세상이 걔네 새끼들이라고 하면서요. 하지만 그게 아니잖아요. 우린 아이들한테 절대 그런 식으로는 가르치지 않아요. 항상 우리가 펠리컨인 거예요. 아이들을 위해 희생하는. 근데 왜 꼭 누군가가 아이들을 위해 희생해야 하는 거죠? …… 아니, 그러니까 내 말은." 그는 단어 선택에 신중을 기하며 말을 더듬었다. "제 말을 오해하지는 마세요. …… 근데 어떨 때 저는 왜 우리가 아이들한테 그런 걸 가르치는지 모르겠어요. 저기서 우리 중 일부는 걔네를 위해 죽어 간다는 거, 걔네는 그런 대우를 받아 마땅하다는 거 말이에요. …… 그러니까 …… 걔네가 정말 그럴 만한 아이들인지 …… 모르겠네요."

다음날 피터는 이 대화를 부끄러워했다. 학생들이 우리의 희생을 받을 만하지 않다는 그의 의견은 세인트폴 교사인 우리의 가장 기본적인 역할, 이 청소년들을 위해 거기 있어야 한다는 역할과 직접적으로 충돌하는 것이었다. 하지만 부유한 학생들은 우리가 가슴살을 뜯어내 먹일 존재가 아니라 오히려 본인들이 희생하는 존재여야 한다는 그의 의견은 많은 교사들의 공감을 불러일으킬 것이다. 피터의 이런 취중 사색은, 많은 교사들이 그들에게 요구되는 것 — 희생 — 과 학생들에게 가르치는 것 — 세상을 자기 관심사를 실현할 수 있는 가능성의 공간으로 보라는 — 사이에서 느끼는 모순을 보여 준다. 그러나 대부분의 교사들은 학생에게 충실히 헌신해야 한다는 사실을 받아들인다. 올드리치와 학교 문장이 말해 주듯이, 우리는 학교에 우리 삶을 바치고, 교직원들처럼 그런 결정에 대해 자부심을 가진다. 그리고 학생들에게 그런 헌신이 효과가 없는 것도 아니었다.

"데이비드 뉴먼 선생님은 제 인생을 바꾼 분이에요." 한 젊은 졸업생이 내게 말했다. "두말하면 잔소리죠. 그분의 셰익스피어 수업을 듣고 제 생각이 완전히 바뀌었어요. 그리고 연극을 시작했죠. 연기에 관심은 전혀 없었어요. 여전히 없고요. 하지만 뉴먼 선생님 때문에 한 거예요. 그분과 함께라면 성장할 수 있다고 확신했거든요. 그분이 아니었다면 절대 그렇게 될 수 없었을 거예요. 그래서 뭐, 우리가 친구가 될 수 있었던 건 아니지만, 그래도 뭐, 세인트폴에서의 가장 좋은 기억들은 그 선생님 댁에서 다른 학생들과 함께 앉아 그냥 대화를 나눌 때였어요. 세인트폴은 결국 그런 곳이거든요. 전 뉴먼 선생님을 결코 잊지 못할 거예요." 재학생 및 졸업생들과 세인트폴에서의 사제 관계에 대한 이야기를 나누면 나눌수록 나는 프로이트의 전이*를 떠올리지 않을 수 없었다. 학생들이 스승과 마치 사랑에 빠지는 것처럼 보이고, 그런 깊은 감정이 다른 방식으로는 얻지 못했을 배움과 성장을 가져다준다는 점에서 말이다.

"선생님들이 우리한테 준 뭔가가 있어." 내 동기 중 한 명인 다이앤은 이렇게 회상했다. "설명하긴 힘든데, 근데 특별한 거 있잖아. 아 그래, 시간이다. 선생님들은 우리가 어릴 때 그 어떤 어른보다 훨씬 많은 시간을 제자들에게 쏟아 주셨잖아. 근데 또 그 이상의 부분도 있어. 그들은 다른 누구도 하지 않던, 그리고 앞으로도 하지 못할 방식으로 우리를 위해 자신들을 완전히 내준 거나 다름없으니까." 물론 교사들에게도 당연히 학생들에게서 벗어난 그들만의 삶이 있다. 뉴욕의 길거리에서 울음을 터뜨렸다는 올드리치의 이야기처럼, 다이앤의 회상은 교사들이 정말 하는 일에 대한 설명이라기보다는 낭만적인 추억에 더 가깝다. 그러나 그 정확성과는 상관없이, 이런 친밀한 경험의 강렬함은 무수히 많은 학생들이 공유하는 것이었다. 그리고 그것은 복잡다단하고 이것저것이 중첩돼 있는, 그리고 때로는 모순적이기도 한 관계들에서 나온 것이었다.

■ 정신분석 치료 과정에서 환자가 과거 자신이 어떤 대상(주로 부모)에 대해 가졌던 감정을 그보다 덜 위험한 대상인 의사에게 표출하는 현상.

"맙소사, 오늘 너한테서 도무지 벗어날 수가 없구나." 애덤 시스가 내 아파트 안으로 들어오면서 조지 빌링스에게 농담을 던졌다. 조지는 "알아요, 저도 선생님한테 질렸다고요!"라고 답했다. 그리고선 나를 돌아보며 이렇게 말했다. "어휴, 딱 봐도 이건 완전 독신자용 아파트네요!" 이 말은 칭찬이 아니었다. 나는 내 차에 실을 수 있는 만큼만 가지고 세인트폴로 이사를 왔다. 내가 가져온 책 몇 권과 학교 측이 준 잡동사니들로 꾸며진 아파트는 썰렁했다. 여러모로 내 아파트는 아무도 살고 있지 않은 곳처럼 보였다.

나는 답했다. "어이, 그래도 고약한 냄새는 안 나잖아. 참, 그래서 말인데, 신발은 벗지 마라. 내 집에 네 발 냄새는 사양이야. 네 방에 갈 때마다 충분히 맡으니까."

우리는 내 아파트에서 저녁거리를 요리하고 있었다. 애덤과 나는 둘 다 같은 기숙사의 지도 교사였다. 조지는 11학년으로, 우리가 오늘 저녁을 만들어 주기로 한 9명의 지도 학생들 중 한 명이었다. 애덤은 20대 초반이었고, 나는 26살, 그리고 아이들은 15살에서 18살 사이였다. 몇몇은 내 소파에 대자로 뻗어 영화를 보고 있었다. 다른 아이들은 분명히 내 물건들을 뒤져 보고 있었는데, 그렇게 보이지 않도록 애쓰고 있기는 했다. 우리 집 화장실이 위층 내 침실 옆에 있다는 것을 알게 된 아이들은 모두 그 기회를 이용해 재빨리 위층으로 뛰어올라 가 내가 자는 곳을 들여다보았다. 내가 냉장고에 맥주 한 짝을 둔 것을 보고, 학생들 중 한 명은 방에 있는 다른 아이들에게 농담 삼아 소리쳤다. "어이, 누구 맥주 마실 사람?" 애덤과 나는 학생들과 함께 요리를

하면서 그 주 토요일 저녁 보스턴에 가기로 한 일에 대한 얘기를 나눴
는데, 그건 우리가 학생들 기숙사 방에 있었다면 절대 꺼내지 않았을
얘기였다. 그날 내 방의 분위기는 격식을 갖춘 것이기보다는 형제간의
친목 모임 같은 것이었는데, 비록 세인트폴에서는 지극히 평범한 순간
이었지만, 지금 와서 외부인의 관점에서 돌아보니 그 친밀감은 놀랄
만한 것이었다.

앞서 그날 일과 시간에 나는 애덤의 수업을 참관했다. 조지가 교
실 안으로 들어오면서 내게 말했다. "오! 안녕하세요, 칸 선생님. 오늘
은 시스 선생님을 관찰하시나 보네요. …… 어떻게 지내셨어요?"

"좋아good, 고마워. 너는 어떠니?"

조지는 내 영어 문법을 고쳐 주면서 답했다. "잘well 지냈어요."■

그가 방금 무슨 짓을 했는지 깨닫고는 우리 둘 다 미소를 지었다.
"좋아. 오늘 저녁에 보는 거 맞지?"

"네. 완전 기대하고 있어요. 선생님 요리 잘하신다는 얘기 들었어
요!"

"이따 상황을 보자. 오늘은 바쁜 날이거든." 학교에서의 긴 한 해
에 지쳐 가기 시작했음을 무심코 드러내며 내가 말했다. "특별한 걸 만
들어 줄 시간이 있을지 잘 모르겠네."

"뭐, 어퍼 음식만 아니라면 좋을 거 같아요."

교실에서는 조지와 애덤 그리고 나 누구도 나중에 내 아파트에서

■　"How are you?(어떻게 지내셨어요?)"라는 안부 인사에 대한 문법적으로 올바른
　답은 "I am good"(나는 좋은 사람이다)이 아니라 "I am well"(나는 잘 지낸다)이라
　는 점을 지적한 것이다.

저녁을 먹으며 내보일 친밀감은 일체 드러내지 않았다. 몇 주 뒤 조지는 2주마다 돌아오는 공식 만찬 자리에서 내 맞은편에 앉았고, 우리의 상호작용은 다시 훨씬 더 격식을 갖춰 이루어졌다. 조지는 다른 학생들에게 "감자 좀 건네줄 수 있을까"라고 부탁하고, 식사를 마친 뒤에는 내게 "제가 이만 자리에서 일어나도 괜찮을까요?"라고 물었다. 학교생활 몇 년 만에 조지는 수업 시작 전에는 예의를 갖추되 격식을 차리지는 않은 대화를 나누고, 공식 만찬 자리에서는 격식을 차린 정중한 대화를 나누지만, 그럼에도 여전히 내 독신자용 아파트와 그의 발 냄새에 대해 나와 농담을 주고받을 줄 알게 된 것이다. 그는 나와 다양한 관계들을 맺으며 그 사이를 왔다 갔다 하는 법을 배웠다. 그중 격식을 차린 관계는 조지에게 나와 "정중하게" 상호작용하는 법을 가르쳤다. 격식을 차리지 않는 관계는 그에게 나와 좀 더 느슨하게, 거의 친구처럼 상호작용하는 법을 가르쳤다.

하지만 여기서 핵심은 "거의"이다. 우리가 나눴던 발 냄새에 대한 대화가 교사와 학생 사이가 아니라 학생과 학생 사이에 이루어졌더라면, 거기에 뒤따를 설전은 모두가 상상할 수 있을 것이다. 세인트폴의 학생들은, 내가 아는 다른 모든 십대들처럼, 말로 상대를 기죽이기 좋아한다. 하지만 내가 조지의 말을 되받아쳤을 때, 그는 내 말을 그냥 받아들이고 넘어갔다. 학생들은 일부 교사들과 친밀감을 쌓기 위해 노력하지만, 교사들의 권위를 존중하는 법 또한 배운다. 조지는 자신이 내게 모욕을 되돌려 줄 수 없다는 걸 알고 있었다. 내 아파트에 대해 장난스럽게 놀릴 수 있지만, 그 이상으로 나아가지는 않는 것이다. 그렇게 하는 건 암묵적이기는 하나 매우 분명하게 설정된 경계를 넘어 버리는 행위이기 때문이다. 조지와의 경험은 다른 대부분의 경우에도 적용된다. 학교 도처에서 학생들은 다양한 방식으로 교사들과 관계 맺는 법을 배웠다. 꽤나 격식을 차리는 교사들도 있었고, 보다 깊은 친밀감을 허용하는 교사들도 있었다. 이들이 함께 어우러지면서, 학생들은 윗사람과 상호작용하는 여러 가지 방식을 배워 나갔다.

다시 말해, 세인트폴의 사제 관계는 단순한 하나의 관계가 아니라 여러 관계의 집합이다. 그리고 그런 복합적인 관계들이 쌓여 가면서, 점점 더 친해진다. 세인트폴의 교사들은 어떻게 이럴 수 있는 걸까? 그들의 교수 방식이 공립학교 교사들과 완전히 다른 것은 아니다. 다만 대부분의 어른들이 청소년을 대하는 것과는 다른 방식으로 학생들과 관계를 맺는다. 이 학교의 교육적 이상은 이런 복합적 관계들이 풍요로운 배움의 환경을 만들도록 하는 것이다. 교사들에 대한 학교측의 설명에도 나오듯이, "이곳 교사들은 학교에 상주하며 학생들과 함께 지내기 때문에 평생 지속될 유대감을 구축하기 쉽습니다. 교사들이 조언자이자 코치로서, 멘토이자 친구로서 자기 역할을 다하는 동안 가르침은 교실 너머에서도 행해지는 것입니다."[9] 중요한 건 학생들이 무엇을 배우냐가 아니라 어떻게 배우느냐이다. 과정에 대한 강조는 다양한 정서적 요구로 가득한 배움의 환경을 제공할 뿐만 아니라 학생들에게 다면적인 상호작용이라는 도전 과제를 부여한다. 학생들이 세인트폴에 대해 제대로 알려면 이곳을 경험하는 법을 배워야 하듯이, 그들은 교사들과 대화하는 여러 다양한 방식들을 찾아 나가야 한다. 세인트폴에서든 아니면 이 엘리트들이 살아갈 다른 장소에서든, 성공을 위해서는 이런 관계들을 체화하는 법을 익혀야 하는 것이다.

그들은 다양한 자세들이 어떤 느낌인지 문자 그대로 알고 있어야 하며, 다차원적인 엘리트 세계에서 성공하기 위해 필요한 여러 다양한 태도들도 내면화해야 한다. 다양한 상호작용 방식을 체화─선생님 소파에 벌렁 드러누울 때나 공식 만찬 자리에서 자세를 가다듬고 앉아 있을 때나 똑같이 편하게─하는 법을 배우면서 학생들은 위계적 관계들이 내포한 복잡다단하면서도 미묘한 내용을 다룰 줄 알게 된다. 윗사람, 즉 교사들과 편하면서도 정중하게 관계 맺는 법을 배우면서 학생들은 결정적인 엘리트적 상호작용 방식을 배운다. 이런 방식은 위계질서를 존중하고 특정 상황에서 요구되는 격식들을 인정함으로써 위계질서를 성화한다. 동시에, 성공적인 학생들이 그 복잡다단함을 헤쳐나갈 때 느끼는 편안함은 위계적 관계의 존재를 거의 부정하는 것이나 다름없다. 이런 종류의 상호작용─위계질서를 존중하면서 보이지 않게 만드는─과 직원들하고 이루어지는 상호작용─보이지 않게 되는 쪽이 그 직원들 자체인─사이에는 분명한 차이가 있다. 교사와 학생들 간의 층층이 얽힌 관계가 함축하는 바는 특권을 이해하는 데 엄청나게 중요하다. 그것은 세인트폴 생활을 마친 후 학생들이 돌아갈 세상에서 그들이 원하는 곳에 편하게 자리 잡도록 도와준다.

학생들은 교사들과 함께하면서 비로소 복잡한 상호작용들의 역학을 배운다. 그들은 자신들보다 위에서 권위를 행사하는 이들을 단순히 막강한 실력자가 아니라 친한 친구처럼 대하도록 배운다. 학생들은 그 관계를 이용하는─교사들과 정말로 친구인 것처럼 행동하는─법을 배우는 게 아니라 그들보다 위에 있는 사람들과 친근함을, 즉 단순한 사제 관계에서는 찾아보기 어려운 유대감을 쌓는 법을 배운다. 학생들은 바로 이런 "친근함"에 다른 종류의 배움을 주는 엘리트 학교 교육의 특별함이 있다고 생각하는데, 내가 더 중요하게 생각하는 것은 권위가 존중되긴 하지만 그것이 존재하지 않는 것처럼 상호작용하는 역학이다. 학생들은 위계질서를 지지하고 구체화[물화]하는 법을 배운다. 그런 구체화를 통해 그들은 학교의 많은 규칙들에 자발적으로 복종하는데, 이는 위계질서에 굴복하는 것 말고는 다른 선택지가 없는 직원들과 극명한 대비를 이룬다. 또한 직원들과 대비되는 점은, 학생들이 교사와 맺는 관계가 불평등하긴 해도 이는 결국 출세를 위해 그 복잡다단함 속에서 움직이는 법을 배우는 과정이라는 것이다.

이런 과정에 대해 생각해 보면, 세인트폴의 "이상"은 공부가 아니라 관계라 할 수 있다. 세인트폴의 가치는 "거기 있는"데 있다. 학생들이 학교를 둘러싼 관계들을 경험해 나가면서 "자기 자리를 찾는"그 방식에 말이다. 이후의 논의에서 보게 되겠지만, 나는 이런 지식이 그저 학생들이 인지적으로 알게 되는 것들이 모여서 이루어지는 것은 아니라는 걸 발견했다. 관계를 넘나드는 법은 체화된 상호작용적 지식이다. 내가 관찰한 엘리트들은 차이를 구성하고, 만들고, 체화하는 법을 배우고 있는 것이 아니다. 어퍼 이스트사이드로 이사해서 아모리 뒤에 숨어 장벽을 쌓으려는 것도 아니다. 대신에 그들은 필요할 때는 이런 차별점을 인정하면서도 마치 그런 차별점이 존재하지 않는 것처럼 태연자약할 수 있는 법을 배우고 있는 것이다. 위계질서는 캠퍼스 안이나 밖이나 어디에나 있지만, 적절한 기술만 있으면 그것이 없는 것처럼 할 수도 있다. 학생들은 자신보다 위에 있거나 아래에 있는 이들과 편하게 상호작용하는 법, 직원이나 교사나 똑같이 모두와 의미 있는 관계를 형성하는 법을 배운다.

여기서 지적해 둬야 할 점은, 위계질서가 너무 강하게 드러나거나 용납할 수 없는 차원에 존재할 경우 학교 측이 그것을 사라지게 만든다는 것이다. 내가 연구원으로 세인트폴에서 지내다 떠나고 2년 뒤에 학교는 여러 명의 유색인종 교사들을 고용했다. 학교 측은 이 사실을 엄청나게 자랑스러워했는데, 뉴햄프셔 주의 콩코드에 그런 교사들을 데려오기란 여간 어려운 일이 아니기 때문이다. 그러나 학교는 곧장 한 가지 문제에 직면했다. 예배당에서 교사들은 연차 순으로 좌석을 배정받는데, 거의 모든 유색인종 교사들이 뒷자리에 앉아 있는 이미지는 민권운동 이전 시대에 흑인들이 버스 뒷자리에 앉아 있던 모습을 노골적으로 연상시킬 것이기 때문이었다. 따라서 학교는 위계질서에 따른 교사와 학생들의 좌석 배치 방식을 버리기로 결정했다. 위계질서가 범주적 차별점[이 경우, 인종]을 도드라지게 함으로써 그것이 가진 억압적이고 배타적인 성질을 보여 주자, 학교는 그런 배정 방식을 더 이상 맘 편히 놔둘 수 없었던 것이다. 이것은 아주 중요한 순간이다. 만일 그것이 지속되었더라면 내가 여기서 내세우려는 주장은 상당히 곤란해졌을 것이다. 하지만 몇 년 후—이 유색인종 교사들이 연차가 쌓여 앞줄로 옮겨 가게 되자—학교는 다시 이전의 위계질서에 따른 배정 방식으로 돌아갔다. 위계질서가 인종과 같은 귀속적 특징이 중요하다는 점을 더 이상 시사하지 않게 되자 다시 부활시킨 것이다. 유색인종 교사들이 진급하면서 위계질서는 (끈질긴 불평등을 상기시키기보다는) 진보와 노력 이야기를 들먹이면서 안심하고 다시 모습을 드러낼 수 있었다.

여기서 신엘리트층의 사고는 계급을 막론하고 모든 낙관적인 미국인들이 가진 다음과 같은 생각과 상당히 닮아 있다. 즉, 세상의 구조는 위계적인 **특징**[표식]을 나타내긴 하지만, 그게 **결정적인** 것은 아니라는, 오히려 불평등은 개인의 특징들—노력과 선택, 그리고 심지어 운運—이 낳은 결과라는 생각 말이다. 하지만, 학생들이 깨닫게 되듯이, 이 같은 [위계적인] 관계들을 헤쳐 나가는 건 까다로운 일이다. 학생들이 상호작용 속에서 드러내는 편안함이 위계질서를 흐릿하게 만들고자 하는 것임에도 불구하고, 그들은 — 더 주제넘은(이라 쓰고 '가난한'으로 읽으면 되는) 미국의 동료 시민들과는 달리 — 위계질서를 거스르지 않기 위해 조심한다. 그들의 부모들이 으레 말하듯, 어떤 엘리트든지 엘리트가 되기 위해서는 위계 구조가 필수적이라는 사실을 잊어서는 안 되는 것이다.

이런 관계들을 유지하는 법을 익히는 건 분명 매우 어려운 일이다. 많은 학생들이 이 문제로 애를 먹는다. 하지만 이를 터득해 낸 아이들에게는 어마어마한 보상이 주어진다. 올드리치는 자신을 가르치는 데 "자신들의 삶을 바쳤던" 교사들을 칭송한다. 이와 비슷하게 또 다른 젊은 졸업생도, 어느 한순간 감상에 치우쳐서는, 교사들이 그녀를 위해 "완전히" 헌신하는 것 같았다고 했다. 이들과 같은 엘리트 학생들의 시각에서 보면, 세상은 단순히 자신들이 이용해 주길 기다리고 있는 빈 서판이 아니다. 실제로 그 세상은 자신들에게 온전히 갖다 바쳐진 제물인 것이다. 이런 진술들 — "뛰어난" 교사들이 심지어 손해를 감수하면서까지 자신들에게 삶을 바친다는 — 의 기저에 흐르는 자존감은 학생들의 자기 인식을 형성한다. 학생들은 자신들이 투자할 만한 가치가 있는 존재이며, 자신들에게 모든 걸 투자한 공동체의 결과물이라고 믿는다. 그들은 자신들이 선택받은 자의 표식을 가졌다고 생각하는 것이다.[10] 그런 표식은 특권이 틀림없지만, 학생들은 그들이 이 학교에 선발된 것과 들어와서 하는 일들이 모두 자신의 노력에서 비롯된 것임을 강조하는 데 신경을 쓴다. 요컨대, 그 표식은 그들의 성격을 구성하는 일부분이라는 것이다. 그들에게 세상을 아예 갖다 바쳐 놨다고 보는 게 적절함에도 불구하고, 그들은 선택받은 소수들 가운데 위치한 그들의 자리가 주어진 것이 아니라 스스로 따낸 것이라고 믿는다.

건방짐과 경외심

세인트폴 학생들은 학교 곳곳에서 자신의 길을 탐색하면서 서서히 자기 자리를 찾아간다. 그렇다면 자기 자리를 찾은 학생들의 모습은 어떨까? 세인트폴에서 점점 편안해지면서 학생들은 어떤 특징적인 감정을 드러냈는데, 그것은 통상 건방짐[주제넘음]과 경외심의 연속선상 어딘가에 존재하는 감정이었다. 후술하겠지만, 이 양극단의 감정은 둘 다 학생들에게 문제가 된다. 세인트폴이 배출한 가장 성공적인 학생들은, 내가 편안함이라 일컫는 감정을 드러내면서, 이 연속선상의 중간쯤에 있는 이들이었다.

건방짐의 가장 단순한 예는 체이스 애벗에게서 찾을 수 있다. 나와 얘기하기 위해 내 사무실에 들어와 아무렇지 않게 내 물건들을 뒤져 보고, 나는 **자기** 학교에 "그냥 방문객"일 뿐이라는 듯이 무심하게 행동했던 그 특권 의식에 젖은 소년 말이다. 자신의 혈통이 중요하고 존중받아야 한다고 말하면서, 체이스는 미국의 엘리트층에 변화가 있음을 인정하지 못하거나 인정하기를 거부한다. 그는 나와 상호작용했던 방식 — 자기는 진정으로 이곳에 속해 있지만 나는 아마 그렇지 않을 것임을 시사하는 — 그대로 교사나 다른 학생들과도 상호작용하면서, 자기가 맨 꼭대기에 확고히 자리 잡고 앉은 그 위계질서를 가시화하고자 했다. 역설적이게도, 체이스에 대해 불만을 터뜨린 건 그와 마찬가지로 부유하며 전통적인 엘리트 집안 출신의 피터였다. 하지만 피터는 자신이 세인트폴에 있는 이유를 세계 어느 학교에든 그를 입학시킬 수 있는 자기 집안 덕택이 아니라 **자신이 해낸 일**로 설명하고 상호 작용하는 법을 터득한 아이였다.

스펙트럼의 반대쪽 끝에는 유색인종과 부유하지 않은 학생들이 있는데, 이들은 이전에는 상상도 할 수 없었던 기회를 자신들에게 제공해 준 기관에 경외심을 가지고 있다. 내가 처음 매튜 코트니를 만난 건 그가 공식 만찬 자리에서 내 앞에 앉았을 때였다. 나는 그에게 마음을 홀딱 빼앗겨 버렸다. 2주 동안 그와 같은 식탁에서 식사를 한 뒤, 나는 그의 지도 교사 토니를 찾아가 말했다. "매튜 코트니는 제가 만나 본 아이 중에서 가장 상냥한 아이예요."

"그러니까요." 토니가 신이 나서 내게 말했다. "그 애 프로필 파일을 읽었을 때 전 감정을 주체할 수가 없었어요. 캐런에게도 파일을 줬는데, 우리 둘 다 그 자리에 주저앉아 바보들처럼 엉엉 울었다니까요. 한동안 엄마와 차 안에서 숙식을 해결해야 했던 자기 노숙 생활에 대해 에세이를 썼더라고요."

토니의 아내이자 이 학교의 수학 교사인 캐런도 매튜에 대한 감탄을 이어 가면서 그들이 눈물을 흘렸다는 게 과장이 아님을 확인해 주었다. "그 에세이를 읽고 전 정말로 무장해제됐어요."

"기숙사 방 배정을 할 무렵 전 그 애를 데려오려고 사방으로 뛰어다녔어요. 여기 저와 함께 있었으면 했거든요. 그런 애들이야말로 세인트폴의 진국이죠. 그 애는 정말 놀라워요. 캘리포니아에서 온 부잣집 애랑 같이 살고 있는데, 굉장히 잘 지내요."

나와 같은 자리에서 식사를 하고 난 뒤 매번 매튜는 아무도 하고 싶어 하지 않는 접시 치우는 일을 하겠다며 나섰다. 나는 곧 그를 저지하고, 다른 학생이 하면 좋겠다고 말해야 했다. 그러면 매튜는 이렇게 답했다. "전 정말 괜찮아요." 그래도 나는 그를 가로막았다. "내가 안 괜찮은 걸. 이제 다른 사람이 한 번 나설 때가 됐지!" 매튜는 미소를 띠며, 내가 막아서는 데도 아랑곳없이, 내가 그 일을 하도록 부탁한 학생을 도왔다. 이 학교 안에서 특권 의식을 발산하고, 자기랑 비슷하지 않은 아이들한테 일반적으로 반감을 사는 체이스 애벗과 달리, 매튜는 모든 학생과 교사들에게 호평을 받았다. 그의 "상냥함"에 마음을 빼앗긴 건 나뿐만이 아니었다. 매튜에게 세인트폴은 장래 희망이 아니라 기회라는 사실에 우리 모두가 감사했다.

이런 기회를 가진 데 대해 매튜가 느끼는 고마움은 거의 경외심에 가까웠다. 세인트폴의 학사 감사를 준비하면서, 나는 흑인 학생들이 수업은 가장 많이 들으면서 성적은 가장 낮다는 사실을 발견했다. 그 이유 중 하나는 흑인 학생들이 입학 당시 준비가 비교적 덜 되어 있기 때문이었다. 예를 들어, 대다수는 낮은 수준의 수학 수업부터 들어야만 했고, 보통 "따라잡기" 위해 더 많은 수업을 들었다. 그러나 이런 따라잡기용 수업은 차치하더라도 흑인 학생들은 여전히 다른 학생들에 비해 더 많은 수업을 들었다. 나는 11학년생 데빈에게 이런 일이 발생하는 이유가 뭐라고 생각하는지 물어보았다.

"제가 어디 출신인지 보시면 아실 수 있을 거예요, 칸 선생님. 물어볼 필요도 없으실 걸요. 여길 좀 보세요. 이런 곳이 세상에 또 어디 있을까요? 없어요! 바로 그거거든요. 이곳은 …… 뭐랄까 …… 이곳은 정말 달라요. 그리고 전 이런 곳에 두 번 다시 들어올 수 없을 거예요.

설사 제가 하버드에 가더라도, 이렇지는 않을 거예요. 이건 제 기회예요. 전 이 기회를 최대한 활용하는 거죠."

"그래서 네가 다른 아이들보다 성적을 못 받게 된다 해도 말이니?" 내가 되묻자, 데빈은 자신이 사실 꽤 잘해 내고 있다며 반박했다. "선생님께서도 이젠 아실 때가 되지 않았나요. 세인트폴은 성적 그 이상의 의미가 있는 곳이에요." 데빈은 이 학교에서 자신이 얻을 수 있는 건 모두 얻고 가고 싶어 했다. 이건 비단 흑인 학생들만의 경우는 아니었다. 부잣집 출신이 아닌 백인 학생들 역시 비슷한 전략을 썼다. 아이다호에서 온 수잔은 자신이 주말에도 시내로 놀러 가지 않는 이유에 대해 이렇게 말했다. "전 세인트폴에 있으려고 여기 온 거예요. 콩코드는 제가 고향에 두고 온 동네들과 별로 다를 게 없어요. 거기선 제가 얻을 수 있는 게 많지 않죠."

"세인트폴에서 얻을 수 있는 건 모두 얻어 간다"는 전략에는 이 기관과 이곳에서 일하는 사람들에 대한 엄청난 존경심이 동반된다. 교사들이 매튜를 그렇게나 아끼는 이유 중 하나는, 그에게서는 그가 감사해 한다는 것을 제대로 느낄 수 있기 때문이었다. 그는 어떤 것도 당연시하지 않았다. 이런 태도는, 자기 고향인 보스턴 근처 어느 학교에라도 들어갈 수 있었다고 말하던 제니퍼의 태도와 비교해 볼 수 있다. 그녀도 세인트폴에서의 경험을 감사해 하는 건 틀림없었지만, 자신이 다른 곳에서도 비슷한 경험을 할 수 있었다고 상기시켰다. 매튜와 데빈 같은 학생들에게 이는 있을 수 없는 일이었다. 세인트폴은 고향에 남는 것과는 비교도 안 되는 선택지였다. 그들은 세인트폴 학생 대부분이 당연하게 여기는 것들을 습득하기 위해 고향을 떠나야 했다. 여기서 비롯된 공손한 경외심은, 위계질서가 사라진 것처럼 보이게 만드는 방식으로 학교와 상호작용하는 그들의 역량을 저해한다. 체이스 같은 학생들은 특권 의식에 젖어 충분히 공손하지 않은 반면, 매튜와 데빈 같은 학생들은 너무 공손한 나머지 세인트폴에서 성공하는 데 매우 결정적인 교사들과의 친밀감 쌓기나 복잡다단한 관계 형성을 제대로 해내지 못한다. 그들의 넘치는 존경심이 오히려 문제가 되는데, 그것이 사제 간의 거리를 더 멀게 느껴지도록 만들 뿐만 아니라 그들 사이에 이루어지는 상호작용의 위계적 특성을 강화하기 때문이다. 경외심은 그들이 학교에서의 경험과 복합적 관계를 체화하는 능력을 떨어뜨렸다. 다음 장들에서 보게 되겠지만, 세인트폴에 대한 경외심은 이 학생들이 학교생활을—그리고 더 넓은 엘리트 세계를—편하게 헤쳐 나갈 수 있는 역량도 저해한다.

세인트폴에서의 일상은 위계적 배열이 지속적으로 일어나고 있음을 상기시킨다. 학생들은 위계질서가 세상의 사회적 관계들을—가장 그럴 것 같지 않은, "피안적" 공간인 예배당에서조차—규정한다는 것을 배운다. 하지만 학생들은 또한 자신들이 이런 고정된 위계질서 안에서 움직일 수 있다는 것도 배운다. 이런 움직임을 이해하기 위해 학생들이 가져오는 행위 규범은 이 나라 어느 곳에서든 어떤 사회경제적 위치에 있든 누구나 사용하는 바로 그것이다. "노력"이라는 미국의 능력주의적 행위 규범 말이다. 노력—과 그것이 만들어 내는 무한한 가능성—이 지닌 가치에 대해 세인트폴 학생들이 피력하는 믿음은 몹시 놀랍고, 믿을 수 없을 정도로 깜찍하며, 상당히 순진무구하다. 그런 믿음은 또한 꽤나 편리한 것이기도 한데, 그 이면엔 위계질서에 특히 순응적인 관점이 자리하고 있기 때문이다. 이런 관점에 따르면 위계질서는 분명 자연적인 불평등을 반영하지만, 그것이 체계적이거나 항구적인 불평등을 만들어 내는 것은 아니다. 자기 자리를 찾아가면서 학생들은 그런 위계질서 "안에서 움직이는" 일의 가치를 배우는 동시에, 그렇게 위계를 넘나드는 일이 어떻게 위계적 관계를 보존하는 동시에 모호하게 만드는지를 배운다. 그리하여 위계질서는, 이렇게 개인이 사다리에서 자기보다 위/아래 있는 사람들과 상호작용하는 동안 그 뒤에 가려 보이지 않게 되고, 대신 그 사다리 위에서 성취해 내는 것들은 온전히 자기 자신이 들인 노력의 결과가 되는 것이다.

결국 특권은 위계질서에 대한 존중과 위계적 관계 내에서의 친밀감(이는 위계질서와 같은 구조는 존재하지 않는 것처럼 보이게 만든다)이라는, 마치 스퀼라와 카륍디스* 사이를 헤쳐 나가는 것과 같은 어려운 과제를 수반한다. 이런 난관을 헤쳐 나가는 법을 배우면서, 학생들은 이 학교 안에서 자기 자리를 찾는 일의 중요성을 배우고, 또 세월이 지남에 따라 그 자리에서 앞으로 더 나아가는 일의 중요성을 배우게 된다. 학생들은 세상을 평등의 공간으로 여기기보다 가능성의 공간으로 여기도록 배운다. 즉, 자유주의적인 틀을 채택하면서, 평등은 아니지만 "공정한 기회"는 당연한 것으로 기대하는 것이다. 누군가 도달하는 곳은 대부분의 경우 **그 자신이 해낸 일**의 결과이다 ― 학생들은 스스로

■ 　호메로스의 『오뒷세이아』에 등장하는 바다 괴물들로, 오뒷세우스가 지나가야 하는 항로의 양쪽에 자리해 어느 쪽으로도 갈 수 없는 상황을 만든다.

가 "자신의 능력을 통해 위계상 더 높은 단계에 도달"했다고 느끼는
것이다.

3
특권의 편안함

진정 유능한 노동자라면 자신의 하루를 노동으로 가득 채우는 게 아니라 편안함과 여유로움의 너른 후광에 둘러싸인 채 자기 일에 느긋하게 임하는 모습을 보일 것이다.
헨리 데이비드 소로

우리가 어떤 일에 편안하게 임하고 싶다면, 먼저 성실하게 임하는 법을 배워야 한다.
새뮤얼 존슨

하지만 내 스웩은 배운다고 되는 게 아냐. 너네 돈으로 학교는 살 수 있겠지만 내 급class은 살 수 없지.
T.I.&제이지, 〈나처럼 스웩 넘치는 사람〉Swagger Like Us

여학생들은 허둥지둥 준비를 시작한다. 우선은 옷장을 샅샅이 뒤져 본다. 오후에 있었던 운동 연습의 땀자국을 씻어 내기 위해 샤워실에 자리가 나기를 기다리며 전전긍긍한다. 그러다 다시 옷장을 뒤적거린다. 지금 입고 있는 옷이 앞선 저녁 식사 때 입었던 옷들과 비슷해 보인다는 생각이 든다. 그들은 서로의 방으로 쳐들어가 옷과 액세서리와 조언을 주고받는다. 모두들 이제 산뜻해 보인다. 동급생들의 이목을 끌만한 섹시한 옷차림을 하고 싶지만, 그렇다고 교사들이 눈살을 찌푸리거나 노여워 할 정도로 대담해서는 안 된다. 그래서 대부분 검정색 미니 드레스에 어깨를 가려 줄 숄을 하나 두르는 정도로 결정한다. 기숙사에는 손에 잡힐 듯 흥분감이 팽배하다. 어느새 갈 시간이다. 캠퍼스 곳곳의 기숙사에서 여학생 무리들이 모습을 드러낸다.

　같은 시각, 남학생들도 운동 연습이 끝난 후 샤워를 하기 위해 줄을 서있다. 공동욕실 바깥의 기다란 복도에서 농담을 주고받으며 즐거워하는 애들도 있고, 차라리 체육관에서 씻고 올 걸 후회하며 짜증이 난 아이들도 있다. 순식간에 샤워를 마치고 그보다 더 순식간에 면도를 끝내 버린 후, 물기를 털며 저벅저벅 각자 자기 방으로 흩어진다. 남학생들은 좀 더 캐주얼한 옷차림을 한다. 1970년대 빈티지 셔츠에 넥타이와 재킷을 걸친 애들도 있고, 의기양양하게 보트 슈즈에 반바지를 입은 애들도 있다. 그러나 캐주얼하다고 해서 신경을 쓰지 않는다는 뜻은 아니다. 그들의 준비 과정에는 어떤 의도성이 있다. 그들의 흥분은 조용하다. 엉성하게 줄을 지어 몰려가던 남학생들은 캠퍼스를 가로지르는 벽돌길에서 재빨리 여학생들 무리와 합쳐진다. 선생들 또한 각자의 기숙사에서 모습을 드러낸다. 학생들과 수다를 떠는 이들도 있고, 이제 자기만의 시간이 곧 끝나 버릴 것이라는 사실을 직감하고는 시끌벅적한 무리들을 앞세우며 일부러 뒤로 처지는 이들도 있다. 이것이 화요일 저녁 6시의 풍경이다. 학교 전체가 모두 함께 만찬 자리로 향하는 것이다.

어퍼 건물의 복도에 들어서기 직전, 요란한 음악 소리가 우리를 먼저 맞는다. 매년 한 학생이 일주일에 두 번 있는 공식 만찬 자리에 도착하는 사람들에게 배경음악을 제공하는 임무를 맡는다. 서둘러 만찬 자리로 들어가는 동안 기숙사 창문 밖의 스피커들과 스테레오에서는 최대 음량으로 보통 힙합 음악이 흘러나와 정장을 차려입은 전교생을 환영한다. 처음에는 곧 진행될 격식 있는 식사 자리에 비해 음악이 너무 튄다는 생각이 들지만 하루하루 지나면서 음악은 점점 배경으로 묻혀 버리고, 결국 이 모든 의식의 그저 또 다른 일부가 되어 버린다.

학교에는 대식당이 세 군데 있는데, 학교 전 구성원들을 한꺼번에 앉히기 위해서는 세 곳을 모두 가동해야 한다. 그중 두 곳은 식사 때마다 항시 개방된다. 이 가운데 하나는 휑뎅그렁하고 실용적인 공간인데, 학교는 1년 내내 이곳을 학생들의 미술 작품으로 단장하려 하지만, 매번 성공적이지 않다. 다른 한 곳은 앞서 말한 곳과 디자인 면에서는 꽤 비슷하지만, 훨씬 작고 더 친밀한 분위기를 풍긴다. 두 곳 모두 미국 전역의 어느 고등학교에서나 찾아볼 수 있을 법한 공간이다. 하지만 세 번째 식당은 다르다. 이곳은 최근에 "해리포터 방"이라는 이름을 얻었는데, 여기 위치한 어퍼 식당이 소설 『해리포터』나 영화에 나오는 대식당과 놀랍도록, 거의 소름끼치는 수준으로 닮았기 때문이다. 자녀가 있는 신임 교사들은 부임 초기에 보통 아이들을 여기로 데려간다. 이 공간이야말로 다른 어떤 곳보다 세인트폴의 장엄함과 위엄을 어린 아이들의 눈에 잘 각인시켜 주기 때문이다. 예배당과 비슷하게, 이 식당의 천장은 어처구니없을 정도로 높으며, 거대한 샹들리에가 육중한 원목 식탁과 의자 위에 떠있고, 최초의 졸업생들 이름이 새겨진 짙은 색 목판들이 벽에 쭉 걸려 있다. 한때 중요했지만 오래전에 세상을 떠나 지금은 잊혀 버린 남성들의 사진 옆 벽에는 얼마나 오래됐는지 짐작도 안 될 정도로 색이 바랜 태피스트리들이 나란히 걸려 있다.

전교생이 만찬을 위해 이 세 곳의 식당으로 들어서는 동안 단 한 사람도 자리에 먼저 앉는 사람은 없다. 모두가 큰 소리로 수다를 떨며 지정된 좌석 뒤에 서있는다. 학교 사제들 중 한 명이 헛기침을 하며 목청을 가다듬으면 식당 안은 일시에 조용해진다. 때론 엄숙하게 기도를 할 때도 있다. "주님, 당신의 은혜를 입은 이 행운을 우리가 한시도 잊지 않게 해주시옵소서. 그리고 주께서 내려 주신 이 선물들을 향유하면서, 이 밤 굶주리고 있을 이들을 기억하게 하시옵소서. 당신의 은총으로 모두가 곧 그런 선물을 향유할 수 있기를 기도합니다." 그러나 또 어떤 때는 장난스럽다 못해 짓궂다 싶을 정도가 될 때도 있다. 겨울 학기가 끝나 갈 때쯤, 모두가 지쳐 있고 그날 일정이 버거워 보인다 싶으면, 사제는 간단히 이렇게 말하고 만다. "다다다다다. 먹을 걸 주셔서 고마워요. 아멘!"

포스 폼[10학년] 학생들이 나르는 음식이 식탁에 도착하면, 흥분은 조금 가라앉는다. 우리는 곧바로 이 격식 있는 식사 자리에서 먹는 음식이 다른 어떤 자리의 음식보다도 끔찍하다는 사실을 다시금 깨달게 된다. 부엌에서 일하는 사람들에게 600인분의 음식이 한꺼번에 서빙될 수 있도록 준비하는 일은 악몽과도 같다. 내가 학생이었을 때, 보통 금요일 식사라고 하면 하키용 퍽이나 다름없는 스테이크를 먹는 것이었다. 거기에 사이드로는 지나치게 익힌 야채들과 흐물흐물한 샐러드가 곁들여졌다. 하지만 학부모들은 그런 호화롭게 들리는 만찬 얘기에 만족스러워 한다. 자녀들이 스테이크를 먹는다는 사실이 부모들로 하여금 자기 아이들이 잘 먹고 다니며 그들의 돈이 요긴하게 쓰이고 있다고 생각하게 만드는 것이다. 하지만 그 식사 자리에 앉아 있는 우리들 입장에서 보자면, 실제로 먹는 음식보다는 접시 위에서 깨작거리는 게 더 많았다.

십대들은 보통 배가 고픈 상태다. 한창 성장기라 키가 자라는 게 정말 눈에 보일 정도다. 세인트폴의 핵심인 전통적 전인교육 철학에 따라 — 그리고 학생들에게 말썽 부릴 틈을 주지 않기 위해 — 학교는 학생들을 끊임없이 굴린다. 졸업반을 제외한 모든 학생은 매일 오후마다 체육 활동에 참여해야 한다. 성장기인데다가 이처럼 활동량도 많기 때문에 학생들은 먹을 기회가 생기면 절대 놓치지 않는다. 하지만 그런 그들에게도 최소한의 기준이 있다. 음식의 질도 문제지만 자신들이 원치 않는 자리에 앉아 있다는 것도 문제다. 음식의 질은 보통 식탁에서 오가는 대화의 질을 결정한다. 저녁 식사 자리에 도착하자마자, 준비 과정에서 부풀어 올랐던 흥분은 따분하기 그지없는 20분으로 둔갑해 버린다. [내가 교사로서 있던] 1년 동안 내 식탁에 있던 이들은 모두 그곳에서 나가기만을 기다리고 있었다. 때로 학생들과 대화를 해보려는 내 시도는 거의 고문이나 다름없어 보였고, 곧 나도 그들과 함께 조용히 빠르게 식사를 마치도록 단련되었다.

세인트폴을 진정 특별하게 만드는 것은 바로 이런 순간들이다. 일주일에 두 번, 격식 있게 차려입고 놀라울 정도로 아름다운 대식당에 앉아 다른 학생, 교사들과 함께 식사를 한다는 건 세인트폴에서만 할 수 있는 독특한 경험 중 하나다. 나는 이런 식사 자리가 학생들이 학교에서 얻는 배움의 핵심일 거라고 생각했다. 그 자리는 명백하게 교육과정이었다. "품위 있는" 식사 자리에서는 어떻게 식사를 하는지, 식탁에서 낯선 사람들과 대화를 나눠야 할 때는 어떻게 하면 되는지, 격식을 차린 상호작용 중에는 무엇이 허용되고 무엇이 허용되지 않는지를 분별하는 법을 가르치는 시간 말이다. 하지만 대부분의 경우 학생들은 눈을 내리깐 채 음식을 깨작거리며 한시라도 빨리 이 부담스러운 행사에서 벗어날 생각뿐이었다. 혹 식탁 예절의 보다 세세한 요소들을 배우는 게 아니냐고 생각할지도 모르지만, 나는 그런 건 전혀 보지 못했다. 오히려 학생들은 이런 식사 자리에 대해 양면적 태도를 취하는 법을 배우는 것처럼 보였다. 좋기도 하고 싫기도 하다는 애매모호한 태도를 보이면서 또 엄청나게 지루해 하는 것이다. 이런 식사 자리는 어느 누구에게도 권하고 싶지 않은 그런 자리였다.

그런데 그 자리가 그토록 지루하다면, 학생들은 왜 그토록 흥분하며 준비에 열을 올리는 걸까? 그리고 이 공식 만찬 자리가 학생들에게 식탁 예절의 보다 세세한 요소들—나중에 취직을 할 때 도움이 될 만한 보다 세세한 부분들—을 가르쳐 주는 게 아니라면, 대체 이 만찬은 무슨 의미가 있는 걸까? 불평등을 연구하는 학자들은 보통 이 "보다 세세한 부분들"이 불평등을 초래하는 많은 요인들 중에서도 중요한 부분이라고 지적한다. 이들의 논리는, 사람들의 위치는 단지 주머니 속의 돈만이 아니라 문화적 소질과도 관련돼 있다는 것이다. 여기서 문화란 불평등의 반영일 뿐만 아니라(예를 들어, 부자들은 클래식 음악을 좋아한다 든지, 아니면 가난한 이들은 헤비메탈이나 힙합을 좋아한다는 식의 관념) 불평 등을 초래하는 원인으로 작동하기도 한다. 이런 관점에서 보면, 세인 트폴이 주는 이점은 문화적 자원으로, 그 덕분에 학생들은 장차 [그들 이 지원하는] 기관들에 선발되어 보상을 받게 될 거라는 것이다.

이 모든 건 사실이다. 세인트폴은 확실히 학생들에게 그런 특성을 길러 준다. 그러나 이런 특성은 우리가 일반적으로 상상하는 것과는 꽤 나 다르다. 학생들은 "엘리트 취향과 감수성"을 구성하는 무수히 많은 문화적 행위 규범들을 달달 외워서 실천하는 게 아니다. 내가 학생이었 을 당시에는 신고식 중에, 기숙사 선배들이 신입생들에게 『티파니가 알 려 주는 십대를 위한 식사 예절』*Tiffany's Table Manners for Teenagers*이라는 책을 던져 주는 게 있었다. 신입생들은 이 책을 암기해야 했으며 불시 에 책 내용에 대해 질문을 받을 수도 있었다. 오답은 체벌을 불렀고, 이 는 때로 팔에 짙은 멍을 남겼다. 하지만 돌아와서 보니 이제 이런 신고 식은 상상도 할 수 없는 일이었다. 학생들은 공식적인 예의범절의 규 칙들을 억지로 익히기보다는 그런 엘리트 취향이나 감수성과 마주했 을 때 편안해 하고, 심지어는 무심해질 수 있는 법을 배웠다. 공식 만찬 자리에 앉은 학생들은 그들의 격식 있는 옷차림을 불편해 하지 않으며, 교사들과 함께 저녁을 먹는 것에 대해서도 불안해하지 않는다. 사실 이 행사는 그들에게 별 행사도 아닌 것이다. 그들은 별 관심조차 없다. 그리고 이런 편안함—알고 보니 전문적 식견을 그저 숭배하고 생산하 는 것보다 훨씬 더 가치 있는—이야말로 학생들이 세인트폴의 공식 만찬 자리를 비롯한 모든 곳에서 배우는 것이다.

신 귀족층

이런 편안함의 역사적 근원을 추적해 보려면, 엘리트 문화에 누구보다도 정통한 프랑스인들의 경우를 살펴보는 것보다 좋은 방법은 없다. 특히 프랑스인들이 고안하고 다듬어 낸 것이나 다름없는 기획인 격식 차린 식사에서부터 시작하는 것이 적절하다. 그리고 현대 프랑스 엘리트에 대한 가이드로는 사회과학자 피에르 부르디외만큼 적절한 인물이 없다. 내 자신의 연구와 아이디어들은 부르디외에게서 영감을 받은 것인데, 그는 나와 비슷하게 "상속자들"—프랑스의 교육 체계 맨 꼭대기에 있는 이들, 프랑스 경제에서 성공 가도에 올라 있는 젊은 남녀들—에게 매료되었다. 그들의 성공은, 세상이 이토록 빠른 속도로 변화하고 있음에도 불구하고, 이미 예정된 것으로 보인다. 그는 이렇게 말한다. "많은 사회학자들이 세상이 변화하는 모습에 놀라워하는데, 나는 세상이 변함없이 그대로라는 데 놀라움을 금할 수 없다."

그가 던진 질문들은 내 질문들과 별반 다르지 않다. 학교는 무엇을 하는 곳이며, 어떻게 그 역할을 하는가? 특권층은 그들에게 부여된 혜택들을 없애고 "공정"해져야 한다는 요구에 점점 더 민감해지고 있는 교육 체계 속에서 어떻게 대응하고 있는가? 엘리트들은 대체 어떻게 변화하는 세계경제를 용케 헤쳐 나가고 있는 것인가? 지위가 합법적으로 상속될 수 있는 귀족제가 더 이상 존재하지 않고, 실은 그런 관념 자체가 적극적으로 도전 받는 상황에서, 엘리트들은 어떻게 여전히 그들의 위치를 대대손손 물려주는 일종의 "귀족"처럼 보이는 것인가? 요컨대, 주변 세상은 변화한 것으로 보이는데, **엘리트를 구성하는 이들**은 대체 왜 그대로인 것처럼 보이는 것인가?

우리 모두가 알고 있듯이, 세상은 1960년대의 사회적 불안을 겪으며 돌이킬 수 없을 만큼 변화했다. 민권운동은, 누가 간이식당에 앉을 수 있는지부터 누가 어떤 직업을 가질 수 있고 어떤 권리와 대우를 정부로부터 기대할 수 있는지에 이르기까지, 우리 사회 전체를 그야말로 재구조화해야 한다고 요구했다. 여성운동도 대부분 이와 비슷한 것을 주장했다. 남성만 독점하고 있거나 여성에게만 제한되는 곳이 있어서는 안 된다는 것이었다. 이런 변화는 단지 경제적·정치적 권리에만 국한된 것은 아니었으며, 가족에 대해서도 급진적으로 재고하도록 만들었다. 이런 운동들의 핵심은, 세상은 누구에게나 열려 있어야 한다는 평범한 발상에 있었다. 모든 사람들이, 필요한 재능을 갖췄고 열심히 노력한다는 전제하에, 자신의 목표를 달성하는 데 평등한 기회를 가져야 한다는 것이다. 이런 근본적인 주장은 미국 전역에 퍼졌고 유럽을 거쳐 수많은 집단들에 의해 세상 곳곳으로 전파되었다. 이 모든 운동들에는 한 가지 공통된 맥락이 있었다. 사회의 모든 구성원들에게 열려 있는 새로운 세상, 특권을 가진 소수가 아니라 다양한 이들의 목소리가 지배하는 세상이 필요하다는 것이다. 남녀노소를 불문하고 모두가 능력에 기반을 둔 새로운 엘리트를 요구했다(물론 일부는 엘리트라는 개념 자체에 의문을 품기도 했지만 말이다).

이런 운동들이 발생한 지 20년이 지난 시점에 "그랑제콜"* — 프

■ 68혁명 이후 프랑스의 고등교육 제도는 평준화되어 바칼로레아만 통과하면 학군별로 어디든 들어갈 수 있게 되었고 학비도 무상이지만, "대학 위의 대학"이라 불리는 그랑제콜(Grandes école)만은 예외다. 바칼로레아에서 "매우 우수" 등급을 받은 고등학생들에 한해 "그랑제콜 준비반"에 들어갈 수 있으며, 이곳에서 2년 과정을 마치고 본고사를 거쳐 그랑제콜 입학이 결정된다.

랑스의 엘리트 공립학교들 — 을 살펴보면서, 부르디외는 이 교육기관들에 바뀐 게 있다면 그게 과연 무엇인지 물었다. 혁명에 대한 요구가 있은 후에, 새로운 세계는 이전 세계와 어떻게 달라졌는가? 1968년 5월에 프랑스에서 일어난 유명한 학생 및 노동자 시위의 표적 가운데는 이런 엘리트 학교들도 포함되어 있었다. 한편으로 그런 학교들은 엘리트층에게 공적 재원을 쏟아붓는 기관으로 여겨졌고, 다른 한편, 학생들에게 보수적 도덕관을 가르치는 것 말고는 하는 일이 없다는 주장도 제기되었다. 부르디외는 모든 것이 그대로인 듯 보인다는 점을 발견하고는 놀라움을 금치 못했다. 엘리트층은 여전히 믿기 힘들 정도의 높은 비율로 이런 학교들에 입학하고 그곳의 다른 학생들을 능가하는 데 성공했다. 그랑제콜이 비록 1968년의 언어 — 능력, 개방성, 당대 사회문제들과의 관련성 — 를 차용하긴 했지만, 부르디외는 사실 그곳이 여전히 "귀족층"을 위한 공공 기관이라는 점을 발견했다. 이게 어떻게 된 일일까? 프랑스의 경우 1968년 이후 국가가 재구조화되었다는 것은 널리 알려진 사실이다. 하지만 부르디외의 연구 결과는 이것이 엘리트층 사이에서는 허구였음을 보여 주었다. 귀족층은 여전히 구조적

국가 엘리트의 체계적 양성을 위해 18세기 후반부터 세워지기 시작한 그랑제콜은 처음에는 주로 군사·공학 분야의 국가 고위 관료들을 양성하는 것을 목표로 했지만, 지금은 정치·경제 등 전 분야를 아우르는 250여 개 그랑제콜들이 존재한다. 파리정치대학, 국립행정학교, 파리경영대학, 고등사범학교, 고등사회과학연구원 등이 대표적이며, 현재 정치 엘리트들 대부분이 파리정치대학출신이고, 유명 철학자들 역시 거의가 고등사범학교 출신이다.
전체 고등교육 대상자 중 4~5%를 차지하는 그랑제콜 재학생들에게 국가 예산의 30%가 투입되고 있으며, 무상으로 다닐 수 있는 그랑제콜도 있지만 학비가 높은 사립 그랑제콜도 있다.

으로 혜택 받는 존재였던 것이다.

교육기관들에는 공부를 잘한다는 것의 기준, 중요한 공부는 어떤 종류인지, 그리고 학생들은 어떤 자질을 갖춰야 하는지를 결정하는 조직 논리가 있기 마련이다. 1968년 이후에는 이런 기준들이 더 이상 귀족층에 유리하게 작용하지 못하게 되었다. 기존의 기준들은 개인 신상과는 무관한impersonal 객관적 기준들로 대체되었는데, 이는 좋은 학생, 좋은 학자, 그리고 심지어 좋은 시민이 되기 위해 "갖춰야 할 조건"을 강조했다. 그러나 부르디외는 이 "새로운" 조직화 논리가 여전히 귀족층이 가진 기질을 반영하고 있음을 발견했다. 간단히 말해, 게임의 규칙은 여전히 엘리트 행위자들의 게임 방식에 맞춰져 있었던 것이다. "개인 신상과는 무관한 공정함"이란 사기였다. 이는 엘리트 학교에서 귀족층이 지속적으로 느끼는 편안함을 보면 잘 알 수 있다.

> 그러므로 "편안함"이나 "자연적" 재능이라고들 말하는 말로는 표현할 수 없는 미묘한 차이들을 가지고 (거기엔 그것을 습득하기 위한 노력의 흔적이 없기 때문에) 진짜 "교양 있는"cultured 말씨나 행동거지를 인식할 수 있다고 생각한다면, 이는 사실 **특정한 습득 방식**을 가리키고 있는 것이다. 즉, 소위 말하는 편안함이라는 것은, 학구적 문화를 (가족의 품 안에서 점진적으로 친숙해지는 과정을 통해 부지불식간에 습득하면서) 자기들의 타고난 문화로 가진 이들, 그런 문화에 친숙한 나머지 무의식적으로 그것을 습득했음을 암시할 수 있는 이들의 특권이다.[1]

그렇다면 왜 위계질서는 그랑제콜에서 그리고 더 보편적으로는 프랑스 사회 내에서 변함없이 그대로인 것일까? 왜 엘리트층은 이런 기관들 안에서 여전히 과잉 대표되며, 그 안에서 성공을 거둘 확률이 더 높은 것일까? 그 이유는 그들이 그런 기관들에 들어가기 전부터 생활 속에서 본인들에게 유리하게 작용할 기질을 발달시켜 왔기 때문이다. 그들은 자신이 이미 "타고난"native 그 행동거지에 보상을 해주는 기관들에서 당연히 편안함을 느낄 수밖에 없다. 그리고 결과적으로 이는 과거보다 훨씬 더 음흉해 보인다. 왜냐하면 수년 전과 달리 오늘날에는 [그와 같은 보상] 기준이 그 누구에게도 유리하게 작동하지 않는다고들 주장하기 때문이다. 승자들이 이미 앞선 출발선에 서있기 때문이 아니라 단지 성공에 필요한 자질들을 갖췄을 뿐이라는 것이다.

미국의 경우 역시 이렇게 설명할 수 있을까? 후술하겠지만, 편안함이라는 개념은 커다란 설명력이 있다. 그러나 그것이 노력이나 성과라는 프레임과 결합될 때 독특하게 미국적인 엘리트를 만들어 낸다. 세인트폴에서 건방지게 편안한 척 가장하고 들어오는 학생들은 공격에 직면하고 도전을 받는다. 앞 장에서 보았던 에번 윌리엄스처럼 말이다. 편안함은 단순히 가족들과 함께한 경험으로부터 상속받는 것이 아니다. 그것은 학교에서 이루어지는 상호작용 속에서 만들어지는 것이다. 세인트폴에서의 일상은 그 자체로 교육이며, 그런 경험 없이 주제넘게 아는 척 나선다면 가혹한 반응과 마주하게 된다.

일주일에 두 번씩 있는 공식 만찬 이야기로 돌아가자면, 거기서 중요한 것은 격식 차린 식사 자리에서 지켜야 할 세세한 부분들에 대한 가르침이 아니다. 오늘날의 엘리트는 더 이상 자신들의 문화 주변에 해자를 두르는 짓을 하지 않는다. 즉, 그들이 가진 것을 다른 이들이 습득하지 못하도록 막으려 들지는 않는다. 신엘리트층에게는 더 이상 특정 사실들(샐러드용 포크가 어떤 건지 등)을 아는 것이 중요한 문제가 아니다. 정보에 대한 접근이 자유롭고 용이한 시대인 오늘날, **세상에 대한**about the world 지식이 특별히 더 보호하기 쉬운 자원은 아니다. 거의 누구든 플라톤이나 클래식 음악에 관해, 또는 저녁 식사에 어떤 와인을 주문해야 할지에 관해 배울 수 있다. 게다가 지난 세기의 사회운동들 이후, 사람들을 그런 지식으로부터 차단하는 것은 더 이상 용납되지 않는다. 그러나 **세상 속에서**within the world 처신하는 법에 대한 지식은 훨씬 습득하기 어려운 자원이다. 그러니까 그런 식사하기—아이러니하게도, 우리가 매일 하는 일들 중 가장 평범한 것—가 무엇을 주문해야 할지 아는 것보다 더 어렵다. 여기서 후자는 누구나 배울 수 있는 인지적 앎을 요구하지만, 전자는 특정한 환경에서 쌓는 경험을 통해 발달되는 신체적 앎을 요구한다. 이는 규칙rule 익히기와 실천practice[일상적이고 평범한 관습적 행동] 익히기라는 점에서 구분된다. 규칙을 익히는 건 쉽지만 실천을 익히는 건 해당 관계들 속에서 살아야 가능하므로 훨씬 힘든 일이다. 여기서 거의 기발하다고 할 만한 트릭—그렇게 불러도 된다면—은, 신체적 편안함과 같은 특권의 표식은 결코 쉽게 만들어지지 않는다는 것이다. 자연스럽고 단순해 보이는 것들이 실제로는 엘리트 기관들에서 반복적으로 쌓은 경험을 통해 학습된 자질인 것이다. 그 결과 거의 보이지 않는 장벽이 탄생한다. 누가 봐도 알 수 있는 이런 편안함이라는 특징이 시사하는 것은, 만일 누군가 편안함을 체화할 줄 모른다면 그것은 그 사람 자신의 잘못이 된다는 점이다—자연스레 그는 필요한 조건을 갖추지 못한 꼴이 되는 것이다. 이는 불공평한 결과들이, 특정인들이 이미 앞선 출발선에 서있기 때문이 아니라 그저 "우연히 그렇게 되어 버린" 것으로 이해되도록 만든다.

입회식

마지막 학년을 앞두고 캠퍼스로 돌아오는 졸업반 학생들의 걸음걸이에는 어딘가 거만함이 묻어난다. 이를 눈치채는 건 나뿐만이 아니다. "도착할 때 보면 애들이 엄청 달라져 있어요." 우리 기숙사의 책임 교사인 제인 클루니가 즐거워하며 말한다. 그녀에게 이 순간은 마치 자식들이 돌아오는 것과 같다. 이 소년들 중 대부분은 수년 동안 그녀와 함께 지내 왔기 때문이다. "맙소사, 쟤들 정말이지 달라진 거 보세요! 그냥 나이가 좀 더 들어 보이는 게 아니에요. 스티브는 확실히 좀 그래 보이지만요. 걷는 것도, 말하는 것도 달라졌다니까요! 스티브 좀 보세요. 마치 공작새처럼 어깨를 뒤로 젖히고 가슴은 앞으로 내밀고 있잖아요!" 제인은 곧 자지러지게 웃고, 나도 거기에 동참할 수밖에 없다. 비록 내가 스티브를 본 건 이번이 처음이지만 말이다. "스티브는 써드 폼[9학년 신입생] 시절에는 항상 바닥만 보고 다녔어요. 이제는 모두들 자기가 여기 주인인 양 행동하네요." 제인은 금세 웃음을 거두고 진지해진다. 그녀는 졸업반 아이들에게서 시선을 돌려 이번에는 내 눈을 똑바로 바라보며 이렇게 경고한다. "우리가 잘 지켜봐야겠죠."

이렇게 자신감 넘치는 아이들이지만 처음부터 그랬던 건 아니다. 입학 초기 신입생들이 구부정한 어깨에 턱은 가슴에 닿을 듯 떨어뜨린 채 걸어 다니는 모습을 보고 있노라면 마치 세상 짐은 혼자 다 지고 있는 것 같다. 13~16세 사이의 이 신입생들은 거의 항상 패거리를 지어 몰려다닌다. 그래야 자신들이 안전하다고 느끼는 것 같다. 그들은 이곳의 주인이라기보다는 떠나고 싶어 하는 손님 같다. 세인트폴에서의 첫 시작은 누구든 어려워하고 겸허한 마음을 갖게 하는 경험이다. 부잣집 출신이든 아니든 대부분의 학생들은 학교의 외관에 압도된다. 정성껏 가꿔진 2000에이커의 부지에 100개 가까이 되는 고딕 양식의 건물들, 그 주위를 둘러싸고 정성스레 전지된 나무들과 학교 소유의 여러 호수 및 개울들로 이어지는 구불구불한 벽돌길들을 보노라면 말이다. 학교에 도착한 바로 그날, 그들은 학교에서의 삶을 시작해야 할 뿐만 아니라 그들 중 대다수는 자신들이 알고 있던 유일한 세상과 작별해야 한다. 자기 방에서 짐을 꾸려 차에 모두 싣고서 아마도 처음 보는 아이와 함께 살게 될 확률이 매우 높은[2] 완전히 낯선 방으로 이사한다는 것은 9학년, 10학년 학생들에게 몹시도 벅찬 일이다. 그들은 또한 부모님들과도 헤어져야 한다. 대부분의 경우 수개월 동안이나 말이다. 비록 그들은 여러 달 동안 이 새로운 경험을 마음속으로 대비해 왔겠지만, 그들 앞에 놓인 상황에 준비가 되어 있는 것으로 보이는 이는 거의 없다.

신입생들은 학교에 도착하자마자 교장 선생님을 만나러 곧장 관사로 향한다. 캠퍼스 한가운데 있는 저택이자 교장과 그 가족들이 사는 집인 그곳은 신입생들과 학부모들로 꽉 들어찬다. 이곳에서 학생들은 스쿨펜을 들고 학교 공식 명부에 자기 이름으로 서명을 해야 한다 —세인트폴에 들어왔다는 표식을 남기는 것이다. 부모들이 애들을 등록시키는 게 아니라 애들이 직접 등록 절차를 밟는 것이다. 일부 학부모들은 이를 거슬려 하는 경우도 있다—나는 "아니, 돈 내는 게 누군데"라고 투덜거리는 아버지들을 여럿 보았다. 학교에 직접 수표를 써내는 학생은 그 누구도 없지만, 그럼에도 불구하고 학교에 들어와 제일 처음으로 하게 되는 이 행동을 통해 학생들은 자기 관리 의식과 책임감, 그리고 권위감을 갖게 된다. 빈 칸에 서명을 한 건 아버지도 어머니도 아닌 바로 그들인 것이다. 그리고 이런 독립심은 겁에 질린 신입생 소년 소녀들을 자신감 넘치고 때로 거침없는 청년들로 변모시키게 된다.

학교에 자신의 이름을 서명해 올리자마자, "뉴 보이"와 "뉴 걸"들 ― 애정을 담아서든 거들먹거리면서든 선배들이 끈질기게 "뉴비들"newbs이라 부르는 아이들 ― 은 그들을 전담하는 (보통 졸업반인) "올드 보이" 또는 "올드 걸"을 만나 기숙사와 각자의 방을 둘러보고 학교에 대한 안내를 받는다. 부임 첫날 나는 밖에서 이런 안내 행사가 펼쳐지는 동안, 우리 기숙사에 사는 다른 지도 교사들과 네 명의 식스 폼 [12학년 졸업반] 학생들과 함께 기숙사 로비에 앉아 있었다. 시간은 오전 8시, 로비 안은 도넛과 목재 세척제 냄새로 가득했다. 긴장된 순간도 잠시, 신입생들과 그들을 안내하는 올드 보이들이 각자의 방에 도착해 정리를 마칠 때까지 기다리는 건 지루한 일이었다. 가장 먼저 도착한 사람은 내가 그해 인계받을 네 명의 지도 학생 중 한 명인 샘이었다. 피프스 폼 신입생인[11학년에 세인트폴로 전학 온] 샘은, 역시 이 학교 졸업생인 또 다른 교사의 아들이었다. 짐을 풀면서 샘은 그의 새 보금자리에 놀라울 정도로 편안해 했다. 새로운 생활을 위해 무엇이 필요할지 그리고 그것이 새로 들어갈 방에 얼마나 어울릴지에 대해 몇 달 동안이나 고민한 다른 학생들과 달리, 샘은 자신이 뭔가를 잊어버렸을 경우 그냥 캠퍼스 건너편에 있는 그의 어머니 집에 걸어가면 된다는 걸 알았던 것이다. 그는 학교생활에 조금의 긴장도 느끼지 않는 것처럼 보였다. 그의 옷차림마저 무심함을 뿜어냈다. 다른 신입생들은 입학 첫날을 위해 새로 산 옷 ― 최근에 포장지를 뜯은 옷들 대부분이 가진 숨길 수 없는 접힌 자국들에서 알 수 있듯 ― 을 입고 있었는데, 샘만은 낡은 반바지에 티셔츠를 입고 나타난 것이다. 달리 비교 대상이 아직 없었던 탓에, 그 당시에 나는 샘의 행태[수행]가 지극히 정상이라고 생각했다. 그의 자신감은 내가 세인트폴 학생들에게서 예상했던 것과 정확히 일치했다. 그들은 특권적 삶에서 나오는 여유와 편안함을 드러내 보일 거라는 예상 말이다. 그러나 나는 곧, 샘이 작년 한 해를 이 캠퍼스에서 지냈고 다른 아이들에 비해 나이가 좀 더 많았기 때문에 좀 더 유리한 출발선에 선 것뿐이라는 사실을 깨닫게 되었다.

어떤 애들은 완전히 붕 떠있고, 어떤 애들은 눈도 마주치지 못했으며, 어떤 학생들은 무기력해 보였고, 또 어떤 학생들은 침착한 척했으나 완전히 적응에 실패한 것처럼 보였다. 그들 모두가 공통적으로 가진 건 두려움이었다. 나는 합격한 애들은 바로 세인트폴 사람인 양 행동할 것이라―입학 지원 단계부터 세인트폴이 마치 제 집 안방인 양 그들에게 꼭 맞는 곳이라는 점을 보여 주었던 학생들일 거라고― 예상했다.[3] 나는 또한 신체적 편안함은 학생들 사이에서도 각기 다르게 나타날 것이며, 이중 세인트폴 출신의 가족들을 둔 "유서 깊은" 가문 출신 아이들― 저명한 엘리트 가정 출신 아이들― 이 학교에서 가장 신체적 편안함을 드러내 보일 것이라 생각했다. 요컨대, 나는 부르디외가 프랑스에서 발견했던 편안함의 신체적 각인을 예상했던 것이다.

하지만 그날 나는, 교사 자녀인 샘을 제외하고는, 이런 편안함을 보여 주는 애들을 전혀 볼 수 없었다. 내가 본 건 대부분 두려움과 그 두려움을 극복하거나 숨기려는 시도들이었다. 아시아계 미국인인 써드 폼 학생[9학년 신입생] 윌리엄은 내가 자기소개를 하자, 간신히 악수만 하고는 자기 방으로 도망쳐 버렸다. 그는 나와 눈도 마주치지 않았다. 교사 자녀인 써드 폼 학생 조쉬는 (어머니가 이미 그의 방을 다 정리해 주었음에도 불구하고) 너무 바빠서 남들과 어울릴 시간이 없는 척하며 최대한 눈에 띄지 않게 행동했다. 나는 그가 기숙사의 공용 공간에 들어오기 전에 누가 있는지부터 확인하는 것을 보았다. 한번은 한 학부모가 내 주의를 끌 때까지 몇 분간 저 멀리서 눈치만 보고 있기도 했는데, 이는 나와 말을 섞지 않은 채 공용 공간을 지나가기 위해 그런 것이었다.

학부모들은 끊임없이 뭔가를 했다. 그들은 곧 다가올 일을 알면서도 짐짓 모르는 척, 정신없이 몸을 움직이며 이런저런 것들을 정리했다. 어떤 엄마들은 아이의 기숙사 방이 집과 똑같은 상태로 정리돼야 한다고 고집을 부렸다. 아빠들은 대개가 아들이 가진 넥타이를 전부 모양을 갖춰 묶기 시작했다. "네가 신경 써야 할 고민거리 하나를 줄여 줄 거다"라면서 말이다. 자신들도 묶는 방법을 안다며 마다해도 아빠들은 멈추지 않았다. "이렇게 해놓는 게 훨씬 편할 거야. 그리고 네 넥타이가 모두 잘 묶여져 있는 걸 알면 네 엄마도 걱정을 좀 덜게 될 테고. 네가 멀쩡하게 하고 다니지 않을까 봐 엄마가 얼마나 걱정하는지 알잖니."

애들이 방에 짐을 풀고 얼마 지나지 않아, 그러니까 학교에 그들을 내려 주고 몇 시간 만에 부모들은 떠나도록 되어 있다. 이는 신입생과 그들의 부모에게 모두 똑같이 대단히 힘든 시간이다. 부모들은 작별 인사를 하는 동안 자녀가 너무 속상해 하지 않도록 조심한다. 학생들이 첫날부터 우는 모습을 보이는 것은 되도록 피하는 게 좋기 때문이다. 작별 인사를 하면서, 많은 부모들은 곧 있을 운동경기를 보러 오거나 10월 중순에 있는 학부모 주간에 다시 오겠다고 약속한다. 겉으로 말은 안 하지만, 11월 추수감사절 방학 때까지 보지 못할 거란 걸 서로 알고 있는 가족들도 있다. 그들에게 두 달 반은 긴 시간이다. 작별 인사를 하면서, 대다수는 지금 맞이하는 이별이 그간 겪어 본 적 없는 가장 오랜 이별이 될 것임을 알고 있다. 학생들은 이런 두려운 상황에 부모와는 사뭇 다르게 반응한다. 대부분은 기숙사 계단에 선 채 인사를 하는 둥 마는 둥 한다. 대부분의 경우 학생들은 무심하다. 부모들이 자녀를 껴안으면, 학생들 대부분은 간신히 팔을 두르는 시늉만 할 뿐이다. 퉁명스러운 태도로 자기가 계속 학교에 남아 있어야 한다는 게 짜증스러운 듯 행동하는 학생들도 있다.

이 작별의 현장만 따로 놓고 본다면, 우리는 기숙학교들이 정말이지 세간의 평판에 부응한다고 생각할 수도 있다. 부유한 부모들이 원치 않거나 거슬리는 자식들을 보내 놓는 곳이라는 평판 말이다. 대부분의 부모들은 자녀를 두고 가는 게 기쁜 것처럼 행동한다. 아빠들은 아들의 머리를 헝클어뜨리고, 엄마들은 마지막으로 한마디만 더 하겠다고 딸을 붙들고 잔소리를 하거나, 오랜 기간 소중히 간직해 온 목걸이를 풀어 목에 걸어 주기도 한다. 그들은 차를 타고 떠나는 길에 손을 흔들며, 축하의 의미가 담긴 노래의 음으로 경적을 울린다. 학생들 대부분은 자기 부모가 정말로 떠나고 나면 후련해 하는 것처럼 보인다. 그들은 서둘러 기숙사 안으로 들어가서는 다음 자극제를 갈망한다. 그러나 며칠 만에, 아니 대다수는 바로 몇 시간 만에 심각한 향수병이 찾아올 것이고 부모들에게도 엄청난 고통이 따를 것이다. 나는 울고불고 하는 부모들로부터 여러 통의 전화를 받게 될 것이고, 학생들은, 비록 눈물은 덜하겠지만, 각자 자기 방에 틀어박혀 비슷한 고통을 느끼고 있을 것이다.

늦어도 5시 반이면 부모들은 모두 학교를 떠난다. 5시 45분이 되면 교사와 신입생들은 각자 기숙사 안에 있는 공동 휴게실에 모인다.

학생들이 걸어 들어온다. 대부분은 얼떨떨한 표정에 자기 사이즈보다 살짝 큰 재킷을 입고 있다. 하룻밤 새에도 훌쩍 자라는 듯한 사춘기 애들에게 새 옷을 사줄 기회가 없으리라는 사실을 부모들이 안 것이다. 내가 다음 세대 엘리트들에게서 기대했던 고급스러운 맞춤옷들은 거의 보이지 않았다. 많은 남학생들은 마치 아빠 양복이라도 빌려 입은 듯 약간 창피해 하는 얼굴이다. 팔을 한참 지나쳐서 튀어나와 있는 어깨심과 손의 거의 대부분을 덮어 버리는 소매는 아이들을 본래 몸집보다도 훨씬 왜소해 보이게 만들었다.[4]

이 주저주저하는 아이들의 무리가 모두 한자리에 모이면, 우리는 캠퍼스를 가로질러 그해의 첫 공식 만찬 자리로 향한다. 신입생들은 이 저녁 스케줄이 중요한 줄은 알지만 이게 어떤 점에서 중요한 건지는 아직 짐작하지 못한다. 걸어가는 동안 우리는 이 식사 자리에 뭘 입고 가야 할지 아직 제대로 파악하지 못한 여학생들을 지나친다. 그중에는 마치 무도회나 격식을 갖춘 정장 차림 행사에라도 가는 것처럼 보이는 이들도 있다. 또 중학생 티를 벗지 못한 귀엽고 순진한 느낌의 소녀 취향 드레스를 입고 있는 애들도 보인다. 이 여학생들은 아직 모르고 있지만, 지금 그들이 입고 있는 옷은 모두 머지않아 그들의 옷장 뒤편에 처박히게 될 것이다.

걸으면 걸을수록 우리 기숙사의 남학생들은 점점 더 입고 있는 정장 속으로 기어들어 가는 것처럼 보인다. 내가 속한 무리는 대부분이 침묵을 지키며 움직인다. 학생들에게 말을 걸어 보려는 내 노력도 거의 실패로 돌아간다. 우리가 대식당으로 가는 동안 남학생들은 눈을 내리깔고 발을 질질 끌며 길가의 자갈들을 발로 차곤 한다. 이 첫 모임의 목적은 신입생들에게 공식 만찬 자리의 실전을 가르치는 데 있다.

첫 식사 자리의 경우 좌석 배치는 간단하다. 앞으로 몇 년간은 끊임없이 이리저리 섞어 앉게 되겠지만 이날 밤만큼은 같은 기숙사 사람들끼리 편히 앉아 기숙사 지도 교사의 지도 아래 동료 신입생들 옆에서 식사를 하게 된다. 나는 열세, 열네, 열다섯 살씩이나 먹은 학생들에게 식사 법을 가르친다는 게 좀 이상하게 느껴졌지만, 그게 바로 우리가 할 일이었다. 이 학교에 수십 년을 있었고 이 끔찍한 처음 몇 시간 동안 수많은 학생들을 인솔해 본 경험이 있는 제인 클루니는 거침없이 전달 사항들을 쏟아 냈다. 우리에게 배정된 육중한 직사각형의 식탁에 신입생 여덟 명이 둘러앉아 있었다. 제인과 나 또한 다른 한 명의 신입 교사와 함께 그곳에 앉았는데, 음식을 나르는 이들은 우리 식탁 중앙에 치킨과 지나치게 삶은 채소들을 담은 커다란 접시를 내려놓았다. 제인은 거의 곧바로 수업을 시작했다.

"칸 선생님, 음식 좀 나눠 주시겠어요? 감사합니다. 선생님들한테 말할 땐 '부디'please나 '감사합니다' 같은 말을 붙이는 게 중요하단다. 자 그리고, 다들 공식 만찬 자리에서 식사하는 걸 지나치게 수줍어하지. 모두 밥 먹는 걸 잊지 않도록 하렴. 화요일과 목요일엔 이 자리가 저녁을 먹을 수 있는 유일한 기회란다." 학생들은 즐거워하며 고개를 끄덕였다. 주의를 집중할 수 있는 누군가가 생겨서, 점점 커져만 가는 두려움을 떨쳐 내기 위해 따라갈 무언가가 생겨서 신이 난 것처럼 보였다. 나는 개별 접시에 치킨을 담고 음식이 조금이라도 더 맛있어 보이게 플레이팅하려는 헛된 노력을 하면서 그것을 분배하기 시작했다.

우리 사이에 어색한 침묵이 흐르자 제인이 바로 입을 열었다. "아무도 말을 하지 않는 식탁에 앉아 있는 것보다 더 최악인 것은 없지. 앞으로 1년 내내 너희들은 이 공식 만찬 자리에서 너희가 모르는 사람들과 함께 앉게 될 거야. 너희가 친숙하지 않은 선생님들과도 함께 앉게 되겠지. 하지만 이건 따분한 일이 아니란다. 오히려 기회야. 네 주변에 앉은 사람들을 알아 가도록 하렴. 이런 가벼운 만남으로 어떤 우정을 쌓게 될지 모르잖니. 만약 이런 상황이 너무나도 불편하고 대뜸 대화에 끼어드는 게 어색하게 느껴진다면, 이 자리에 내놓을 만한 걸 미리 준비해 오는 것도 좋겠지."

조지라는, 세인트폴 같은 곳과는 아주 동떨어진 서부 시골 동네 출신의 한 소년이 의아해 하며 큰소리로 물었다. "뭘 내놓으면 되는 건가요?"

제인은 웃음을 참지 못했다. 그녀의 열정적이고 쾌활한 활기가 아주 잠깐 뿜어져 나왔는데, 하지만 거의 곧바로 그녀는 그것이 조지에게 더 큰 위화감을 느끼게 만들 수 있다는 것을 깨닫고는, 웃음을 다정함으로 바꾸며 대답했다. "오, 아니야, 조지! 무슨 물건을 내놓으라는 뜻은 아니란다. 물론 그것도 흥미롭긴 하겠지만 말이야. 내 말은 어떤 이야기나 뉴스거리, 너한테 그날 있었던 흥미로운 일이라든지 세상 돌아가는 이야기 같은 걸 준비해 오라는 뜻이었어. 알겠니? 식사를 모두 마치면, 접시 위에다 포크와 나이프를 이런 식으로 너희 쪽을 향하도록 해서 올려놓으면 돼." 음식이 대부분 비워진 자신의 접시 위에 포크와 나이프를 가지런히 놓는 동안 제인은 주위를 둘러보며 아이들이 식사를 얼마 하지 않은 것을 보았다. "조쉬, 거의 입도 안 댔구나!"

"아까 오후에 엄마랑 같이 뭘 좀 먹었어요."

"아, 그래." 제인은 조쉬를 더 이상 몰아붙이지 않기로 했다. 그의 들릴락 말락 한 대답은 그가 얼마나 불편해 하는지를 드러냈기에 제인은 거기서 멈추기로 한 것이다. 학생들 개개인을 더는 지목하지 않기로 한 제인은 계속해서 일반적인 것들을 가르치기 시작했다. "자, 많은 사람들이 식사를 빨리 끝내고 자리를 뜨려고 서두르지. 난 학생들이 그러는 게 정말 싫더라고. 제발 그러지 말아 줘. 모두가 식사를 끝낼 때까지 기다려 주렴. 참을성을 가지고. 우리가 모두 식사를 마치면, 이 식탁에서 누군가 한 명은 너희가 식사를 한 접시들을 치워야 해. 부엌 안으로 가지고 들어가면 되는데, 부엌 직원들이 도와줄 거야. 직원들에게 고맙다고 인사하는 거 잊지 말고. 그 다음엔 음식을 담아 온 큰 접시들을 치워야 하는데, 자원자가 없을 때도 종종 있지. 이게 좀 더 힘든 일이고, 쟁반도 더 무겁고, 시간도 더 오래 걸리거든. 칸 선생님이 시키시기 전에 누군가 나서서 큰 접시들을 치우겠다고 하면 정말 좋겠지."

제인은 침묵했고, 그 신호를 알아챈 나 역시 아무에게도 큰 접시들을 치워 달라고 시키지 않았다. 이 침묵은 얼마 안 있어 어색해졌고, 학생들은 자신들이 뭔가 해야 한다는 걸 알지만 그것이 무엇인지 제대로 감을 잡지 못한 채 서로를 바라보았다. 우리 모두가 기다리고 있는 일이 무엇인지 가장 먼저 깨달은 사람은 벤이었다. "제가 큰 접시들을 치워도 괜찮을까요, 칸 선생님?"

"고맙구나, 벤."

그가 식탁 위의 접시들을 자기 앞으로 모아서 먹다 남은 음식물들을 한 접시로 긁어 옮기고 다른 접시들은 한쪽으로 포개 쌓기 시작하자, 제인은 그런 비위 상하는 식탁 예절이 펼쳐지는 광경에 기분이 언짢은 내색을 했다. "벤, 접시를 그렇게 식탁 위에서 비우지 말고 저기 서빙 테이블로 가져가서 비우도록 해야지." 당황한 벤이 반쯤 비우다 만 접시들을 잘 옮겨 가려고 애쓰면서 어설프게 서빙 테이블 쪽으로 느릿느릿 움직이자 그 어린 소년을 향해 연민을 느낀 제인은 그를 도울 방법을 생각해 냈다. "때론 다른 사람들이 접시 치우는 걸 좀 돕는 것도 좋겠지."

신호라도 받은 것처럼, 소년들은 모두 자리에서 재빨리 일어나 자신들이 먹은 접시를 식탁 옆에 있는 서빙 테이블로 가져가기 위해 허둥지둥했다. 제인이 웃으면서 학생들에게 "고맙다!"라고 말할 때 나는 그녀와 눈이 마주쳤고, 우리 둘은 서로를 향해 웃어 보였다. 그녀는 이런 장면을 이전에도 수차례 봐왔고, 나는 그리 멀지 않은 과거에 나 역시 이렇게 어쩔 줄 몰라 하는 소년들 중 한 명이었다는 걸 알고 있었다.

비록 난관이 있었지만—이후의 그 어떤 식사 자리도 이보다 고통스럽진 않았다—우리는 첫 식사를 무사히 마쳤다. 학생들은 대체로 불쌍해 보였다. 식사도 거의 하지 않은 상태였다. 우리가 앉아 있던 대식당은 "해리포터의 방"이라고, 누구나 엄청나게 작아지게 만드는 효과가 있었다. 그곳의 어마어마한 크기와 높은 천장, 짙은 목판 장식, 그리고 죽은 자들의 초상은 이 공간의 중요성과 그 사용자들의 하찮음을 강조해 주는 듯했다. 식사를 끝마칠 무렵 학생들은 훨씬 더 쪼그라들어 있었다. 축 쳐진 어깨 사이로 거북이처럼 고개를 한껏 움츠리고 양팔은 옆구리에 바싹 붙인 채로 말이다. 우리가 다른 기숙사들에서 온 125명의 새로운 그리고 똑같이 불안해하는 학생들 사이에서 식사를 하는 동안, 식당 안은 무서울 정도로 조용했다. 교사들의 설명이 끝난 뒤로는 입을 여는 이가 거의 없었다. 졸업반 학생들이 우리가 있는 식당을 지나쳐 가면서 안을 들여다보고는 크게 웃는 소리가 우리의 이 민망한 침묵을 계속 상기시켜 주었다.

심지어 이곳에 도착한 순간부터 자신감을 뿜어냈던 에번조차 이

상황은 극도로 불편해 했다. 이 새로운 곳에서 어떻게 행동해야 할지 알고 있는 학생은 단 한 명도 없었다. 그들은 이곳을 제대로 이해하지 못했고, 그 안에서 자신들이 누구인지에 대한 감각도 없었으며, 어떻게 처신해야 하는지에 대한 생각도 없었다. 대부분은 이전에 부모님과 함께 레스토랑에서, 컨트리클럽에서, 그리고 명절 모임에서 격식 있는 만찬 자리를 가져 봤겠지만, 거기서 익힌 기술을 그대로 써먹을 수는 없는 것 같았다. 아마도 그것은 삶의 일상적인 아늑함에서 완전히 동떨어진 불편함 때문이었을지 모른다. 하지만 부유하든 가난하든, 흑인이든 백인이든 첫 식사이자 첫 수업인 이 자리에서 불편해 하지 않는 이는 없어 보였다.

한 해 동안 식사를 거듭하면서 서서히 학생들은 공식 만찬 자리에서 제대로 행동한다는 것은 마치 "보통 때" 식사하듯이 행동하는 것임을 배우게 된다. 마치 선배나 선생님들과 같이 있는 게 아닌 듯이, 마치 재킷을 입고 넥타이를 매거나 드레스 차림이 아닌 듯이 말이다. 요컨대, 그들은 그것을 제대로 소화해 내는 법을 배우는 것이다. 내가 이 학교에서 지내는 동안에는 이 만찬 자리가 편하게 대화가 오고 가고 학생들이 격식을 갖춘 만찬 자리의 달인임을 보여 주는 영리한 말장난들이 난무하며 무심한 농담들을 주고받는 곳이 되는 건 보지 못했다. 하지만 결국 그들에게 이 자리는 편안한 일상이 될 것이었다.

그러나 학년이 막 시작된 이 시기에 "뉴비들"이 그런 걸 소화해 낼 방법을 알 리 없었다. 이 첫 수업은 하나의 메시지이기도 했다. 너희들은 가장 기본적인 것들도 아직 할 줄 모르지만, 우리가 너희들을 처음부터 다시 가르쳐 줄 것이라는 메시지 말이다. 이 수업을 비롯해 이와 비슷한 다른 많은 수업들은 자존감을 길러 줄 씨앗 같은 것으로 나중에 학생들은 결국 그 덕을 보게 될 것이었다. 자신보다 연배가 높은 이와 같이 앉는 법, 정장이나 드레스를 갖춰 입고도 마치 일상적인 옷차림인 양 편안해 보이는 법, 가벼운 대화를 나누는 법 같은 이 모든 기술들은 아직 발달되지 않았지만 학생들에게 각인되는 과정 중에 있었다. 위계질서의 맨 꼭대기에 확고히 자리 잡은 학교를 중심으로 학생들은 위계질서의 각 부분, 사다리의 각 단계와 상호작용하는 방법을 배워 나간다. 바로 이런 끈질긴 실천을 통해, 즉 사다리에 올라 그 규칙들을 배우고, 언제 오르며 언제 멈춰 설지 알아 가면서, 학생들은 결국 위계질서를, 자신들의 출세를 제한하는 것이 아니라 가능케 하는 것으로 만들 수 있게 된다 ─ 올라가는 법을 제대로 배우기만 한다면 말이다.

식사를 마치면 모든 신입생과 교사들은 첫 야간 예배를 드리기 위해 구 예배당으로 향한다 ─ 이는 이 학교가 처음 설립된 1856년까지 거슬러 올라가는 전통이다. 구 예배당은 캠퍼스 안에서 가장 아름다운 공간 중 하나다. 교내 한가운데 위치한 분위기 있는 곳으로 전교생을 수용하기에는 작지만 모든 신입생은 잠자리에 들기 전 첫날 밤을 이 예배당 안에서 보내고, 모든 졸업생들은 마지막 날 밤을 이곳에서 예배하며 보낸다. 이 첫날 밤과 마지막 날 밤의 예배는 엄청난 상징적 무게감을 안고 거행된다. 그날 저녁에는 학교 교장이자 전 주교였던 크레이그 앤더슨이 예배를 집전했다. "자, 세인트폴에 오신 여러분을 **진심으로** 환영합니다. 여러분의 이곳에서의 생활은 지금부터 시작입니다. 먼저 기도로 시작하겠습니다. 여러분은 여기서 지내면서 많은 기도문을 듣고 배우게 될 텐데, 이 기도문은 특별합니다. 이건 **여러분의** 기도문이 될 것입니다. 바로 우리 학교 기도문입니다."

그가 하는 말을 들으면서 나는 궁금해졌다. "학교 기도문이 대체 뭐지?" 이 학교에서 몇 년을 보낸 후에도 내가 이런 기본적인 것, **나의** 기도문이라고 하는 그 기도문도 모르다니 놀라웠다. 내가 생각만큼 이 학교를 잘 알지 못하는구나 싶어 조바심이 나려는 찰나, 앤더슨 교장이 기도를 시작했다. "오 주님, 우리가 삶의 모든 기쁨 안에서도 결코 다정함을 잃지 않게 하옵소서. 우리가 교우 관계 안에서 이기심을 버리고, 우리보다 행복하지 못한 이들을 배려하며, 타인의 짐을 기꺼이 질 수 있게 도와주옵소서. 우리의 구원자이신 예수 그리스도의 이름으로 기도드립니다. 아멘."

　　나는 깜짝 놀랐다. 내가 그 기도문을, 아니 다른 어떤 기도문도, 입 밖에 내본 게 9년 만이었다. 하지만 나는 그 기도문을 읽을 필요가 없었다. 마치 반사작용처럼 모든 단어가 내 입에서 술술 흘러나왔기 때문이다. 나는 기억하고 있었던 것이다. 내가 이 학교에서 보낸 시간에 대해 그다지 애틋한 편은 아니지만, 이 순간은 여전히 내게 어떤 감정을 불러일으켰다. 그것은 내 기도문이었고, 아마도 내 유일한 기도문일 것이다. 그러나 신입생들은 대부분 활기가 없어 보였다. 그들은 아무런 감흥 없이 기도문을 읽어 내려갔다. 그들에게 그 기도문은 아직 내가 느낀 것과 같은 상징적 무게감을 갖지 못하고 있었다. 세인트 폴 같은 곳에서 받는 교육의 힘은 시간이 흐르고 점차 쌓여 가면서 나오는 것이다. 앞으로 이 신입생들은 다양한 교사들과 얼마나 많은 고상한 대화를 나누게 될까? 학교 기도문은 몇 번이나 암송하게 될까? 가르침이 반복될 때마다 기술은 점점 더 깊숙이 파고들어 그들 자신과 혼연일체가 될 것이다. 수년이 지난 후에도 여전히 그 기도문을 외울 수 있을 뿐만 아니라 본인들이 원치 않아도 그것이 여전히 큰 의미를 가질 정도로 말이다.

학생들이 첫 야간 예배를 마치고 퇴장하면 바깥에서 엄청난 함성 소리가 들려온다. 아직 안에 있는 학생들은 휘둥그레진다. 그들은 종종걸음으로 통로를 지나 낡은 나무문을 통과해 천천히 어둠 속으로 나아간다. 구 예배당을 둘러싸고 있는 이들은 졸업반 학생들과 학생 대표들, 그리고 교사들이다. 그들은 환호하며 신입생들을 응원하고 있다. 이 첫 야간 예배를 통해, 신입생들은 세인트폴의 일원이 된다. 이것이야말로 이날 처음 진심으로 즐거운 순간이다. 신입생들은 방을 정리하고, 부모님과 작별을 고하고, 옷을 차려입고, 제대로 식사하는 법을 배우고, 게다가 무미건조한 종교 의식까지, 그 모든 괴로운 시간을 견뎌 냈다. 그리고 이제 그들의 첫날은 드라마틱한 절정의 순간에 다다른다. 전통에 따라 9개월 뒤면 이 예배당에 똑같이 걸어 들어와 전교생의 환호 속에 졸업생으로서 떠나게 될 선배들로부터 환호를 받는 것이다.

우리 기숙사의 졸업반 학생들은 신입생들을 찾아내서 그들과 포옹하고, 그들 주변에서 소리를 지르고, 박수를 쳤다. 그들이 외치는 소리는 알아듣기가 어려웠다. 하지만 거기에 묻어 있는 흥분과 안도감은 손에 잡힐 듯 분명했다. 학교생활은 조금은 재미도 있을 것이고 모조리 우울한 일만 있는 건 아닐 것이다. 모두가 함께 기숙사로 돌아가는 동안, 신입생들은 넥타이를 느슨하게 풀어 놓았다. 몇몇은 셔츠를 바지 밖으로 끄집어내기도 했다. 조지는 다른 학생들을 바라보고 웃으며 말했다. "방금 정말 굉장했어!" 그들은 모두 조지에게 웃어 보이며 동감한다는 의미로 고개를 끄덕였다.

이런 행사들의 무게감은 학생들이 쉽게 잊을 수 있는 게 아니다.

"그러니까, 예전의 저는 집에 두고 온 것 같았어요." 신입생 제이슨이 내게 말했다. "막 이런 모든 것들을 경험하고 나니까 제가 뭔가 새로운 존재가 됐다는 게 실감 나더라고요. 새로운 뭔가의 일부가 된 것 같은, 새출발을 해야만 할 것 같은 그런 기분이었어요. 저희가 경험한 것들 있잖아요, 식사 예절 같은 거를 알려 주셨는데 …… 그것도 좋았어요. 아 내가 이제 어디 소속이 되었구나, 걱정은 되지만 분명 좋은 일일 거야. 그런 생각이 들었어요. 제가 새로운 사람이 된 것 같으면서도 또 뭔가 오래된 것의 일부가 된 것 같은 그런 기분이요. 뭔가 멋지잖아요."

세인트폴의 상징적인 입회식 — 식사 예절을 배우는 것부터 첫 야간 예배와 며칠 뒤 열리는 자리 잡기 의식까지 — 은 "새로운" 학생들을 만들어 낸다. 이런 가르침들은 아이들을 지금 입고 있는 옷조차 편안해 하지 못하는 겁에 질린 뉴비에서 새로운 뭔가로, 곧 "폴리"Paulie[세인트폴 학생]로 철저히 변화시키는 것을 목표로 한다. 이런 새로운 자아를 배우는 일이란 대부분 새로운 관계들을 구체화하고 그 안에서 자신의 위치를 가늠하는 법을 배우는 일이다. 다른 모든 아이들과 마찬가지로 제이슨도 당연히 식사 예절을 알고 있었다. 그는 이전에 수만 번 그런 식사를 해봤을 것이며, 분명 자기 부모로부터 적절한 식사 예절에 대해 배웠을 것이다. 하지만 여전히 배워야 할 것들이 남아 있었다. 세인트폴에서 제이슨은 맨 처음부터 다시 시작해야 하는 것이었다. 여기서 세인트폴이 준 가르침은, 특권층으로서의 과거 경험은 중요하지 않으며, 중요한 것은 바로 지금부터 이 학교에서 일어나는 일이라는 것이었다. 바로 지금부터 말이다. 이제 모든 것이 제 하기 나름인 것이었다.

무엇을 어떻게 입을 것인가

신입생들은 죄다 이상한 옷만 갖고 있다. 남학생들은 터틀넥 옷들을 갖고 오는데, 공식 만찬 자리에서 넥타이에 셔츠를 입는 것보다 이것이 훨씬 편할 것이라 생각해서다. 부모들도 그런 생각을 지지하는데, 터틀넥이 깨끗하고 주름이 없어 유지하기 쉬울 거라 생각해서다. 하지만 새로 사온 이 터틀넥은 딱 한 번만 옷장에서 나올 수 있을 것이다. 여학생들은 지나치게 여성스러운(이를테면 꽃무늬 드레스 같은) 일상복과 얼마 안 가서 충분히 섹시하지 못하다고 여겨지게 될 정장(발끝까지 내려오는 얌전한 드레스들)을 갖고 온다. 그들의 여행 가방에는 대개 "소녀용" 옷가지들이 들어 있는데, 그들은 곧 — 좋든 싫든 간에 — 성인 여성답게 옷 입는 법을 배우게 될 것이다. 남녀를 막론하고 신입생 거의 모두가 자기 사이즈에 비해 너무 큰 옷들을 갖고 온다. 성장기 아이들임을 감안하면 그게 실용적이긴 하지만, 학생들은 머지않아 이 큼지막한 의복들을 입으려 하지 않을 것이다.

신입생들이 입는 옷가지 수가 점점 줄어들고 있다는 점을 내가 처음 눈치챈 건 학교에서의 첫 한 달이 끝나 갈 무렵이었다. 처음에는 학생들이 빨래를 할 수 없었거나 하기 싫어서 그저 깨끗한 옷이 바닥났겠거니 생각했다. 그러나 나는 내 기숙사의 신입생들이 일주일에 한 번 이상은 소량의 빨래를 깔끔하게 해내고 있다는 것을 알아챘고, 많은 신입생들이 매주 빨래를 가지러 오고 다시 갖다 주는 사설 세탁 서비스에 가입해 있다는 사실도 알게 됐다. 학생들은 빨래가 어려워서 그런 게 아니었다. 그저 가지고 있는 옷가지들 중에서 엄선한 몇 벌만을 입기로 한 것이다.

가을 학기의 5주차가 끝나면 학부모 주간인데, 이 이틀간 많은 학생들은 집에 간다. 집이 너무 먼 학생들은 부모님과 함께 현지 호텔에서 묵는다(아니면 보스턴이나 뉴욕으로 여행을 가기도 한다). 다른 나라에서 온 유학생들은 대부분 뉴잉글랜드나 그 주위에 사는 다른 신입생 친구들을 따라 "집에 간다."

그리고 거의 모두가 달라진 모습으로 돌아온다. 머리 스타일부터 옷, 신발, 시계, 방에 놓는 장식품, 음악, DVD까지, 거의 모든 게 새것 같다. 이런 변신은 대개 드라마틱하다. 내 학생 중 한 명인 마이클이 코네티컷에서 돌아왔을 때, 난 그를 거의 알아볼 수 없었다. "마이클! 너 …… 머리 새로 했구나!"

"네, 선생님." 마이클은 단조로운 목소리로 짤막하게 대답함으로써 내가 그의 외모 변화를 알아챈 것이 달갑지 않음을 드러냈다.

"마이클이 머리 스타일을 너무 바꾸고 싶어 하더라고요." 그의 어머니가 맞장구를 쳤다. "얘는 정말 신디 말고는 다른 사람한테 머리를 맡겨 본 역사가 없는데, 이번엔 다른 사람한테 하고 싶다고 하더군요."

"엄마!"

마이클은 같은 고향 출신의 졸업반 학생이 어디서 이발을 하는지 알아내서는 같은 미용사에게 가기로 몇 주 전부터 예약을 해놓았던 것이다. 마이클의 입학 당시 머리는 소년 같은 스타일로, 착 가라앉아 찰랑거리는 바가지 머리가 여전히 어린애 같은 얼굴선을 더욱 도드라지게 했다. 새로 한 머리는 양 옆은 바짝 치고, 정수리 부근은 삐죽삐죽 세운 모양새였다. 그가 화장실 거울 앞에서 헤어용품을 가지고 씨름하며 많은 시간을 보내고 있다는 것은 너무나 분명했다. 그는 좀 더 남자답게 보이기 위해 노력하고 있었던 것이다.

뉴욕에서 온 신입생 켄은 새 옷 보따리를 잔뜩 들고 학교로 돌아왔다. 그는 처음 3주 동안은 토요일 저녁마다 하와이언 셔츠를 입었다. 분명 맘에 들어 하는 셔츠인 것 같았고, 아마도 캠퍼스에서 주말밤에 그 셔츠를 입으면 축제 기분을 낼 수 있다고 생각했던 것 같다. 하지만 세 번째 주말이 되었을 때 나는 선배들이 그에게 그 셔츠에 대해 면박을 주는 소리를 엿듣게 됐다. 그가 그 셔츠를 입은 모습은 두 번 다시 볼 수 없었다. 그의 새 옷들은 유별나게 프레피했다. 그는 밝은 색 폴로셔츠 여러 장과 분홍색이 섞인 격자무늬 바지 한 벌을 갖고 돌아왔다. 학부모 주간을 보내고 온 바로 다음 날, 그는 이 바지에 옷깃을 빳빳하게 세운 두 장의 셔츠를 겹쳐 입었다. 또 양말 없이 보트 슈즈를 신기 시작했다. 그는 늦겨울에 선생님들이 감기 걸리겠다고 잔소리를 하기 시작할 때까지 ― 심지어 그에게 기숙사로 돌아가 양말을 신고 오라고 한 선생님까지 있었다 ― 끈질기게 그러고 다녔다.

학부모 주간이 지난 뒤 보니 벽에 붙은 포스터들도 바뀌어 있고, 방안에서 흘러나오는 음악도 달라졌다. 내 사무실에 들러 바이올린에 대해 이야기하곤 했던 그레이스가 ― 우리 둘 다 바이올린을 켤 줄 알았다 ― 나에게 들러 하는 질문도 완전 달라졌다. "선생님, 음, 디엠엑스DMX 꺼 들어본 적 있으세요?"

"〈잇츠 다크 앤 헬 이즈 핫〉It's Dark and Hell is Hot*의 그 디엠엑스 말이니?"

"음……" 옛날 앨범을 언급하자 그레이스는 내가 무슨 얘기를 하

---

* 1998년 발표된 디엠엑스의 데뷔 앨범으로 당시 빌보드 싱글차트 1위를 기록했다.

는지 전혀 알아듣지 못했다.

"그 래퍼 말하는 거지?"

"네!"

"물론 알지. 하지만 안 들은 지 꽤 됐어. 랩 음악은 잘 안 듣거든."
내가 이렇게 말하자, 그레이스는 다소 실망한 표정으로 나를 바라봤
다. 나는 교사들 중에서 젊은 축에 속했지만, 그 순간만큼은 늙은이가
된 것 같았다.

"전 얼마 전에 **그랜드 챔프** 샀어요!"

"**그랜드 챔프**?" 나는 큰소리로 물었다.

"디엠엑스의 새 앨범이요!"

"아 모르고 있었네."

내게 최신 유행 정보를 알려 줄 기회를 잡은 그레이스는 이렇게
말했다. "꼭 한 번 들어 보세요." 나는 적잖이 놀랐다. 보스턴 근교 출
신의 그레이스의 그런 변신은 예상 밖의―게다가 급작스러운―일
이었다.

하지만 오래가지는 않았다. 몇 달 지나지 않아 우리의 대화 주제
는 다시 바이올린 레퍼토리와 기교에 대한 것으로 돌아갔다. 하지만
그레이스는 하드코어 랩 음악에 도전해 보기는 한 것이다. 그것도 굉
장히 열성적으로 말이다. 수개월 뒤 나는 그레이스에게 왜 그 앨범을
샀던 거냐고 물어봤다.

"모르겠어요. 그게, 어쩌면, 그러니까, 여기서 처음으로 댄스파티
에 갔을 때, 거기 나오는 음악들을 진짜 하나도 모르겠는 거예요. 중학
교 때는 그런 음악을 줄줄이 꿰고 있었고 좋아했는데 말이죠. 그래서
소외감을 느꼈나 봐요. 그리고 제 기숙사에 사는 앰버라는 애가 항상

디엠엑스를 들어요. 그래서 저도 알고 싶었던 것 같아요. 지금은 더 이상 그런 음악을 많이 듣진 않아요. 좀 이상하죠. 아니 그러니까, 여전히 좋아는 하는데 잘 모르겠어요."

이 대화가 있은 지 수개월 뒤 나는 보호자 자격으로 참석한 어느 댄스파티에서 그레이스를 보았다. 그녀는 방방 뛰며 디엠엑스의 음악을 따라 부르면서 손을 어깨에서부터 무릎까지 흔들며 최신 힙합 뮤직비디오에 나오는 동작들을 따라 하고 있었다.

마이클과 켄, 그레이스는 모두 모습도 행동거지도 달라져 있었다. 그런 변화는 전혀 일시적인 것이 아니었다. 그들이 어느 순간 갑자기 새 머리 스타일, 새 옷, 새 음악에 익숙해진 것은 아니었다. 샐러드 포크와 메인 코스용 포크를 구분하는 법이나 고전파 음악과 바로크 음악을 분간하는 것, 혹은 현대 미술과 포스트모던 미술을 구분할 줄 아는 것이 세인트폴 교육의 핵심은 아니다. 선생 입장에서 보기에는 대단히 낭패스러운 일일지도 모르지만, 세인트폴 교육에서 핵심적인 것들은 교실 안에서 일어나는 일들(이런 일들이 어떤 식으로 중요한 역할을 하는지는 5장에서 보겠지만)과는 거의 연관이 없다. 대신 세인트폴 학생들은 거의 모든 고등학교에서 배우는, 어찌 보면 일상적인 것들을 배운다. 옷과 머리 스타일에 대해, 다른 종류의 음악에 어떻게 몸을 움직이며 반응할지에 대해 말이다. 그들은 수백만 가지 방식으로 새로운 위치를 체화하는 법을 배우는 것이다.

마이클은 자기 엄마와 내가 자신의 변화한 모습에 주목하는 것을 짜증스러워 했다. 본인은 자연스러운 변화이길 바랐던 걸 우리가 콕 집어 드러내 버린 셈이니 말이다. 켄은 그가 프레피한 뉴요커로서 어떤 옷을 입어"야만 하는지" 배웠다. 그레이스의 경우, 그것은 랩 음악을 잘 알고 좋아하는 듯 행동하는 것이었다. 이 셋은 모두 선배들로부터 자신을 더 적합한 "폴리"로 변화시키는 법을 배운 것이었다. 중요한 점은, 이런 가르침들은 인지적 ─ 무엇이 "적합"한지에 대한 인식이라는 점에서 ─ 이지만, 그 핵심은 수행적이고 신체적인 변화라는 것이다. 10월에 학부모 주간이 끝나고 벌어지는 이런 일들은 허겁지겁 여러 가지 변화들이 몸에 각인되는 과정을 보여 준다, 엘리트에게 기대되는 것들을 갖추기 위한 신체적 훈육의 과정인 것이다.

이런 변신들은 우리가 전통적으로 엘리트적이라 여기는 실천들과는 거의 상관이 없다. 아닌 게 아니라, 이런 변신들은 고등학교 때 으레 거치는 변신 중에서도 가장 평범한 축에 드는 것으로 보인다. 하지만 이렇게 군더더기 같은 디테일들이야말로 일상생활의 핵심이며, 아무 생각 없이 순식간에 "폴리"로 자리 잡는 데 필수적인 일이다. 비록 마이클과 켄, 그레이스는 각각 세인트폴에 입학하기 전에도 엘리트들이었지만, 여전히 바닥부터 올라가는 법을 배워야 했다. 그들이 집에서 익힌 편안함만으로는 충분치 않았던 것이다.

학생들이 학교 입학 명부에 직접 서명할 때 아버지들이 **실제로** 학비를 대는 게 누구냐며 아무리 투덜거린다 해도, 그런 독립성은 ─ 그것이 환상에 불과할지언정 ─ 세인트폴에서 핵심적이다. 이런 경험들은 학생들에게 그들의 위치가 조상의 업적이나 물려받은 부 ─ 새것이든 오래된 것이든 ─ 덕분에 갖게 된 것은 아니라는 감각을 심어 준다. 오히려 그들은 노력을 통해 그리고 필요한 경험들을 서서히 쌓아 나감으로써 그 누구에게도 기대지 않고 학교에서 자기만의 길을 개척하고 있는 것이다. 모든 학생들은 새로 배워야 한다. 식사를 하는 것에서부터 옷 입는 것까지, 그들은 가장 기본적이고 일상적인 측면에서부터 자신을 개조해야 한다. 그들이 온전히 새로운 신체가 될 때라야 이런 일상의 사회적 실천들이 이들과 다른 학생들 사이의 차이를 모호하게 만드는 식으로 작동할 수 있다. 세인트폴에서 일어나는 일들의 대부분은 여느 다른 고등학교들에서 일어나는 호르몬 넘치는 과시 행동들과 다를 바가 없다. 그러나 이런 외관상 드러나는 유사성이야말로 중요하다. 세인트폴 학생들은 그들 자신과 다른 비사립학교 학생들 사이의, 즉 그들과 나머지 비엘리트 세계 사이의 구분을 사라지게 만드는 법을 배우는 것이다. 이는 세인트폴과 다른 학교들 간의 차이가 특권과 부라는 명백한 차별점에 있는 게 아니라는 서사를 구축하는 데 일조한다. 그들은 나머지 우리들과 그냥 다를 바 없어 보인다. 우리는 접근하지 못하는 기밀 정보에 접근할 수 있는 권한을 가진 것도 아니고, 무슨 특권층만 들어갈 수 있는 클럽의 회원권을 돈 주고 사는 것도 아니다. 대신, 특권이 성공적으로 체화되면, 그들과 우리 사이의 간극은 자연스러운 것으로, "그들의 인간 됨됨이"에 따른 거의 필연적인 결과로 보이게 된다.

구별짓기

특권층 출신의 학생들은 자신들이 가진 특권을 굳이 자본화하지 않더라도 세인트폴을 거쳐 출세하는 데 도움이 될 다른 자원들을 갖고 있을 것이다. 그런 자원 중 하나로 들 수 있는 것이 바로 미세하게 구별짓기할 수 있는 능력이다. 우리는 엘리트가 우리와 구분되는 건, 엘리트가 아닌 우리 같은 사람들이라면 도무지 짚어 낼 수 없는 미묘한 차이를 알아보는 능력이 있거나 이점이 되는 고상한 취향들을 체화하고 있어서라고 생각한다. 지금 입고 있는 정장이 천 달러짜리인지, 만 달러짜리인지 알 수 있는 능력. 바흐의 〈골드베르크 변주곡〉은 다 안다 치더라도, 그 곡에 대한 반다 란도프스카의 고전적 해석과 글렌 굴드의 기발하면서도 천재적인 해석, 나아가 머레이 페라이어의 대담한 현대식 종합이 어떤 차이가 있는지 구별할 수 있는 능력. 1980년산 보르도 와인과 1981년산 보르도 와인의 차이를 감별할 수 있는 능력 말이다. 이런 미묘한 차이들이 전부인 세계, 더 값진 것들에 대한 감식력을 드러내 주는 언어가 지배하는 세계는 분명 존재한다.

나는 폴리가 된다는 건 곧 이런 구별짓기 능력을 갖게 되는 것이라고 생각했다. 어느 날 저녁, 주니어 신입생[10학년 때 전학 온] 해리슨은 우리 기숙사의 공용 공간에 앉아 신입생들[9학년]에게 와이셔츠를 고를 때 무엇을 살펴야 하며 어디서 사야 하는지에 대해 떠들고 있었다. 그들 모두 막 공식 만찬 자리에서 돌아온 참이었다. 사춘기를 거의 다 지난 해리슨은 어린 남자애들보다 키가 한참 더 컸고 굵직한 목소리에 억양에서는 영국 식민지풍의 정규 교육을 받은 듯한 기운이 강하게 묻어났다. 해리슨은 캠퍼스 내에서 인기가 많은 축에 들었으며, 나이 어린 학생들의 신임을 얻고 있었다. 내가 보기엔 좀 권위적인 인상을 풍겼다. 결코 주고받는 대화 같은 건 없었다. 대신 해리슨은 자신의 해박함을 과시하며 다른 아이들에게 자신이 이미 알고 있는, 그들이 알아야 할 것들을 전달하며 혼자 장광설을 늘어놓고 있었다. 나는 이 장면이 엘리트와 나머지 사회 구성원들을 구분 짓는 차별점들이 이전되는 완벽한 예시라고 생각하지 않을 수 없었다.

"실의 수에 신경을 써야 해. 그러니까 내 말은, 이 토마스핑크 셔츠는 200수인데, 내 폴로셔츠들보다 훨씬 부드럽고 가볍거든." 나는 내가 해리슨이 하는 말을 이해하고 있다는 사실이 자랑스러웠다. 나도 한 때 토마스핑크 셔츠를 하나 사려고 생각한 적이 있었지만, 내게 아직 남아 있는 이민자 감성이 그런 생각을 억눌러 주었다. 150달러나 되는 가격을 도저히 정당화할 수가 없었던 것이다. 해리슨은 말을 이어 갔다. "근데 핑크 셔츠도 사실 맞춤 제작은 아니지. 내 말은, 본드 가街 바로 지나서 있는 새빌 로우* 같은 곳에 가면 **제대로 된** 셔츠를 살 수 있어. 너희를 위해 맞춤 제작된 셔츠 말이야." 나는 이 방 안에 있는 다른 학생들이 나와 똑같은 걸 궁금해 하고 있다고 확신했다. "본드 가가 어디지?" (아마도 콩코드나 보스턴, 아니면 뉴욕에 있을 것 같았다.) 하지만 아무도 자신의 무지를 인정하고 싶지 않았기 때문에 물어보는 사람은 없었다.

해리슨은 이어서 그렇게 맞춤 제작된 셔츠의 관리 방법으로 화제를 옮겨 갔다. "여기서 문제는 그런 셔츠들을 세탁할 만한 곳이 없다는 거야. 세탁기에 넣을 수도 없고, 그렇다고 세탁소에 맡기면 엉망이 될 게 뻔하잖아. 진짜 심각한 문제지. 그래서 난 요즘 싱크대에서 세탁하잖아. 괜찮은 거 같긴 해. 손세탁이 최고거든. 근데 여기선 진짜 세탁이 문제야. 미처 거기까지 생각하진 못했는데 말이지."

나도 모르고 있던 일이었다. 내 셔츠를 직접 손세탁한다는 생각은 해본 적이 없었다. 내가 셔츠들을 망치고 있다는 사실도 깨닫지 못했

■   런던의 본드 가와 리젠트 가 사이에 위치한 작은 골목길로, 남성용 고급 맞춤복을 만
　　드는 숍들이 주로 위치해 있으며, 왕실과 부호 등을 대상으로 최고가 옷들을 판다.

는데, 하지만 곧 나는 내 셔츠들이 손세탁을 안 한다고 망가질 것들은 아니라는 데 생각이 미쳤다. 내 형이 지난 10년 동안 런던에서 살았고, 나는 종종 형을 보러 가곤 했지만, 여전히 나는 새빌 로우가 뭔지도, 그 거리가 실력 있는 재단사들이 모여 있기로 유명하다는 사실도 전혀 몰랐다. 다른 후배 학생들 또한 모두 나처럼 전혀 모르고 있는 게 분명했다. 해리슨이 자기 셔츠를 벗어 만져 보도록 해주자, 나는 그 의식에 끼어들어 셔츠의 부드러움에 감탄하는 데 동참하지 않을 수 없었다. 나는 그 순간 매료되었다. 신엘리트층의 훈련 현장을 지켜보고 있다는 생각에 빠져들었기 때문이다.

그 주 일요일에 나는 우리 기숙사의 졸업반 학생들인 제임스와 피터, 에드에게 딤섬을 사주기 위해 차를 몰고 보스턴으로 갔다. 가는 길에 그들은 해리슨이 후배 학생들과 가졌던 그 대화에 대한 얘기를 꺼냈다.

"화요일에 해리슨이 뉴비들한테 옷 나부랭이에 대해 떠들고 있을 때 선생님께서 당직이었다면서요."

"맞아. 흥미로운 얘기였어."

내가 말을 채 끝내기도 전에 에드가 끼어들었다. "순 개소리였어요, 개소리."

난 솔직히 충격을 받았다.

"아니, 대체 누가 그런 셔츠를 사 입어요?" 피터가 과장된 투로 물었다.

"우리 아빠도 그렇게는 안 입는다." 제임스가 입을 열었다. 나는 제임스와 피터가 꽤나 부유한 집안 출신이라는 걸 알고 있었다. 그들이 세인트폴에 내는 돈을 생각하면, 그 부모들 또한 해리슨이 입고 있던 것과 같은 셔츠를 사줄 수 있었을 것이다.

"아니 뭐, 래리라면 그럴 수도 있겠네."

우리 졸업반 학생들이 다른 기숙사의 졸업반들과 다를 수도 있다는 생각에, 나는 래리가 누군지 물었다.

피터가 대답했다. "아, 그 홍콩에서 온 애들이요. 걔네는 완전 말도 안 되는 옷을 입거든요."

그것이 세인트폴이 아니라 홍콩 특유의 일임을 강조하기 위해 제임스가 덧붙였다. "맞아. 근데 여기선 아무도 그렇게 안 입어요. 해리슨은 뭣도 모르는 거예요."

해리슨과의 대화가 끝난 후 거기 있던 신입생 몇몇이 에드의 방으로 찾아와 그의 생각을 물었다. 신입생들은 부모님들과 한바탕 쇼핑을 하고 와서도 제대로 된 옷을 산 것일까 여전히 걱정이 됐고, 그래서 조언을 구하기 위해 졸업반 에드에게 갔던 것이다. 에드는 자랑스럽게 외쳤다. "내 셔츠들은 구세군 꺼야."

하지만 그의 룸메이트인 제임스는 그런 개소리 또한 참지 않았다. "그건 또 뭔 소리야, 아니잖아."

"아 그래, 알았어. 근데 그렇다 해도 내 셔츠들이 무슨 말도 안 되는 300달러짜리는 아니야. 그러니까, 나는 셔츠를 직접 사 입거든."

이 상황에 대해 가장 혼란스러워 한 건 피터였다. 제임스와 에드는 해리슨의 이야기에 대해 거의 화가 나다시피 한 상태였지만, 피터는 이해조차 하지 못했다. "난 해리슨이 뭔 얘기를 한 건지도 모르겠어."

내가 본드 가를 조금 벗어난 곳에 있다는 새빌 로우와 그곳의 런던 재단사들이 최고급 셔츠를 만든다고 설명하자, 피터는 더더욱 충격을 받은 듯했다. "어디요? 정말요?!? 선생님도 그런 셔츠 갖고 계세요?"

"아니." 나는 단호하게 말했다. "전혀 들어본 적도 없어. 구글에서 검색해 봤다니까."

"제 말이 바로 그거예요." 피터가 흥분을 가라앉히며 말했다. "**선생님도** 모르시잖아요." 마치 선배 폴리인 나도 모르는데 "누가 그걸 알겠냐"면서 피터는 말을 이었다. "그리고 대체 누가 셔츠 하나 사려고 런던까지 가?"

제임스는 더 근본적인 질문을 던졌다. "아니 도대체 누가 셔츠를 맞춰 입는데?"

이야기를 계속하면서 에드는 내게 자신과 제임스가 그 신입생들의 걱정을 누그러뜨리느라 정말 많은 시간을 투자했다고 말했다. "따로 불러서 해리슨이 했던 말이 전부 개소리라는 걸 알려 줘야 했어요. 스미스한테는 제 옷장까지 보여 줬다니까요. 여기 있는 그 누구도 그런 것 따위에 신경 쓰지 않는 걸요." 그 신입생들은 졸업반 선배들의 옷장 속을 들여다보고 선배들의 셔츠들을 만져 본 뒤 그것들이 자기들이 입고 있는 것과 다를 바 없다는 사실을 확인하고 나서야 걱정을 떨쳐 낼 수 있었다.

제임스는 한마디로 이 대화를 마무리 지었다. "해리슨은 그렇게 별종이라니까." 에드와 피터도 동의했다. "맞아. 걔는 뭣도 모르면서 그래."

내가 기숙사 공용 공간에서 목격했던 광경은 구별짓기의 중요성을 보여 주는 사례가 아니라 미국 엘리트[제임스, 피터, 에드]와 유럽 엘리트[영국식 억양을 쓰는 해리슨] 간의 차이를 보여 주는 사례였다. 미세한 구별짓기 능력의 수행적 과시는 [미국 엘리트들에겐] "개소리"로 간주된다. 편안함을 드러내 보이지 못하는, 너무 과한 노력의 형태라는 것이다. 옷을 가지고 이런 식으로 미세하게 구별짓기를 하는 것은 엘리트들이 배워야 할 사례가 아니라 그 정반대, 즉 "뭣도 모르는" 모습의 예시였다. 해리슨과 홍콩에서 온 아이들이 그런 취향을 가진 건 봐줄 수 있을지 모른다. 하지만 여기 미국이라면 다른 것이다.

자기 셔츠들이 구세군에서 가져온 것이라는 에드의 언급에는 시사하는 바가 있다. 물론, 그의 친구인 제임스는 그가 이런 가식을 떨도록 그냥 두지 않는다. 에드가 **진짜** 구세군 셔츠를 입는 게 아니다. 학생들이 아무 옷이나 입는 건 아니다. 그들이 일부러 "없어" 보이려고 애쓰는 일은 거의 없었다. 수년 전 내가 학생이었을 때는 몇몇 학생들이 그러는 걸 본 적이 있다. 자신들 앞으로 된 신탁 기금으로 구두 회사를 사고도 남을 텐데, 낡아 빠진 구두 한 켤레를 강력 테이프로 싸맨 채 신고 다니는 모습 말이다. 이건 아주 극도로 부유한 학생들만 하는 행동이었는데, 사람들에게 자신들은 아무런 거리낌이 없다는 걸 말해 주는 신호였다. 그들은 내키는 대로 아무렇게나 하고 다녀도 그들의 재력이 그들을 보호해 줄 것이다. 그러나 요즘 들어 옷차림은 사회적 위치를 나타내는—부유한지 가난한지, 서민 체험 중인 정치인인지 자세 잡는 조폭인지를 나타내는— 것이라기보다는 (학생들이 생각하기에 계급 같은 범주들은 드러내 줄 수 없는) 개개인의 특성을 나타내는 것이라는 의미가 더 커졌다. 자기 옷을 직접 사입음으로써 에드는 자신을 인증하는 동시에 자기만의 사적이고 신체적인 경험을 강조하는 것이다.

시간이 지날수록 나는 학생들이 어떤 식으로 "자신들"과 나머지 세상 사람들 간의 차별점을 모호하게 하는지를 반복적으로 볼 수 있었다. 그들이 대부분의 미국 십대들과 다른 점은 분명 무수히 많을 것이다. 사는 집에서부터 겨울 방학 동안 스키 타러 가는 곳, 또 여름방학 때 고향에서 그들을 기다리고 있을 인턴십 기회들까지 말이다. 그러나 이런 부유한 삶의 치장들 가운데 그 어떤 것에 대해서도 자랑스레 떠벌리는 일은 없었다. 해리슨의 셔츠론은 그를 포함해 다른 그 누구도 다시 입에 올리지 않았는데, 이는 몇 주가 지나자 신입생들도 한 가지 단순한 진리를 반복해서 배우고 깨우치게 되었기 때문이다. 즉, 그들이 남들과 다른 이유는 셔츠 때문이 아니라는 것 말이다.

학생들은 엘리트 지식에 가치를 두는 것도, 자신들과 다른 사람을 구분해 주는 것들을 즐기는 것도(또는 그 뒤에 숨는 것도) 해서는 안 되는 일이라고 배운다. 대신에 그들은 문화적 경계들을 가로지르며 더없이 자유롭게 소비하는 법을 배운다. 그 모든 것을 흡수하도록 그리고 모든 것을 흡수하기를 **원하도록** 배우는 것이다. 그레이스는 나와 디엠엑스와 바이올린 기교 모두에 대해 대화를 나누도록 배운 것이다. 학생들은 자신들의 부와 특정한 지식을 이용해서 경계를 형성하는 대신, 운동장은 평평하다는 걸 시사하는 방식으로 행동한다. 몸에 걸친 셔츠의 질이 중요한 게 아니라 그 셔츠 안에 누가 있는지가 중요한 것이다.

개소리

지금까지 이 장에서 기술된 내용들—저녁 만찬을 위해 옷을 차려입는 과정에서 모두가 공유하는 즐거움, 입학 첫날 전반적으로 모두가 느끼는 불편함, 그리고 엘리트적 옷차림의 거부에 이르기까지—은 세인트폴이 계급이나 사회적 구별짓기가 존재하지 않는 세상이라고 시사하는 것처럼 보인다. 그런 생각은, 고등학교에 다녀 본 사람이라면 누구나 이미 알고 있겠지만, 순진하면서도 부정확한 것이다. 세인트폴은 끝도 없이 이어지는 현실 세계의 위계질서로부터 결코 자유롭지 않으며, 스스로 문화적 유토피아가 되겠다는 생각도 전혀 없다. 대부분의 학생들이 결국은 물려받게 될 특권과 돈과 권력의 역할을 무시하듯, 컨트리클럽 회원권과 관련된 부의 미세한 구별짓기 또한 평가절하하는 것이다. 이 같은 구별짓기의 실종은 평평한 운동장이라는 허울을 유지하는 데 일조한다. 그러나 이 이야기가 완성되려면 아직 멀었다. 편안함을 체화하는 과정에서 심각한 문제들이 나타날 수 있기 때문이다.

겨울 학기 초반, 꽤나 힘들었던 하루를 마치고 집으로 걸어가는 길에 나는 졸업반과 신입생[9학년]인 흑인 여학생 둘이 학교 과제에 대해 이야기 나누는 것을 들었다. 그중 졸업반 학생인 칼라는 내가 아는 애였다. 그녀는 공부를 잘하는 학생이었다. 신입생인 레이시는 나와 절친한 친구가 가르치는 인문학 수업을 듣고 있었다. 그 친구는 얼마 전 내게 레이시가 "알아듣기" 시작했다고 만족스럽게 말한 적이 있었다. 나는 대놓고 그들의 대화를 엿들었다.

후배들의 롤 모델인 칼라는 자신의 그런 위치를 진지하게 받아들이면서 신입생들이 어떻게 적응하고 있는지 확인하고 다녔다. "지난번 그 과제는 잘 했어?" 그녀가 레이시에게 물었다.

"모르겠어요. 완전 개소리만 늘어놓은 것 같아요."

칼라는, 그게 질문의 요점이 아니라는 점을 강조하며 되물었다. "그래서? 잘 했어?"

"그럭저럭이었던 거 같아요." 레이시는 불편한 기색으로 말했다. "그런데 좀 이상한 소리를 지껄여 놨어요."

칼라는 레이시를 안심시키면서, 하지만 학교의 핵심 교의에 정면으로 맞서는 듯한 투로 말했다. "뭐, 여기서 배우는 게 바로 그런 거야. 개소리로 헤쳐 나가는 거지."

다음 날 그녀가 내 사무실 근처를 지나갈 때, 나는 칼라에게 레이시와 나눈 그 대화에 대해 물었다. 칼라는 죄송하다고만 할 뿐이었다. 그녀는 분명 자신이 신입생들에게 그런 식으로 학교에 대해 이야기한 것에 대해 내가 화가 났을까 봐 걱정하고 있었다. 나는 그저 그녀의 말이 무슨 뜻인지 궁금한 것일 뿐이라고 강조했음에도 불구하고, 그녀가 더 터놓고 이야기하도록 하지는 못했다.

몇 주 뒤에 칼라가 내 사무실 문을 두드렸다. "선생님께서 일전에 저한테 물어보셨던 것에 대해 생각을 좀 해봤어요." 그녀가 말했다. 나는 그녀에게 앉으라고 권했다. 그녀는 이제 할 말이 생긴 것 같았다. 뭔가 불만스러운 듯했지만 분명 꽤 오랫동안 생각해 왔던 뭔가를 털어놓고 싶은 열망이 보였다.

"전 여기서 정말 잘하고 있어요." 그녀가 말을 시작했다. "하지만 항상 그랬던 건 아니에요. 처음엔 진짜 못했거든요. 그땐 제가 멍청하거나 뭐 그런 이유 때문이라고 생각했어요. 알아듣질 못하는 것 같았죠. 근데 그게 맞았어요. 저는 못 알아듣고 있었던 거예요. 아, 제가 바보였던 건 아네요. 전 그저 선생님들이 원하는 방식으로 말하는 방법을 몰랐던 거예요. 그러니까, 제가 예전에 썼던 과제들을 다시 보면, 그게 요즘 쓴 것들보다 못 썼다고 생각하진 않아요. 그냥 달랐던 거죠. 선생님들이 원하는 방식으로 말하고 쓰는 법을 배울 때까지 전 바보였던 거예요."

칼라는 내게 훈계를 하고 있었다. 나는 손가락질을 받는 것 같았다. 그녀의 불만이 손에 잡힐 듯했다. 나는 한 번도 칼라를 직접 가르쳐 본 적이 없었지만, 그녀가 무슨 말을 하는지 알 수 있었다. 나는 이런 기관이 목표로 하는 바를 대표하는 이들 중 하나였으며, 그녀가 말한 "선생님들" 중 하나였다. 그리고 이 "선생님들"한테는 어떤 작동 방식, 조직 논리가 있었는데, 그것은 그녀의 방식이나 논리와는 일치하지 않는다는 것이었다. 10분 뒤 칼라는 놀랍도록 명료하게 그녀의 생각을 요약했다. "전 더 똑똑해진 게 아니에요. 같은 내용을 그저 다른 방식으로 말하는 법을 배운 거죠. 제 방식이 아니라 선생님들 방식으로요."

그녀가 레이시에게 세인트폴에서는 "개소리로 헤쳐 나가는" 법을 배워야 한다고 말했을 때 그 의미는 바로 이것이었다. 이런 종류의 비난은 아이비리그 대학들이나 엘리트 기숙학교들 같은 곳이 자임하는 역할과 정면으로 배치되는 것이다. 칼라의 성공 비법은 단순히 말을 바꿔 하는 요령에 있었다. 그녀가 써낸 페이퍼가 더 나아진 것이 아니라, "그저 달라진 것일 뿐"이다. 그녀를 똑똑하게 만든 건 "선생님들이 원하는 방식으로 말하는 법"을 배웠기 때문이었다. 가장 중요한 것은, 세인트폴에서 그녀는 그저 **"똑같은 내용"**을 자신의 언어가 아니라 내[교사의] 언어로 말하는 법을 배울 뿐이라는 것이다. 칼라가 묘사한 세인트폴에서의 배움은 대부분의 학생들이 묘사하는 것과는 깜짝 놀랄 만큼 다르다. 하지만 물론 칼라 자신도 그녀의 동급생들과는 많이 다르다.

나는 학생들에게 자기만의 "세인트폴적 순간"에 대해 말해 달라고 묻고 다니기 시작했다. 그들이 불현듯 "이제 알겠다"라고 느낀 순간, 뿌옇게 끼어 있던 안개가 걷히고 갑자기 뭔가가 선명해진 순간에 대해서 말이다. 모두들 내 말이 무슨 뜻인지 정확히 알겠다는 듯, 그런 순간들이 개인적으로 얼마나 큰 의미를 지니는 것이었는지 강조하며 자신들의 변모 과정을 묘사했다. 학생들은 끊임없이 열심히 노력한 결과 마침내 깨달음의 순간epiphany을 갖게 되었다고 했다. "이제 알겠다 하는 순간"으로의 이행은 그들이 갑자기 작정하고 달려들어 뭔가를 하기 시작해서가 아니라 **항상** 노력해 왔기 때문에 일어난 일이었다. [그러다 보니] 어느 날 눈을 번쩍 뜨게 된 것이었다. 가족이 농업에 종사하는 노동자계급 출신의 백인 남학생 조지는 내가 반복적으로 들었던 그런 종류의 서사를 압축적으로 보여 주었다.

"제가 여기서 열심히 노력해야 한다는 건 이미 알고 있었어요. 엄마 아빠가 그러셨거든요. 다른 애들은 다 만반의 준비를 하고 이 학교에 들어왔을 거라고요. 전 걔네들만큼 준비된 상태라고는 볼 수 없었죠. 하지만 부모님께선 저한테 다른 애들한테는 없는 게 있을 거라고 말씀하셨어요. 전 모든 일에 정말 엄청 열심이었거든요." 조지는 내게 웃어 보였다. 나는 그가 자신의 '하면 된다' 정신을 자랑스럽게 여기는 줄 알았다. 그러나 그는 자신의 고지식함을 비웃기 시작했다. "와, 진짜 부모님이 엄청 잘못 아셨던 거죠! 여기선 모두가 열심이더라고요. 그런데 어느 날 그냥 알겠는 거예요. 벨포 선생님의 수업 시간에 선생님이 다음 과제에 대해 말씀하시는 걸 듣고 있었는데, 갑자기 그 과제에서 선생님이 뭘 원하는지 **알겠는** 거예요. 마치 그때까지 어둠 속에 있었는데, 누군가 그 순간 갑자기 불을 켜버린 느낌이었어요! 여전히 미친 듯이 노력은 해요. …… 하지만 이젠 이해가 가요. 알겠어요."

이런 종류의 이야기는, 단지 좀 더 희망적인 어조로 표현돼 있다는 점만 빼면, 칼라의 이야기와 거의 비슷했다. 나는 조지에게 자신이 이제 뭔가 "개소리"를 지껄이고 있는 것처럼 느껴지지는 않는지 물었다. 그가 "알겠다"는 게 실은 자신의 경험을 다른 누군가의 언어로 바꿔 말하는 것에 불과한 것은 아니냐고 말이다. 조지가 대답하는 데에는 시간이 꽤 걸렸다. 그는 내 질문을 잘 이해하지 못하고 있었다.

마지막에 그는 이렇게 말했다. "칸 선생님, 선생님께선 아시겠죠. 근데 선생님은 나이도 더 많고 똑똑하시고 교육도 잘 받으셨고 뭐 그러시잖아요. 전 이 세계가 어떻게 돌아가는지 정말 잘 모르겠어요. 하지만 이제 막 알기 시작한 거예요. 그건 '개소리'와는 전혀 관계가 없어요. 세상사 돌아가는 걸 배우는 거죠. 그게 선생님들이 저희한테 가르치시는 거잖아요! 그게 아니면 사람들이 왜 이렇게 돈을 많이 내겠어요?!? 전 세상이 어떻게 돌아가는지 알아 가고 있는 거예요."

칼라는 조지의 의견에 동의한다. 그녀 또한 세상이 어떻게 돌아가는지 알아 가고 있다. 하지만 조지와 칼라는 이 "알겠음"을 다르게 규정한다. 칼라에게 그것은 자신의 언어를 선생의 언어로 바꿔 말하는 법을 배우는 것이다. 칼라는 그 두 가지가 서로 같은 건데—"같은 것인데 방식만 다를 뿐"이다— 엘리트 세계에서는 그중 하나가 다른 것보다 특권을 누린다고 주장한다. 조지에게 그것은 자기가 과거에 살던 세계와는 반대로, 현실 세계에서는 (실제로) 세상사가 어떻게 돌아가는지를 배우는 것이다. 이 학교의 다른 많은 중간계급 및 노동자계급 아이들도 조지의 주장에 공감할 것이다. 소수의 예외적인 경우도 있었지만, 그들은 성공한 사람들의 현실 세계에서 "세상사 돌아가는 것"을 이렇게 접하게 된다는 데 대해 엄청난 가치를 두었다. 노골적으로 드러내지는 않았지만, 그것이 함축하는 바는 이런 것들을 고향에서는 접할 수 없었을 것이라는 점이다. 사실 내가 본 바로는, 세인트폴이 학생들에게 해주는 역할을 가장 충성스럽게 신봉하는 이들은 대개 노동자

계급과 중간계급 학생들이었다.

조지와 비슷한 이야기들이 쌓여 가면서, 나는 칼라가 보이는 차이점은 인종적인 것이라는 생각이 들기 시작했다. 칼라는 세인트폴 교육의 보편타당성에 의문을 제기한다. 세인트폴은 개소리를 가리키는 체계이지 세상사 돌아가는 것에 대한 타당한 이해를 제공해 주는 곳이 아니라는 것이다. 조금 덜 냉소적으로 말하자면, 세인트폴은 세상사를 이해하는 여러 수많은 타당한 방식들 가운데 하나일 뿐이라는 것이다. 세인트폴이 가르치는 게 "개소리"나 다름없는 이유는, 이 학교의 비전이 타당하지 않아서가 아니라 이 비전에는 세상을 이해하는 그들 특유의 방식이 **유일한** 방식이라는 믿음이 내포돼 있기 때문이다. 바로 이 점이 칼라를 답답하게 만드는 것이다. **그녀의** 방식은 인정되지 않으니까 말이다.

칼라는 훌륭한 학생으로 인정받고 학교에서 인기도 꽤 있었지만, 학교에 대한 이런 접근은 그녀의 생활을 힘들게 했다. 교사들은 그녀의 과제에서 뭔가 다른 점을 느낀다. 그들은 종종 내게 그녀가 "좀 더 따뜻했으면" 좋겠다고 말했다. 그녀의 과제와 그녀의 성격이 모두 종종 "냉정"할 때가 있다는 것이다. 그녀는 과제를 잘 해냈지만, 그 내용은 "딱딱"하고 "냉담한" 감이 있었다. 그리고 학생들 역시 마찬가지로 그녀에게서 일종의 "거리감"을 느낀다고 내게 말했다. 칼라와 가장 절친한 친구 중 한 명은 내게 이렇게 털어놓았다. "어떨 땐 저희가 이곳을 그저 거쳐 가기만 하는 게 아닌가 하는 생각도 들어요. …… 잘 모르겠어요. 칼라랑은 가끔 뭔가 달라요. 우린 정말로 친해지지는 못하는 것 같아요. 거의 친해지긴 했는데, 전 그게 진짜 우리가 아니라 마치 제가 본 영화 속 한 장면처럼 느껴져요. 마치 다른 누군가에게 일어난 일처럼 말이에요. 우리의 친한 모습이 다른 누군가의 것이거나, 아니면 제가 어디선가 본 것 같달까. 항상 그런 건 아닌데요, 하여튼 이 상해요. 모든 사람들이 그런 느낌인 건 아니거든요. 아니, 다른 누구한테도 그런 느낌이었던 적이 없어요."

칼라는 학교를 자연스럽게 체화하기보다는, 그녀 식으로 말하면, "그런 척 행동하는"법을 배운다. 세인트폴을 **유일한** 자연적 질서로 생각하기를 거부하고 오히려 수많은 질서 가운데 존재하는 하나의 잠재적 질서로 생각하는 그녀의 방식은 그녀와 이 학교 및 학교 안의 다른 이들 사이에 거리감을 만들어 낸다. 우리는 이 거리감을 부정적으로 볼 수도 있을 것이고, 아니면 일종의 대항 의식oppositional consciousness*으로, 즉 칼라가 "이전까지 종속적이던 정체성을 긍정적으로 정체화한" 것으로 생각할 수도 있을 것이다.[5]

어쨌든 칼라는 분명 세인트폴의 "숨은 커리큘럼"을 터득하는 데 성공한 사례다. 초기에 부딪혔던 난관들에도 불구하고, 그녀가 다른 학생들보다 훨씬 더 고전한 것은 아니었다. 그녀는 열심히 노력했다. 그녀가 들은 수업들마다 우수한 성적을 거두었으며, 유수의 대학에 진학했다. 세인트폴의 커리큘럼 안에서 뭔가 "숨어 있는" 것을 찾아낼 줄 아는 사람이 있다면, 그것은 다름 아닌 칼라였다. 그녀는 학교의 불문율들을 이해할 수 있었고, 그녀 자신이 이해한 바를 이 불문율에 맞게

---

* 제인 맨스브리지가 다양한 사회운동들의 동학을 설명하면서 주창한 개념으로 억압 집단의 구성원들이 지배 체제를 개혁하고 전복할 수 있도록 해주는 정신 상태를 가리킨다. 흑인, 장애인, 성폭력 피해 여성들, 노동자, 동성애자 등과 같은 집단들에 대한 사례연구를 통해 귀납적으로 유추한 개념으로 계급의식, 인종차별 의식, 여성 의식 등을 포괄하는 개념이다.

바꿔 말함으로써 우수한 성적을 거둘 수 있었다. 칼라의 경험을 통해 우리는 그녀가 보여 준 방식만으로는 충분하지 않다는 사실을 알 수 있다. 그녀에게는 숨겨진 커리큘럼을 배우는 것 자체가 억지스럽게 느껴지는 일이었다. 즉, 교사들에게 칼라는 분명 학교 수업에 뭔가 저항하는 것처럼 비췄고, 이는 그녀의 대인관계에도 영향을 미쳤다. 그녀는 학교 커리큘럼이 타당하다고 믿지 않았기 때문에 — 그저 개소리의 다른 형태일 뿐이라고 생각했기에 — 학교 조직과 그 안에서 그녀의 성공이 자연스러워 보이도록 사람들과 상호작용할 수 없었던 것이다.

칼라의 사례는 세인트폴 교육이 전제로 하고 있는 바를 인정할 수밖에 없게 만든다. 즉 세인트폴의 행동 방식이 진정 옳은(자연스러운) 행동 방식이라는 믿음을 받아들여야 편안함을 체득할 수 있다는 전제 말이다. 그것은 인위적으로 꾸며 낸 개소리가 아니며, 세상은 그렇게 돌아가는 거라고 말이다. 칼라는 내게 세인트폴에 **올 수** 있었지만 — 아마도 들어왔어야 마땅하지만 — 들어오지 못한 학생들에 대해 얘기한 몇 안 되는 애들 중 하나였다. 세인트폴과 세인트폴 학생들은 노력과 능력, 탁월함에 대해 집요하게 이야기하지만, 이 같은 강조가 이 학교에 **있지 않은** 이들에 대해 의미하는 바는 무엇인지에 대해 이야기하는 사람은 거의 아무도 없었다. 다시 말해, 세인트폴이 능력주의적인 곳이라면 — 노력과 개인적 탁월함 때문에 들어오게 되는 곳이라면 — 왜 이 학교는 대부분이 아주 부유한 학생들로 채워져 있는 것일까? 왜 흑인과 라틴계 학생들은 상대적으로 적은 것일까? 왜 흑인과 라틴계 학생들은 백인이나 아시아계 학생들만큼 잘하지 못하는 것일까? 여자아이들이 꾸준히 남자아이들보다 잘해 왔는데도, 왜 여전히 전교생의 반은 남학생이고 반은 여학생일까? 왜 이곳 아이들은 대도시나 대도시 근교에서 오는 경향이 높을까? 왜 대부분은 동부 연안 출신인 걸까? 왜 상당수 학생들이 기숙학교, 특히 세인트폴 출신 부모들의 자식인 걸까? 이 질문들은 대부분 꽤 쉽게 답할 수 있는 것들이다. 사실 그 답들이 너무 뻔해 보여서 우리는 그런 종류의 질문들을 일축해 버리는 경향도 있다. 하지만 우리가 **진정으로** 이 학교가 탁월하고 열심히 노력하며 마땅히 들어올 만한 아이들이 오는 곳이라고 믿는다면 — 그리고 그 외에 다른 어떤 것도 누가 이 학교에 지원하거나 합격하거나 다니는지를 제한해서는 안 된다고 믿는다면 — 이런 질문들은 매우 어려운 난제가 된다. 칼라는 바로 이런 질문들을 던졌다. 그리고 그녀의 답은, 이런 특권적 집단들은 세상을 "이해하는" 자기만의 방식이 있으며, 그것은 그녀의 방식은 아니라는 것이다. 알고 보니, 그녀의 답은 썩 괜찮은 것이었다.

　나는 편안함과 안락함, 세인트폴에 대한 지식을 주제넘게 과시하는 학생들은 먼저 이곳place을 경험부터 하라는 지적을 받는다고 주장한 바 있다 — 말하자면, "자기 자리place를 찾아야" 하는 것이다. 이것이 함축하는 바는, "엘리트" 학생들이 세인트폴에 입학하기 전부터 소속 표식[엘리트가 되기에 유리한 특징들]을 갖고 있던 건 아니라는 게 — 혹은 적어도 세인트폴 이전에 그들이 누렸던 생활이 세인트폴에서 그들의 성공을 보장하는 중요한 요소는 아니라는 게 — 내 주장이었다. 그러나 이 학교에 대한 칼라의 비판에 비추어 보니, 한 가지 수정이 필요해졌다.

　잠시 부르디외로 돌아가 보자. 부르디외는 엘리트 학생들을 엘리트 학교에서 볼 확률이 더 높은 까닭은 그들의 기질과 엘리트 기관의 논리 간에 유사성이 있기 때문이라고 주장했다. 그들은 학교에 발을

들이기 전부터 "올바른" 문화적 취향들을 공유하고 있었다는 것이다. 세인트폴에서 나의 경험은 이런 관점에 이의를 제기했다. 나는 "세인트폴 가문" 출신 학생들이나 고상한 취향을 드러내는 학생들이 경멸적 반응에 직면하는 것을 보았다. 모든 학생들은, 그들이 어떤 배경을 가지고 있든 간에, 처음에는 세인트폴을 불편하게 느꼈으며 자신들의 삶을 완전히 새로 배워 나가야 했다. [부르디외의] 프랑스 사례와 달리, 중요한 것은 그 기관[학교] 내에서의 경험이었다. 나는 체화된 지식에 대한 강조가 이런 미국적 순간의 예외주의와 직접적으로 관련돼 있을 것이라 생각했다. 즉, 경험에 일차적인 중요성이 부여된다는 것은 **어디 출신인지**가 아니라 **어떤 사람인지**가 관건이라는 점을 시사한다고 말이다. 그러나 세인트폴을 "개소리"를 가르치는 곳 — 세상 전체가 자신들이 생각하는 방식대로 돌아가는 것인 양 구는 사회 조직 — 으로 본 칼라의 해석은, 어떤 학생들에게는, 특히 유색인종 학생들에게는, 세상에 대한 그들의 이해와 이 학교의 조직 논리 사이에 모순이 있음을 시사한다. 내게 이런 점을 지적한 흑인 학생은 비단 칼라만이 아니었다. 그저 그녀의 관점이 가장 인상적이었을 뿐이다.

이 모순의 중심에는 능력주의 프레임이 존재한다. 칼라는 학교가 자신이 어떤 존재인지 설명하는 데 이런 능력주의 프레임을 사용하는 걸 목격했다. 그녀가 보기에는 학교 곳곳에서 너무나 뻔히 드러나는 불평등을 대부분의 사람들에게 흐릿하게 만들어 주는 메커니즘 말이다. 그녀의 이런 관찰로 인해 우리는 체이스 애벗 같은 학생들을 다른 방식으로 이해해 볼 수 있다. 그의 특권 의식에 젖은 과시는 주제넘은 게 아니라 이 학교에 대한 가장 "솔직한" 접근법 중 하나일지도 모른다는 것이다. 왜냐하면 이 학교가 실제로는 능력주의가 아니기 때문이다. 즉, 만약 당신이 미국에서 가장 우수한 학생들 가운데 압도적 다수가 이미 엄청나게 부유한—고등학교 학비로 1년에 4만 달러나 쓸 수 있는—가정 출신은 아닐 거라고 믿는 능력주의자라면, 세인트폴은 능력주의가 아니다. 또 만일 졸업생의 자녀가 이 학교에 진학할 확률이 "가족 특례"가 아닌 아이들보다 훨씬 높아서는 안 된다고 믿는다면, 이 학교는 능력주의가 아니다. 만일 당신이 여학생들이 남학생들보다 좋은 성과를 내는데도 남학생들이 여학생들보다 학업과 관련해 더 많은 상을 타는 건 옳지 않다고 믿는다면, 이 학교는 능력주의가 아니다. 그리고 만일 당신이 백인 개신교도들이 이 기관에서 지나치게 과잉 대표되어서는 안 된다고 믿는다면, 이 학교는 능력주의가 아니다.

칼라나 그녀와 비슷한 다른 학생들은, 세인트폴이 그들에게 제공하는 기회들에 대해 진심으로 감사해 한다. 그러나 그들은 또한 그토록 엄청난 모순을 납득하기 위해 발버둥 치기도 한다. 그들은 깔끔하게 손질된 교내를 거닐면서 불가피하게 떠오르는 의문들과 대면해야 한다. **이 학교에 올 수 있었지만 그러지 못한 고향 친구들은 어떻게 살고 있을까? 왜 이곳의 학생들은 대부분 저렇게나 부자인 걸까? 왜 여기선 나처럼 생긴 사람이 이토록 적은 걸까?**

이와는 대조적으로, 유리한 배경을 가진 학생들은 그런 의문에 덜 시달리지 않는 것 같다—그들이 애초에 그런 의문들을 자각하기나 한다면 말이다. 따지고 보면, 그들이 의존할 수 있는 과거 경험들은 세인트폴에서보다 훨씬 **더** 동질적이었을 것이다. 미국의 학교들은 주변 지역과 강하게 연결돼 있고, 그런 지역들은 인종적으로도 경제적으로도 매우 동질적이다.[6] 세인트폴 같은 곳에 들어오기란 매우 어렵다(이 학교의 합격률은 20퍼센트도 안 된다). [세인트폴에 합격한] 부유한 학생들은 그 지역의 다른 친구들 ― 아마도 세인트폴에 들어오는 데 실패했을 친구들 ― 보다 더 열심히 노력했거나 더 재능이 많음을 증명한 것이다. 그러니 이런 학생들에게 이 학교는 정말로 능력주의처럼 보인다. [자기 동네와 비교할 때] 기숙학교에 상대적으로 "다른" 학생들 ― 유색인종이나 중간계급 및 노동자계급 ― 이 많이 다니는 것도 이 학교가 능력주의라는 부유층의 관점에 근거를 제공한다. 과거에 비해, 세인트폴은 정말 용광로처럼 보이기는 한다.

하지만 상대적으로 불리한 조건에 놓인 학생들이 헤쳐 나가야 할 길은 훨씬 울퉁불퉁하다. 새로 입학한 아프리카계 미국인 여학생 줄리는 학교에 들어온 후 첫 몇 주간 느꼈던 흥분에 대해 이렇게 이야기했다. "거기 앉아서 머릿속으로 '이건 꿈이 아니야! 진짜야!'라고 소리 질렀어요. 믿을 수 없었어요. 내가 진짜 세인트폴에 온 거구나 싶었죠. 그리고 저보다 앞서 이곳을 거쳐 간 사람들을 생각해 봤어요. 선생님도요! 모두들 저와 똑같은 일을 겪었을 거잖아요. 모두가 그 똑같은 방에 앉아서 저처럼 이렇게 시작했겠죠. 그리고 그들은 해낸 거예요. 50년 전이었다면 전 여기 못 들어왔겠죠. 하지만 이젠 그렇게 된 거잖아요. 다른 사람들과 똑같이, 그 모든 권리를 가진 채 말이죠." 줄리는 그녀와 같은 학생들이 받아들여진 게 그리 오래지 않은 일임을 잘 알고 있었다. 그녀와 같은 학생들이 세인트폴에 입학할 수 있게 된 것은 기회의 평등에 대한 미국인 특유의 헌신적 태도와 시민들이 벌인 투쟁 덕분이다. 그러나 아메리칸드림을 이용해서 이 학교에 다니는 누군가의 위치를 설명하려 할 경우, 너무나 끈질기게 지속되고 있는 어떤 불평등들은 볼 수 없게 된다. [줄리 같은 이들에게] 세인트폴에서 살아갈 기회에는 한 가지 함정이 있다 ― 때로는 자신의 과거 경험이나 자기

가족의 경험과는 완전히 상반되는 지향을 받아들여야 하고, 아마도 그럴 경우 노력과 능력은 그다지 보상받지 못할 수도 있기 때문이다. 이것은 보다 부유한 학생들의 경우 감당할 필요가 없는 모순이다. 그리고 이런 식의 긴장을 감당할 필요가 없다는 건 학교에서 편안함을 느끼기가 그만큼 더 쉽다는 뜻이다.

우리는 여기서 조지라는 설명하기 까다로운 사례와 마주하게 된다. 그는 대대로 농업에 종사해 온 가정 출신의 백인 남학생이다. 많은 유색인종 학생들은 칼라와 비슷한 감정을 나타냈지만, 그에 반해 백인 노동자계급—과 중간계급—학생들은 대체로 조지와 비슷했다. 그들은 이 학교에 대한 가장 확고한 신봉자들 중 하나였다. 그렇다면 왜 이처럼 모순에 대처함에 있어 인종별로 다른 전략을 취하는 것인가? 유색인종 학생들이 이 학교를 "개소리"라고 치부할 확률이 더 높고, 엘리트 계급이 아닌 백인 학생들은 이 학교의 가장 충실한 지지자들 가운데 하나가 되는 건 대체 어떻게 된 일인가? 칼라의 위치에 대한 내 설명이 맞다면, 즉 유색인종 학생들이 능력주의 프레임과 끈질긴 불평등의 현실 간에 존재하는 모순 속에서 살아가야 한다면, 왜 중간계급과 노동자계급 백인 학생들은 이런 모순과 대면하지도 않고 이 학교를 "개소리"로 치부하지도 않는 걸까?

나는 그 대답이 인종적인 것이라고 생각한다. 인종은 엘리트층 내에서 여전히 엄청나게 중요하다. 이는 다음과 같이 주장한 윌리엄 줄리어스 윌슨의 저작과는 정면으로 배치되는 것이다.

개별 흑인들의 삶의 기회는 백인들과의 일상적 마주침보다는 그들의 경제적인 계급 위치와 더 관련이 있다. 이전의 장벽들은 속속들이 인종차별적인 특징을 지니고 있었지만, 새로운 장벽들은 이제 막 등장하고 있는 중요한 형태의 계급 종속을 보여 준다. ……

현대 산업화시기에 흑인 인구의 특정 부문이 겪는 종속의 문제와 그와는 다른 부문에 있는 이들이 누리는 사회적 출세의 경험은 [인종차별보다는] 경제적 계급과 더 직접적으로 연관되어 있다.[7]

윌슨은 미국에서 흑인들 간의 분열, 즉 가난한 도시 지역에 집중된 하층계급 흑인들과 평등에 대한 약속을 (마침내) 조금이나마 현실화할 수 있는 중·상층계급 흑인들 간의 분열을 본다. 그의 주장에 의하면, 이런 분열은 인종의 중요성이 쇠퇴하는 결과를 가져온다. 곧 이제는 인종보다 계급이 중요해진다는 것이다. 윌슨은 주로 가난하거나 중산층인 이들을 관찰했는데, 나는 엘리트층을 관찰하면서 사뭇 다른 점을 발견할 수 있었다. 인종은 여전히 정말로 중요하다는 것이다. 왜, 그리고 어떻게 중요한지에 대해 내가 제시할 수 있는 설명은 두 가지다.

첫째로, 유색인종 학생들은 보통 또래들 사이에서 대중문화의 유행을 선도하는 주체로 여겨진다. 학생들이 대중음악에 대해 이야기하는 걸 들어 보면, 유색인종이 취향의 권위자로 여겨진다는 사실은 분명했다. 춤을 출 때도 백인 학생들은 보통 유색인종 학생들과 춤을 추며 그들의 동작을 따라 했다. 백인 학생들끼리 이러면서 노는 일은 거의 없었다. 내가 참석했던 공식 만찬 자리를 보면, 백인 학생들끼리만 모여 앉게 되었을 경우 그들은 자신이 설사 교외 지역 출신이더라도, "뉴욕"이나 "시카고"에서 왔다고 말하곤 했다. 그런데 유색인종 학생들이 그 자리에 함께 있을 경우에는, 뉴욕이나 시카고 "바로 외곽"에서 왔다고 말하거나 마을 이름 자체를 언급했다. 내가 추측하기로, 여기에는 유색인종 학생들이 더 "도시적"인 데 정통하다는 가정이 있었다. 교외 지역에서 온 백인 학생들은 자신들이 "도시 출신"이라고 믿고 싶었지만—그리고 다른 백인 학생들과 있을 때는 심지어 그렇게 주장하기도 했지만—진정한 도시 거주자들인 유색인종(모든 유색인종 학생들이 도시 출신은 아니었지만, 흔히들 그렇다고 추정되었다) 앞에서 그런 주장을 하기는 주저했던 것이다. 유색인종 학생들이 누리는 이 같은 권위와 정통성은 [다른 백인] 학생들이 존중하는 분야—음악, 춤, 그리고 [흔히 갱이나 범죄, 마약, 빈곤 등] 도회적인 것the hood이라고 추정되는 것의 진위 여부—에 주로 부여되었다. 하지만 이는 동시에 세인트폴 학생들을 [비엘리트 학생들과] 구별짓는 특성, 그들의 예외성 [랩부터 클래식까지 아우르는 보편성]을 부정하는 것이기도 했다. 유색인종 학생들은 대중문화에 정통한 것으로 여겨지면서 권력을 부여받았지만, 역설적으로 그런 권력은 특권의 표출과는 반대되는 것이다. 왜냐하면 그런 권력을 부여받은 건, 그들이 대다수가 공유하는 평범하고 일상적인 측면과 연관돼 있어서이지, 엘리트들 사이에서 발견되는 예외적 자질을 갖고 있어서가 아니기 때문이다. [백인] 학생들은, 유색인종 학생들이 랩부터 클래식까지 두루 재능을 갖췄다기보다는, 어떤 특정 영역, 즉 대중문화 영역에만 국한된 권위와 편안함을 갖춘 것처럼 그들과 상호작용했다.

두 번째이자 보다 더 중요한 설명은, 흑인 학생들이 와인 취향이나 유럽 여행을 통해 습득한 지식보다 훨씬 더 분명한 표식을 갖고 있다는 것이다. 바로 그들의 몸 그 자체가 그것이다. 계급 차이는 상호작용 속에서 상상을 통해 "사라지게" 하거나 두드러지지 않게 할 수도 있지만, 인종은 그럴 수 없다. 어떤 이들은 미국인들이 인종을 "볼" 확률은 점점 낮아지고 있다고 주장—흑인이 이 나라의 대통령이 되고 난 지금에는 더 설득력 있는 주장일 것이다—할지 모르지만, 우리는 또한 미국인들이 가장 미묘한 인종적 차이도 놀랍도록 잘 구별해 낸다는 것을 알고 있다.

나는 "어디 출신이냐"는 질문에 계속해서 틀린 대답을 하게 된다. 그 질문에 나는 내가 어디서 살았는지에 대한 이야기를 시작하지만, 질문의 요지는 그게 아니었다는 게 곧 분명해진다. 나의 뭔가가 내가 온전히 백인이 아니라는 점을 드러내는 것이다. 질문자는 내가 "뭔지"what I am 알고 싶어 하지만, 또한 그런 질문에는 뭔가 부적절한 측면이 있다는 것도 알고 있다. 내가 그 질문에 틀린 대답을 하는 데는 질문자에게 하고 싶은 말을 제대로 해보라고 도전하는 의도도 있고, 사람들이 내가 뉴욕에서 태어났다는 사실에는 관심이 없고 오히려 내 부모님이 어디에서 태어났는지에 관심을 갖는다는 사실을 내가 종종 잊어버리는 탓도 있다. 이런 순간에 나는 내가 살았던 곳에 대한 이야기에서 혈통에 대한 이야기로 넘어가야 한다. 내게 그리고 다른 모든 이들에게도, 인종은 모든 상호작용의 순간들마다 눈에 띄게 존재감을 드러낸다. 미국인들은 사람들 간의 구별짓기[차별점]를 "사라지게" 만들기 위해 노력해 왔지만, 인종은 사라지지 않는다. 오늘날 구별짓기가 사라진 것처럼 보이게 만들고자 각별한 노력을 기울이고 있는 엘리트층 사이에서, 인종은 그런 작업이 항상 쉬운 일은 아니며 차이의 흔적들을 모두 제거하는 게 언제나 가능한 것도 아니라는 사실을 상기시켜 준다.

엘리트층에게 인종이 중요한 이유가 이런 것이라면, 왜 계급은 중요해 보이지 않는 것일까? 나는 계급이 아주 중요하다고 믿지만, 어떤 미국적 상황에서 엘리트층은 그것을 무시하고 넘어가기가 더 쉽다. 앞에서 나는 비엘리트 계급 출신 백인 학생들이 가진 문제 중 하나가 그들이 이 기관을 "실제로" 믿는다는 데 있다고, 즉 이 기관에 대한 그들의 과도한 믿음이 편안함보다는 경외심을 불러일으킨다고 지적한 바있다. 똑같은 문제가 여기 조지에게서도 나타난다. 어찌 보면, 가난한 백인 학생들도 유색인종 학생들과는 다른 종류이긴 하지만 어쨌거나 모순을 감당하고 있으며, 그들이 이 기관에 대해 가진 믿음이 반드시 이점으로만 작용하는 것도 아니다. 흑인 학생들이 이 학교 조직은 여러 조직 가운데 하나에 지나지 않으며 특권의 표현은 다른 것들만큼이나 "개소리"에 지나지 않는다는 식으로 문제에 맞서는 동안, 조지 같은 노동자계급 학생들은 지속적으로 내게 그들이 배우고 있는 게 세상 돌아가는 유일한 방식이라고 말했다.

가난한 학생들과 유색인종 학생들 모두 세상 돌아가는 방식에는 다양한 버전이 있다는 사실을 인정한다. 여기서 차이는, 가난한 학생들이 과거 자신이 가지고 있던 세계관을 양보하는 데 좀 더 적극적인 반면, 유색인종 학생들은 폴리의 관점을 수용하기 위해 자신의 세계관을 포기하는 데 덜 적극적이라는 것이다. 조지가 했던 말을 다시 돌이켜보면, 그는 "자신이 어디 출신인지"에 대해 칼라보다 가치를 두지 않는다고 암시한다. 이들 간의 차이는 어쩌면 그리 놀라운 일이 아닐지도 모른다. "흑인들의 자부심"black pride은 지난 50년간 세련된 삶의 방식이 되었지만, "가난한 이들의 자부심"poor pride은 그다지 인기를 얻지 못했으니 말이다. 미국에서는 민권운동이나 여권운동과 비교했을 때 지속적인 계급 운동의 결핍으로 말미암아, 세인트폴의 상대적으로 가난한 학생들의 삶에서 계급 정체성이 자취를 감추게 된 것이다.

그러나 다양한 "권리" 운동과 함께 성장한 자의식 및 자부심에 더해 지난 반세기 동안 이루어진 개방성의 확장은 청년기 학생들을 개조한다는 세인트폴의 비전에 풍파를 일으켰다. 내가 지난 두 장에 걸쳐 기록했던 교육의 기본 가정은 학생들이 기꺼이 거기에 따르리라는 것, 그들이 "폴리"로 거듭나는 것을 흡족해 하고, 따라서 이 클럽의 일원이 되면 따라오는 그 모든 특권을 즐기리라는 것이다. 하지만 일단 자기 자신의 타고난 정체성 ― 흑인으로서, 혹은 다음 장에서 보게 되듯이, 여성으로서 ― 에서 자부심과 이점을 찾고 나면, 옛 자아를 포기하고 폴리의 세계관을 따른다는 게 그리 바람직해 보이지 않을 수 있다.

세인트폴에서 성공하기 위해서는 학교가 가르치는 것을 배워야 하고, 이는 학생들이 스스로를 개조할 것을 요구한다. 대부분은 기꺼이 그렇게 한다. 체이스 애벗 같은 소수의 예외적인 경우를 제외하고, 부유한 학생들은 이미 가문의 이름이나 돈, 지위를 벗어던지는 데 열의를 보인다. 그런 낡은 유산들은 오늘날의 세계에서는 문제가 많다. 그리고 세인트폴 같은 엘리트 기관에서 얻은 그들의 "새" 보금자리가 계속해서 그들에게 혜택을 제공하고 그들이 차지할 수 있는 편안한 공간이 되어 주기 때문에, 그들의 혈통 의식을 포기하는 것은 문제가 아니다. 가난한 백인 학생들도 이와 유사하게 그들의 계급의식을 기꺼이 포기하는 것처럼 보이는데, 왜냐하면 그들은 세인트폴이 그들에게 세상이 어떻게 돌아가는지를 가르쳐 주며 여기서 배우는 것은 고향에서 그들이 배울 수 있는 그 어떤 것보다 더 가치 있다고 느끼기 때문이다. 미국에서 계급은 특별히 중요한 정체성이 아니므로, 그것을 포기한다고 해서 엄청난 상실감을 맛봐야 하는 것은 아니다. 유색인종 학생들 ― 그리고 곧 보겠지만, 많은 여학생들 ― 은 세인트폴의 모델을 체화하기 위해 그들이 열심히 투쟁해서 얻은 자아를 선뜻 저버리려 하지 않는다. 칼라는 세인트폴이 그녀에게 이런저런 식으로 바꾸라고 하는 것에 대해 통탄한다. 세인트폴에 들어오기 이전의 과거를 자랑스러워 하는 이들은 이 학교에서 가장 큰 난관에 부딪힌다. 그들이 이전에 했던 중요한 경험들을 새로운 "엘리트" 집단의 구미에 맞춰 벗어던지는 데 대해 저어하는 태도가 그들이 특권의 편안함을 체화할 수 있는 여지를 줄어들게 만들기 때문이다.

피에르 부르디외의 작업은 "변화가 거듭될수록 본질은 더욱 한결같아 진다"*라는 유명한 격언으로 과잉 단순화해 볼 수 있다. 이 장에서 다룬 많은 화두들은 지극히 평범하다. 세인트폴이 학생들에게 각인시키는 첫 번째 가르침은 그들이 이미 잘 알고 있는 것, 바로 식사하는 방법이다. 이렇게 가장 기본적인 일부터 시작함으로써 학교는 갓 입학한 학생들이 가장 기본적인 것도 모른다는 점을 강조하는 것이다. 그들은 처음부터 새로 배워야 한다. 여기서 목표는 그들을 하찮게 만드는 것이 아

- 프랑스 사상가이자 소설가인 장-밥티스트 알퐁세 카Jean-Baptiste Alphonse Karr 가 1848년 혁명 이듬해인 1849년에 한 말(plus ça change, plus c'est la même chose)로, 표면상의 변화가 불변적 본질의 존재를 구현하는 방식일 수 있다는 뜻 이다.

니다. 오히려 이런 일상적 실천을 가르치는 일은 이 학교에서 얻는 경험의 중요성을 강조한다. 이전에 가지고 있던 것들—부, 직함, 위치, 선행 학습—은 중요치 않다. 중요한 건 자신의 행동과 재능이다.

이런 가르침의 내용에는 비단 지식만이 아니라 편안함도 포함된다. 식사 자리의 예가 특히나 이 사실을 잘 보여 준다. 식사하는 법을 모르는 고등학생은 없을 것이다. 세인트폴에 오는 학생들이라면 대부분이 격식을 갖춘 식사를 어떻게 하는지도 이미 알고 있다. 하지만 입학 후 첫 몇 달간 그들은 그것을 성공적으로 해내지 못한다. 옷도 새로 사고, 서로 빌려 입기도 하고, 머리 스타일도 바꾼다. 하지만 가진 것만으로는 여전히 충분치 않다. 새빌 로우에서 사온 셔츠를 가졌다고 해서 중요한 사람이 되는 것은 아니다. 비결은 실천practice이다. 오직 경험을 통해서만 편안함, 즉 엘리트가 되는 데 필수적인 특권의 진정한 표식을 성취할 수 있다. 여기서 우리는 편안함의 엄청난 트릭을 잡아내게 된다. 편안함은 체계적인 노력을 요하는 일이지만, 그 결과는 "자연스럽고" 노력을 들이지 않은 것으로 보여야 한다. 앞 장에서 위계질서들이 모호해졌던 것처럼, 이 장에서는 특권을 위한 노력이 모호해진다(즉, 편안함을 통해 자연스러워지는 것이다). 칼라는 우리가 이런 자연스러움을 의심해 볼 수 있도록 해준 것이다.

유색인종 학생들과 세인트폴 이전의 삶에 관해 대화를 나눴을 때, 나는 한 가지 일관성에 깜짝 놀랐다. 그들은 자신을 예외적인 존재로, 그들이 다니던 학교에서 가장 똑똑한 아이로 규정하지 않았다. 사실 그들은 종종 고향에 있는 그들과 비슷한 다른 아이들, 아마도 그들만큼이나 세인트폴에 들어올 만했던, 그들과 대등했던 다른 친구들에 대해 이야기했다. 이에 반해, 부유한 백인 학생들은 세인트폴에 있지 않은 다른 아이들에 대해서는 일언반구조차 없었다. 그들은 자신이 노력과 능력 때문에 세인트폴에 입학했다고 믿었다. 그들은 이미 자신들이 예외적이라고 믿고 있었던 것이다. 그러므로 그들은 이곳에 입학하지 못한 이들을 염려할 필요가 없었다. 이 학생들은 세인트폴의 세계관을 인생의 순리라고 받아들였다. 그리고 그럼으로써, 그들은 편안함을 성취했다. 폴리라는 새로운 정체성으로 후딱 갈아탄 것이다.

그러나 칼라는 그런 편안함을 좀처럼 찾을 수 없었다. 오히려 그녀의 동급생과 선생들은 그녀와의 상호작용이 형식적이거나 거리감이 있거나 진심이 아닌 것처럼 느껴진다고 이야기했다. 그녀는 자기 출신을 알았고, 비록 바꿔 말하는 법을 배우긴 했지만 폴리 이전의 자기 모습을 결코 완전히 저버리려 하지 않았다. 그녀는 세인트폴이 실은 특수이면서 마치 보편인("세상이 돌아가는 유일한 방식"인) 양하는 것을 참을 수 없어 했다. 비록 그녀가 노골적으로 그렇게 말하지는 않았지만, 내 생각에 그녀가 참을 수 없어 했던 것은 이 학교가 능력주의 가치관을 장려하면서도 가장 어려운 질문 하나는 도무지 던져 보지 않는다는 점이다. "세상이 이토록 많이 변했는데, 왜 여기 있는 엘리트 구성원들은 이렇게 조금밖에 변하지 않은 것인가?"라는 질문 말이다.

4
젠더와
특권의 수행

상호작용의 중심에는 전체 사회구조가, 상호작용하는 행위자들의 몸에 각인된 인지
와 평가의 도식이라는 형태로, 현존하고 있다.

피에르 부르디외

우리가 하는 행동에 대해 생각해 보는 습관을 길러야 한다는 것은 모든 습자 교본과
저명한 사람들이 하는 연설에서 반복되는 완전히 말도 안 되는 뻔한 소리다. 현실은
이와 정반대다. 문명은 우리가 생각 없이 수행할 수 있는 중요한 활동들의 개수를 늘
려 가며 발전한다. 사고 활동은 전장으로 치자면 기병대 같은 것으로, 수적으로는 엄
격히 제한되어 있고, 싱싱한 말馬들을 필요로 하며, 결정적 순간에만 투입되어야 하는
것이다.

앨프리드 노스 화이트헤드

메리 피셔는 거의 항상 정신없어 보였다. 심지어 정신줄을 놓은 것 같기도 했다. 모두들 자기가 얼마나 바쁜지 떠들어 댔지만 또 한편으로는 그런 임무들을 스스로 잘 통제하고 관리하고 있는 것처럼 보이도록 했다. 그런데 메리는 그저 모든 것에 압도된 것으로만 보였다. 그녀의 삶은, 정기적인 목욕이나 빨래마저 등한시하는 극소수의 학생들에 비하면 적어도 재앙 수준은 아니었지만, 그럼에도 벼랑 끝에 서있는 것만 같았다. 다른 학생들이 어깨에 가벼운 백팩을 들쳐 메거나 한 손에 책 몇 권만 달랑 들고 가벼운 발걸음으로 캠퍼스 안을 돌아다니는 반면, 메리는 미지의 세계를 향해 몸을 숙인 채 쏜살같이 캠퍼스를 내달렸다. 그녀가 똑바로 설 때면, 등에 짊어진 불룩한 엘엘빈 백팩의 무게에 뒤로 자빠질 것만 같았다. 하루는 내가 코치를 맡고 있던 팀 선수 중 한 명인 데이비드와 함께 테니스 연습을 마치고 돌아오는데, 으레 하던 대로 교정을 황급히 가로질러 도서관으로 들어가는 메리를 보았다. "쟤 또 저러네!" 데이비드가 웃으면서 말했다.

"그게 무슨 뜻이지?" 그에게 물었다.

"선생님은 늘 그렇게 물어보시네요. '그게 무슨 뜻이지?'"

"한 번도 생각해 본 적이 없는 거니?"

데이비드는 벌써 나한테 천 번은 받은 것 같은 질문에 대답해야 하는 상황이 답답하다는 듯 나를 쳐다보았다. "이번이 처음이예요."

나는 그냥 넘어가도록 놔두지 않았다. "그래서?"

"모르겠어요. 전 정말 메리를 좋아해요. 근데 설명할 수 없는 뭔가가 있어요. 메리는 좀 다른 것 같아요. 그러니까, 쟤가 다른 애들보다 뭘 **그렇게 훨씬** 더 많이 하는 건 아니거든요. 딱히 실력이 더 좋은 것도 아니에요. 여기서 선생님이랑 저는 이렇게 걷고 있죠. 근데 쟤는 또 저렇게 가잖아요. 막 뒤뚱거리면서." 그는 이렇게 말하며 교정을 가로지를 때 나오는 메리 특유의 걸음걸이를 거의 똑같이 흉내 냈다. 난 웃음이 터지는 걸 주체할 수가 없었다. 하지만 선생이라는 내 본분을 재빨리 자각한 나는, 그가 하던 짓을 멈추도록 그리고 나 스스로도 웃음을 가라앉힐 수 있기를 바라며 단호하게 말했다. "그래 알았다고!"

"뭐, 어쨌든 선생님도 웃으시잖아요."

"그건 내가 잘못한 거야. 그러니까 메리는 잘 섞이지 못한다는 건가?"

"아뇨, 그런 게 아니에요. 아니 뭐, 좀 그렇기는 한데. 그냥 걔는 이해를 못하는 것 같아요."

나는 큰소리로 물었다. "뭘 이해 못하는데?"

계속되는 내 질문에 싫증이 났는지, 데이비드는 대화를 마무리했다. "모르겠어요. 그런 걸 알아내는 게 선생님 일 아닌가요?"

데이비드와 이야기를 나눈 후 나는, 메리에게 뭔가 특별한 점이 있다는 걸 눈치챈 게 절대 나 혼자만이 아니라는 사실을 알게 되었다. 나는 메리를 수업 시간에 본 적이 없었기에, 몇몇 교사들에게 그녀에 대해 물었다. "메리는 좋은 학생이에요." 그녀의 인문학 선생이 말했다. "사실 꽤 공부를 잘하는 편이죠. 항상 과제를 잘 해서 내요. 근데 어떨 때 보면 너무 긴장 상태인 것 같아요. 마치 금방이라도 무너져 내릴 것처럼 말이에요. 걔가 떨고 있는 게 나한테도 느껴질 정도라니까요."이 표현은 내게 안절부절 못해서 거의 벌벌 떠는 것처럼 보이는 작은 강아지의 모습을 떠올리게 했다. 이는 불행히도 정확한 비유였다. 메리는 결코 무너지지 않았다. 정신줄을 잘 붙들고 세인트폴에서의 생활은 물론 자신의 성향 역시 잘 참고 있었다. 그렇다면 왜 이렇게나 많은 이들이 그녀를 주시하며 궁금해 하는 것일까? 메리는 내가 2장에서 얘기했던 행위 규범, 즉 폴리가 언제나 소중히 여기는 덕목, 곧 끊임없이 노력하는 모습의 전형을 보여 주었다. 그러나 그녀의 접근 방식은 하나부터 열까지 틀린 것이었다. 그녀가 이런 행위 규범을 드러내 보인 방식과 그녀를 세인트폴의 명물로 만들어 준 그 태도는 극도의 불편함을 무심코 드러내고 있었다. 그녀는 잘 이겨 내긴 했지만, 거기엔 편안함이 전혀 없었던 것이다.

인간의 행동에 대해 연구할 때, 우리는 보통 그것에 대한 인지적 설명에만 집중하는 경향이 있다. 사회과학자로서 사람들에 대한 정보를 수집할 때 가장 관심을 갖는 것은 그 사람들의 머릿속에서 무슨 일들이 일어나고 있는가 하는 것이다. 설문 조사를 할 때도 그들이 무슨 생각을 하는지 묻고, 인터뷰를 하고 나서도 늘 의무적으로 그 사람의 생각을 설명하는 데 총력을 쏟는다. 심지어 사람들의 행동을 관찰한 결과에서 데이터를 수집할 때도, 우리는 이런 질문을 던진다. "이 행위 뒤에 숨은 동기는 무엇일까? 이걸 가지고 이 행위자의 **실제** 머릿속 생각을 어떻게 설명할 수 있을까?"경제학자들이 개발한 합리적 행위자 이론은 이런 아주 흔한 사고방식을 가장 잘 보여 주는 사례다. 여기서 행위자들은 걸어 다니는 계산기들로, 자신의 여러 가지 욕구를 수량화하고, 제약 조건들을 고려해 어떤 욕구를 따라야 할지 저울질해 본 후 세상을 헤쳐 나갈 방도를 재빨리 추론해 낸다.

하지만 머리를 제외하고 목부터 발끝까지 일어나는 일들을 본다면 어떤 일이 벌어질까? 어쩌면 우리 몸은 입력된 정보를 받아들여 그것을 이해할 뇌로 보내는 단순한 메커니즘인 것만은 아닐지도 모른다. 오히려 우리 몸 자체가 탐구해 봐야 할 장소가 될 수도 있다. 이에 대해서는 이미 선행 연구들이 존재한다. 미셸 푸코는 이렇게 주장했다. "몸은 정치적 영역에도 직접적으로 연루돼 있어서, 권력관계는 몸에 대해 즉각 효과를 발휘한다. 즉, 몸을 공격하고, 낙인찍고, 훈련시키고, 고문하고, 노역을 강제하고, 의식을 수행하게 하며, 여러 가지 기호를 부여한다." 푸코는 이를 "몸에 대한 정치적 기술"이라고 생각하는데, 이런 기술은 "기질, 전략, 전술, 작용"을 통해 효과를 발휘한다.[1] 요컨대, 우리 몸은 사회의 더 큰 권력관계들의 표현이며, 몸이 하는 모든 행위는 이런 권력관계 속에서 그것이 놓인 위치에 맞게 스스로를 표현하는 것이다. 이와 비슷한 맥락에서, 부르디외는 우리가 세상에 대해 배우고 그 안에서 행동하는 방식들에 대한 프로이트의 사회심리학적 해석들에 이견을 제시하면서, 우리가 사회적 금지 명령들을 마음속에서 "알게 되는" 것은 아니라고 주장한다. 이런 명령들은 관찰 불가능한 "초자아"가 아니라 신체라는 형태의 "메모장"[비망록]에 새겨진다는 것이다. 세상에 대한 우리의 경험들은 몸에 각인된다. "우리는 몸으로 알게 된다. 사회질서는 이런 지속적인 대면을 통해 몸에 각인된다. 그것은 극적인 정도의 차이는 있을 수 있겠지만 언제나 감정

affectivity을, 좀 더 정확하게는 주변 환경과의 감정적 교류를 특징으로 한다. …… 가장 중대한 사회적 금지 명령들은 지성이 아니라 몸에, 즉 '메모장'과도 같은 몸에 가해진다."[2] 우리의 사회적 지식은 단순히 우리가 배우는 어떤 인지적 틀이 아니라 신체적 각인이다. 몸을 세상 속에 놓고 관찰할 때 우리는 어느 한 행위자의 단순한 육체성physicality보다 훨씬 더 많은 것을, 즉 "상호작용의 중심에서 …… 전체 사회구조"를 볼 수 있다.[3]

엘리트가 된다는 것에서 결정적인 부분 중 하나는, 우리가 이미 보았듯이, 신체적으로 올바른 소속 표식들을 보여 주는 데 있다. 내가 몸에 초점을 맞추는 것은 애써 학문적인 척하려는 것도 아니고, 이론적으로 대단한 학식을 뽐내기 위한 것도 아니다. 그것과는 정반대로, 세인트폴의 일부가 된다는 것은 상당히 신체적인 과정이기 때문이다. 학생들은 특정한 방식으로 상호작용하는 법을 배우는데, 이를 통해 그들은 특권을 체화한다. 후술하겠지만, 학생들은 세인트폴의 논리를 자신의 몸뿐만 아니라 동기들의 몸에도 각인한다. 여기서 우리가 기본적으로 간파해 낼 수 있는 것은, 엘리트를 이해하기 위해서는 그들의 신체적인 훈육과 여기서 비롯된 상호작용적 "표식"들을 이해해야 한다는 것이다. 거듭 말하지만, 이런 훈육과 표식들의 트릭은, 이런 사회적 각인이 불평등을 한층 더 지속시키는 데 일조하는 사회적 산물이 아니라, 학생 개개인의 자연적이고 차별화된 특정 자질처럼 보이게 만든다는 것이다. 이런 사실을 염두에 둔 채, 이제 데이비드가 내게 내민 도전장으로 돌아가 메리가 이해하지 못한 것이 정확히 무엇인지 한 번 살펴보자.

나는 메리를 제법 잘 알고 있었다. 그녀는 내 친구가 담당하는 학생이었고, 내가 코치로 있던 축구 클럽 리그에서 뛰는 선수이기도 했다. 어느 날 오후, 수업이 끝난 뒤 운동이 시작되기 전에 나는 메리와 스쿨하우스 건물에서 마주쳤다. "안녕하세요, 칸 선생님!" 메리가 먼저 반갑게 인사했다. 때론 정신없어 보일 때도 있었지만, 메리는 거의 항상 싹싹했다. 그날 그녀는 평소보다 좀 느긋해 보였다. 아닌 게 아니라, 그녀는 복도를 말 그대로 어슬렁거리고 있었다. "좋아 보이는구나, 메리." 내가 대꾸했다. "오늘 하루 괜찮았나 봐?"

"금요일이잖아요!"

"내일은 수업이 없는 거니?"[4]

"딱 하나요!" 메리는 웃음 띤 얼굴로 분명한 안도감을 내비치며 외쳤다. "다른 수업들은 취소됐어요."

"그거 잘됐네. 한결 부담이 덜하겠는걸!"

"어휴, 그래도 이번 주말에 할 일이 엄청 많은 걸요." 걱정하는 기색이 얼핏 돌아온 표정으로 그녀가 말했다. "하지만 오늘 밤엔 영화 한 편 볼 생각이에요."

"그래라." 나는 동료 교사들이 수년간의 교단생활 끝에 터득한 말투로, 다정하고 자애로운 스승처럼 말하려고 노력했지만 정작 내뱉은 말은 무심했다.

"모르겠어요. 나중에 가서 후회하게 되겠죠."

"죽기 전에 '아, 일 좀 더 해둘 걸!' 하는 사람은 없을 거야!"

메리는 내가 금요일 오후의 이 건물에 남은 마지막 사람이라는 점을 떠올리며 못 믿겠다는 눈길로 나를 바라봤다. "에이, 선생님도 그러시면서! 그러니까 제 말은, 아마 많은 사람들이 죽기 전에 더 괜찮은 삶을 살았더라면 하고 후회할 거예요. 근데 달리 어떻게 더 괜찮은 삶을 살 수 있겠어요? 열심히 노력하는 수밖에 없는 거죠."

"맞는 말이지. 그래도 영화 한 편 본다고 해서 망하는 건 아니잖아."

이제는 나와의 대화에 싫증이 난 게 분명했지만, 그래도 언제나처럼 공손하게 메리는 문으로 향하며 말했다. "네. 고맙습니다, 칸 선생님!"

["좋아 보이는구나"라고 했던] 메리를 향한 나의 칭찬은 의도적인 것이었다. 하지만 무의식적으로는, 거의 쉬지 않는 메리에게 아주 잠시 찾아드는 쉬는 순간에라도 비집고 들어가 일종의 편안함을 심어 주려 했던 것이기도 하다. 내가 일의 중요성을 깎아내리려 하자―"죽기 전에 '아, 일 좀 더 해둘 걸!' 하는 사람은 없을 거야!"―메리는 그런 나를 되레 나무라면서 나 또한 항상 사무실에만 있다는 점과 인생에서 성공이란 노력의 대가라는 점을 상기시킨다. 이런 "일 얘기"는 내가 학교의 다른 학생과 교사, 직원들과도 나눴던 수많은 대화들과 비슷했다. 메리는 다른 학생들과 그다지 다르지 않았으며, 학교에 딱히 불만이 있는 것도 분명 아니었다. 그리고 데이비드가 언급했듯이, 동기들은 그녀를 좋아하는 것으로 보였다. 그러니 어쩌면 내가 메리를 잘못 본 것인지도 모른다. 내가 편안함을 체화하는 것의 중요성을 지나치게 강조하고 있는 걸까?

며칠 뒤 어느 초저녁에 나는 도서관에 앉아 책을 읽고 있었다. 이곳은 하루 중 이 시간에는 늘 조용했다. 캠퍼스에 있는 한 호수 바로 옆에 위치한 이 도서관은 창문이 많아서 밖을 내다보면 건물이라기보다 황야 한가운데 호수 위에 둥둥 떠있는 한 척의 배처럼 느껴진다. 학생들이 도서관 안으로 물밀듯이 들어오기 시작하면서 나는 떠날 준비를 했다. 이곳은 곧 활기로 가득 찰 텐데, 난 좀 쉬고 싶었다. 그런데 그중 한 그룹이 내 옆 책상에 재빨리 자리를 잡더니 과학 조별 과제에 돌입할 채비를 했다. 메리도 거기 끼어 있었다. 시작까지는 시간이 좀 걸렸다. 처음에는 과제보다는 서로 가십거리를 업데이트해 주기 바빴다. 메리는 점점 안절부절못하는 상태가 되어 갔다. 그녀는 간간이 대화를 끊어 보려 했지만, 동급생들은 계속해서 그녀를 무시했고 말없이 그녀에게 과제와 자료들을 넘겨주거나 그녀를 한 번 쳐다본 뒤 다시 대화로 돌아가곤 했다. 그렇게 계속 묵살당한 채로 몇 분이 흐르자 거의 분노에 찬 메리는 드디어 가버리겠다고 위협했다.

"난 할 일이 많단 말이야! 지금 이걸 할 게 아니라면 난 가야겠어. 다음에 만날 시간을 정하면 되잖아."

"그으으으래." 톰은 짜증난다는 투로, 또 거들먹거리며 마치 성가신 동생을 대하듯 말했다.

"나도 알아. 이게 그러니까……" 메리는 말을 더듬었다. 그녀는 점점 작아지고 있었다. 초조해 했고, 이 상황을 어떻게 만회해야 할지 몰랐다.

"그래, 너 할 일 많지. 우리 다 그렇지 뭐." 다른 조원인 수잔이 상황을 수습해 보겠다고 나섰다. 하지만 톰은 멈추지 않았다.

"진짜 큰일 났네? 안 그래, 메리?"

"뭐?" 메리의 목소리는 떨리고 있었다. 나는 그녀가 곧 울음을 터뜨릴지도 모른다고 생각했다.

"오, 맙소사! 우리가 제시간에 시작도 안 했네!" 톰은 놀림조로 말했다.

메리는 다시 마음을 다잡는 듯했다. "난 오늘 밤에 할 일이 많다고……."

하지만 톰은 여전히 그녀를 괴롭히고 싶어 했다. "난 아니고?"

"그래 우리 모두 다 할 일이 많지. 근데 난 정말로 이 과제를 빨리 시작하고 싶어."

"난 아니고?" 톰은 또다시 괴롭히려 들었다.

이쯤 되자 수잔도 이 말다툼을 더 이상 견디지 못했다. 그녀는 가방에서 책을 꺼내기 시작했다. "그렇게 오래 걸리지도 않을 거야."

"브렛이랑 제니랑 콜린은 여섯 시간 걸렸다고 들었어." 메리가 말했다. 진작 시작했어야 한다는 자신의 말이 맞다고 항변하는 듯했다.

"뭐? 여섯 시간이나?" 톰은 믿을 수 없다는 듯이 말했다. "걔네는 아직 시작도 안 했을 거야."

"아니거든!"

"뭐 그럼 너는 열두 시간 해야겠네, 그치?" 톰이 또 놀림조로 말했다. "다른 애들보다 공부를 더 해야 하잖아, 안 그래?"

수잔은 두 사람을 무시했다. "각자 할 일을 나눠 보자."

"우리랑 같이 하게 돼서 안됐다, 메리. 우리가 한 걸 다 확인해 봐야 하잖아! 그냥 더 열심히 하는 수밖에 없겠네, 그치?" 톰은 내가 그를 보고 있다는 걸 눈치채고는 자신이 짓궂게 굴었던 게 농담이었던 것처럼 웃어넘기려 했다. 메리도 웃으며 자신의 불편함을 감추려 했다. 메리가 다시 입을 열려던 순간, 수잔이 끼어들며 말했다. "좋아. 자, 이제 시작해 보자."

메리는 능력주의 프레임을 믿고 있었다. 일전에 그녀는 내게 이렇게 외쳤다. "아마 많은 사람들이 죽기 전에 더 괜찮은 삶을 살았더라면 하고 후회할 거예요. 근데 달리 어떻게 더 괜찮은 삶을 살 수 있겠어요? **열심히 노력하는 수밖에 없는 거죠.**" 대부분의 폴리들에게 노력은 세상사를 이해하는 방법 가운데 하나 — 물론 필수적이긴 하지만, 편리할 때 써먹을 수 있고 다른 것들과 맞바꿀 수도 있는 사고방식 — 였지만, 메리에게 그것은 자기 삶을 조직하는 방식이었다. 톰과 메리의 그 대화 이후에, 나는 메리가 캠퍼스 안에서 뛰어다니는 모습을 조금 다르게 보기 시작했다. 그녀는 "노력하면 앞설 수 있다"는 생각만이 아니라 훨씬 더 후진 입장을 체화하고 있었다. 노력하는 것만이 앞설 수 있는 **유일한** 길이라는 입장 말이다.

메리와 다른 학생들 간의 차이점은, 모두 다 자기가 할 일이 얼마나 많은지 떠들고 다니지만, 메리는 유독 그것을 자신의 불룩한 백팩으로, 단호한 걸음걸이로, 그리고 지금 당장 일을 시작해야 한다고 끊임없이 상기시킴으로써 **드러내 보였다**는 것이다. 다른 학생들은 대부분 해야 할 과제가 산더미처럼 쌓여 있다고 하면서도 그 일에 어느 정도 무심한 태도를 취했다. 반면 메리는 누가 보더라도 산더미 같은 과제에 짓눌려 사는 것처럼 보였다. 우리 모두가 잘 알고 있듯이, 이 나라 전역의 많은 고등학교들에서 메리와 같은 태도는 지극히 일반적이다. 우리 중에는 메리가 자신과 상당히 흡사하다고 생각하는 이들도 있을 것이다. 그런데 미국의 일반적인 고등학교들에서는 이처럼 노력을 체화한 학생들, 즉 성실한 청소년이 돼야 한다는 긴장감에 "안절부절"하는 학생들은 동년배들에게 인정받지 못하거나 따돌림 당하기 십상이다. 반면, 세인트폴을 비롯한 몇몇 명문고들에서는 이와는 다른 문화가 지배한다. 곧, 모든 학생들이 자신이 얼마나 열심히 노력하는지 강조하는 것이다. 그들은 심지어 서로 할 일이 얼마나 많은지 비교하며 "경쟁"하기까지 한다. 노력해서 잘하는 건 평범한 일이고, 그 평범함을 넘어서는 게 해야 할 일인 것이다. 가장 성과가 높은 학생들이 보통 인기도 가장 많다. 메리를 따돌리는 행위가 다른 학교들에서는 그다지 놀랍지 않은 일일 수 있어도, 이곳처럼 노력과 성취를 극도로 중시하는 학교에서는 놀라운 일이다.

하지만 데이비드가 말했듯, 메리는 이해를 못했다. 모두들 해야 할 과제가 엄청나게 많다고 했지만, 그러면서도 그들은 편안하거나 무심한 태도를 드러내 보였다. 그들에게 과제는 전혀 문제가 아니었다. 과제를 해내는 것의 어려움은 드러내지 않았다. 외려, 그들에게 성취는 거의 수동적으로 "생겨나는" 것처럼 보였다. 마치 자기가 한 일이 아니라는 듯, 또는 그걸 해내는 게 별일 아니라는 듯 말이다. 톰은 메리가 노력이라는 걸 **진심으로** 믿고 그걸 티 내는 걸 호재 삼아서 그녀를 괴롭힌 것이었다. 우리가 이미 보았듯이, 노력은 위계질서 안에서 자신들의 상승 이동을 규범화하기 위해 학생들이 동원하는 프레임이었는데, 이 프레임에는 노력의 신체적 과시가 포함돼 있었다. [하지만] 그들이 드러내는 모습은 [메리와는] 정반대였다. 즉, 편안함이 넘쳐흐르는 모습 말이다. 왜 이런 학생들이 다른 친구들을 앞설 수 있는 걸까? 그들에게 노력은 쉬운 일이기 때문이다. 그들은 그렇게 타고난 자들이니까.

다음 날 오후 나는 도서관에서 다시 메리를 봤는데, 일상화된 불안에 짓눌려 모든 근육들이 몸을 꽉 조이는 것처럼 보였다. 도서관을 떠날 준비를 하면서, 나는 그녀의 책상으로 다가갔다. 그렇게 한 데는 전날 톰과의 대화가 그녀에게 상처를 주진 않았을까 걱정스러웠던 이유도 있었다. 나를 올려다보는 그녀의 모습에서, 몇 주 전 금요일에 그녀가 스쿨하우스 건물을 나오면서 친구들과 영화 한 편을 볼지 고민하던 때의 태평스러운 느낌은 찾아볼 수 없었다. "안녕하세요, 칸 선생님." 그녀는 애써 다정한 태도로 말했다. 하지만 성공하지 못했다. 놀랍지는 않았다. 스트레스를 받고 있다는 게 얼굴에서부터 티가 났다. "이 과학 리포트를 끝내야 해요. 조금씩 나눠서 썼는데, 여기저기서 말이 다 다르게 느껴지는 거 있죠! 터틀 선생님께선 결과물뿐만 아니라 글 자체에도 신경을 쓰시는데 말이에요." 내가 "넌 분명 잘해 낼 수 있을 거야"라고 말하자, 그녀는 재빨리 이렇게 답했다. "그러면 좋겠어요. 그러려고 지금 이러는 거죠!"

메리가 다른 학생들보다 엄청나게 더 노력하는 건 아니다. 많은 학생들이 도서관이나 각자의 방에서 메리 못지않게 과제를 하는 데 시간을 쏟는다. 이는 특히 여학생들이 그렇다. "쟤가 다른 애들보다 뭘 그렇게 훨씬 더 많이 하는 건 아니거든요"라는 데이비드의 언급은 바로 이 점을 가리킨 것이다. 하지만 이 학교에서 다른 학생들은 이런 노력을 자신들의 정체성의 일부로 표명하지 않는다. 나중에 메리는 내게 이렇게 말했다. "저는 항상 제가 뒤처질까 봐 걱정이 돼요." 톰 같은 아이들은 이런 두려움을 교묘하게 이용해 그녀가 소속 표식을 결여하고 있음[세인트폴의 엘리트답게 행동하고 있지 못함]을 일깨운 것이다.

이런 식의 편안함 드러내기는 젠더화되어 있다. 간단히 말해, 여학생들은 남학생들보다 더 열심히 노력해야 한다. 연이은 연구 결과들에 따르면 미국에서 여학생들은 남학생들보다 높은 성적을 받고 대학에서도 더 좋은 성과를 거둔다. 이런 결과가 나오는 건 여학생들이 더 열심히 노력하기 때문인 이유가 크다.⁵ 하지만 엘리트 대학들은, 여학생들이 더 유능한 지원자임에도 불구하고, 남학생 대 여학생 비율을 동등하게 유지하고자 고군분투하는 젠더화된 기관들이다. 세인트폴의 여학생들은 대학 지원자들 가운데 "여학생 할당분"에 자리를 얻기 위해 남학생들보다 더 열심히 노력해야 한다.⁶ 따라서 그만큼 여학생들이 세인트폴에서 필수적인 편안함을 드러내 보이기는 더 어렵다.

[그러나] 메리가 드러내 보이지 못한 게 단순히 편안함만은 아니었다. 캠퍼스 내 대부분의 여학생들과 달리, 메리는 실용적인 기능성 옷들, 그러니까 편안한 플리스 자켓과 바지 같은 것들을 입고 다녔다. 그녀의 옷들은 대개가 다용도로 입을 수 있는 것들이었다. 게다가 가방의 무게에 짓눌린 채 발을 질질 끌며 걸어 다니는 모습은 그 어떤 섹슈얼리티도 드러내 보이지 못했다. 이는 교내 다른 여학생들의 모습에 비추어 봤을 때 특히나 눈에 띄는 모습이었다. 메리와 달리, 대부분의 여학생들은 교내에서 자신들의 섹슈얼리티를 적극적으로 동원했기 때문이다.

체화된 편안함

"옷 입는 법 배우기"는 단순히 무엇을 입을지를 배우는 게 아니라, 입는 법에 맞게 자신의 몸을 훈육하는 것이기도 하다. 우리는 문화를 하나의 자원, 즉 돈처럼 가치를 갖는 일종의 "자본"으로 생각할 수 있다. 하지만 문화란 비단 우리가 세상에 대해 **인지적으로** 알고 있는 것—

이를테면 와인 리스트에 정통하다든지 최고급 셔츠는 어디서 살 수 있는지를 안다든지 하는—만을 가리키는 것은 아니다. 자신의 역할에 맞는 모습을 갖추는 법, 즉 소속 **표식**을 드러내는 방식으로 (상호)작용하는(inter)act 법을 배워야만 하는 것이다. 퍼뜨리고 드러내 보이기 쉬운 (그리고 개방된 사회에서는 배제하기가 어려운) 인지적 앎과는 달리, 이런 신체적 앎은 경험에 의존하기 때문에 체화하거나 흉내 내기가 어렵다.

여학생들의 옷차림은 내가 세인트폴에 있는 동안에도 종종 논란의 소재가 되었다. 특히나 공식 만찬 자리에서 더욱 논쟁을 불러일으키곤 했다. 이런 식사 자리에서 남학생들은 재킷을 입고 넥타이를 매야 한다. 여학생들도 비슷하게 격식을 갖춘 옷차림을 해야 하는데, 재킷과 넥타이 같이 "표준화"된 복장이 없기에, 옷차림에 대해 훨씬 유연성을 가진다. 여학생들은 이런 유연성이 상당히 애매모호하다고 느끼고, 따라서 "적절"한 옷차림을 골라내는 일은 까다로운 문제가 된다. 남학생들은 여학생들이 아무 옷이나 마음대로 입을 수 있다고, 그렇기에 드레스 코드가 공평하지 않다고 지속적으로 불평한다. 여학생들은 자신들에게 선택지가 주어지긴 했지만, 사실 이는 매우 제한적이라고 불평한다. 뉴욕에서 온 라틴계 여학생 리는 내게 이렇게 말했다. "댄스파티 갈 때처럼 입거나, 뒷골목에 몸 팔러 나가는 것처럼 입거나, 마흔다섯 살 먹은 기업 임원처럼 입어요. 저는 그중 어디에도 해당되지 않는데 말이죠."

하지만 공식 만찬 자리에 대해 가장 불만의 소리가 높은 쪽은 교사들이다. 말인즉슨 여학생들이 너무 노출이 심한 옷을 입고 온다는 것이다. 내가 세인트폴에 오기 바로 직전에, 학교 당국은 여학생들의 옷차림에 관한 규정을 바꿨다. "어깨 노출 금지 규정"을 만들어 어깨를 가리고 다니도록 한 것이다. 이 별것도 아닌 규정 하나 때문에 교사들은 교사들대로 계속 골머리를 앓았고 여학생들은 이를 빌미로 반항을 일삼았다. 특히나 젊은 독신 남성 교사들의 경우, "어깨 노출 금지 규정"을 강제해야 한다는 걸 알면서도 대부분은 여학생들에게 신체적 외모에 대해 왈가왈부하는 것을 불편해 했다. 여학생에게 기숙사로 돌아가 옷을 갈아입고 오라고 말하는 것은 곧 이 여학생의 몸을, 그러니까 섹슈얼리티를 공개적으로 인정하는 것이다. 이런 인정은 대부분의 남자 교사들에게 선을 넘는 행위이며, 그들이 별로 인정하고 싶어 하지 않는 긴장을 드러내는 행위이다. 졸업반 여학생들은 열여덟 살인데, 남자 교사들 중에는 이제 막 대학을 졸업한 이들도 여럿 있다. 여학생들은 종종 이런 긴장을 시험하며 적절성의 경계를 밀어붙인다. 일례로 한 학생은 공식 만찬 자리 후에 나와 가진 면담에 사실상 슬립이나 다름없는 옷차림을 하고 왔다. 그리고 공식 만찬 자리의 내 식탁에도 종종 이와 비슷한 옷차림으로 등장하는 여학생들이 있었다.

이 학교에 온 후 첫 몇 주 동안, 여학생들에게 식탁에서 일어나 옷을 갈아입고 오라고 할 때마다 나는 거의 항상 저항에 부딪혔다. 이에 대한 여학생들의 가장 흔한 대답은, 기숙사가 걸어서 10분 이상 걸리는 거리에 있다는 것이었다. 이렇게 왕복 20분을 허비하다 보면 식사를 거르게 된다는 것이다. 이 대답은 비장의 무기였다. 교사들은 늘 학생들이 제대로 먹고 다니지 않는 것, 더 심각하게는 특히 여학생들이 충분히 먹고 다니지 않는 데 대해 걱정이 많았다. 식사를 하지도 않은 여학생을 기숙사로 돌려보내는 건 대부분의 교사들이 하고 싶지 않은 일이었다. 그래서 그 한 해가 흘러가는 동안 나는 대다수 동료들처럼 복장의 부적절함을 지적하며 옷을 갈아입고 오라고 조용히 말하긴 했지만 정작 식탁에서 일어나 나가라고 요구한 적은 한 번도 없었다. 그 결과, 변화는 거의 없었다. 여학생들은 계속해서 마음대로 옷을 입었고, 혹 거듭 압박을 받을 때면 종종 숄 하나를 두른 채 저녁 식사를 시작했는데, 식사가 진행될수록 숄은 서서히 어깨를 타고 흘러내렸다. 교사들은 그 자리에선 계속 못 본 척하다가 교사회의 때마다 과다한 신체 노출에 대해 한탄하는 일이 반복됐다.

여학생들이 어깨 노출 금지 규정에 이의를 제기하는 건 결코 우연이 아니었다. 그들이 느끼는 긴장감은 세인트폴에서 체화된 편안함이 중요한 위치를 차지한다는 점과 옷차림이 그런 경험에 핵심적인 역할을 한다는 점을 잘 보여 주었다. 한편으로, 이 금지 규정은 교사들의 권력에 대한 여학생들의 주된 저항 수단 중 하나를 제거하고자 한 것이었다. 교사들을 불편하게 만듦으로써, 교사들에게 자신들이 다른 여성들처럼 몸을 가지고 자기 인생을 살아가는 (거의) 여성이라는 사실—자신들이 아이가 아니라 어른이라는 사실—을 자각하게 만듦으로써, 그리고 교사들이 무결점의 존재가 아니며 적어도 몇몇은 부적절한 충동과 욕구, 생각을 가지고 있다는 점을 자각하게 만듦으로써, 여학생들은 학교에서 권위를 전복시키는 데 자신들의 섹슈얼리티를 이용할 수 있었다.

그러나 다른 한편으로, 일부 여학생들은 이런 규정 변화를 남자에게는 자제력을 기대할 수 없기 때문에 여학생들이 양보해야만 하는 또 한 가지 문제로 보았는데, 내 생각에 이건 제대로 본 것이었다. 세인트폴의 여학생들이 감당해야 할 모순은 이런 것이다. 즉, 그들은 정장—여성들에게는 종종 노출이 수반되는 옷차림—을 편안하게 소화하는 법을 배워야 하는 동시에, 그런 차림이 뭔가 잘못되고 부적절한 것처럼 느끼도록 되어 있는 것이다. 자신이 하고 있는 행동이 부적절하다고 느끼면서도 어떻게 편안함을 느낄 수 있을까?

공식 만찬 자리는 **무엇을** 입어야 할지에 대한 것일 뿐만 아니라 여학생들이 자신의 몸을 드러내 보일 기회이기도 했다. 교사들이 느끼는 불편함과 그들에 대한 도전도 중요하긴 했지만, 그런 것이 몸을 드러내 보이는 일의 핵심 목적은 아니었다. 여학생들에게 이 식사 자리는 자기들만의 대화에 낄 수 있도록 해주는 소재였다. 자기 식탁에 앉은 관심 있는 남학생의 호감을 사려는 학생들도 있었지만 나와 공식 만찬 자리에서 왜 그런 옷차림을 하는지에 대해 얘기를 나눴던 여학생들은 대부분이 남학생에 대해선 일언반구도 없었다. "그러니까, 전 옷을 차려입을 기회가 전혀 없잖아요. 그리고 재미도 있고요. 선생님도 만찬 전의 기숙사 모습을 한 번 보셔야 한다니까요!" 에밀리는 내가 절대 구경도 못할 장면에 대해 얘기해 준다는 데 대해 분명 신이 나 있었다. "여자애들이 드레스나 화장품, 숄, 목걸이, 뭐 아무거나 닥치는 대로 빌리러 다니느라 여기저기 막 뛰어다녀요. 제가 기숙사에서 가장 재미있어 할 때죠. 저한테는 그게 일주일 중 가장 재밌는 순간일 때도 있어요! 저희 모두 거기 모여서 똑같은 걸 준비하는데 …… 그건 저희한테 어떤 느낌이냐면, 뭐랄까 …… 근데 그 자리는 평소엔 입지 못할 옷차림을 시도해 볼 기회잖아요. 전 그게 좋아요. 그리고 어떨 때는 린지나 캐롤이 새 드레스 같은 걸 가져와요. 걔네가 그걸 입어 보는 걸 보는 것도 재미죠. 아니면 제가 직접 입어 보고 저한텐 어울리는지 보기도 해요. 선생님께 이런 얘기를 하는 게 어쩌면 좀 이상할 수도 있겠네요. 선생님께선 아마 관심도 없으시겠죠. 린지네 엄마가 얼마 전에 이 새 드레스를 보내 주셔서 걔가 지난주에 입었는데요, 이번 주엔 저한테 줬어요. 저한테 잘 어울렸거든요. 린지는 심지어 저한테 더 잘 어울린다고 하더라고요!"

옷을 차려입는 의례는 남학생들을—혹은 남학생들만을—위한 것이 아니다. 에밀리는 내게, "선생님께선 아마 관심도 없으시겠죠"라고 말했다. 그녀가 그렇게 생각한 이유는, 내가 패션에 무지하다고 생각해서이기도 하고, 내가 선생이어서 그런 것도 있겠지만, 옷 차려입기는 여학생들이 학교에서 자신이 어느 위치에 속하는지에 관해 자기들끼리 소통하는 방식 중 하나이기 때문이다. 공식 만찬 자리를 위해 옷을 차려입는 것에 관한 질문을 받았을 때, 에밀리가 꺼낸 첫 마디는 여학생 기숙사에서 자신이 겪었던 경험에 대한 것이었다. 에밀리만 유독 그 점을 강조한 건 아니었다. 자신이 택한 옷차림에 대해 얘기할 때 여학생들 대부분이 남학생에 대해선 언급조차 없었다. 옷을 이용해 신체를 드러내 보이는 것은 자신의 위치를 명확히 표현하고 협상하는 일의 일부다. 이는 위계질서, 즉 계층화와 차이를 만들어 내는 체계와 협상하는 것일 뿐만 아니라, 서로 간의 관계를 조직화하며 일상생활 속에서 의미를 만들어 내는 일이기도 하다(이에 관해서는 잠시 후 좀 더 명확하게 살펴볼 것이다). 옷 차려입기와 같은 신체적 수행은 이 특권층 여학생들이 열렬히 기대하는—또 어떨 때는 속이 뒤틀릴 만큼 불안감을 자아내기도 하는—일상생활의 일부인 것이다.

이는 공식 만찬 자리 규정인 "어깨 노출 금지"에 대한 여학생들의 저항을 좀 더 잘 이해할 수 있도록 준다. 간단히 말해, 그 규정은 여학생들의 자기표현 능력을 제한한 것이다. 옷을 입는 것, 몸을 드러내 보이는 것, 그리고 섹슈얼리티를 이용하는 것은 모두 세인트폴(그리고 추정컨대 이 나라의 다른 모든 고등학교) 여학생들의 일상생활을 조직화하는 핵심 원리들이다. 우리는 에밀리가 이런 일들을 어떻게 묘사하는지 잊어서는 안 된다. 교사들의 눈초리에도 불구하고, 옷을 차려입는 건 나쁜 일이 아니라 "재밌는" 일이다. 여학생들은 또한 자신들의 섹슈얼리티로 장난을 치기도 한다. 위 대화에 이어 에밀리는 이렇게 말했다. "그 자리를 흥미진진하게 만드는 사람도 있어야죠. 저는 제 드레스로 그렇게 하는 거예요." 식사 자리를 흥미진진하게 만드는 드레스라고 해서 아주 특별한 옷을 말하는 건 아니다. 세인트폴에는 부유층이 많음에도 불구하고 오트쿠튀르 의상 같은 걸 입는 애들은 없다. 대신에 자신의 몸을 한껏 강조하는 드레스들이 선택된다. 뭘 입을지 선택할 때 감수해야 하는 위험 요소들에 대해 리가 했던 말—"댄스파티 갈 때처럼 입거나, 뒷골목에 몸 팔러 나가는 것처럼 입거나, 마흔다섯 살 기업 임원처럼 입어요. 실은 그중 어디에도 해당되지 않는데 말이죠"—을 다시 생각해 보면, 이는 단순히 정장을 차려입어야 한다는 제약 때문만은 아니라는 걸 알 수 있다. 여기서 뉴욕 노동자계급 출신의 라틴계 여학생 앞에 놓인 도전 과제는 두 가지이다. 즉, 그녀는 **무엇을** 입을지 알아야 하고, 또 **어떻게** 입을지도 알아야 한다. 내가 "슬립"이라고 묘사한 옷을 입고 나를 방문한 학생은, 다른 곳에서라면 "뒷골목에 몸 팔러 나가는" 것처럼 보였을 수도 있다. 그러나 그 옷을 입은 그녀에게는 일종의 권위가 있었다. 그래서 그녀의 처신은 자신이 특이한 행동을 하고 있음을—교내의 다른 여학생들에게 스스로를 표현하는 행동이자 세인트폴 출신 여학생의 특권을 체화한 행동임을—보여 주는 방식이 될 수 있었던 것이다. 이런 여학생이 됨으로써 가지게 되는 많은 특권들 중 하나는, 아무리 노출이 심한 옷을 입더라도 창녀로 오해받을 일은 없다는 것이다.[7]

적절하게 행동하는 법을 아는 것과 실제로 그렇게 행동하는 것은 다르다. 아빠 정장을 입은 것처럼 보이는 남학생들부터 표현과 도전의 의미로 자기 몸을 드러내 보이고 훈육하는 여학생들까지 이 장과 앞 장에서 언급된 여러 사례들을 생각해 보면, 단지 일련의 규칙들을 "알고" 있거나 배우는 것만으로는 이 학교에 녹아들 수 없음을 알 수 있다. 그것은 신체적인 훈육, 누가 보더라도 편안한 모습으로 "소화할" 수 있을 때까지 계속되어야 할 끈질긴 실천을 요구한다. 하지만 이렇게 소화해 내는 과정에는 간혹 대가가 따른다. 신체의 훈육이라는 게 언제나 쉽고 유쾌한 과정은 아니다. 특히 여학생들에게, 자신들의 섹슈얼리티와 관련된 편안함은 특권의 표현 가능성과 직접적으로 배치될 수 있다.

섹슈얼리티를 통한 세인트폴 학생 되기

캠퍼스에 온 첫날부터 세인트폴 학생들은 사용하는 어휘를 비롯해서 서로 관계 맺는 방식, 그리고 스스로를 이해하는 방식에 이르기까지 모든 걸 새롭게 빠르게 배워 나간다. 우리는 학생들을 "폴리"로 재탄생시키려는 이 학교의 가르침과 의례들의 사례를 수없이 봤다. 그런데 이런 개조 과정에서 또 하나의 핵심적인 수단은 바로 신고식이다. 1990년대에 신고식은 남학생 기숙사에서 꽤 흔한 일이었다. "뉴비 올림픽"이라고 불리는 이 의식에서, 어린 남학생들은 한밤중에 자다 깨서 물 마시기 시합, 복싱, 고문이나 다름없는 정신교육, 한밤중의 추위 속에서 강제로 진행되는 구보, 두들겨 맞기, 그리고 아주 드물게는 성적 학대까지 다양한 종류의 학대(와 폭력적인 행사들)를 겪어야 했다. 이런 신고식 행사들은 개학 후 며칠 동안 가장 빈번하게 벌어지다가 학기가 지날수록 줄어들었는데, 도중에 불쑥 분출되는 경우도 있었다. 1990년대에 신고식, 특히 육체적으로 행해지는 것들은, 대부분 "남자애들 일"이었다. 하지만 특정 뉴비 올림픽 행사들은 직접적인 매질에서 훨씬 더 나아가 정신적 학대로까지 가버렸고, 여학생들은—몸의 살집 있는 부분에 동그라미를 그려 넣는 것에서부터 신입생들에게 장시간 동안 침묵을 강요하는 것에 이르기까지—학대를 가하는 자신들 나름의 의례적 방법이 있는 것으로 알려져 있었다.

1990년대 말에 학교는 남학생 기숙사들에서 벌어지는 이런 의례들을 추적해서 처벌하기 시작했다. 학교 당국은 신고식은 곧 퇴학으로 이어진다는 무관용 정책을 대체로 일관되게 견지했다. 이런 대응은 거의 남학생들에게만, 그것도 기숙사 내에서 벌어진 일들에만 한정해 적용되었다. 다른 형식의—특히 스포츠팀 내에서나 여학생들 사이에서 벌어지는—신고식은 대부분 간과되었다. 각종 신고식들이 학교의 일부로 남아 있는 건 당연해 보였다.

내가 세인트폴에 부임한 이튿날 밤, 거의 모든 기숙사에서 "뉴비의 밤"이 거행되었다. 교사들은 이런 의례들을 금지하기는커녕 사실상 암묵적으로 허가해 주었고, 다만 벌여도 되는 일의 범위에 제한을 두었다. 밤늦은 시각, 교사들이 기숙사를 떠나 자신의 보금자리로 물러난 후, 각 기숙사에서 벌어진 일들은 어마어마하게 다양했다. 그러나 내가 들은 바에 따르면, 이들의 목적은 공통적으로 "신입생 환영"과 "신입들에게 자기들만의 방식으로 학교를 소개해 주는" 데 있었다.

교사들은 학생들이 자기들만의 방식으로 학교를 소개하는 일의 중요
성을 대부분 인정했다. 학생들끼리 서로 상호작용하는 데 필요한 사교
의 규칙들이 복잡하기 때문에, 그것들을 빨리 숙지하도록 해야 기숙학
교 생활로 순조롭게 이행할 수 있다는 이유에서였다.

내가 맡은 기숙사에서 졸업반 학생들은 자신들이 대강 무슨 말을
할지, 어떻게 말할지, 그리고 어떤 일을 할 것인지에 대해 나를 비롯한
다른 지도 교사들과 협상하는 과정을 거쳤다. 어떤 일들이 일어날지에
대해 수긍할 수 있다면, 우리는 행사가 진행되는 동안 기숙사에서 사
라져 주기로 했다. 우리는 학생들이 단순히 규칙들을 이용해서 신입생
들을 어린애 취급하기보다는 책임감을 가지고 선배의 권위를 보여 주
도록 권장했다. 교사들은 종종 신입생을 가르치고 학생들 간에 벌어진
갈등을 중재하기 위해 [고학년] 학생들의 권위에 의지하곤 했다. 기숙
사 내에서는 사소한 갈등이 무수히 많이 발생하는데, 졸업반 학생들이
그런 갈등의 대부분을 처리하는 데 선도적인 역할을 한다. 이를 통해
그들은 선두에 서서 이끄는 법을 배운다. 교사들 입장에서 보면, 학생
들에게 자신들의 문제를 직접 중재해 보도록 함으로써 책임감을 가르
치는 동시에 쉴 새 없이 그들을 감시해야 하는 머리 아픈 일을 줄일 수
도 있다. 최근 들어 신고식에 관여하면 퇴학시키는 전통이 정착되었으
니, 정중하고 차분하게 의례를 치르도록 우리 기숙사 남학생들을 단속
하기는 상대적으로 쉬운 시절이었다.

남학생들은 이런 자기 관리의 중요성을 이미 잘 알고 있었고, 그
들에게 주어진 권위를 즐겼다. 그들은 우리가 내건 제약 안에서도 세
인트폴을 제대로 소개할 수 있을 거라고 믿었다. 학교가 실제로 어떻
게 돌아가는지 당최 모르는 교사들로서는 절대 마련해 줄 수 없는 그

런 입문 과정 말이다. 남학생들은 신입생들에게 선생 앞에서는 말하지 못할 것들ㅡ혼날 짓을 하다 걸리는 일을 어떻게 피할지, 그러다 걸리면 어떻게 할지, 연애와 육체적 관계는 어떻게 할 수 있는지(캠퍼스 내에서 섹스는 금지되어 있다), 그리고 주의를 기울여야 할 중요한 사교 행사들(특히 댄스파티들)은 어떤 게 있는지 등등ㅡ에 대해 이야기했다. 그들은 또한 절대 노크는 없다는 것도 설명해 주었다. 언제나 그냥 들어가야 한다는 것이다(세인트폴의 방들에는 잠금장치가 없다). 이런 행동이 때로 어느 정도 무안함을 야기할 수 있겠지만, 그럼에도 그것은 필수적인 일로 여겨졌다. 이유는 간단했다. 만일 누군가 노크를 한다면, 그건 교사라는 뜻이다. 따라서 방 안에서 해서는 안 될 일을 하고 있다면, 이런 노크 소리가 방문 건너편에 누가 있는지 재빨리 알려 주는 경보 역할을 할 수 있다. 이 규칙은 신입생 대부분이 가장 배우기 힘들어하는 것이었다.

고학년 여학생들 또한 자신들의 권위를 즐겼지만, 권위에 접근하는 방식은 상당히 달랐다. 여학생들에게 이번 뉴비의 밤 행사 때 무슨 일을 했는지 물어봤을 때 나온 이야기들은 아주 다양했다. 남자애들 얘기, 교사들 얘기, 섹스에 대한 것, 또 학교에 무얼 기대해야 하는지, 어떻게 하면 좋은 평판을 쌓고 "나쁜" 평판은 피할 수 있는지 같은 걸 이야기하며 서로 알아 가는 자리였을 뿐이라는 것이다. 하지만 내가 좀 더 밀어붙이자, 많은 여학생들이 그런 행사들의 전반적인 저의가 섹스와 관련돼 있음을 털어놓았다. 공식 만찬 자리를 위해 옷을 차려입는 데서 보았듯이, 섹슈얼리티는 세인트폴 여학생들의 삶에서 중요한 표현 양식이다. 요즘은 여자아이들에게 성교육을 해주는 일이 예전보다 흔해지긴 했지만, 이런 교육조차 여자아이들 스스로가 성적 행위자라는 점을 대체로 부정한다. 우리는 흔히 사춘기 남자아이들은 성적으로 매우 왕성하며 성욕에 맹목적으로 휘둘린다고 생각하지만, 여자아이들의 섹슈얼리티에 대해서는, 그들이 남자아이들의 성욕의 대상인 것을 걱정할 때 외에는, 별로 생각하지 않는다. 여학생들의 일상생활에서 섹슈얼리티가 대단히 중요한데도, 어른들이 이에 대해 거의 말하지 않는다는 사실은 별로 놀라울 것 없는 결과를 낳는다. 여학생들 스스로가 직접 섹슈얼리티에 대해 알아 가고 서로를 가르치게 되는 것이다.

여학생 뉴비의 밤에 벌어지는 일은 아주 다양하다. 이들 행사는 대부분 유해하지 않다. 다른 기숙사들이나 여러 스포츠팀의 평판에 대한 많은 가십들이 오간다. 신입 여학생들을 먹잇감으로 여기는 선배 남학생들에 대한 경고가 전해지기도 하는데, 몇몇 남학생들은 특히나 짐승 같다고 지목된다. 또한 어떤 남학생이든 깊게 만나기 전에 같은 기숙사의 졸업반 선배들에게 얘기해 그의 평판부터 알아봐야 한다는 조언도 듣는다. 초미의 관심사는 학기 초의 댄스파티이다. 학생들 사이에서 "엮기"screw라고 불리는 이 댄스파티는 졸업반 학생들이 같은 기숙사의 모든 신입생들에게 짝을 지어 주는 자리다. 학생들은 이 댄스파티에 매우 진지하게 임하는데, 여학생들의 성적 호감도가 바로 이 "엮기" 시장에서 매겨지는 그들의 가치에 따라 결정되기 때문이다. 만약 매력적인 선배 남학생이 어떤 신입 여학생에게 관심을 보인다면, 이는 그녀의 지위는 물론 그녀가 속한 기숙사의 지위에도 상당히 중요한 영향을 미친다. 그런 관심을 받지 못한 여학생들과 그들이 속한 기숙사는 오명을 뒤집어쓰게 된다. 이 댄스파티의 이름이 가진 이중적 의미는 의도적인 것이다. 마음에 안 드는(매력 없는) 데이트 상대를 만남으로써 일이 "엮일" 수도 있고, 이 댄스파티가 성적인 관계를 엮어

줄 수도 있다는 것이다.＊ 선배 여학생들은 언니 역할을 맡는다. 그들
은 좋은 일도 하고 나쁜 일도 한다. 즉, 번갈아 가며 신입 여학생들을
돌보기도 하고 괴롭히기도 한다. 비만인 여학생들은 가차 없이 놀림을
당할 수 있다. 그 결과 섭식 장애는 세인트폴에서 어마어마하게 흔한
일이며, 캠퍼스 내에 비만인 학생은 거의 찾아볼 수 없다. 뉴비의 밤
에, "유경험자"로 보이는 여학생들은 과거의 성적인 위업들에 관한 정
보를 이실직고하도록 심문당하며 선배 여학생들에게 칭찬을 받기도
하고 조롱을 당하기도 한다. 몇몇 기숙사는 졸업반들이 신입 여학생들
에게 작은 사탕들이 든 주머니를 돌려 그것을 가져가도록 하는 게임을
한다. 신입 여학생들이 모두 사탕을 가져간 뒤에야 그들은 사탕 한 개
당 자기 이야기를 하나씩 공개해야 한다는 말을 듣게 된다. 어떤 기숙
사에서 이는 노골적으로 그들이 남자애들과 있었던 일에 대해 말해야
한다는 뜻이다. 이 놀이는 과거의 성경험에 대한 정보를 끌어냄과 동
시에 사탕을 너무 많이 갖는 것의 문제점을 훈육한다는 두 가지 목적
이 있다. 사탕을 많이 쌓아 놓은 여학생은 첫날 밤부터 많은 이야기를
공개해야 하기 때문이다.

　　그런데 내가 있던 한 해 동안, 어느 한 뉴비의 밤은 너무나도 달랐
다. 한밤중에 바클레이 하우스의 졸업반 여학생들은 입고 있던 평상복
을 벗어던져 거의 발가벗은 것이나 다름없는 옷차림을 하고 가발과 보
디페인팅, 페이스페인팅을 한 뒤 기숙사 내 신입생들을 모두 깨웠다.
그들이 처음 한 일은 신입생들을 옷장 안에 가두는 것이었다. 그리고

＊　　screw에는 섹스를 한다는 뜻뿐만 아니라 일을 망친다는 뜻도 있다.

그들은 신입들에게 성인용 기저귀를 차게 만들었는데, 이에 대한 그들의 설명은 이랬다. "너네가 이 학교의 갓난애들이니까 이런 걸 차야지." 그런 다음 신입생들은 졸업반들 방에 불려 가 성적으로 노골적인 "진실 게임"을 해야 했다(거기서 그들은 이전에 했던 성적 행위들을 자백하도록 만드는 질문을 받았다). 졸업반 남학생들에게 전화를 걸어서는 신입 여학생들에게 그들과 성적인 대화를 나누도록 부추기기도 했다. 신입 여학생들에게는 성적인 의미가 잔뜩 담긴, 예를 들어 "뒷구멍 베키" 같은 별명이 붙었다. 또 바나나를 목구멍 깊숙이 넣는 게임도 했다. 오럴섹스를 흉내 내면서, 누가 바나나를 가장 목구멍 깊숙이 넣을 수 있는지 겨루는 것이었다.

며칠 지나지 않아 이 사건에 대한 소문이 학교에 돌기 시작했고, 몇 주 후 학생처에서는 바클레이를 비롯해 다른 "뉴비의 밤"에 있었던 일들까지 조사에 들어갔다. 여학생 기숙사 열 곳 중 네 곳에 대해 징계 조치가 고려되었는데, 결국에는 두 곳에만 내려지는 것으로 마무리되었다. 바클레이에서 벌어진 일은 단연코 그해의 가장 극단적인 사건이었다(그리고 최근 졸업생들에 따르면 세인트폴 역사상 가장 극단적인 사건이기도 했다). 소문이 퍼지면서, 교사들과 학교 당국, 학부모, 그리고 졸업생들 사이에도 충격이 확산됐다. 『콩코드 모니터』는 세인트폴에서 발생한 "섹스 스캔들"에 관해 여러 편의 기사를 실었는데, "이 아이들은 훌륭한 아이들이고 여기서 실수를 한 것뿐이다. 아무도 다치지 않았다. 우리는 이 아이들을 보호하기 위해 이 상황에 극히 신중하게 대처하고 있다고 생각한다"라는 학생주임의 발언이 인용되자 독자들은 특히 학교에 대해 비판적인 입장을 보였다. 결국 학교 당국은 잘못을 저지른 기숙사의 졸업반 여학생 다섯 명을 한 학기 동안 정학시켰다.

신고식이 그리 가혹하지 않았던 또 다른 기숙사 에머슨에서는 졸업반들이 2주간 정학을 맞았다. 학생들은 대체로 신고식 자체보다 그것에 대한 학교 측의 반응에 더 충격을 받았다. 에머슨에서 있었던 신고식에 참여했던 신입생들은 심지어 졸업반 선배들에 대한 변호에 나서기까지 했다. 경찰에 보낸 서한에서, 신입생들은 그날 저녁을 즐겁게 보냈다고 주장했다.

"저희는 그 밤이 저희들의 리더인 졸업반 선배들과 친해질 수 있는 아주 좋은 기회라고 생각했으며, 다른 식으로 진행됐어야 한다고 생각하지 않습니다. …… 징계 조치를 내리실 때, 저희 모두가 동참을 결정했고 편한 마음으로 임했다는 사실을 부디 참작해 주십시오." 그들은 "자발적으로" 에머슨의 지하에 가서, 자신들에게 붙여진 새로운 별명을 듣고 웃고 떠들며 "진실 게임"을 즐겼다고 이야기했다. "저희한테 사탕을 나눠 줬고 휘핑크림과 바나나, 데블 도그devil dog[초코파이 같은 케이크의 일종] 중 하나를 고를 수 있는 선택권이 있었습니다. 거듭 말씀드리지만, 모든 신입생들이 참가를 원했고 자기가 선택한 음식을 먹은 것이었으며, 여기에는 어떤 강요도 없었습니다."

일의 전말이 밝혀지는 과정에서, 학생들은 그때 일어난 일들에 대해 무서울 정도로 솔직했다. 선배 여학생들은 그 행사가 적절했을 뿐만 아니라 신입생들을 학교로 맞아들이는 데 적법한 환영식이라고 생각했다. 몇몇은 심지어 이런 종류의 입문 과정이 신입생들로 하여금 "학교가 어떻게 돌아가는지" 배울 수 있게 해주기 때문에 유익하다고 주장하면서 그 불가피성을 강조했다. "환영"과 "불가피"라는 말은 학생들이 조직적으로 입에 올렸던 것만큼이나 교사들 사이에서는 뜨거운 논란을 불러일으켰다. 많은 경우에 학생들은 자신들의 행동이 교사들과 학교 당국으로부터 암묵적으로 허가를 받았다고 믿었다.

"선생님들도 알고 계셨어요." 좀 더 온건한 "뉴비의 밤" 중 하나에 연루되었던 아프리카계 미국인 여학생 스테이시가 내게 말했다. "그러니까 저희 기숙사 선생님들과 행사에 대해 얘기를 나눴다니까요. 선생님들은 저희가 학생들과 얘기할 수 있도록, 환영회를 할 수 있도록 자리를 비켜 주는 데 동의하셨어요. 그러니까 걔들이 알아야 하는 것들 중에 선생님 앞에서는 하지 못할 얘기들이 있잖아요."

나는 회의적이었다. 바클레이에서 일어난 일들에 대해 알게 된 나는, 학생들이 알아야 할 것들이란 게 뭔지 물었다.

"어유, 아시잖아요. 왜 그러세요, 선생님." 스테이시는 웃었다. 그녀는 다 알고 있다는 듯이 나를 쳐다보았다. "선생님도 여기 다니셨잖아요. 그러니까 입학 첫 해는 중요하다고요! 아시잖아요, 뭘 어떻게 하는지가 중요하다는 거."

하지만 나는 그녀가 정확히 말하도록 종용했다. "친구? 남자 친구? 수업? 지금 무슨 얘기를 하는 건데?"

"아유, 왜 그러세요!" 그녀는 웃었다. "전부 다죠. 엮기나 아니면 데이트를 어떻게 하는지 같은 거요. 그러니까 많은 걸 첫 해에 다 준비해 놓는 거죠. 그것도 제대로 해야 해요. 잘해야 하는데, 또 좋은 친구들을 만들면서 제대로 하는 것도 잊지 말아야죠. 그리고 기숙사들은, 뭐랄까, 각각 평판들이 있어요. 제 말은, 선생님께선 해밀턴에 계시잖아요." 스테이시는 내게 거의 거들먹거리는 듯한 미소를 지어 보였다. 내가 있는 기숙사가 "얼간이"dork 기숙사라는 평판을 갖고 있다는 사실을, 나도 알고 있듯이 그녀 또한 알고 있었던 것이다. "그러니까, 거기 남자애들은 좋은 애들이죠. 근데 걔네들은……" 그녀는 내가 담당하고 있는 기숙사에 대해 요령껏 표현을 고르려 고심했다. "뭐랄까, 여자애들은 거기 잘 안 가요. 그런 것들을 아셔야 한다는 거죠."

이쯤 되자 나는 스테이시를 몰아붙이기 시작했다. 나는 캠퍼스 내에서 일어난 일들에 실망을 느끼고 있었는데, 그녀는 바클레이에서 일어난 일들의 심각성에 대한 언급을 회피하려는 것 같았다. "하지만 뉴비의 밤에 일어난 일이 그게 다가 아닌 걸로 아는데……."

"뭐, 대부분의 기숙사들에선 그게 다였어요." 그녀의 얼굴에선 곧바로 웃음기가 가셨다. "바클레이에 대해선 잘 모르겠네요. 근데 거기서도…… 제 말은, 뭐, 그 정도까지는…… 그냥 그 정도는 아니었어요. 그러니까, 거기서 일어난 일도 대부분은 그런 것들에 대한 거였어요." 그녀가 점점 더 동요하고 있음은 분명했다. "그리고 모두가 다 알고 있었어요. 로버츠 선생님[바클레이의 기숙사장]도 알고 있었을 걸요! 그러니까, 개네들이 로버츠 선생님한테 얘기를 한 거죠. 로버츠 선생님도 개네한테 얘기를 했고요. 근데 그러고 나서 다들 그런 일이 없었던 것처럼 굴고 있잖아요!"

스테이시의 말은 어느 정도는 옳았다. 의례적으로 이루어져 오던 성적 학대에 참여했던 학생들은 기숙사장에게 교사들 없이 따로 모이는 자리를 갖겠다고 사전에 얘기를 해둔 상태였다. 기숙사장은 좋은 생각이라며 동의했다. 동의가 된 바는 딱 여기까지였다. 올리버 로버츠는 그 분위기가 정중해야 한다는 점을 분명히 했다고 한다. 그에 따르면, 자신은 애들에게 이렇게 말했다. "너네 할머니한테 얘기하지 못할 짓들은 하지 마라." 이 "할머니 기준"은 교사들이 이런 행사들에 대한 그들의 암묵적 허가를 정당화할 때 지속적으로 강조하는 것이었다. 이는 학교 당국이, "환영 행사"—그들이 "뉴비의 밤"을 좀 더 얌전하게 일컫는 말—를 금지하지는 않았지만 용인되는 선이 어디까지인지에 대한 분명한 가이드라인은 있었다고 주장할 때 사용되기도 했다.

여학생들은—연루되었든 연루되지 않았든—다소 모순되는 두 가지 주장을 했다. 한편으로, 일부 여학생들은 그 어떤 교사에게서도 "할머니 기준"이라는 건 들어본 적이 없다고 주장했다. 다른 한편으로, 그들은 자신들이 한 일이 비록 조금 도를 넘었을지언정, 용인될 만한 것일 뿐만 아니라 필수적인 일이었다고 주장했다. 그것이 신입생들에게 세인트폴이 "진짜" 어떤 곳인지 가르쳐 줄 수 있는 유일한 메커니즘이었다는 것이다. 한 졸업반 여학생은 이렇게 표현했다. "학교에 대해 꼭 배워야 할 것들이지만 선생님이 가르칠 수는 없는 것들을 저희가 가르쳐 준 것뿐이에요." 나머지는 학생과 교사들 간의 투쟁이었다. 학생들은 계속해서 그 행사를 "환영식"이라고 부른 반면에, 교사들은 "신고식"이라 부르며 "할머니 기준"에 입각해 학생들이 밖에다는 말 못할 짓을 했다고 주장했다.[8] 학생들의 불만은 극에 달해 있었다. 그들은 자신들이 저지른 일이 교사들이 생각하는 것과는 꽤 다르다고 생각했다. 게다가 교사들이 당시 무슨 일이 벌어지고 있는지 다 알고 있었으면서 이제 와서 그 행사에 대해 그렇게 부정적으로(그리고 강경하게) 반응하는 것은 너무도 터무니없다는 것이었다. 학생들의 관점에서 봤을 때, 교사들이 "뉴비의 밤"에 반대했다면 한참 전에 얘기를 했어야 했다. 한 학생은 내게 이렇게 말했다. "아니 진짜로요. 그건 몇 년 동안이나 계속돼 온 일이잖아요!"

여학생들에게는 섹스와 섹슈얼리티라는 공통분모가 있었다. 이는 그 집단의 일원이 되기 위해 거쳐야 할 통로이자 집단의 새로운 일원을 환영해 주는 수단이었다. 졸업반 여학생들이 신입생들에게 신속하게 가르쳐 주고 각인시키려 했던 것 —"진짜"세인트폴 생활을 이해하기 위해 꼭 필요한 것으로 보였던 것 — 은 섹스와 섹슈얼리티에 접근하는 자기들만의 방법이었다. 의례적으로 이루어져 온 신고식 관행은 신입 여학생들에게 섹슈얼리티의 중요성을 강조했는데, 이는 기숙사에서 [공식 만찬 자리를 위해] 매주 옷을 차려입으며 자신의 위치를 조직화하고 표현하며 넘나드는 법을 배우는 것과 같은 가르침을 주는 것이었다. 이런 각인은 신체적인 것이다. 신고식의 역할은 여학생들의 몸에 이 학교 안에서 그들이 차지하는 위치를 새기는 데 있다. 그 행사는 분명 일종의 심리적 학대였다. 하지만 실제로 행해진 일들 — 목구멍 깊숙이 넣기 게임, 옷 차려입기, 옷장 안에 갇히기 등 — 을 보면 주로 신체적인 훈육과 각인의 형태라는 걸 알 수 있다. 선배들이 신입 여학생들에게 학교에 대해 "가르친다"는 게, 중요한 걸 **말해** 주는 건 아니었다. 대신에 이 가르침들은 문자 그대로 신입 여학생들의 몸에 각인되었다. 후술하겠지만, 신체와 그것이 수행하는 천태만상의 방식들은 엘리트, 특히 엘리트의 젠더에 있어 중요한 함의를 가진다.

남학생들은 대개 당시 일어난 일들에서 소외되었다고 느꼈다. 남학생들 사이에서 돌았던 말은, "다른 학생을 신고식으로 괴롭히면 퇴학당한다"는 것이었다. "신고식"은 육체적 구타로 해석되었다. 선배 남학생들은 종종 신입 남학생들을 업신여기거나 못되게 굴었다. 하지만 신입들에게 손찌검하는 일은 거의 없었다. 아닌 게 아니라, 남학생들은 의식적으로 서로 신체 접촉을 피했다. 내가 세인트폴에 있던 1년 동안, 캠퍼스 내 폭력 사건은 딱 한 번뿐이었다. 다른 고등학교들에 비해, 그리고 사춘기 남학생들이 서로 이렇게나 부대끼며 살고 있다는 점을 감안하면, 이는 상당히 믿기 힘든 일이다. 이 "싸움"은 봄 학기에[*] 하키팀의 두 친구 사이에서 일어났다. 크레이그가 동료 팀원의 여동생과 성적인 만남을 가졌던 것이다. 오빠 제임스는 몹시 화가 나서 크레이그를 학교 운동장으로 불러냈다. 제임스는 크레이그가 싸움을 일으키도록 그를 밀치고 흔들며 몰아붙였다. 하지만 크레이그는 계속해서 싸움을 거부하며 손을 내린 채 이 말만 되풀이했다. "난 너랑 싸우지 않을 거야." 제임스가 크레이그를 바닥으로 밀친 뒤 자리를 뜨면서 그 만남은 끝이 났다. 학교에서 가장 격렬하게 몸을 많이 쓰는 두 하키 선수 간에 벌어진 이 싸움 현장에서 그다지 큰 육체적 폭력이 없었다는 점은 믿을 수 없을 만큼 놀라운 일이다. 그러나 세인트폴의 특성을 생각해 보면 그다지 놀랍지 않다. 간단히 말해, 세인트폴에서 "싸움"은 육체적인 경우가 거의 없었다. 설령 있다 하더라도, 그런 식의 상호작용에서 전형적으로 나타나는 노골적인 종류의 폭력은 수반되지 않았다. 싸움은 주먹다짐으로 이어지는 게 아니라 서로를 무시하고 상대 남학생이 소외감을 갖게 만드는 시도로 이어진다. 여기서 우리는 육체적 힘을 스스로 통제하고 권력을 비非육체적인 방식으로 재정비하는, 이 남학생들의 행위 속에 포함돼 있는 계급적 요소들을 무시해서는 안 된다.

폭력이 비교적 드문 일임에도 불구하고 — 혹은 어쩌면 그렇기 때문에 — 학교 당국은 폭력을 매우 심각한 것으로 간주했다. 주임교사들 중 한 명은 1990년대 말에 도입된 무관용 정책에 대해 이렇게 설명

[*] 미국의 학년은 보통 2학기제(semester)로, 1학기인 가을 학기와 2학기인 봄 학기로 나뉘는데, 세인트폴의 경우 가을 학기, 겨울 학기, 봄 학기로 나뉘는 3학기제(trimester)로 운영되고 있다.

했다. "신고식에 참여한 남학생들을 퇴학시키기 시작하니까, 애들이 바로 생각을 고쳐먹더군요. 배운 게 있으니 오래 갈 거예요. 이젠 그러지 않겠죠. 신고식뿐만이 아니에요. 그런 육체적인 마초 개짓거리들 전부 말이에요." 이런 "개짓거리"를 무시하는 그 주임교사의 태도는 세인트폴적인 사고방식의 전형적인 예다. 폭력은 무식한 것이고, 엘리트로 성공하는 데 역효과를 초래하며, 또 직접적으로 이렇게 표현하지는 않겠지만, 하층계급의 냄새를 풍기는 짓이라는 생각 말이다. 이는 남학생들이 신체적인 각인이나 훈육을 받지 않는다는 뜻은 아니다. 각인이 육체적 폭력을 통해 발생하지는 않으며, 그런 육체성에 대한 거부가 각인의 일환이라는 것이다. 하지만 그런 폭력에 대한 강력한 금지 규정 탓에, 남학생들은 신고식 사태가 일어났을 때 전반적으로 혼란스럽고 소외된 기분을 느껴야 했다. 내가 교사 사무실에서 일하며 끊임없이 질문을 하고 다니는 사람이란 걸 알고 있던 남학생들은 여학생 기숙사들에서 **진짜** 무슨 일이 있었는지 나한테서 정보를 캐보려 했다. 당시 퍼진 소문들은 아주 기가 막혔다(그리고 그중 일부는 사실로 밝혀졌다). 반라의 여학생들이 밤늦게 기숙사 안을 돌아다니면서 성적으로 노골적인 게임을 하는 이미지는 대부분의 남학생들이 머릿속에서 떨쳐 내기엔 너무나 엄청난 것이었다.

대외적으로는 충격과 실망을 표명했음에도 불구하고, 많은 교사들은 바클레이에서 벌어진 일이 별로 놀랍지 않다고 조용히 입을 모았다. 언론과 불안해하는 학부모들의 쫑긋 세운 귀가 보이지 않는 곳에서 교사들은, 실은 여학생들이 남학생들보다 더 못됐다며 못마땅해 했다. 교사들이 보기에, 여학생 기숙사는 어느 날 아침 일어나 보면 친구들이 자신을 왕따시키고 있는 걸 알게 되는 그런 곳이었다. 이런 잔혹함은 봄 학기가 되면 절정에 이르곤 했는데, 바로 다음 학년 기숙사 배정이 결정되는 시기였기 때문이다. 학생들은 누구와 어느 기숙사에서 살고 싶은지를 신청할 수 있다. 이 시스템을 잘 이용하면 친구들끼리 같은 기숙사에 함께 살 수 있다. 매년 봄 학기가 되면 몇몇 여학생들은 친구들이 자신을 속였다는 사실을 깨닫는다. 친구들이 기숙사 배정 신청서에 자기 이름을 넣지 않은 것이다. 그런 식으로 이전에 친구였던 아이들이 어딘가에서 다 같이 모여 살 것이고 자신은 버려졌다는 사실을 알게 된다. 교사들은 바클레이 신고식의 주동자들이 **누구**인지 알고도 전혀 놀라워하지 않았다. "걔네들은 같이 살아선 안 되는 거였어요." 교사 한 명이 내게 말했다. "걔넨 못됐어요. 그야말로 끔찍하죠." 그는 학교 당국을 탓했다. "학교는 그런 걸 알고 있으면서도 아무 일도 하려 하지 않았어요. 아이들한테 인기 없는 결정을 내리고 싶지 않은 거죠."

나를 놀라게 한 건, 교사들 대부분이 뉴비의 밤과 학교 공식 행사들 간의 유사점을 눈치채지 못했다는 점이다. 어쨌든 세인트폴은 의례로 이루어진 곳이 아니던가. 학교 당국이 직접 마련해 둔 다양한 행사들은—비록 보디페인팅이나 기저귀는 없지만—매일, 매 학년 학교생활의 윤곽을 잡아 주는데, 사실 학생 하나하나가 학교에서 보내는 일정의 전체 윤곽을 결정짓는다 해도 과언이 아니다. 모든 교사와 학교 당국의 구성원들은 이런 의례적 행사들의 중요성을 역설하는데, 그런 행사들은 위계질서를 부여하고 세인트폴 교육에서 "진정 중요한" 것이 무엇인지를 강조한다. 예배당에서의 "자리 잡기"는 이 공동체의 일상생활에서 위계질서의 중요성을 상징적으로 나타내 준다. 또한 공식 만찬 자리부터 졸업반 소파, 그리고 캠퍼스 내 호수 중 하나에 따로 마련돼 있는 졸업반 전용 선착장까지, 모든 것이 의식儀式적인 시험대, 즉 각각의 머릿속에 선명한 인상을 남기며 어떻게 행동해야 할지를 일깨워 주는 계기들이다.

모든 종류의 학생 활동이 이런 공식적인 의례들을 보고 배우는 것은 아니다. 이런 성화된 시간과 공간들, 그리고 의식들은 학교에서의 "제2의" 삶, 즉 학생으로서의 삶을 위해 재조정된다. 학생들이 만들어 낸 대부분의 의례들은 학교를 구성하는 일부분으로 간주된다. 세인트폴에서 겪게 되는 필수 불가결하고 기초적인 경험의 일환으로 당연하게 받아들여지는 것이다. 그런데도 우리는 그런 의례들 중 몇 가지가 우리가(혹은 우리 할머니들이) 적절하다고 여기는 선을 넘어 버렸다고 진심으로 놀라워할 수 있을까? 공식 행사들 대부분이 그렇듯이, 바클레이의 졸업반 여학생들이 만들어 낸 의식들도 위계질서를 부여하고 참가자들의 위치—이 경우엔 사회적 관계에 따른 그 기숙사의 위계질서 안에서 졸업반 선배들 자신의 지배권과 뉴비들의 종속적인 지위—를 강화했다. 그러나 이 졸업반 여학생들이 예상하지 못한 것은 그들이 행한 의례들의 노골적인 섹슈얼리티가 불안감을 유발하리라는 점이었다. 졸업반 여학생들은 자신의 몸을 이용하는 법—몸을 훈육하는 법, 몸을 드러내 보이는 법, 막 생겨나고 있는 자신의 섹슈얼리티를 파악하는 법—을 배우는 것이 세인트폴에서 경험할 수 있는 것 가운데 결정적인 부분이라는 것을 알고 있었다. 그들이 깨닫지 못했던 것은 나머지 우리들이 그런 사실을 얼마나 마음 깊이 탐탁치 않게 여길까 하는 점이었다.

이 모든 사례는 학생들이 이 학교에 소속되기 위해 발버둥 치는 다양한 방식들을 보여 준다. 자기한테 맞는 공간을 찾아다니는 방법이나 잘 어울린다는 게 무슨 뜻인지, 상징적으로 중요한 게 뭔지 서로 알아 가는 법, 폴리가 되도록 서로를 독려해 주는 방식 같은 것들 말이다. 이런 의례들은 또한 학생들이 그냥 아무데나 어울릴 수는 없음을 드러낸다. 오히려 그들은 기존의 지위 체계 안에서 자기 자리를 찾아야만 한다. 앞에서 묘사한 의례들은 학교(와 엘리트 생활)의 시스템이 학생들의 몸에 각인되는 갖가지 방식들을 전형적으로 보여 준다. 신입생들은 그들의 지위가 위계에서 맨 아래 있다는 사실을 배운다. 그들은 부분적으로는 신고식과 신체적 통제라는 훈육 행위들을 통해 이런 위치를 체화하는 법을 배운다. 이전 장에서 했던 이야기로 돌아가 보자면, 학생들은 이런 종속적인 위치를 체화하면서 학교의 복잡다단한 관계들로 이루어진 사다리에서 맨 아래 칸을 차지하는 법을 배우게 되는 것이다. 세인트폴에서 그리는 시간의 포물선에서 필수적인 것 중 하나는 위계질서의 여러 다양한 단계들을 헤쳐 나가는 법을 배워서 나중에 꼭대기로 올라갔을 때 다른 이들에게 종속적인 위치를 성공적으로 각인시키는 것이다. 여기서 목표는, 그렇게 헤쳐 나가는 모습이 자연스럽게 몸에 배어 경비원과도 CEO와 마찬가지로 똑같이 막역하게 대화를 나눌 수 있게 되는 것, 즉 고위층의 삶을 살면서도 편안함을 갖춘 엘리트가 되는 것이다.

바클레이의 여학생들이 "잘못 생각한" 점은 그들이 신고식에서 했던 행동들이 너무 극단적이었다는 것이다. 그들은 꼭대기에 있는 이들과 맨 아래 칸에 있는 이들 사이에 지나치게 큰 골을 만들었다. 위계질서 안에서 둘 사이의 거리가 너무 멀었던 것이다. 의례적으로 이루어진 성적 학대가 보여 주려 한 바는, 위계질서를 넘나들 수 없다는 점 ─ 그러기엔 꼭대기에 있는 이들[졸업반 학생들]이 너무나도 멀고 압도적이었다—이었다. 이런 가르침은(물론 그런 행동도 마찬가지로) 세인트폴에서 용납될 수 없었다.

특권의 수행성

바클레이 기숙사에서 있었던 신고식은—그리고 그보다는 정도가 덜하지만 다른 많은 뉴비의 밤 행사들도—매우 연극적인 특성을 띠고 있었다. 분장부터 소품까지, 등장인물의 이름들부터 꾸며 낸 행동들까지 모든 게 연극적이었다. 이를 통해 우리는 세인트폴에서 이루어지는 관계들이 단순히 습득되는 게 아니라 어떤 식으로 수행되고 있는지를 더 깊이 들여다볼 수 있을 것이다. 주디스 버틀러를 비롯한 여러 학자들은 우리가 사회적 범주들을 단순히 이미 존재하고 있는 "사물"이 아니라 일종의 수행으로 생각해야 한다고 주장했다. 그렇게 수행성에 초점을 맞추게 되면 사람들이 어떻게 상호작용하는지에 대해 복합적으로 이해할 수 있게 되며, 또한 "동기와 행위 모두가 내면에서 비롯되는 것이 아니라 개인들이 처한 상황에서 비롯되는 경우가 너무도 흔하다"는 것을 새삼 깨닫게 된다.[9] 우리는 단순히 행위자들에게 부여되고 그 후 행위자들이 채택하는 규범이나 규칙들 그 이상을 보아야 한다. 오히려 우리는 행위자들이 삶의 여러 맥락 속에서 어떻게 특정한 관계들을 형성하는지에 초점을 맞출 필요가 있다.[10]

버틀러는 그런 수행들이, 구별짓기를 해주는 사회적 범주들에 어떤 함축적 내면성implied interiority을 만들어 주는 역할을 한다고 주장한다. 즉, 수행은 일단 제대로 실천되기만 하면, 사회적으로 구성된 것들을 자연스러워 보이게 만든다는 것이다. 지금 우리의 논의와 관련된 것은 젠더다. 버틀러에 따르면 우리는 모두 끊임없이 젠더를 수행하고 있으며, 그럼으로써 이런 사회적 구성물이 실제로 우리 안에 존재하는 진짜 타고난, 즉 자연스러운 특성이라는 환상을 만들어 낸다.

> 젠더는, 거기서부터 다양한 행위들이 펼쳐지는 안정된 정체성이나 행위자의 자리로 이해되어서는 안 된다. 오히려 젠더는 시시각각 느슨하게 구성되어, **양식화된 행위의 반복**을 통해 외부 공간에서 시행되는 정체성이다. 젠더는 신체적 제스처, 움직임, 그리고 다양한 종류의 스타일들이 변치 않는 젠더화된 자아라는 환상을 구성함으로써 효과를 발휘한다. …… 의미심장하게도, 만일 젠더가 내부적으로 불연속적인 행위들을 통해 시행되는 것이라면, **실체[본질]라는 외관**은 정확히, 구성된 정체성, 행위자 자신을 포함한 일상의 사회적 관객이 믿음의 형태로 생각하고 수행해 온 수행적 업적에 지나지 않는 것이다.[11]

우리는 세인트폴 학생들이 젠더뿐만 아니라 자아의 다른 수많은 측면들과 관련해 이처럼 양식화된 행위를 반복하는 것을 보았다. 반복을 통해 이들은 경험을 축적하고 특권을 체화하게 되는데, 이는 "노력"의 산물이 아니라 선천적으로 타고난 편안한 자질로 보인다. 이런 자연화된 특권은, 버틀러가 말하는 젠더처럼, 특권이 유리한 사회적 위치(일례로 1년에 4만 달러가 드는 고등학교에 다닌다든지 하는)의 산물이라는 점을 모호하게 만든다. 이는 또한 그런 편안함이 그토록 만들어 내기 어려운 것인 한, 다른 이들이 엘리트 표식을 드러내 보이지 못하도록 막는 동시에 특권 표식이 없는 이들은 단순히 "자질이 없는" 것으로 보이게 만든다.

우리는 이런 통찰을 확장해 엘리트들 간의 관계에 대해 생각해 볼수 있다. 엘리트가 된다는 건, 단지 행위자 "내부에" 뭔가(기술, 재능, 인적 자본)를 갖추게 된다는 뜻이 아니다. 그것은 체화된 수행적 행위로서, 이것이 가능하려면 뭔가를 갖춰야 할 뿐만 아니라 엘리트 조직(학교, 서클, 가문, 인맥 등) 안에서의 경험을 통해 뭔가가 각인되는 과정이 있어야 한다. 우리의 신체적 취향과 기질, 성향은 단순히 우리가 가지고 태어나는 어떤 것이 아니라 세상에서 우리가 겪는 경험을 통해 만들어지는 것들이다. 그런 것들은 그저 우리 마음에서 일어나는 게 아니라 우리가 반복적으로 행하는 것들이며, 그리하여 그런 수행들은 우리가 연기해 내는 인위적 역할—우리에게 혜택이 될 만한—이라기보다는 점점 더 자연스러운 우리 자신의 모습처럼 보이게 된다.

신고식 사태에 대한 대응의 일환으로, 학교 측은 기숙사에서 섹스와 섹슈얼리티에 대한 연속토론 자리를 마련했다. 토론회에서 나온 이야기들은 때로 바클레이에서 있었던 원래의 사건보다 더 불편했다. 한토론 자리에서, 어떤 졸업반 여학생—학생들 사이에서 신망이 두터웠던—은 이렇게 말했다. "글쎄요, 그건 누군가에게 줄 수 있는 최고의 선물 같아요. 그러니까, 그건 우리가 할 수 있는 가장 이타적인 일 중 하나라는 거죠." 이는 남자애한테 오럴섹스를 해주는 것을 두고 한 말이었다. 섹슈얼리티를 "이타적 선물"로 사용하는 일은 여학생들에 의해 다양한 형태로 변주되며 반복적으로 거론되었다. 이 문제에 있어 세인트폴이 유별난 것도 아니었다. 세인트폴과 비슷한 엘리트 사립고인 밀턴 아카데미도 같은 해에 학내 섹스 스캔들로 들썩였다. 밀턴의 경우, 한 여학생이 체육관에서 남자 친구를 비롯해 네 명의 남자애들에게 오럴섹스를 해준 사건 때문이었다. 그녀는 "남자 친구를 위한 생일 선물"로 한 일이었다. 세인트폴에서 열린 토론회 중 하나는 밀턴에서 있었던 이 사건도 다뤘다.

자신의 섹슈얼리티를 "이타적 선물" 또는 누군가에게 줄 수 있는 증정품으로 생각한다는 것은 섹슈얼리티와 특권 사이에서 여학생들이 직면하게 되는 모순을 한층 두드러지게 한다. 특권은 우리가 앞서 보았던 많은 관계들ㅡ"막역한 정중함", 자율성, 권위, 자기 관리, 편안함, 이해관계의 실현ㅡ을 통해 발휘되는 데 반해, 여학생들의 섹슈얼리티는 종종 자기 자신을 다른 이에게 이타적으로 주는 행위를 통해 발휘되기 때문이다. 특권의 수행과 여학생들의 섹슈얼리티 수행은 때로 쉽게 해결될 수 없는 심각한 모순으로 이어지기도 한다. 여학생들이 기숙사에서 섹스와 섹슈얼리티에 관해, 그리고 어떨 때는 섹스가 선물이라는 점에 대해 공개적으로 이야기를 나눈 데 반해, 남학생 기숙사에서 오간 이야기는 눈에 띄게 달랐다. 남학생들의 토론은 그들이 연애 중인지 아닌지에 따라 달랐지만, 모든 이야기엔 한 가지 공통점이 있었다. 남학생들은 자신의 성적 충동을 자연스럽거나 호르몬에 의한 것으로 설명했다는 점이다. 그리고 선물로 준다는 언급은 전혀 없었다.

"뭐, 그게, 그러니까, 저희는 막 그런 변화들을 거치고 있잖아요." 댄이 말했다. 입학 초기에 댄은 매번 다른 여학생을 끼고 댄스파티에 나타나거나 거의 매주 자기 방에 여학생을 데려가는 모습을 보였다. 이제 식스 폼[졸업반] 학생이 된 그는 자신의 섹슈얼리티에 대단히 자신만만해 했다. "이젠 그냥 느낌이 달라요. 제 말은, 써드 폼[9학년 신입생]일 때를 생각해 보면 지금은 …… 와우! 엄청난 변화죠."

"맞아요! 그러니까, 어떤 단계 같은 거죠." 짐이 댄의 말에 격하게 맞장구쳤다.

스티브는 웃음을 터뜨렸다. 특히나 짓궂은 포스 폼[10학년] 학생인 그는 웃다가 간신히 이런 농담을 내뱉었다. "그러니까 선생님들이 저희 방에 들어오기 전에 노크하는 데는 다 이유가 있는 거죠." 방 안은 웃음소리로 폭발했다. 스티브는 종종 우리가 노크하는 이유가 남학생들의 자위 ─ 십대 소년들이 시도 때도 없이 한다고 여겨지는 것 ─ 현장에 발을 들여놓고 싶지 않기 때문이라는 농담을 던지곤 했다.

댄은 자신이 그런 유치한 걱정거리 따윈 초월했다는 듯이 굴었다. "아니 근데 정말로요. 그러니까 제 말은, 그게 어렵다고요hard." 스티브가 이 마지막 단어를 듣고 더 크게 웃기 시작하자,* 댄은 그에게 사나운 눈길을 던졌다. 방은 불현듯 조용해졌다. 자신의 성적 편력에 대한 이야기를 이어 가면서 댄은 그를 특별히 우상화하는 후배 하나를 바라보았다. "이건 우리가 당연히 해야 할 일들 중 하나인 거죠. 시기가 그렇잖아요. 뭐 …… 이제 저는 케이티랑 사귀니까 좀 달라지긴 했는데, 그전에는 머릿속에 섹스밖에 없었어요."

나중에 나는 댄에게 그가 한 말이 무슨 뜻이었는지 더 물어보았다. 나는 케이티가 단순히 그의 성적 충동을 충족시킨 건지 아니면 변화시킨 건지 궁금했다. "케이티는 그 모든 걸 다른 방식으로 생각하게 만들었어요. 그러니까 저희 관계는 저한테 정말 중요해요. 그냥 육체

▪ hard는 "딱딱한"이라는 의미도 있기 때문이다.

적인 것만을 위한 게 아닌 거죠. 제 말뜻은, 케이티는 저한테, 뭐랄까, 통제하는 법까지는 아닌데, 뭐가 중요한지를 가르쳐 줬다고 할 수 있겠네요. 그래서 제가 이 모든 질풍노도의 시기를 무사히 넘기도록 도와준 거죠." 남성의 성적 충동에 대한 이런 식의 자연화는 남성 특권 의식의 한 형태다. 여학생들은 자신의 섹슈얼리티를 좀 더 잘 통제하며, 따라서 연애 관계를 통해 남학생의 섹슈얼리티를 제어할 수 있는 능력을 갖는다고 여겨진다. 우리가 여학생들에 대한 좀 더 구체적인 논의로 옮겨 가자, 남학생들은 매우 다르게, 그리고 덜 개방적이며 덜 자유롭게 말했다. 그럼에도 불구하고, 여기서 나온 이야기는 젠더 정체성이 세인트폴에서 어떻게 수행되는지를 드러내 준다. 많은 남학생들에게, 여학생들은 성적 권력 — 조종하고, 활용하고, 통제하고, 교화시킬 수 있는 권력 — 의 소유자로 여겨졌다.

"걔네들이 공식 만찬 자리에 입고 오는 거 보면 아시잖아요!" 스티브는 거의 소리를 질렀다. "아니, 그게 말이 되냐고요!"

"뭐랄까, 우릴 꼬시는 것 같아요. 걔넨 지들 하고 싶은 대로 다 하죠. 아니, 만약 제가 그런 옷차림을 했다면……." 앤드류는 자신의 상상을 마무리 짓지 못했다. 그의 다음 말은, 그가 블랙 미니 드레스를 입고 공식 만찬 자리에 나갈지도 모른다고 떠들며 놀리는 다른 아이들의 목소리에 묻혀 버렸다. "아니! 진짜로요! 무슨 말인지 아시잖아요. 제 말은, 뭐랄까, 걔넨 지들 하고 싶은 대로 다 한다니까요. 관심 끌려고 그런 옷을 입는 거잖아요."

"그리고 넌 걔네한테 관심을 주잖아!"

"걔네가 관심을 가져 주면 너도 그럴 걸!" 앤드류는 자신을 변호했다.

"그래도 그래서 공식 만찬 자리가 더 재밌긴 하잖아!"

"그래, 근데 문제는 항상 쟁반을 치우는 건 내 몫이 된다는 거지." 스티브는 공식 만찬 자리의 끝에 하는 가장 달갑지 않은 일, 즉 접시 나르는 일을 항상 하게 되는 데 대해 한탄했다. 그는 기숙사 지도교사 중 한 명에게 고개를 돌렸다. "선생님도 기억하시죠. 선생님께서 수잔한테 쟁반을 치우라고 하셨는데 제가 대신 하겠다고 나섰잖아요. 제가 그렇게 한 이유는 그냥…… 음…… 뭐…… 저도 하고 싶진 않았어요. 그런데도 그렇게 된 거라고요!"

여학생들은 자신이 하고 싶지 않은 일들을 남학생들이 하도록 조종한다고 간주된다. 그러나 여학생들이 하는 일이 이런 "조종"만은 아니다. 댄이 시사한 대로, 여자 친구를 사귀면서 그는 변했다. 케이티는 댄이 그의 자연적 충동으로부터 벗어나 "다른 무엇"으로 옮겨 가게 해 주었다. 이런 교화의 잠재력은 비단 남학생들뿐만 아니라 교사들에 의해서도 거론된다. 테니스팀 코치를 하면서 나는 선수 한 명을 관리하는 데 어려움을 느꼈다. 그는 주의가 산만했고 문제를 일으킬 소지가 있었다. 그를 잘 아는 교사 한 명이 내게 이렇게 말했다. "지금 브라이언을 위해 가장 좋은 일은 여자 친구가 생기는 거예요. 걔가 가을 학기에는 여자 친구가 있었는데, 그땐 **훨씬 괜찮았거든요**. 그 여자 친구 덕분에 정말 브라이언은 그때 성실하게 살았어요." 일반적인 시각은, 남자아이들은 통제할 수 없는 섹슈얼리티를 가졌으며 이로 인해 온갖 종류의 문제가 생겨나는 데 비해 여자아이들은—고맙게도—남자아이들을 조종하거나 교화할 수 있다는 것이었다.

이는 여학생들에게 이중 구속double bind*의 딜레마를 선사한다. 신고식 스캔들과 밀턴 아카데미에서 벌어진 사건 이후, 학교 당국은 학내에서 이루어지는 성관계의 건전성에 대해, 특히 여학생들에게 그것이 건전한 관계인지에 대해 우려를 표명했다. 이들이 보기에, 여학생들은 가벼운 섹스(특히 오럴섹스)나 섹슈얼리티를 통한 표현 같은 "새로운 성적 규범"(한 목사는 이를 이렇게 표현했다) 때문에 고통받고 있었다. 여학생들은 남자애들에게 성적인 행위를 해줄 거라는 기대를 받았고, 자신의 섹슈얼리티를 활용하고, 그것을 "선물"로 내놓으며, 끊임없이 자신을 성적인 존재로 드러내도록 부추겨졌다. 그러나 다른 한편, 누구도 남자아이들이 자신의 섹슈얼리티 때문에 고통받는다고 말하지는 않는다. 십대 남자아이들에게 성적 충동은 자연스러운 문제─발육 단계의 결과─로, 자기 자신을 통제하지 못하게 만드는 것으로 보였다. 요컨대, 남자아이들에 대해서는 그들의 섹슈얼리티를 자연스럽고 호르몬에 의한 것이라고 설명함으로써, 대체로 일체의 성적 관계에 대한 책임을 회피할 수 있게 하는 것이다. 여자아이들은 자신의 섹슈얼리티는 물론 남자아이의 섹슈얼리티까지 모두 통제할 수 있다고 간주된다. 따라서 여자아이들은 역설적이게도 건전하지 못한 성적 관계의 피해자이면서 동시에 그런 관계를 통제할 능력이 있는 유일한 존재가 된다. 여학생들이 자기 자신에 대해 하는 이야기들에서도 또 그들에 대해 들려오는 이야기들에서도, 여학생들은 자신이 통제하는 상

■ 인류학자이자 정신의학자인 그레고리 베이트슨Gregory Bateson이 1956년 "조현병 이론에 대하여"라는 논문에서 제시한 개념으로, 도저히 벗어날 수 없는 인간관계에서 상호 모순적인 메시지가 동시에 주어지면서 어떤 선택도 부적절한 반응으로 만들어 버리는 상황을 가리킨다. 예를 들어, "자발적으로 공부해"라고 명령하는 상황에서 청자는 공부를 해도, 안 해도 명령을 제대로 따르지 않는 것이 된다. 이는 정신의학을 넘어 다양한 사회, 문화 현상을 이해하는 모델로 활용되고 있다.

황의 피해자인 것이다.

이런 역설적 상황은 여성 해방 담론을 문제적이고 비정상적인 것으로 만들어 버리는 식으로 이용하는 한 방법이다. 이는 여자아이들을 더 주체적이면서 이성異性에 덜 의존적인 존재로 간주하는 최근의 문화적 해석들을 인정하면서도 동시에 그것을 이용해 여자아이들을 비난하는 이중 구속의 상황을 보여 준다. 따라서 남자아이들의 자연화된 섹슈얼리티가 배경으로 물러나 있는 동안 여성 섹슈얼리티는 전면에 등장하게 된다. 여성운동이 초점을 맞춰 온 자신의 섹슈얼리티에 대한 행위주체성이 왜곡돼 온 결과, 오히려 그것이 사회적 관계들 내에서 여성의 완전한 평등을 제한하는 데까지 이른 것이다.[12] 수행적이고 신체적인 드러내기를 할 때, 여학생들은 좀 더 자의식 강한 관리자 위치에 놓이는 반면, 남학생들은 그저 "자연스럽게"[본능대로] 행동하고 있을 뿐이라는 관념에 기댈 수 있다. 섹슈얼리티의 측면에서 볼 때 남학생들은 성적 편안함에 기댈 수 있지만 여학생들에게 이는 일반적으로 불가능하다.

그 결과 두 성 사이에는 의미심장한 간극이 생긴다. 여학생들은 특권이 응당 수행되어야 하는 방식과는 모순되는 수행적 행위를 드러내 보이게 되는 것이다. 다시 말해, 여학생 되기와 엘리트 되기 사이에는 긴장이 존재한다. 여학생들은 자신의 섹슈얼리티를 규제해야 하며, 그들 자신은 물론 남학생들의 거리낌 없는 충동들까지 통제하기 위해 자의식적으로 행동해야 한다. 그러나 그와 같은 규제는 편안함과는 상극이며, 노력하면서도 전혀 힘들지 않은 것처럼 보여야 하는 엘리트적 목표와도 상반된다. 나아가, 여학생들의 섹슈얼리티는 서로의 관계에서 핵심이지만, 그런 섹슈얼리티를 표출할 때 보통 학교에서 교사들의 우려에 부딪히게 된다. "어깨 노출 금지" 규정이 한 예이며, 여학생들이 댄스파티에 입고 오는 옷차림에 대한 교사들의 반응 ─ 너무 노출이 심한 옷을 입고 온다고 한탄하며 입방아를 찧는 ─ 이 또 다른 예다. 여학생들은 몸을 노출하면서도 격식을 차린 옷을 편안하게 소화하는 법을 배우지만, 한편 그것이 부적절하고 죄의식을 느낄 만한 일이라는 생각도 갖게 된다. 학교에서 섹슈얼리티를 표출하려면 여학생들은 특권의 적절한 표출에 반하는 수행적 행위를 하게 될 수밖에 없는 것이다.

발 빼기

부유한 집안 출신의 11학년생 린은, 나와 대화를 나눌 당시 또 다른 여학생 수잔과 두 달째 절친한 관계였다. 그녀는 새로 사귄 다른 여학생과의 반공개적인 관계에 대해 이야기하는 것에 대해 놀라울 정도로 적극적이었다. "뭐, 큰 변화긴 하죠. 이렇게 표현해서 죄송하지만, 제가 이제 그 모든 개짓거리들을 참아 줄 필요가 없다고 생각하면, 아주 좋아요. 애들은 요즘 제가 수잔의 손을 잡고 걸어가면 이상하게 쳐다봐요. 그게 한때는 엄청 신경 쓰였거든요. 근데 요새는 일부러 보란 듯이 해요, 제가 변했다는 걸 알 수 있도록 말이에요. 전 이제 더 이상 그런 멍청한 게임에 참여하지 않을 거예요. 전 더 행복해졌다고 생각해요. 아니, **확신해요.**"

  린은 자신의 정체성을 레즈비언으로 규정하지는 않았지만, 여러 가지 해석의 여지를 던져 주는 모호한 관계를 통해 자기 자신과 자신의 학교생활을 완전히 뒤바꿔 놓았다. 나와 대화를 나눌 때 그녀는 후줄근한 추리닝 바지에 세인트폴 티셔츠를 입고 있었다. 상의는 그녀가 학교를 완전히 거부하는 건 아님을 말해 주었다—물론 폴리 여학생들이 추리닝 바지를 그리 자주 입지는 않지만 말이다. 그녀는 내 사무실에 편안한 자세로 앉아 대화 내내 당찬 눈빛으로 나를 바라보았다. 그녀는 레즈비언이라는 자신의 "평판"에 개의치 않았다. 부모님이 생각날 때는 빼고 말이다. "누가 저희 엄마한테 저랑 수잔에 대한 뭔 말도 안 되는 얘기를 해서 엄마가 완전히 뒤집어진 적이 있었어요!" 그녀의 목소리가 격앙되었다. "엄마가 좀 측은했죠. 그래서 그냥 엄청 좋은 친구라고만 해뒀어요. 코네티컷 출신이란 게 진짜 짜증 난다니까요. 저희 가족을 아는 사람이 많거든요. 그러니까 같은 고향 출신들끼리 막 이 얘기 저 얘기 하는 거예요. 그래서 밖에 나가면 힘들다니까요."

린은 학교 밖으로 소문이 나는 것에 대해서는 불안해했지만, 학교에서는 비교적 흔들림이 없는 편이다. 그녀는 자신의 기숙사 생활에 생긴 변화—그녀의 방을 찾아오는 여학생들이 줄었고, 특히 한 여자아이는 그녀와 같은 시간에 화장실에 있는 것도 싫어한다는 등—에 대해 얘기하지만, 대체로는 수잔과의 관계를 시작한 이후에도 그렇게 크게 달라진 점을 느끼지 못하는 것으로 보인다.

다른 많은 학생들은 린을 사회적 낙오자social outcast로 본다. 학생들은 그녀를 단순히 이상하다고 생각하는 게 아니라, 이 학교에 존재하는 것 자체가 수상쩍다고 생각한다. 언젠가 다른 학생들 앞에서 내가 그녀와 얘기를 나눴다고 말하자, "걔랑은 뭐 하러 얘길 하시는 거예요?"라는 반응이 돌아왔다. 다른 학생도 맞장구쳤다. "맞아요. 선생님께선 **세인트폴**을 연구하러 오셨다면서요." 린이 폴리가 아닌 것처럼 취급되는 이유는 단순히 그녀의 섹슈얼리티 때문만은 아니다. 내가 이 학교에 있었던 1년 사이, 학생회장 진이 게이라며 커밍아웃했다. 그는 캠퍼스에서 가장 신망이 두터운 학생 중 하나로 오히려 커밍아웃 이후 인기가 더 높아진 것 같았다. 그러나 진은 다른 행동거지에 있어서는 학교에 도전적인 면모를 보이지 않았다. 그는 폴리처럼 걷고, 말하고, 입고, 행동했다. 반면에 린은 그러지 않았다. 그녀는 자신의 정체성을 꽤나 다르게 수행했다. 즉, 세인트폴에서 여학생으로─아니면 그냥 학생으로라도─사는 다소 동질적인 방식에 도전하는 방식으로 말이다. "그런 멍청한 게임"에서 발을 빼는 쪽을 선택하면서, 린은 폴리라는 정체성의 토대에 보기 좋게 (아마 자신도 모르게) 일격을 가했다. 즉, 동급생들의 외견상 "자연스러운" 옷차림과 행동 뒤에 감춰진 환상을 폭로해 버린 것이다. 그녀는 그들의 외견상 편안함이 타고난 것이 아니라 의식적인─[게임에서] 발을 빼기로 한 자신의 결정과 거의 흡사한─결정임을 보여 주었다.

내가 린한테 "그런 멍청한 게임"이란 게 무슨 뜻이냐고 묻자 그녀는 많은 이야기를 쏟아 냈다. 모든 공적인 상호작용을 위해 준비하는 과정에 대해, 매순간 자신이 어떤 모습으로 보일지 걱정하는 것에 대해, 그리고 가장 중요하게는, 다른 이들이 어떻게 생각할지 걱정하는 것에 대해 말이다. 이제 그녀는, 대부분의 경우 그런 걱정들로부터 자유로워졌다고 느끼고 있었다.

"지금은 시간이 훨씬 더 많아진 느낌이에요. 예전엔 예배나, 공식 만찬 자리나, 댄스파티나, 아니면 심지어 인터비스intervis[남학생 기숙사 방문] 같은 걸 준비하는 데도 시간이 엄청 오래 걸렸거든요! 침대에서 막 일어나서, 그러니까 예배 가기 전에 옷 갈아입을 시간조차 없을 때도, 머리 손질과 화장은 꼭 했어요." 그녀가 자신의 예전 모습을 비웃으며 말했다. "심지어 어떨 때는 상의만 바꿔 입었는데, 뭔가 말쑥한 옷이 아니라, 그냥 제 생각에 좀 더 나아 보이는 다른 파자마 상의로 갈아입었다니까요. 그러고는 예배당으로 달려갔어요. 미친 짓이죠! 최악인 건 뭐냐면, 그 어떤 것도 결코 저를 위한 건 아니었다는 거예요. 누굴 위해서 제가 그랬는지 모르겠지만, 한 번도 제가 원해서는 아니었어요."

린은 자신이 섹슈얼리티 지위 체계에서 해방되었음을 강조하는 만큼, 자신이 다른 이들에게 어떻게 비치는지 그리고 실제로 "그런 멍청한 게임"에 동참했을 때와 현재의 생활이 얼마나 다른지에 대한 이야기도 멈추지 못했다. 그녀가 내게 하는 이야기는 거의 전부가 그런 게임과 관련돼 있었다. 학생들이 이제 그녀의 옷차림과 손잡는 모습을 어떻게 보는지에 대해서든, 아니면 그녀의 기숙사 생활에 대해서든, 뭐든 이야기할 때 린의 기준점은 다른 여학생들의 시선이었다. 처음에 그녀는, 자신이 이전과는 다르게 행동하는 이유가 정말로 자신이 원해서라고 말하는 것 같았다. 하지만 지금 하고 다니는 옷차림에 대한 이야기를 캐묻다 보니 꽤 다른 대답이 나왔다. "재밌잖아요. 불편해 하는 사람들이 많거든요. 절 보면서 '쟤 옷차림새 좀 봐' 하지만, 그러면서 자기들 옷차림에 대해서도 생각하게 되는 거예요. 그러니까 제가 이렇게 입어서 **개네들한테** 그런 생각을 해보게 **만든** 거죠!" 자신의 추리닝 바지를 움켜쥐며 그녀가 말했다. "아침에 옷 입으면서 전 그런 생각을 해요."

린이 "그런 멍청한 게임"에 동참하기를 거부한다고 해서 자신이 원하는 대로 스스로의 이미지를 바꿀 수 있는 건 아니다. 오히려 그녀의 저항적 행동들마저 그녀가 거부하고자 하는 섹슈얼리티 체계와 관련돼 있다. 그러니까 린은 다른 여학생들이 삶을 조직화하는 방식의 정당성을 거부하면서도, 스스로를 정의하는 데 있어 이런 조직화 방식을 대당으로 설정함으로써 그것을 더욱더 성화하고 있는 것이다. 다른 남학생과 여학생들을 위해 옷을 차려입거나 지배적인 섹슈얼리티 체계 내에서 활동하는 "그런 멍청한 게임"은 하지 않지만, 그녀는 여전히 전체 게임에는 참여하고 있다. 그녀가 ("남자애처럼" 앉는다든지 하면서) 자신의 저항을 신체적으로 각인한다거나 수행적 드러내기에 가담하는 것도 실은 다른 여학생들의 수행에 대한 일종의 대화 속에서 이루어지는 것이다. 린이 생각하는 것처럼, 그녀는 다른 학생들이 편안함을 드러내는 방식들이 단순히 타고난 자아의 표현이 아니라 일종의 수행[연기]이라는 점을 상기시켜 주는 존재다. 하지만 그녀는 자신의 새로운 옷차림과 태도 역시 수행임을 시인하고 있음에도 불구하고 스스로가 얼마나 특권을 체화하는 방법에 대한 학교의 비전에 묶여 있는지에 대해서는 자각하지 못하고 있는 것 같다.[13]

남학생들도 마찬가지로 자신들을 판에 박은 듯한 폴리의 모습으로 융화시키려는 절차들에 저항한다. 그러나 그들이 선택할 수 있는 저항의 폭은 훨씬 넓다. 린과 같은 애들은 여학생들 사이에 존재하는 성적 계층 구조 **내에서** 저항한 것이지만, 남학생들은 이 계층 구조에서 "발을 빼" 아예 다른 계층 구조를 선택할 수 있음을 우리는 곧 보게 될 것이다.

에릭 킴은 거의 모든 교사들이 좋아하는 애였다. 노력파에 똑똑한데다 거의 모든 상황에서 "할 일을 다 하는" 것 같았고, 선후배 동기들 누구에게나 가릴 것 없이 거의 항상 친절한 사교적 스타일이었다. 엄청난 노력파에 공부에 대해서도 무척 진지한 태도로 임했지만, 에릭은 메리와 같은 긴장과 스트레스의 신호는 전혀 드러내지 않았다. 비록 바빴지만, 편안하면서 주도적인 모습을 보였던 것이다. 학생들은 그의 노력을 존중했고, 다정함을 높이 평가했으며, 아마 그가 세인트폴을 헤쳐 나가는 방식을 동경하는 이들도 있었을 것이다. 그러나 그는 인기 있는 스타일은 아니었다. 에릭에게는 매력적인 여자 친구는커녕 여자 친구 자체가 아예 없었다. 인기 있는 애들이 주말 연휴 동안 학교를 벗어나 놀 때 그에게는 함께 가자고 하는 법도 없었다. 실은 그의 동급생들도 그의 방을 자주 찾는 건 아니었으며 저녁 먹으러 나가자고 하는 일도 없었다. 그는 내가 볼 때 근면함이나 겉으로 드러나는 태도로 보면 "이상적인" 세인트폴 학생으로서 갖춰야 할 것들은 대부분 체화하고 있었다. 그러나 뭔가 빠진 게 있었다.

여학생들이 에릭을 보러 온 적도 있기는 했다. 하지만 에릭을 대하는 태도는 그들이 끌리는 남학생들을 대하는 것과는 뭔가 달랐다. 에릭과 같은 기숙사의 조니에게는 (그가 번갈아 가며 사귀거나 "한 건 올리는") 여학생들이 뻔질나게 찾아왔다. 그에게는 별 목적 없이 찾아오는 경우가 대부분이었다. 다른 기숙사를 방문할 때마다 여학생들은 교사들에게 방문 목적을 말하도록 되어 있는데, 조니를 보러 온 여학생들은 흔히 "안녕하세요, 선생님. 조니가 여기 있으면 좀 만나려고요. …… 음, 조니 지금 방에 있나요?"와 같은 식으로 말하곤 했다. 이에 반해, 에릭을 보러 올 때면—현저히 드문 일이었지만—그들은 거의 항상 자신이 찾아온 이유를 콕 집어 이야기했다. "선생님, 미적분학 숙제 때문에 에릭이랑 얘기를 해야 하는데요. 지금 있나요?" 조니의 방문객들은, 당연하게도, 자신이 조니와 잘해 보고 싶어서 왔다고 나한테 밝힐 수는 없는 노릇이었다. 그와 달리, 여학생들이 에릭을 보러 오는 이유에는 의심의 여지가 별로 없었다. 미적분을 하러 오는 거지, 그와 시간을 보내려고 오는 건 아니었다.

흥미로운 예외가 딱 한 번 있었는데, 매력적이고 인기도 많은 여학생 케이트가 너무도 분명하게 에릭을 좋아했다. 그녀는 "숙제 얘기를 하려고" 그를 정기적으로 찾아왔다. 한 번은 점심시간에 그 둘을 가르치는 교사와 대화를 나누던 중 나는 케이트가 에릭을 방문하는 일을 언급하면서 에릭이 수학을 정말로 잘하나 보다고 했다. 그는 기꺼이 내 생각을 바로잡아 주었다.

"사실은요, 케이트는 에릭만큼 잘하거나, 어쩌면 훨씬 더 뛰어날지도 몰라요. 다만 그만큼 노력을 안 할 뿐이죠." 파커가 내게 말했다.

"정말요? 그럼 케이트는 왜 자꾸 여기 와서 에릭이랑 숙제를 하려는 거죠?"

베테랑 교사인 파커는 내 말에 웃었다. "아직도 이 애들을 이해 못 하는군요! 그럼 왜 케이트가 온다고 **생각**하는 건데요?"

나는 믿을 수가 없었다. 그 둘이 그렇고 그런 사이일 가능성이 있다는 건가?

"물론 아니죠."

"그럼 뭔데요?" 나는 약이 올라 되물었다.

"뭐, 걔넨 아마 서로 좋아하고 있을 거예요. 하지만 여기선 잘되지 않을 거란 거죠. 그러니까 케이트는 제임스 같은 애랑 만나잖아요." 파커가 가르쳐 주었다. 제임스는 인기 많고 잘생긴 애였다. 파커는 나와 케이트를 제물 삼아 농담하는 게 참을 수 없이 재미있다는 듯 말을 이었다. "적어도 이번 주는요."

"저런!" 나는 소리쳤다. 난 걱정과 실망감―서로를 그렇게나 좋

아하는 듯 보이는 케이트와 에릭이 결코 잘되지 않으리라는 데 대한
—을 감출 수 없었다.

"고등학교는 힘든 곳이에요." 파커는 내게 무덤덤하게 말했다.
"세인트폴은 더 힘들죠."

파커와 이런 얘기를 나누고 나서부터 나는 케이트가 에릭을 보러
오면서 몇 번이고 계속 "미적분학 공부하러 왔어요"라는 말을 이리저
리 돌려 한다는 것을 알아챘다. 이것은 나와 에릭에게, 이 공용 공간의
다른 이들에게, 그리고 심지어 케이트 본인에게도, 그녀가 에릭을 찾
아온 이유가 에릭 때문이 아닌 **공부 때문**이라는 걸 보여 주는 표식이
었던 것이다.

내가 케이트가 찾아오는 것에 대해 물었을 때, 에릭은 터놓고 이
야기하진 않았다. "저희는 공부할 때 잘 맞는 편이에요. 잘된 일이죠,
뭐. 제가 여럿이서 공부할 때 잘되는 편은 아니거든요. 근데 케이트랑
은 같이 공부하면서 더 많은 걸 해낼 수 있는 방법을 찾은 것 같아요."
여기서, 그리고 다른 상황에서도 에릭은 다른 남학생들과 똑같은 기준
으로 판단되는 것에 저항하고 있는 것으로 보인다. 내게 말하진 않았
어도 그는 분명 케이트를 좋아했다. 하지만 그렇다고 해서 그가 할 수
있는 일은 없었다. 그녀의 호감을 얻는 데 있어서는 다른 남학생들이
그를 압도했기 때문이다. 그래서 그는 성적 매력을 기준으로 다른 남
학생들과 겨루는 경쟁에서는 발을 빼기로 한 것이다. 그러나 자신에게
우호적이지 않은 위계질서에 대한 에릭의 "저항"은 린의 그것과는 달
라 보인다. 사실 전혀 저항처럼 보이지도 않았다. 그건 회피처럼 보였
으며, 대부분의 경우 실제로 회피였다. 에릭은 그저 운동 실력이나 매
력이라는 영역에서 경쟁하지 않기로 선택한 것이다. 에릭은 그런대로

괜찮은 운동신경을 가졌으며 못생긴 것과도 거리가 멀었다. 하지만 그는 공부를 잘하는 학생이었고 노력파였다. 그는 그런 부분에서 최선을 다했다. 내가 에릭에게 왜 더 "인기 있는" 애들과 어울리거나 그런 애들이 하는 일들을 해보지 않는지 묻자, 그는 내게 이렇게 말했다. "있죠, 선생님. 아시아계 엄마가 있으면 처지가 완전 다르답니다. 그러니까 전 열심히 공부하지 않으면 국물도 없다고요! 엄마가 절 죽이려 들걸요. 엄만 항상 저를 몰아붙이셨어요. 한동안은 그게 다였죠. 이젠 제 스스로 그러고 있고요."

하지만 나는 에릭의 진단이 그다지 만족스럽지 않았다. 에릭만큼 공부를 잘하면서도 열심히 한다는 걸 드러내지 않는 애들도 있었다. 아닌 게 아니라 몇몇 인기 절정의 학생들은 에릭만큼 많은 시간을 공부에 할애하면서도, 애들 사이에서 에릭과 같은 방식으로 자신을 프레임화하지는 않았다. 여기서 차이점은, 성적을 기준으로 한 학교의 계층구조에서는 에릭이 정상에 가깝겠지만, 신체적 매력이나 성적인 능력 혹은 운동 실력을 기준으로 한 위계질서에서는 중간 정도라는 것이다. 그러니까 그는 단순히, 신체적 매력과 섹슈얼리티라는 가장 유력한 영역의 경쟁에서는 발을 빼고, 자신의 학업적 우수성을 기반으로 한 경쟁에만 끼기로 한 것이다. 에릭이 다른 영역에서 경쟁할 수 있다는 것은 곧 그런 영역이 존재해야 한다는 뜻인데, 이는 린이나 메리에게는 존재하지 않는 영역이었다. 또한 케이트 같은 높은 지위의 여학생이 여러 번 찾아왔다는 사실이 말해 주듯, 에릭은 이렇게 다른 영역에서 경쟁함으로써 린 같은 학생들에게선 전혀 관찰할 수 없었던 보상을 받기도 했다. 그렇다고 해서 이 점을 너무 강하게 받아들여서는 안 된다. 남학생들에게는 이런 선택이 훨씬 더 쉽다거나 발을 빼는 편이 더 효과적이라는 뜻은 아니니까 말이다. 사실 남학생들의 다층적 계층화 체계들은 그것들 자체가 계층화되어 있다(그중 최상의 위치를 차지하는 것은 운동 실력과 [성적] 매력이다). 하지만 남학생들에게는 그들이 자리 잡을 수 있는 다른 체계들이 존재하기 때문에 파괴적이거나 대립적이지 않은 형태의 저항이 가능하다.

메리를 떠올려 보면, 왜 에릭은 노력파 공부벌레 이미지를 고수하는 게 "성공적"인 반면, 메리는 그렇지 않은지 궁금해질 수 있다. 에릭의 좌우명은 분명 "열심히 공부하지 않으면 국물도 없다!" 같은 것이다. 메리의 신조 역시 이와 아주 비슷하다. "열심히 노력하는 수밖에 없는 거죠." 그렇다면 에릭과 메리 사이의 차이는 어떻게 설명될 수 있을까? 두 가지다. 첫째로, 이전에도 논의한 바 있듯이, 남학생과 여학생은 선택 가능한 표현의 범위 자체가 자르다. 여학생들은 섹슈얼리티에 압도당하지만, 남학생들에게는 더 많은 선택지가 있다. 메리에게는 거의 존재하지 않는 것과 다름없는 선택지들이 에릭에게는 있는 것이다. 둘째로, 그리고 이 장의 전반적인 주제와 연관 지어 이야기하자면, 에릭은 공부 잘하는 노력파라는 프레임을 채택하면서도 신체적으로 "자연스러움"을 드러내 보일 수 있었다. 가방의 무게에 짓눌린 채 캠퍼스를 쏜살같이 내달렸던 메리와는 달리, 에릭은 마치 노력하는 것이 그가 태어난 이유인 양, 그에게 노력은 편안하거나 자연스러운 것인 양 보이게 만들었다. 따라서 그의 수행적 드러내기는 이상적인 폴리의 자세와 맞아떨어졌다. 메리에게는 그녀가 노력파라는 걸 드러내 보이는 것이 어떻게 보면 [편안함의 수행에 대한] 도전이었는데, 그 이유는 그것이 이 학교에서 여학생이 선택 가능한 존재 방식에 부합하지 않고, 오히려 섹슈얼리티라는 지배적인 표현 형식과 상반되는 자리에 그녀를 위치시켰기 때문이다. 에릭이 편안함을 누릴 수 있었던 이유는 그의 행동이 남학생으로서는 용납 가능했기 때문이다. 메리는 그런 가능성을 누릴 수 없었기에, 금방이라도 무너져 내릴 것처럼 보였던 것이다.

스티븐 에이모리의 경우를 생각해 보면, 에릭이 가진 여러 선택지들이나 메리를 구속한 옹색한 상황을 제대로 이해할 수 있다. 스티븐은 결코 뛰어난 학생은 아니었다. 사실 그는 딱 보통 수준의 학생이었다. 운동 실력 또한 보통이었다. 그리고 항상 부스스한 행색—며칠 동안 입고 자던 옷을 그대로 입고 나온 것 같기도 하고, 바닥에 쌓인 옷 중에서 하나를 눈 감고 집어 걸치고 나온 것 같은—이었다. 그렇다고 그가 더럽다거나 아무런 노력도 하지 않았다는 뜻은 아니다. 오히려 그는 틀에 맞춰지지 **않으려고** 노력하는 것 같았다. 그러면서도 스티븐은 린과는 다르게, 거의 모든 학생과 교사들의 호감을 샀다. 이건 그가 예술가였기(혹은 자기 자신을 그렇게 드러냈기) 때문이다. 스티븐은 기타도 치고 시도 썼다. 그는 연극 무대에도 섰으며 매 학기마다 자신의 그림들을 학교 미술 전시회에 전시했다. 그는 학업이 주는 매일 매일의 압박에 미쳐 가지 않았으며, 매일같이 "멋있게 보여야" 한다는 중압감에 무릎을 꿇지도 않았다. 스티븐은 다재다능해 보였다. 어딘가 달랐다. 그리고 학생이든 교사든 모두 그를 동경했다. 어느 정도까지는 말이다.

스티븐은 남들과 다르게 행동했다. 우선순위가 아예 다른 것처럼 보였다. 친구들이 방학 동안 해야 할 과제나 SAT 준비에 대해 이야기하면, 스티븐은 이렇게 끼어들었다. "난 그런 건 정말 못하겠어. 내가 실력이 안 된다는 건 아니야. 근데 그걸 해서 얻는 게 뭔데? 그래 뭐, 하버드를 얻을 순 있겠지. 근데 그 다음은? 뭐, 로스쿨?" 스티븐은 극적인 효과를 위해 잠시 기다렸지만 아무도 그의 질문에 답하지 않았다. "그리고 미친 듯이 일만 하겠지. 우리 아빠처럼 말이야. 우리 아빠는 인생을 즐길 줄도 몰라. 아님 평범한 사람처럼 사는 법을 잊어버린 거겠지. 아니, 그냥 사람처럼 사는 법조차 잊은 것 같아. 난 그런 데는 안 갈 거야. 난 '성공'하기 위해 ─ 그게 뭔 뜻인지도 모르겠지만 ─ 무슨 짓이든 하기보단, 내가 좋아하는 걸 찾으려고 해."

스티븐은 세인트폴의 열심히 노력한다는 정신에서 발을 빼는 쪽을 선택한 것이었다. 하지만 엄밀히 말해, 그는 그러지 못했다. 그가 빠져나온 것은 공부에 대해 얘기하거나 "전통적인" 방식으로 열심히 노력하는 일로부터였다. 스티븐의 스케줄은 여느 학생들과 다름없이 꽉 차 있었다. 그는 그만큼 많은 수업을 들었다. 저녁이 되면 그는 미술 스튜디오나 연극 리허설들에 가기 바빴다.

하지만 그는 여학생 기숙사든 남학생 기숙사든 기숙사들을 "순회"하는 짓은 하지 않았다. 학교 댄스파티에도 적극적으로 참여하지 않았다. 간혹 파티에 가더라도 "특이한" 옷차림을 했다. 다른 학생들도 그의 이런 차이를 눈치챘다. 파티에서 돌아오자마자 우리 기숙사 남학생들은 그에 관한 뒷담화에 열을 올렸다.

"야, 스티븐 정말 괴초 같지 않냐." 괴짜이면서 대마초를 필 가능성이 높다는 뜻의 오래된 폴리 은어를 써가며 알렉스가 말했다.

그의 룸메이트인 매니가 잠시도 기다리지 못하고 합류했다. "아,

맞아! 그거 뭐였어?"

"몰라. 어쨌든 나도 좀 입어 보고 싶더라!"

흥미를 느낀 나는 무슨 얘기를 하고 있는지 물었다. 매니는 내가 절대 이해 못할 거라며 말했다. "**정말** 보셨어야 해요. 완전 **말도 안 되는** 바지를 입고 있었다고요."

"걔가 직접 만들었다에 한 표."

"차라리 그랬으면 다행이지." 라이언이 끼어들었다. "앞이 안 보이는 애들이 만든 걸 자선 경매에서 샀다면 또 모를까."

"멋졌어요." 매니는 내가 혼란스러워 한다는 걸 눈치채고 스티븐의 옷차림을 묘사해 주려 했다. "아니 근데 진짜로요. 버린 옷조각들을 기워 놓은 것 같았어요. 그리고 펑퍼짐하다가 좁아졌다가 다시 펑퍼짐하고. MC해머 바지처럼요. 다만 더 희한했어요."

"더 흉했다고 해야지." 알렉스가 말했다. "그리고 걔 셔츠도 별반 다르지 않았고요."

캠퍼스의 좀 더 보수적인 학생으로서, 구김 한 점 없이 다림질된 브룩스 브라더스 셔츠 없이는 거의 방을 나가지도 않는 라이언은, 한 움큼의 경멸과 함께 이렇게 말했다. "걘 정말 희한해."

살짝 보헤미안스러워진 매니는 그런 희한함을 옹호하면서 이의를 제기했다. "하지만 천재적이지. 걔 작품 완전 장난 아니잖아."

"맞아. 먼 훗날 내가 사지도 못할 만큼 값이 나가겠지." 알렉스가 말했다.

하지만 라이언은 여전히 시큰둥했다. "그 작품이란 게 걔 바지처럼 생겼다면 왜 그걸 가지고 싶은지 모르겠네."

"누군가는 알겠지."

이 학생들에 따르면, 스티븐은 괴짜이면서 동시에 천재적이다. 내가 보기에 그는 괴짜였을 수 있다. 그러나 이미 많은 독자들이 예상했겠지만, 그의 작품들은 결코 천재적인 것과는 거리가 멀었다. 그의 재능을 깎아내리려는 건 아니다. 그가 재주가 좀 있는 건 맞지만, 세인트폴의 비평가들이 내린 평가에도 불구하고 천재는 아니었다는 뜻이다. 하지만 학생들 사이에서 그는 예술적 표현의 정점으로, "희한"하긴 하지만 그 희한함이 골칫거리는 아닌 아이로 간주되었다. 부분적으로 그 이유는, 세인트폴 학생들이 자기 학교 학생 전체가 얼마나 재능 있는지를 끊임없이 과대평가하기 때문이다. 각각의 위계질서 꼭대기에 있는 아이들은 단지 이 학교에서 최고인 것만이 아니라 세계 최고에 가깝다고 가정된다. 음악이든 스쿼시든 수학이든 하키든 과학이든 문예창작이든, 이 학교에서 정상에 오른 학생들은 인생에서도 출세길에 오른 것이라고 간주된다. 그런 까닭에 스티븐의 존재가 이런 학생들에 의해 미리부터 알려지게 되는 것이다. 그들은 스티븐이 "희한"하면서도 "천재적"이라는 점, 그리고 그의 작품이 언젠가 그의 세인트폴 친구들조차 살 수 없을 정도로 대단히 비싼 가격에 팔리게 될 것이라는 점을 강조하는 데 열을 올린다. 이 애들 생각 속에서 스티븐은 미술계에서 명성을 떨칠 운명인 만큼, 세인트폴에서 그의 지위는 전혀 놀랍지 않다. 비록 폴리로서 일반적으로 드러내 줘야 할 것들 가운데 몇 가지 — 이를테면 피 터지게 노력한다든가 사회생활에 잘 참여한다든가 하는 것들 — 를 회피하고 있긴 하지만, 스티븐은 이곳에서 가장 중요한 영역, 즉 세인트폴 학생 모두가 바라는 바, 그리고 실제로 그렇다고 믿는 바에 있어서 "타고났"다. 바로 특출난 존재로서 말이다.

물론 그렇다고 해서 스티븐이 엄청나게 인기가 있는 건 아니다.

하지만 에릭이 가진 것과 같은 통상의 매력과 운동 실력으로부터 벗어난 스티븐의 모습은 린과 비교했을 때 전혀 부정적인 반응을 불러일으키지 않았다. 게다가 쟁점이 비단 섹슈얼리티에만 있는 건 아니다. 학생회장이 예배당에서 연설하던 도중에 커밍아웃을 했을 때, 그는 내가 세인트폴에 있던 기간 중 목격했던 것 가운데 가장 오랜 기립 박수를 받았다. 다른 게이 남학생들도 이와 비슷하게 받아들여졌다. 결국 차이는, 남학생들은 [어느 한 계층화 체계, 어느 한 게임에서] 발을 빼는 게 **가능하다**는 것이다. 남학생들은 똑똑한 애가 될 수 있다. 혹은 희한하지만 예술적인 애가 될 수도 있다. 어떤 애들은 "웃긴" 역할을 맡고, 어떤 애들은 사랑스러운 미숙아를 맡는다. 심지어 "게이 친구"가 되는 것도 가능하다. 남학생들에게는 다르게 행동하거나 아니면 아예 전혀 다른 게임에 참여할 수 있는 선택지가 주어지는 것이다. 게다가 그 다른 게임에서 자신의 우수성을 표현할 수 있는 또 다른 수단도 주어진다. 섹슈얼리티 체계에서 "발을 빼기"로 했을 때 린에게는 다른 선택지가 없었다. 따라서 그녀의 발 빼기는 체계 자체에 대한 직접적인 도전이었다. 이 도전은 여학생들의 신체적 드러내 보이기가 "자연스러운" 것이 아니라, 린 자신이 그렇듯, 수행이라는 점을 두드러지게 만들었다. 반대로 남학생들은 이 학교에서 가장 중요한, 자연스러운 편안함의 수행에 도전하지 않는—오히려 그 안에서 작동하는—다른 드러내 보이기 방식을 선택할 수 있었다. 에릭이 택한 공부벌레라는 이미지는 단순히 그가 누구인지를 보여 주는 자연스러운 표현이었다. 스티븐의 예술적인 페르소나 역시 마찬가지로 자기표현이었고, 이를 위해서는 노력이 필요했다. 그는 하루의 대부분을 그림과 기타 연습을 위해 예술관 건물에서 보내곤 했다. 하지만 이런 노력은 그것이 **그냥**

그 자신을 드러내는 것이었기 때문에 편안하게 소화될 수 있었다.

모든 학생들은 이러저러한 방식으로 수행을 한다. 하지만 그것의 성공을 결정짓는 핵심적인 기준은, 특정한 맥락 — 이 경우에는, 세인트폴 안에서 진행되는 엘리트 훈련 — 에 맞는 올바른 수행에 착수하는가의 여부에 있다. 메리는 능력주의적 프레임의 신봉자였다. 그러나 메리는 그런 노력을 수행하는 적절한 방식을 이해하는 데 실패했다. 메리와 다른 학생들 간의 차이는, 모두가 자신이 얼마나 많은 일을 해야 하는지에 대해 얘기하지만, 메리는 그것을 **보여 주는** 중죄를 저질렀다는 점이다. 대부분의 다른 학생들은 그들 스스로 감당할 수 없을 만큼 산더미처럼 쌓였다고 묘사한 일에 대해 일종의 무심함을 표출했다. 메리는 노력이라는 프레임을 제대로 가지고 있긴 했으나, 이 프레임을 직접 신체적으로 드러내 보이는 과정에서 특권을 체화하는 법을 오인하고 있었다. 편안함을 보여 주지 못했던 것이다. 그러나 여기서 우리는 메리에게 편안함이 부족하다는 것을 모종의 실패 원인이 그녀 쪽에 있다는 식으로 해석하지 않도록 주의해야 한다. 여학생들을 지배하는 섹슈얼리티라는 위계 체계 또한 세인트폴에서 이루어지는 관계들을 "적절하게" 체화할 수 있는 메리의 능력을 제한했다.

위에서 보았듯이, 여학생들은 남학생들이 직면하지 않는 모순들에 직면한다. 여학생으로 사는 것과 엘리트로 사는 것 사이에는 갈등이 존재한다. 여학생들의 섹슈얼리티는 자의식적인 규제를 요구한다.

섹슈얼리티는 그들이 통제할 수 있고 또 반드시 통제해야만 하는 그들의 일부이며, 이것이 그들에게 관건인, 자연스러운 편안함의 수행을 방해한다. 그런 식으로 섹슈얼리티에 대한 이 학교의 기대 사항들은 여학생들이 특권 표현에 반대되는 방식의 수행을 하도록 요구한다. 이는 물론 어떤 여학생들에게는 문제가 덜 된다. 아주 매력적인 인기 많은 여학생들에게는 그들의 자질에 보상을 주도록 위계질서가 수립되어 있기 때문에, 이런 모순이 그들에게는 덜 확연한 것이다. 그러나 캠퍼스 내 대부분의 여학생들에게는 앞서 말한 긴장이 손에 잡힐 정도로 분명했다. 여학생들에게 몇 배나 높게 나타나는 우울증 발생률이나 정신적 스트레스로 인해 학교를 떠나야 했던 학생들 중 거의 모두가 여학생들이었다는 사실이 이런 도전들의 존재를 뒷받침한다.

　발을 빼려는 시도조차 간단한 일은 아니다. 린은 [다른 여학생과의] 모호한 관계를 통해 섹스와 섹슈얼리티에 대한 "멍청한 게임들"로부터 벗어나고자 했다. 그러나 "그런 멍청한 게임들"에 참여하기를 거부했다고 해서 자신이 원하는 대로 어떻게든 스스로를 바꿀 수 있는 자유가 주어지는 것은 아니었다. 오히려 그녀의 저항적인 행위들조차 그녀가 거부하고 싶어 하는 섹슈얼리티 체계와 연계되어 있었다.[14] 반면에, 에릭과 스티븐 또한 매력과 운동 실력, 섹슈얼리티라는 필수적인 특징들을 갖추는 데서 발을 빼는 쪽을 택했지만, 그들의 발 빼기는 궁극적인 목표를 위태롭게 하지는 않았다. 그들은 자연스러운 편안함이라는 지배적인 신체적-수행적 드러내 보이기에 도전하지 않는—오히려 그 안에서 작동하는—다른 자기표현법들을 발견했다. 남학생들은 린과 메리에게는 주어지지 않은 선택지들을 갖고 있었던 것이다. 나아가, 남학생들은 자신들의 섹슈얼리티를 자연적인 생물학적 단계로 생각할 수 있었고, 그것들을 협상할 필요도 관리할 필요도 없었기에(여학생들은 다른 여학생들 속에서 섹슈얼리티를 협상해야 했고, 자신들의 섹슈얼리티를 이용해 남학생들의 섹슈얼리티를 관리해 줘야 했다), 여학생들의 경우 극소수 외에는 누릴 수 없는 자연스러운 편안함이 그들에게껜 허락되었다.

지난 반세기 동안 엘리트층은 미국 사회에 일반화된 여러 가지 생활 방식들에 적응해야 했고, 심지어는 받아들여야 하는 경우도 있었다. 여러 가지 방식으로 엘리트들은 나머지 우리들과 점점 더 닮아 가고 있다. 이는 1960년대 거대한 사회적·문화적 격변의 결과이다. 이제 평등은 일반적으로 받아들여지는—언제나 일반적으로 실천되고 있는 건 아니라 하더라도—목표이다. 하지만 평등을 향한 우리의 여정에서 한 가지 기이하고 예상치 못한 결과가 따라왔다. 우리와 닮은 엘리트들이 그들의 일상적 외양을 가지고 이렇게 주장할 수 있게 된 것이다. 엘리트가 엘리트인 것은 개인적으로 가진 타고난 차별점들[탁월성] 때문이지, 어떤 범주적 이점을 가졌기 때문은 아니라고 말이다. 요컨대, 엘리트층의 "일반성"[통속성]commonness은 지난 50년간 제기된 민주화 요구의 결과이자, 여전히 실재하는 범주적 구분들을 모호하게 만드는 메커니즘으로 미국의 불평등을 유지하는 데 기여하고 있다.

계급도 민족도 더 이상 구별짓기가 불가능한 것처럼 보이는 세상에서, 엘리트층의 외양은 지위를 나타내는 결정적 표식, 보이지 않는 기호가 된다. 직접적으로 표명하지는 않지만 세인트폴의 기본 목표 중 하나는 신엘리트들에게 자신들의 특권을 체화하는 법을 가르치는 것이다. 세인트폴의 반복되는 일상은 학생들의 몸에 특권을 각인시킨다. 일상적으로 이루어지는 신체 활동들을 통해 학생들은 신엘리트층의 기본이라 할 수 있는 자연스러운 편안함을 드러내는 법을 터득하게 되는 것이다. 이런 편안함을 성취해 가면서, 학생들은 특권의 "트릭"을 — 보통은 의식적으로 자각하지 못한 채 — 점점 더 발전시켜 간다. 특권의 실현을 가능하게 하는 관계들을 모호하게 만드는 "트릭" 말이다. 특권의 편안함 — 즉, 부와 권력의 자연스러움 — 을 가르치는 것이 결국 세인트폴 같은 엘리트 기관들의 기본 역할이다.

우리 중 대다수는 이 세상의 근본적인 불평등을 인식하는 데 전혀 손색이 없을 만큼, 권력의 작동 방식에 대해 아주 빠삭하게 — 질려 버릴 정도로 잘 — 알고 있다. 그러나 내 생각에 우리가 흔히 간파하지 못하는 것은, 문화와 사회의 구조가 우리 몸에 얼마나 깊이 박혀 있는가 하는 점이다. 우리가 문화를 자원이라고 생각한다면, 그것은 그저 인지적인 자원이 아니라 상호작용적인 자원이라고 생각해야 한다. 문화를 상호작용적인(혹은 관계적인) 것으로 생각해 보면, 그것을 나타내는 자연화된 신체적 표식들에 관해 무언가를 발견할 수 있다. 이 표식들은 그저 개별적인 소유물, 즉 행위자가 "가진" 어떤 것이 아니다. 그 표식들이 우리네 관계망 속에서 가치를 가진 것이 되려면 남들에게 인정받을 수 있어야 한다. 이것이 말해 주는 바는, 자본은 남들이 내 안에서 그것이 가지는 가치를 인정해 줄 때에만 사용될 수 있다는 것이다.

ST. PAUL'S SCHOOL

5
『베오울프』도 배우고
〈죠스〉도 배우고

교육은 감탄할 만한 것이다. 하지만 알아야 할 가치가 있는 그 무엇도 가르칠 수 없다는 사실을 가끔 기억하는 것도 좋다.

오스카 와일드

『베오울프』를 읽어야 하는 수업이라면 듣지 말라.

우디 앨런

우리는 이제 1장에서 보았던 엘리트들의 변모를 다시 이야기해 볼 수 있다. 원래 엘리트들은 하나의 집단으로서 자신들이 누구인지, 그리고 누가 자신들의 일원이 아닌지를 잘 알고 있었다. 그들은 자신들의 이해관계를 보호하는 "계급"이었다. 그들은 자신들을 다른 이들과 분리하고 구별지어 주는 독특한 문화를 지니고 있었다. 그러나 오늘날 엘리트들은 훨씬 더 "잡식성"이어서, 사회적 경계나 차별점들을 꽤나 자유롭게 넘나들며 자신들을 문화적으로 구성해 낸다. 그들은 더 이상 자신들이 배제하는 것이 무엇이냐를 가지고 스스로를 규정하지 않는다. 오히려 현재 그들이 가진 힘은 모든 것을 포괄하는 데서 생겨난다.[1] 엘리트들을 엘리트로 특징짓는 표식은 단일한 관점이나 단일한 목적이 아니라, 사회계층 전반에서 [나오는 것들을] 고르고, 선택하고, 결합하고, 소비할 수 있는 그들의 능력에 있다. "인텔리 속물"highbrow snob[2]ᵃ은 이제 죽은 것이나 다름없다. 그 자리를 대체한 건 상류 문화와 하류 문화, 그리고 그 사이에 있는 모든 것을 자유롭게 소비하는 범세계적인cosmopolitan 엘리트이다.[3] 이 새로운 청년 엘리트는 클래식 음악도 듣고 랩 음악도 들으며, 고급 레스토랑도 가고 평범한 식당도 간다. 그들은 세상 어디에 있든 편안해 한다. 우리는 심지어 우리 사회

■ 하이브로우highbrow가 인텔리를 의미하게 된 것은, 식자층은 이마가 높다는 골상학적 편견 때문이었다. 고급문화만을 즐기는 인텔리층을 가리킨다.

엘리트들에게 이런 잡식성 다원주의를 요구하고 있는 것처럼 보이기도 한다. 우리는 귀족적인 대통령을 원하지 않는다. 우리가 원하는 건 영국 여왕과 함께 있을 때 어떻게 행동해야 하는지도 알지만 동시에 맥주 한 잔을 놓고 접이식 의자에 앉아 정상회담을 하면서도 편안해할 줄 아는 사람이다.*

오늘날의 엘리트들은 문화적 성향이 잡식성일 뿐만 아니라 할 줄 아는 것도 많고 즐길 줄 아는 것도 많다. 그들에게는 폭넓게 탐험할 수 있는 시간과 자원이 있고, 이를 통해 계급적 특성이 아니라 개인적 특성을 가꾸고 개발한다. 게다가 엘리트들은 문화와 취향의 세계에 접근하는 방식에서뿐만 아니라, 스스로를 구축하는 방식에 있어서도 이렇게 이것저것 마음대로 따지고 골라잡는 게 가능하다 — 엘리트 집단은 더 이상 편협하거나 배타적이지 않으며 오히려 폭넓고 다양하다. 이런 점에서, 엘리트들과 주변화된 사람들을 구별지을 때 제한된 취향을 가진 쪽, 편협하고 모르는 것을 배제하는 쪽은 바로 주변화된 사람들이다.

그렇다고 해서 사회 계급 간의 구별이 사라지고 있다는 뜻은 아니다. 오히려 계급 구분은 다른 방식으로 나타나고 있다. 지난 50년간 엘리트층의 문호를 개방해야 한다는 압박이 심해지면서, 엘리트의 문화적 실천은 그런 식으로 변화했다. 엘리트들은 그들이 이전엔 배척했던 이들의 문화적 속성들과 취향들을 일부 받아들였다. 그러나 이런 새로운 실천 — 즉, 잡식성 소비 — 은 그 자체로 상징적 표식이다. 잡식성

---

* 오바마는 재임 시절 종종 맥주 정상회담beer summit을 갖곤 했으며, 문재인 대통령 역시 청와대에서 기업인들과, 또 광화문에서 일반 시민들과 호프 미팅 장면을 연출한 바 있다.

소비는 엘리트들 내부에서 무심함이나 위치에 개의치 않는 편안함을 발전시킨다. 그들은 거의 어디서나 편안해 한다. 마치 신엘리트들은 이렇게 말하고 있는 것 같다. "봐! 우리가 무슨 배타적인 클럽 같은 게 아니라니까. 외려 **가장** 민주화된 집단이 우리라고. 우린 오페라만큼 랩 음악도 편안하게 듣잖아. 고급 레스토랑에 가든 기사 식당에 가든 우린 상관없다고. 우린 다 받아 줄 수 있어!" 이런 태도는 특권이 귀족적 배제가 아닌 민주적 **실천**을 통해 획득되는 것처럼 보이게 만든다. 하지만 이런 실천들, 이런 잡식성이 그들을 구별짓기해 주는 자기들만의 표식이 된다. 고전 사회학자 막스 베버를 따라, 나는 특권을 "표식" —특권층이 서로 간에, 그리고 혜택 받지 못한 이들에게 드러내 보이는 어떤 것—이라 생각한다.[4] 그리고 이런 표식들을 드러내 보임으로써, 특권층은 혜택 받지 못한 이들을 향해 이렇게 말하는 것으로 보인다. "너희들이 그런 위치에 있는 건 바로 네 자신의 편협함, 이 개방된 새 세상을 이용하지 않기로 한 네 자신의 선택, 네 자신의 관심 부족 때문이지, 지속적인 불평등 때문이 아니라고."

능력의 대담성

이제 뉴햄프셔 주의 콩코드로 돌아가, 잡식성 행동이 실제로 어떻게 실행되고 있는지 살펴보자. 이야기가 막바지에 가까워지면서, 드디어 우리는 애초에 우리가 학교에 다니는 이유에 다다랐다. 바로 배움이라는 목적 말이다. 배움을 가장 마지막 장의 주제로 삼았다는 것은 매우 아이러니한 일이다. 후술하겠지만, 배움은 보통 세인트폴 학생들의 우선순위 중 가장 마지막에 위치해 있다. 그러나 앎에 대해 검토해 봐야 우리는 엘리트가 어떻게 만들어지며, 자신들에 대해 어떻게 생각하는지, 그리고 더 넓은 세계와 자신들이 어떤 관계를 맺고 있다고 생각하는지 그 핵심에 도달할 수 있다. 여기서 우리는 배움에 대한 세인트폴의 접근 방식, 학생들이 실제로 무엇을 어떻게 배우는지, 그리고 궁극적으로는 이를 통해 어떻게 세상과 그들의 관계를 형성하는지 살펴볼 것이다.

세인트폴의 교과과정은 대부분의 고등학교들과는 다르다. 학생들은 영어, 역사, 사회과학을 듣는 것이 아니라, 이 분야들을 모두 통합한 인문학이라는 한 가지 과정을 이수한다. 또 대부분은 수학 교과과정을 밟아 가다 미적분까지 갈 수도 있고, 거기서 더 나아가 심화 과정(선형 대수와 수학 심화 세미나들을 포함한)까지 들을 수도 있다. 또한 대다수는 고급 수준의 과학 수업을 하나 이상 듣는다. 세인트폴 학생들에게는 중국어, 일본어, 프랑스어, 스페인어, 독일어, 라틴어, 그리고 희랍어까지, 수많은 언어를 공부할 수 있는 기회가 주어진다. 또한 학생들은 음악, 발레, 연극, 미술에서 상당히 수준 높은 강좌를 이수할 수 있다. 각 분과마다 세미나 강좌도 제공된다. 보통은 한 학년 세 학기 동안 다섯 개의 수업을 들으며, 많은 학생들이 이보다 더 많은 과목을 수강한다. 인문학, 수학, 과학, 언어 강좌들은 한 학년 전체에 걸쳐 편성되어 있다. 그러나 학년이 올라갈수록 들을 수 있는 "선택" 과목이 늘어난다. 인문학 분과에는 "현대 아일랜드 문학"부터 "이브의 딸들의 역사: 종교 속 여성의 경험들"까지 50개가 넘는 강좌들이 제공된다. 셰익스피어나 토니 모리슨에 대한 세미나, "세계화와 21세기"나

"중동中東의 목소리" 같은 세미나도 있다. 그렇다고 해서 고전적인 것만 가르치는 건 아니다. 학생들은 "그래픽 소설의 등장" 같은 강좌도 들을 수 있다. 과학 시간에는 인공 지능, 로봇 공학, 그리고 은하 천문학에 대해 배울 수 있다. 예술 과목으로는 유럽이나 미국 미술에 대한 세미나를 비롯해 작곡부터 가구 디자인까지 다양한 강좌가 있다. 이런 교과과정은 폴리들을 평균적인 고등학생들과 차별화시켜 준다. 이 학교의 학업 프로그램은 다른 곳들과는 다르고, 더 넓은 분야를 다루며, 학업 이수 요건도 대부분의 학교들보다 훨씬 까다롭다. 이런 프로그램은 학생들에게, 자기들이 엄청난 능력을 가지고 있다는 느낌과 삶에는 무한한 선택지들이 존재한다는 생각을 심어 준다.

세인트폴은 자신들의 학업 프로그램이 전국 최고 수준이라고 선전한다. 학교 홍보물을 보면 세인트폴은 "최고 수준의 장학제도"를 가지고 있고 "대학 진학 준비도 측면에서도 정상의 위치에 있다." 의욕 넘치는 학교 관리자들이나 무덤덤한 청소년들 모두 하나같이 세인트폴 학업 프로그램의 핵심은 인문학이라 말한다. 인문학 프로그램에는 세계사 속 다양한 국면들의 역사, 문학, 사상에 대한 입문 과정이 포함돼 있다. 인문학 분과에 대한 설명에 따르면, 그것은 여러 분야를 넘나들며 "큰 질문들"을 제기하는 다의적인 탐구 프로젝트이다.

인문학 교사진은 학생들에게 호기심을 키워 가며 서로 기꺼이 생각을 교환하는 정신 습관을 가르칩니다. 이 3년간의 학제적 프로그램에서 핵심은 "큰 질문들"을 제기하는 방법에 있습니다. …… 이 프로그램은 일차적으로 문학과 역사의 통합이지만, 종교학, 미술사, 철학, 그리고 정치학까지 포괄합니다. 이런 통합은 학생들에게 문화적 맥락 속에서 문학과 역사적 사건들을 이해할 수 있도록, 그리고 "텍스트들" — 예를 들어 예술 작품이라든지, 신학 논문, 단편 소설, 혹은 영화 등 — 과 상호작용할 수 있도록 해줍니다. 인문학 교사들은 강좌 내용에 대한 수업 시간 중의 엄격한 토의, 학문적 탐색, 그리고 비판적 독해와 추론 등과 관련된 기술 개발에 우선순위를 부여합니다. 학생들은 분석적인 논문, 개인적인 이야기, 예술 작품 해석, 문예 창작 등 다양한 장르의 글쓰기를 하게 됩니다.

이 프로그램에서 중요한 것은 학생들에게 "사실들"에 대한 지식을 가르치지 않는다는 것이다. 예를 들어 여기서 강조점은 역사적 사건들을 달달 외우는 것이 아니라 "정신 습관"을 갈고닦는 데 있다. 그래야 세상이나 타인과 관계 맺는 특별한 방식을 익힐 수 있기 때문이다.

학생들이 세인트폴에 와서 듣는 첫 강좌는 "인문학 III"이다. 여기서 학생들은 중학교 때까지 익숙해져 있던 학습 방식과 근본적으로 결별한다. 호메로스부터 쿠란까지, 소포클레스부터 초서까지 모든 걸 다 읽는데, 이때 요구되는 것은 "크게 생각"하는 것, 난감한 질문들에 답해 보는 것이다. 수업에서는 "사랑은 무엇인가?" "덕은 무엇인가?" "종교는 세상을 어떻게 형성하는가?" "역사란 무엇인가?" "타자란 무엇인가?" "신화란 무엇인가?"와 같은 질문들에 초점을 맞춘다. 이 프로그램은 써드 폼 학생[9학년 신입생]들에게 자그마치 "서양 전통의 핵심 사상들"을 소개하는 것을 목표로 한다.

인문학 III 강좌는 문학, 종교, 역사를 통해 서양 전통의 핵심 사상들을 추적합니다. 연대순으로 고대 그리스에서부터 시작해 중세 유럽에서 끝이 납니다. 학생들은 시, 희곡, 산문을 문학과 역사의 관점에서 독해하고, 고대 텍스트와 현대 텍스트 사이, 혹은 텍스트와 영상, 시각 미술과 음악 사이에 연결고리를 만들면서 보편적인 주제들에 대해 배워 나갑니다. ······ 학생들은 자료를 비판적으로 분석하고, 세심한 논평을 달며, 다시 그것들을 리서치와 작문 과제들에 적용하는 방법을 배움으로써 스스로 연구할 수 있는 독립적인 연구자가 됩니다.

학생들은 이런 강좌에 충격을 받는다. 이는 단지 이 강좌에서 읽어야 할 자료들이 감당하기 벅차서가 아니라, 이 수업이 학생들에게 세상에 대해 다른 방식으로 생각하기를 요구하기 때문이다. 9학년의 흑인 여학생 대니얼은 내게 이렇게 말했다. "사실, 그 인문학 그거는 저한텐 완전 신개념이었어요. 아니, 그러니까 그 수업은 시험을 보기 위해 알아야하는 것들 그 이상이었죠. 전 그런 것들에 익숙했었거든요. 근데 이제는, 뭐, 시험에 거의 **아무거나** 막 나올 수 있는 것 같달까요. 그러니까, **아무거나**요. '덕이란 무엇인가?' 와, 엄청 심오하잖아요. 저는 한 번도 그런 식으로 생각해 볼 필요가 없었거든요. 적어도 학교에서는요."

사춘기가 시작될 나이에 세인트폴에 들어온 학생들은 "서양 전통의 핵심 사상들"을 배울 수 있다는 기대를 받는다. 또 시부터 희곡, 산문까지 아주 다양한 종류의 텍스트들을 다양한 방식으로, 문학적인 관점과 역사적인 관점에서 탐색하며 각각을 관통하는 보편적인 주제들이 무엇인지 포착해 낼 수 있다는 기대도 받는다. 이런 사상들을 역사적 맥락에서 생각하고, 고대와 현대 사이에 역사를 초월한 연관성을 만들어 보라고도 한다. 그리고 이를 통해 이성, 문화의 진화, 덕, 영웅주의, 신적인 것 등과 같은 심오한 주제들에 대해 계속 고민해야 한다. 학생들은 불가능을 가능케 하라는 요청을 받으며, 자기들이 온 세상을 다 알 수 있다고 생각하도록 고무된다.

학생들이 피프스 폼[11학년]이 되면 이런 대담함[뻔뻔함]은 정점에 다다른다. 인문학 V는 유럽에 대한 입문으로, 르네상스 시대부터 제1차 세계대전까지를 아우른다. 이는 계몽이라는 서양 문명의 거대한 기획이 발전해 온 과정을 추적하려는 시도다. 단순한 요약으로는 이 강좌의 주제넘는 가정들과 희망찬 기대를 온전히 반영할 수 없기에, 강좌 소개를 장황하나마 인용하겠다.

학생들은 인문학 V에서 르네상스의 시작부터 제1차 세계대전에 이르는 시기 유럽 문명에 대한 풍부한 학제적 연구를 접하게 됩니다. 문학적·시각적·음악적·역사적·철학적·종교적인 주제들을 통합해서 배우는 이 강좌는 복잡한 21세기를 이해하는 데 유용한 관점들을 개발할 수 있도록 해줄 것입니다. 이 강좌는 이탈리아 르네상스에 대한 연구의 출발점으로 중세의 세계관을 소개하는 데서 시작합니다. 인문주의가 어떻게 출현하게 됐는지, 그것이 나타나 있는 다양한 사례들—페트라르카의 편지들, 셰익스피어의 소네트들, 마사초의 작품에 들어 있는 키아로스쿠로chiaroscuro*나 소실점 원근법 같은 기법들을 통한 예술 작품들에 나타난 시각적 현실주의 등—을 통해 자세히 살펴볼 것입니다. 피렌체의 신플라톤주의가 르네상스 문화에 끼친 영향에 대해 논의해 보고, 찬란한 전성기 르네상스 시대 예술가들—특히 라파엘, 다빈치, 미켈란젤로—의 작품 내용뿐만 아니라 그것을 이루는 구조도 분석해 봅니다. 이후에는 초점을 종교개혁과 그것이 엘리자베스 시대 영국 전반에, 특히 셰익스피어의 희곡들에 미친 영향으로 옮겨, 셰

■ 그림이나 사진에서 색과 상관없이 빛과 그림자를 가지고 이미지를 표현하는 방식

익스피어의 희곡들 중 하나를 끝으로 그 학기를 마치게 될 것입니다.

겨울 학기에는 계몽주의 시대의 유산이 발전하는 과정으로 초점을 옮겨 프랑스혁명에 영향을 미친 철학과 문화에 대해 살펴봅니다. 여기서는 전통 신앙에 대한 프랑스 계몽철학자들의 회의주의적 비판과 합리주의를 중심으로 과학혁명의 통찰과 영향을 검토해 봅니다. 이 기간 동안 학생들은 또한 인문학 V 교과과정과 관련된 주제 한 가지를 선택해서 조사한 뒤 8~10매 분량으로 논문 형태의 독창적인 연구 보고서를 작성해야 합니다. ……
겨울 학기에는 마지막으로, 소설을 하나의 형식으로 자리 잡게 만들었고 카논 형식들 가운데 가장 기억될 만한 음악들을 탄생시킨 낭만주의의 출현을 공부해 봅니다. 특히 제인 오스틴과 낭만주의 시인들에 대해 공부하면서 다비드 같은 신고전주의 예술가들과는 대조적인 고야 같은 낭만주의 예술가들과도 친숙해지게 될 것입니다.

봄 학기에는 산업혁명이 19세기에 이룩한 괄목할 만한 성취 두 가지에 대해 자세히 살펴보는 시간을 갖습니다. 공화주의적인 열망들을 만들어 낸 자유민주주의적 개혁과 민족주의의 성장이 그것인데, 이는 참혹한 제1차 세계대전으로 이어집니다. 마르크스의 고전적 팸플릿 『공산당 선언』과 논란을 일으켰던 입센의 희곡 『인형의 집』을 사회 비판물로 공부하게 되며, 유럽 제국주의를 둘러싼 쟁점들에 대한 다각적 접근을 위해 콘래드의 짧지만 힘이 넘치는 중편 소설 『어둠의 심연』을 분석해 봅니다. 다양한 창의적 글쓰기와 말하기 과제를 통해 학생들이 수업 중 토론뿐 아니라 지면 위에서도 자기 목소리를 발전시킬 수 있도록 하는 데 학기 내내 각별히 신경 쓸 것입니다. ……

유럽사에서 이 시기는 예술이 융성하고 인류가 새로운 자의식을 발전시켰던 위대한 창조성과 변화의 시대를 반영합니다. 나아가 현대 세계를 지배하는 많은 중요한 지적·문화적·정치적 영향력들이 이때 출현해, 풍요로우면서도 때로는 우리를 혼란스럽게 하는 유산들을 남겼습니다. 인문학 V 강좌는 학생들에게 우리가 사는 세상에서 가장 좋은 요소와 가장 나쁜 요소를 감지할 수 있는 능력을 길러 줍니다.

이 모든 게 단 한 학년 동안, 즉 30주 안에, 그것도 16~17세 사이의 학생들을 대상으로 이루어진다. 이것이 인문학 분과의 가장 마지막 필수 강좌이며, 이 학교의 스콜라주의적인 비전의 정점이다. 인문학 V를 완수하게 되면, 한 선생이 말했듯이, "서양 문명에 대한 학생용 입문 과정이 완결된다. 배울 것들은 여전히 많지만 이제부터 무엇을 배울지는 학생들의 선택에 달렸다."

이 프로그램의 방대함은 전율과 동시에 무시무시한 느낌마저 준다. 역사의 파도를 이리저리 헤쳐 나가며 그 모든 걸 알아 간다는 생각은 귀를 솔깃하게 한다. 이는 또한 세인트폴의 자만심의 산물이기도 하다. 저기 나열된 모든 것을 대체 어떻게 한 사람이 다 가르칠 수 있단 말인가? 이 학교에서 수업 준비를 하면서 난 곧바로 내가 잘못된 질문을 던지고 있다는 사실을 깨달았다. 이런 기대들은 당연히 얼토당토않은 것이었다. 그 어떤 고등학생도 이 수업에서 제공하는 것들을 모두 다 배울 순 없을 것이다. 내가 결국 깨닫게 된 것처럼, 여기서 더 중요한 질문은 훨씬 더 답하기 어려운 것이다. 십대들에게 이런 식으로 수업 자료들을 제시한다는 건 무슨 의미일까?

어쩌면 중요한 것은 실제로 뭔가를 **아는** 게 아닐 수도 있다. 세인트폴이 학생들에게 심어 주고자 하는 이점은 앎[지식]의 위계질서가 아니다. 우리가 이미 보았듯이, 앎은 더 이상 엘리트만의 배타적인 영역이 아니다. 그리고 오늘날 정보는 너무나도 자유롭게 흘러 다니기 때문에, 그것을 이용해 다른 이들을 배제하기는 점점 더 어려워지고 있다. 이에 반해, 지도자들이 중대한 **결정**을 내릴 때 기초로 하는 것은 더 많은 지식이 아니라 정신 습관이다. 세인트폴은 이런 습관들을 통해 모든 것이 성취될 수 있으며, 심지어 아직 고등학생이라도 그렇게 될 수 있음을 가르친다. 세상에 대한 이런 비전과 관련해서 내겐 주제넘은 것으로, 심지어는 충격적으로 다가오는 것이 세인트폴의 거의 모든 십대들에겐 당연시된다.

　이 모든 걸 학생들에게 가르친다는 게 어쩌나 불가능해 보이던지 나로선 혀를 내두를 지경이었지만, 정작 학교는 이 문제에 대해 크게 걱정하지 않는 것 같았다. 아닌 게 아니라, 세인트폴의 접근법은 플라톤이 『국가』에서 주장한 교육철학에 가까워 보인다. 유명한 동굴의 비유를 기반으로 플라톤은 이렇게 말한다. "교육이란 누군가가 이건 이런 거야 라고 단언하는 것, 즉 앞 못 보는 눈에 시력을 넣어 주듯 앎이 없는 영혼에 앎을 넣어 주는 것이 아니다. …… 배움의 능력은 모든 이의 영혼에 존재한다. …… 볼 수 있는 능력은 있지만, 제대로 된 방향을 향하고 있지 못한 것이다."[5] 요컨대, 교육은 학생들에게 그들이 알지 못하는 것을 가르치는 게 아니다. 오히려 그것은 세상을 통과하는 자기만의 길을 스스로 생각해 내는 법(플라톤의 말을 빌리자면, "빛을 향해 방향을 돌리는" 법)을 가르치는 것이다. 이런 정신 습관은 "사실들"을 배우는 것과는 사뭇 다르다. 학생들에게 정신 습관을 개발하라고 요구하는 건, 세상**에 대한** 사실들이 아니라 세상**과 관계 맺는** 법을 알아야 한다는 것이다. 플라톤의 관점에서 보면, 앎은 이미 그들 **안에** 있다. 여기서 트릭은 그 앎을 표출하는 방법을 찾는 데 있다.

장미전쟁이란 무엇인가? 프랑스혁명이 일어난 시기는 언제인가? 그것을 촉발한 주된 요인은 무엇인가? 거기 참여한 사람들은 누구인가? 희랍 공화국의 정치 조직은 어떤 형태였나? 인문학 수업을 마친 후에도 학생들은 이런 질문들에 대답하지 못한다. 인문학 강좌는 역사나 문화 속 사건들에 집중하는 게 아니라, 그것들을 이용해 "더 큰" 질문, 보다 추상적인 질문을 던진다. 신화란 무엇인가? 타자란 무엇인가? 우리는 누구에게 의무를 지는가? 같은 질문을 던지는 것이다. 이와 같은 학습 스타일의 차이에 따라 세상에 대한 접근 방식도 아주 달라진다. 사실들과 손에 잡히는 구체적인 세부 사항들을 암기할 것을 요구하는 전자의 질문들은 좀 더 "전통적인" 교육을 받은 사람에게 맞을 것이다. 이런 질문들에서 곤란한 점은 누군가의 대답은 틀릴 수 있다는 것이다. 이에 반해 후자 쪽 질문들은 습관을 갈고닦는, 보다 "진보적인" 교육 모델의 산물이며, 이런 질문들에는 틀린 답이 없다. 이런 질문들은 앎이 아니라 앎을 얻는 방식을 드러낸다. 이런 질문들은 세부 사항들이 아니라 무형의 영역, 즉 해석과 관점과 관련돼 있다. 맞고 틀리고는 없다. 후술하겠지만, 이런 무형성은 누가 무엇을 아느냐가 아니라 어떻게 아느냐라는 새로운 형식의 배타성 ─ 특권 ─ 을 가능케 한다. 그리고 그러한 습관들이야말로 세인트폴과 같은 곳에서 배우는 것이다.

"전 사실 아는 게 많진 않아요." 하버드에서 첫 학년을 마친 한 졸업생이 내게 말했다. "제 말은, 글쎄요, 어떻게 표현해야 할지 모르겠네요. 강의실에서 보면 제 옆자리 애들이 항상 저보다 아는 게 훨씬 많아요. 예를 들어 남북전쟁에서 실제 있었던 일 같은 거요. 아님, 제2차 세계대전 때 프랑스가 뭘 했는지라든가. 전 그런 건 하나도 모르거든요. 하지만 전 걔네들이 모르는 걸 알고 있죠. 그건 무슨 사실 같은 게 아니에요. 바로 생각하는 방법이죠. 그게 제가 인문학에서 배웠던 거예요."

"'생각하는 방법'이라니, 그게 무슨 뜻이지?" 내가 물었다.

"그러니까, 전 더 크게 생각하는 법을 아는 거예요. 하버드 애들은 다 남북전쟁에 대해 알고 있겠죠. 전 그런 건 모르지만, 걔네들이 남북전쟁에 대해서 알고 있는 사실들을 이해할 줄 알고 응용할 줄 아는 거죠. 그러니까 걔네들은 특정 사실에 대해 아는 게 많은 거고요. 전 모든 것에 대해 생각하는 법을 아는 거죠."

세인트폴의 교과과정에서 강조되는 것은 "무엇을 아는가"가 아니라 "어떻게 아는가"이다. 사실 자체보다 앎의 방식을 가르침으로써, 세인트폴은 학생들에게 궁극적으로는 특권을 구성하는 데 도움이 되는 엘리트 표식 ─ 생각하는 방식 또는 세상과 관계 맺는 방식 ─ 을 부여할 수 있다. 예전의 배타적인 실천들이 지속 불가능해짐에 따라 엘리트 내부에서 새로운 뭔가가 출현한 것이다.

예컨대, 인문학 III을 가르치는 데 무엇이 필요할지, 그리고 그런 강좌를 가르치겠다고 하려면 고등학생들이 가진 능력에 대해 어떤 믿음을 가져야 할지, 잠시 다시 한 번 생각해 보라. 첫째로, 교사들의 경우, 문학과 역사, 예술과 철학, 사회학, 경제학, 종교학을 넘나드는 능력을 가져야 한다. 고등학교 선생들 중에 이렇게 할 수 있는 선생이 과연 몇 명이나 될까? 몇 명이나 편하게 쿠란과 초서를 같이 가르칠 수 있을까? 세인트폴의 선생들이 그 일을 하기에는 수준이 안 된다는 주장을 하고 싶은 건 아니다. 오히려 나는 그들이 예상보다 훨씬 더 유능하다는 걸 알게 되었다. 내가 말하고자 하는 요점은, 이 학교는 개인이 **정말로** 그런 것들을 다 알 수 있다고 믿는다는 것이다. 그런 것들을 고등학교 선생한테 기대할 수 있다고, 그런 놀라움을 기대할 수 있다고 말이다.

마찬가지로 어린 학생들도 그런 수업 자료들을 다 파악할 것이라 기대한다. 내가 인문학 III의 커리큘럼 — 우리가 "서양 전통의 핵심 사상들"을 열네 살짜리들에게 가르치도록 되어 있는 — 에 놀라움을 표하자 가뜩이나 무덤덤한 고참 교사 중 한 명이 이렇게 말했다. "사실 그 나이대가 가장 완벽한 시기에요. 우린 아이들이 아직 한참 어릴 때 개넬 맡고 있죠. 진짜 아주 새파랄 때 말이에요. 선생님은 대학에서 가르치셨으니 학생들이 뭔가에 대해 생각해 보도록 만드는 게 얼마나 힘든지 아시잖아요. 선생님이 '진리가 무엇인가?'에 대한 강좌를 가르치려 한다고 하면 선생님네 학과에서 뭐라고 할까요? 좀 **쓸모 있는** 걸 가르치라고 하겠죠. 하지만 이 아이들은 그 문제를 스스로 알아내려고 씨름하고 있잖아요. 그래서 우리가 개네들을 잘 이끌면 되는 거예요. 아이들은 자신의 삶 속에서 그런 것들에 대해 생각해 보고 있잖아요. 우린 개네가 그런 것들을 플라톤과 관련지어서 생각해 보게 만들 수 있는 거고요."

다른 선생 하나는 이 말을 조금 더 직설적으로 요약했다. "우리 학생들은 **평범한** 애들이 아니에요." 교사들에게 놀라운 것들을 기대할 수 있는 것처럼, 학생들에게도 그런 걸 기대할 수 있다는 것이다. 세인트폴의 대담한 교육철학이 가능하려면 학생들이 특별한 존재라는 모두의─선생들뿐만 아니라 학생들 본인도─믿음이 있어야 한다. 이 학생들에게 세상은 닫힌 공간이 아니며, 가능성은 무한하다. 모든 것이 다 해볼 만하다. 제약은 없다. 이런 세계관은 서구 문명을 솜씨 좋게 끌어다 쓰는 것, 마음껏 큰 생각을 펼쳐 보는 것을 가능케 한다. 학생들이 편안하게 자신을 내보이고 자기 역할을 수행하는 법을 갈고닦듯이, 선생들 역시 학생들이 편안하게 생각하는 법을 갈고닦을 수 있게 해주는 것이다. 세인트폴 학생들은, 마치 그것이 세상에서 가장 자연스러운 일인 듯, "크게 생각하는" 법을 배운다.

　겨울 학기가 시작한 지 얼마 지나지 않아 나는 인문학 수업을 듣는 한 무리의 학생들로부터 영국 수도원의 해체에 대한 강의를 해달라는 요청을 받았다. 이건 내가 대학원에서 연구 조교로 일하던 시절 했던 프로젝트 주제였다. 강의가 끝난 직후, 한 학생이 내게 다가와 "관련 문헌"을 알려 줄 수 있는지 물었다. 그는 자신이 진행하는 연구 프로젝트를 가지고 이 주제에 "기여"할 수 있으리라 생각한 것이다. 내 대답은 방어적이어서 별로 자상하지 못했다. "기존 연구에 기여한다는 게 11학년 학생이 쓴 열 장짜리 페이퍼로 되는 일이 아니야. 사람들은 이런 프로젝트를 위해 자기 일생을 바치기도 한다고." 그 학생은 머리를 한 대 얻어맞은 것 같은 표정이었다. 나중에 나는 죄책감을 느꼈지만, 그럼에도 불구하고 누군가 이전에 한 번이라도 그 학생의 능력에 의문을 제기한 적이 있었을지 의아함을 떨칠 수 없었다.

　그리고 며칠 뒤 인문학 수업 하나를 참관하게 되면서, 이번엔 내가 머리를 한 대 얻어맞게 되었다. 그 수업의 선생이 학생들에게 자신들의 연구를 앞서 만난 학생이 그랬던 것과 똑같이 거창한 방식으로 ─어떤 주제에 대한 일반적인 지식에 기여할 수 있는 것처럼─ 생각하도록 지도하고 있었던 것이다. 그해 겨울과 봄에 걸쳐, 몇몇 선생들은 자기 수업의 학생들에게 칸 선생이 연구 프로젝트를 한다는 게 어떤 건지 잘 알고 있으니 상담해 보는 것도 좋을 거라고 했다. 몇몇 학생들은 진지하게 연구 계획서를 들고 나를 찾아왔다. 이들은 진심으로 자신들의 프로젝트가 세상의 지식에 기여할 거라 생각하고 싶어 했다. 그들의 진지함은 가히 놀라웠다. 나는 수년간의 대학원 교육뿐만 아니라 엄격하고 고된 훈련 과정을 거치고 나서야 비로소 복잡다단한 역사적·사회적 과정들에 대해 뭔가 가치 있는 것을 알아낼 수 있다고 생각하도록 배웠다. [그런데] 세인트폴 학생들은 꽤나 다른 것을 배우고 있었다. 열여섯 살짜리도 불과 몇 주 만에 완성한 페이퍼로 기존 연구에 기여할 수 있다고 말이다.

학생들은 이렇게 믿는 만큼 엄청나게 다양한 자료들을 섭렵하는 법도 배운다. 그들은 예술·문학·역사를 대중적인 것부터 학술적인 것까지 모두 공부하고 "상호작용"하도록 배우며, 광범위한 자료들을 마음대로 갖다 쓴다. 예를 들어, 인문학 III의 주요 과제 중 하나는 『베오울프』와 스티븐 스필버그의 영화 〈죠스〉를 비교하는 것이다. 수업에서는 학생들에게 죠스가 인간의 바다를(그리고 아마 심지어는 우리 내면의 바다까지) 배회하는 괴물인 것처럼 베오울프도 인간이 직면해야 하는 괴물이라는 점에 대해 생각해 보라고 한다. 여기서 목표는 학생들에게 고급문화적 엘리트 지식을 제공하려는 것이 아니다. 오히려 그들은 광범위한 문화를 편안하게 이리저리 넘나드는 법을, 엘리트적인 것과 대중적인 것 사이를 절묘하게 넘나드는 법을 배운다. 그들은 문화평등주의자가 되는 법을 배운다. 학생들에게 주어지는 가르침은, 『베오울프』에 대해 이야기하는 것과 똑같은 방식으로 〈죠스〉에 대해서도 이야기할 수 있다는 것이다. 둘 다 자신들이 끌어다 쓸 수 있는 문화적 자원이 된다. 가장 중요한 메시지는 세상 모든 걸 — 고급 문학부터 공포 영화까지 — 다 이용할 수 있다는 것이다. "출입 제한 구역"은 없다. 제한은 주변 세상과의 관계에 의해 만들어지는 것이 아니라, 자기 안에 존재하는 것이다. 세인트폴 학생들이라면 평범하고 어쩌면 저속할 수 있는 공포 영화 같은 것도 얕잡아 봐서는 안 된다. 오히려 그들은 문화를 다방면에서 활용하고 고급문화나 저급문화 모두 존중하면서 진지한 자세로 대하는 것이 중요하다고 배운다. 미래의 엘리트로서 이 학생들은 담장을 쌓고 해자를 두르는 대신 그들 주변을 둘러싼 다양한 세계에 꾸준히 관여하도록 교육받는 것이다.

세인트폴 철학의 귀결은 캠퍼스 어디서나 볼 수 있는데, 학생들이 자기 자신을 드러내는 방식에서도 이는 분명히 드러난다. 학생들은 자신들이 할 수 있다는 감각을 가지고 있다. 이 세상은 누비고 다녀야 할 공간이지, 자신들에게 부과된 질서나 규칙이 아니다. 이들은 자신들이 특별하다고 배우고, 이런 특별함을 깨닫기 시작한다. 이는 일종의 자기실현적 예언과 같다. 이는 모든 것이 가능하다고 생각하면 실제로도 그렇게 만들 수 있다는 일종의 자기실현적 예언이다.[6] 하지만 이런 자기실현에는 매우 사회적인 특성이 있다. 고전 사회학자 에밀 뒤르켐은 우리가 일반적으로 아주 작은 차이들을 대단히 중요하고 힘을 가진 것으로 받아들이는 방식을 가리켜 "성화 행위"라 말한다. "자유주의라는 종교"가 가장 유능한 사람들을 성화할 수도 있겠지만, 사실 그저 "유능할" 뿐인 사람들을 신성한 존재로 만드는 것은 특정 사회 질서이다.

잠시 유명인 하나를 떠올려 보자. 그 사람의 유명세나 특별함이 그의 개인적 자질 때문이라 하기는 어렵다. 이런 자질들은 다른 이들의 자질과 거의 차이가 없다. 그보다는 우리 모두가 그런 사람들을 성화하고자, 그들을 거의 성스럽게 만들고자, 그들을 지금 그 모습으로 만들고자 노력하고 있기 때문이다. 마돈나를 "마돈나"로 만드는 것은 우리가 그녀를 성화해서다. "뭔가를 성화한다는 것은 그것을 종교적 에너지의 원천과 맞닿게 하는 일"[577쪽]이며, 그런 에너지를 통해 그것은 특별한 것으로 경험된다. 하지만 성화되는 그것이 본래부터 신성한 것은 아니다.

> 과거와 마찬가지로 오늘날에도 우리는 사회가 평범한 것들로부터 신성한 것들을 끊임없이 창조해 내는 것을 볼 수 있다. 사회가 마침 어떤 인물에게 끌리게 되고 그 사람 안에서 사회를 움직이는 주된 열망들은 물론 그 열망을 충족시킬 수단도 발견했다고 생각하게 되면, 이 사람은 다른 사람들보다 높이 격상돼 이른바 신격화될 것이다. 여론은 신들을 보호하는 위엄과 맞먹는 위엄을 그에게 부여할 것이다. 이런 다양한 신격화를 해낼 수 있는 장본인은 분명 사회뿐이다. 능력만 봐서는 전혀 성화할 이유가 없는 사람들을 사회가 성화하는 경우들이 너무 잦은 걸 감안하면 말이다.[7]

앞에서 이미 보았듯이, 세인트폴 학생들은 스스로를 예외적 존재라 믿는다. 그들에겐 자신들의 유능한 자질이 신성한 것으로 격상된 것이라거나, 칭찬할 가치가 있는 재능들이 내적인 자질이 아니라 사회적 구성물이라는 뒤르켐의 생각이 불쾌하게 느껴질 것이다. 하지만 한 기관이 엘리트들을 훈련시키는 방법에 대한 — 개개인의 자질이 아니라 학교교육이라는 사회적 과정을 통해 작은 집단을 격상시킴으로써 엘리트 문화가 효과를 발휘하고 있다는 — 내 이야기는 분명 뒤르켐의 영향을 받은 것이다. 자신들의 삶을 학생들에게 헌신하는 선생들을 통해 학생들은 학교에서 매일같이 성화를 경험한다. 이런 특권을 누리는 학생들을 성화하는 상호작용에 의해, 즉 그들 자신이 보여 주는 능력과 장래성에 대해 지속적이고 넉넉한 지원을 제공받음으로써 그들은 엘리트로 **만들어지는** 것이다.

이 체제의 대담함은 충격적이고 기발하다. 큰 질문들을 던진다는 건 심오해 보이지만, 거기엔 틀린 답이 없다. 요점은 자신의 목소리와 해석을 발전시키고 그것을 명료하게 표현하는 방법을 익히는 것이다. 미국 전역의 수많은 학교들이 학생들을 가르쳐 정기 시험—도시, 학군, 학교, 선생, 학생 등을 평가하는 시험들—을 치르게 하느라 정신 없는 동안, 세인트폴은 그런 구체적인 것은 자신들과 무관한 일로 만들어 버린다. 이 아이들에게 그런 것들을 아는 건 중요하지 않다. 중요한 것은 몸에 편안함으로 체화되는 어떤 모호한 무형의 앎의 방식이다. 세인트폴은 학생들을 측정하는 데 표준화된 기준을 사용하기보다는 훗날 그들의 성공을 설명하는 데 사용될 개개인의 특성을 길러 주는 것이다.

예외적인 것의 신화

제이슨 앤더슨은 만화에서 튀어나온 괴짜 같은 모습이었다. 그는 12년 전 내가 세인트폴에 있을 적에 처음 썼던 것과 똑 닮은 두꺼운 안경을 쓰고 있었다. 그의 크고 동그란 얼굴엔 여드름이 잔뜩 나있었고, 앙다

문 입술은 그가 치아 교정 중임을 드러냈다. 육중한 몸을 힘겹게 끌고 다니는 듯한 모습은 투박한 느낌을 주었다. 게다가 코맹맹이 목소리는 그가 절대 여학생들이 좋아할 만한 남자는 못 된다는 걸 단박에 드러냈다. 그래도 그에겐 오로지 십대만이 가질 수 있는(그러니까 자라면서 몇 년도 못 가 사라지게 될) 어딘가 귀여운 서투름이 있었다. 간단히 말해 나는 그를 말도 못하게 아꼈다. 그러나 더욱 놀라운 사실은, 나 혼자만 그런 게 아니었다는 것이다. 학생들도 대부분 제이슨을 존중하고 아주 좋아했다. 그 이유 중 하나는 제이슨이 대체로 사람들에게 사근사근하고 친해지기 쉬운 인물이었기 때문이다. 이는 또한 그를 잘 보살펴 주고 보호해 주는 기숙사에서 지내는 덕분이기도 했다. 하지만 훨씬 더 큰 이유는 그가 놀라울 정도로 수학을 잘한다는 데 있었다. 9학년이었던 그는 학교에서 제공하는 가장 높은 수준의 수학 수업을 들었다. 그리고 대부분이 졸업반인 그곳에서도 그는 단연 돋보였다. 졸업반 선배들조차 제이슨의 도움을 받으려고 그의 방을 찾곤 했는데, 이는 써드폼 학생[9학년 신입생]에게는 엄청나게 드문 일이었다.

학생들이 자신들도 노력만 하면 제이슨만큼 수학을 잘하게 될 것이라 생각하는 건 아니었다. 그들의 건방짐에도 한계는 있었다. 그들은 제이슨의 출중함, 그가 자신들을 뛰어넘는 재능을 가지고 있음을 인정했다. 졸업반들은 심지어 그가 수학자가 될 거라 수군거렸다.

"앤더슨을 아시나요?" 켄이 말했다.

"알지, 왜?" 내가 답했다.

"걘 진짜 미쳤어요. 신입이 브레이든 선생님 수업을 듣다니!"

"그러니까 말야. 아니, 개는 분명 노벨상이나 뭐 그런 걸 탈 거야." 데이비드가 맞장구쳤다.

"멍청한 놈." 켄이 재빨리 데이비드의 실수를 바로잡았다. "노벨 수학상 같은 건 없다고. 필즈 메달을 타겠지."

실수로 주눅이 들긴 했지만, 데이비드는 여전히 동의했다. "뭐 어쨌든 간에. 걘 정말 놀라워."

제이슨의 실력은 학생들 사이에서도 화제였다. 아이들은 심지어 제이슨이 최고의 수학자에게 주어지는 상까지 받을 거라고 이야기했다. 매 4년마다 40세 미만의 수학자들에게 주어지는 수학계 최고 영예의 상[필즈 메달] 말이다. 세인트폴에는 이런 종류의 억측─교내에서 특정 과목의 최우수 학생이 전 세계에서도 가장 우수한 사람일 것이라는─이 성행했다. 지미 첸이라는 학생이 예배당에서 사라사테의 〈지고이네르바이젠〉(극도로 어려운 바이올린 연주곡)을 연주했을 때, 내가 바이올린을 켤 줄 안다는 걸 알고 있던 다른 한 학생은 내게 지미가 세인트폴을 졸업하면 진짜 세계적인 독주자가 될 수 있을 것 같냐고 물었다. 내가 그 정도는 아닌 것 같다고 하자, 돌아온 건 의심과 실망 섞인 반응이었다.

나는 스쿼시팀의 코치였다. 우리 팀에서 가장 뛰어난 선수였던 윌은, 특히나 신입생이었다는 걸 감안하면 리그 전체에서도 정말이지 괄목할 만한 선수였다. 그러나 여기서 또 나는 윌이 주니어 올림픽에서 우승할 수 있겠냐는 질문을 몇 번이나 받았다. 내가 윌의 경우 국내 무대만 생각하면 잘하는 편이라 할 수 있지만 국제 무대를 생각하면 형편없을 수 있다고 설명하자, 또다시 실망하는 모습을 보였다. 이런 신화들은 끝도 없이 재생산되고 있었다. 제이슨이나 지미나 윌(혹은 앞장에서 만났던 예술가 스티븐)이 세인트폴에서 최고로 쳐주는 재능의 소유자들이니* 세계적으로도 최고임에 틀림없다는 것이다.[8]

여기서 내가 세인트폴 학생들의 자질을 깎아내리려는 건 아니다. 제이슨은 4년 동안 그가 흥미를 잃지 않도록 계속 자극을 제공해 줄 만한 고등학교가 거의 없었을 정도로 수학에 특별한 학생이었다. 윌은 이 나라 최고의 스쿼시 선수 중 한 명이 되어 가는 과정에 있었다. 그리고 〈지고이네르바이젠〉을 완주하는 것 자체가 바이올린에 특별한 재능이 있어야만 할 수 있는 일이다. 그러나 우리 모두가 알고 있듯, 아주 잘하는 것과 최고인 건 매우 다르다. 우리 학교에서 수학을 가장 잘하는 애가 필즈 메달을 탈 것이라고, 우리 학교 스쿼시 선수가 올림픽에서 우승할 것이라고, 우리 학교 바이올리니스트가 세계적인 독주자가 되리라고, 혹은 우리 학교에서 그림을 잘 그리는 애가 아무나 살 수 없을 만큼 값비싼 작품을 만들어 내는 예술가가 될 거라 상상하는 것은 단순히 비범하다는 차원을 넘어선 허황된 주장이다. 물론 여기에 십대 특유의 정신세계도 한몫 하고 있다는 점은 의심의 여지가 없다. 자기 주변의 세상이 세상의 전부라고 상정하는 것이다. 하지만 학교 측이 종종 이런 이야기들을 받아들이고 심지어 구체화하면서 상황은 보다 심각해진다. 단순히 학생들이 스스로를 잠재력 있는 존재로—이 세상은 자신들이 기여해야 할 자기들 것이라고—생각하는 데 그치는 것이 아니었다. 그들은 동시에 어떤 인물들은 자신들을 훨씬 능가하는 비범한 재능과 기술을 지녔다고 생각했다. 그러나 그런 비범한 재능들이 주변에 **널려 있다**는 게 세인트폴 학생들의 믿음이었다. 그 결과, 비범한 것들이 그들의 평범한 현실의 일부가 되는 것이다. 그러

■ 여기서 저자가 예로 들고 있는 학생들이 모두 남학생인 건 우연이 아니다. 이에 대해서는 이 책 339-341쪽에서 자세히 다뤄진다.

니까 학생들은 자신이 뭐든 잘할 수 있다고 생각하는 건 아니었지만, 예외적인 것을 일상적으로 마주칠 수 있는 것으로—심지어는 시시하고 평범한 것으로—생각하는 분위기가 있었다.

선생들은 삶에 대한 이런 식의 접근법이 일종의 오만함을 낳지 않을까 신경을 곤두세웠다. 더 나아가 사교 생활부터 학업과 체육까지 모두 잘해야 한다는 끊임없는 기대가 학생들에게 심리적으로 악영향을 미칠 수 있다는 점에 대한 우려도 있었다. 유독 이런 압박감에 시달리던 사람이 이 학교에서 나와 가장 친한 친구였던 입시 담당자 스콧 보한이었다. 그는 날마다 자신이 예배당에서 보아 온 것들을 지적했다. 불만이 쌓여 가다 결국 그는 이렇게 분을 터뜨렸다. "예배당에서 무슨 일이 벌어지냐고? 누군가 연설을 하거나 음악 공연을 해. 그럼 우린 뭘 하지? 벌떡 일어나서 정말 대단하다며 갈채를 보내지. 그다음엔 우리 애들이 얼마나 경이로운지에 대한 발표가 끝도 없이 이어져. 토론팀이 이런 걸 우승했네. 앤더슨이 수학상을 탔네. 우리 라틴어와 희랍어 수업의 모든 학생이 어떤 시험에서 가장 높은 등급을 받았네. 크로스컨트리팀이 토너먼트에서 우승했고 켈리가 경주 신기록을 깼네. 여기선 그 누구도 실패하지를 않아. 그 누구도 절대 평범하질 않지. …… 그러니까 내 말은 그 누구도 평범할 수가 없다는 거야. 이게 애들한테 뭘 가르쳐 주는 건데?"

스콧은 나보다 2년 먼저 세인트폴을 졸업했다. 그는 자기 자신을 "평범"하다고 여긴다. 그는 모범적이고 성실한 학생이었다. 나와 마찬가지로 그도 일류 리버럴아츠 칼리지로 진학했다. 저녁 시간에 세인트폴 교사들이 정기적으로 갖는 농구 시합을 할 때면 스콧은 자기가 얼마나 "못났는지"에 대한 농담을 즐겼다. 그리고 그는 자신의 세 살배기 아들이 벌써부터 자기보다 얼마나 똑똑한지 이야기하며 웃음을 터뜨린다. 스콧의 "평범한" 혹은 "평균적인" 페르소나는 학생들, 그리고 심지어는 대다수 교사들의 자기표현과는 극명한 대조를 이룬다.

예외적인 것의 신화에서 스콧이 못마땅해 하는 것은 두 가지였다. 첫째로는 이 학교의 모든 것들이 비범한 것으로 여겨진다는 점이었다. 예배당에서 비범한 연설이나 공연을 듣고 기립 박수를 치는 일이 일주일에 한 번 이상은 있었다. 매일같이 학생들의 비범한 성취들을 줄줄이 나열하는 발표가 이어졌다. 그런데 도대체 졸업생들 가운데 실제 비범한 일을 하고 있는 사람이 누가 있냐는 게 스콧의 물음이었다. 간혹 상원의원이나 예술가가 있기는 했지만, 그런 졸업생은 소수에 불과했다. "그러니까 내 말은, 모두가 이렇게나 대단한 존재들인데, 다들 어떻게 된 거냐고? 졸업하고 나서 대체 어찌 되는 건데?" 졸업생들의 가장 공통적으로 눈에 띄는 특성은 대부분이 아주 부유하다는 점이다. 그러나 부는 세인트폴에서 비범하다고 박수 받는 그런 종류의 성취는 분명 **아니다**. 오히려 그런 종류의 성취와는 대척점에 있다. 이 학교는 학생들이 예외적인 이유가 그들이 부유하기 때문—이것이 특권 의식에 젖은 이들이 취하는 고전적인 입장이다—이라 주장하지 않는다. 학교는 학생들이 대단히 재능 있고 열심히 노력하기 때문이라고 주장한다. 하지만 스콧이 지적하듯, 예술가나 운동선수, 노벨상 수상자나 필즈 메달 수상자들이 좀처럼 없다는 사실은 다른 뭔가를 시사한다.

스콧이 못마땅해 한 두 번째 지점은, 세인트폴이 학생들을 "그냥 평범한 아이들"이 되도록 허락하지 않는다는 것이다. 학생들에겐 자신을 그 이상으로—결코 평범하지 않다고—생각하라는 지속적이고 끈질긴 압박이 존재한다. 스콧이 보기에, 이는 학교에서 많은 학생들을 하찮은 존재로 만들어 버린다. 또 세상을 실현 가능성으로 가득 찬 곳으로만 바라보는 관점은, 어떻게 보면, 해방적이기보다는 억압적이고 지나치게 부담스러운 것일 수 있다. 예외적일 거라는 기대를 받지만, 모두가 그럴 수는 없는 게 냉정한 현실이다. 이에 대한 스콧의 대응은, 자신의 "평범함"을 강조함으로써 학생들에게 그런 선택지도 가능하다는 걸 보여 주는 것이었다.

사실 학생들은 내 가장 친한 친구 중 한 명이 스콧이라는 사실을 알게 됐을 때, 종종 못 믿겠다는 반응을 보였다. 학생들 사이에서 나는 "대단한" 존재로 여겨지고 있었다. 학생들은 나를 세인트폴에서 당연시되는 일상적인 비범함을 보여 주는 완벽한 증거라고 생각했다. 내가 이 나라 최고의 대학생 스쿼시 선수였다는 소문이 있었고(사실이 아니다), 또 한 학생의 말을 빌리자면, "내 세대에서 가장 뛰어난 바이올리니스트 중 하나"라는 소문도 있었다(이 또한 사실이 아니다). 나의 비범한 재력에 대한—내가 아가 칸(유독 강성했던 무슬림 왕조)의 상속자라는—소문도 돌았다. 내 사무실 벽에 "중요한" 태피스트리와 살바도르 달리의 원본 그림이 걸려 있다고 생각해서 그걸 구경하러 사무실 안을 엿보는 학생도 이따금씩 있었다(전자는 우리 아버지가 수년 전 파키스탄에서 아마 5달러도 안 되는 금액에 샀을 양탄자였고, 후자는 인쇄된 사진이었다). 학생들과 동료 교사들은 자기들끼리 이야기해 본 바로는 내가 분명 ("천재"들이 받는 상이라는) 맥아더 그랜트를 받게 될 것 같다고도 했다. 이런 밑도 끝도 없는 소문들은 이 학교가 자신들의 비범함에 대해 가진 믿음의 극단을 잘 보여 준다. 내 경우, 그들은 비범한 이야깃거리를 찾아내기 위해 꽤나 필사적으로 노력해야 했다. 또한 이런 그릇된 믿음은 학생들 자신—그리고 학교—의 자존감을 보여 주는 것이기도 하다. 나는 억만 달러를 물려받을 상속자이자, 세계적 수준의 바이올리니스트, 국제무대급 실력을 가진 전직 스쿼시 선수, 그리고 천재였는데, 이 모든 가능성들에도 불구하고 내가 선택한 일은 세인트폴의 교사가 되는 것이었다는 이야기가 되기 때문이다.

비단 스콧만이 이런 비범함의 신화에 맞섰던 것은 아니다. 선생들은 학생들에게 자기 한계를 깨닫게 해주고픈 마음에서 종종 매우 비판적일 때가 있었다. 하지만 부모들이 학교에 많은 돈을 낼 때는 그에 합당한 결과를 기대하기 마련이고, 그 결과는 거의 언제나 대학 입시로 드러나기 마련이다. 대학 입시 과정이 더욱 경쟁적이 되어 가면서, 학점은 꾸준히 치솟았다. 다른 엘리트 학교들에서도 그렇듯, 세인트폴에서 A를 받는 것은 예외적인 점수라기보다는 평균에 가까웠다. 우수함이 이렇게 확대되고 확장하는 모습은 학년 말에 가장 극적으로 볼 수 있는데, 몇 시간에 걸쳐 시상식이 진행되고 거의 전교생이 적어도 한 번은 자신이 이룬 성취를 인정받으러 무대를 가로지르게 되는 것이다. 그런 성취란 화학 과목의 최우수 학생이 되는 것에서부터 모든 수업에 개근했다거나, 단순히 그해 성적표에 C를 한 개도 받지 않았다는 것에 이르기까지 다양하다. 선생 개개인이 비범함의 신화에 맞서기 위해 아무리 노력해 봤자 효과는 미미했던 것 같다. 이 학교가 정말로 얼마나 대단한 곳인가를 보여 주는 사례는 날마다 쌓여 갔다.⁹ 세인트폴에서는 거의 모든 학생이 1년에 적어도 한 번은 이런저런 이유로 학교의 전 구성원 앞에서 행진하며 자신의 성취에 대해 아낌없는 박수갈채를 받도록 되어 있다.

예외적인 실망감

버클리 래티모어는 작고 다부진 체격에 콧수염을 기른 인문학 선생이다. 역사학 박사 학위가 있어 "래티모어 박사님"이라 불리기도 하고, 등 뒤에서는 "대디 랫"이라는 별명으로도 불리는 그는 학생들의 존경과 동료 교사들의 인정을 한 몸에 받는 선생이다. 남부 특유의 느릿한 말투는 상냥한 성격을 드러내고 작은 키는 그를 먼 친척 형처럼 친밀감 있게 한다.

겨울 학기가 다 지나갈 무렵 버클리는 수업에서 찰스 디킨스의 작품을 놓고 토론 중이었다. 학기 중 이맘때쯤이면 학생들은 대개 녹초가 되어 있다. 뉴햄프셔의 겨울은 길고 춥다. 이때는 또 학교에서 한 해 중 부담이 가장 과중한 시기이기도 하다. 어느 날 아침, 나는 구석에 앉아 학생들이 교실로 느릿느릿 들어오는 모습을 구경하고 있었다. 태반이 지각이었다. 캘리포니아에서 온 똑똑하지만 장난기 많은 남학생 알렉스는 왜 이렇게 계속 추운 거냐며 투덜거린다. 그러는 사이에 뉴욕 시 외곽에서 온, 사교적인 여학생 스테이시는 몇 겹씩 껴입은 옷을 아주 천천히 벗어 나간다. 버클리는 학생들이 그러는 걸 내버려 두고 있다. 다른 때 같으면 시간에 맞춰 와서 수업 준비를 하고 있어야 하지 않겠냐며 혼을 낼 테지만 학기가 막바지에 다다른 이 시점에는 학생들의 피로도를 감안해 어느 정도 풀어 줘야 한다고 생각한 것 같다. 교실 내 대화가 끊겨 가고 있는데, 이는 참관하는 입장에서는 조금 고통스럽다. 이 지친 학생들이 자기들을 찾아온 손님에게 좋은 인상을 심어 주는 데는 일말의 관심도 없다는 게 너무도 역력하다. 하지만 버클리가 천천히 아이들의 말문이 열리게 유도하자 토론이 달아오르기 시작한다.

텍스트의 한 대목에 모두가 주목하게 한 뒤 어떤 부분은 소리 내
어 읽고 다른 부분들은 짤막한 요약으로 갈음하면서, 버클리는 학생들
에게 묻는다. "여기서 디킨스의 의도는 뭘까?" 어색한 침묵이 흐르다
못해 텍스트를 읽어 온 학생이 거의 없나 보다 하는 생각이 들 즈음에,
에밀리가 입을 연다. "음, 이건 일종의 도덕적 우화 같은 거죠.……"

이 말을 듣다가, 데이비드가 재빨리 에밀리의 말을 끊고 끼어든
다. "맞아요. 〈만인萬人〉*Everyman*®*처럼요." 16세기 도덕극을 언급하며
그가 큰소리로 말한다. 나는 데이비드가 그 작품을 알고 있다는 사실
에 충격을 받았지만, 이내 이 학생들이 수업 시간에 읽었을 거라는 데
생각이 미쳤다. 실제로 그들은 2년 전에 그걸 읽은 적이 있었다.

"어떤 점에서 그렇다는 거지?" 버클리가 묻는다. 데이비드가 더
이상 보탤 말이 없다는 게 분명해지자, 버클리는 나머지 학생들에게
눈을 돌린다.

이야기의 가닥을 다시 붙잡아 이 고통스러운 침묵을 끝내기 위해,
스테파니가 천천히 아이디어를 쥐어짜 본다. "음, 해야 할 일과 하지
말아야 할 일에 대한 이야기를 하는 거잖아요. 선한 자와 악한 자에 대
한 거요. 사람은 변하지만, 그래도 도덕이란 게 분명 존재하잖아요."

이쯤 되자 버클리의 좌절이 내 눈에 보일 정도다. "그래. 하지만

▪ 15세기 말 작품으로 추정되는 작자 미상의 도덕극으로 죽음에 직면한 인간의 마
지막 여정을 우화적으로 그려 낸 작품이다. 평범하고 결점 많은 보통 사람을 대변
하는 주인공 '만인'이 '죽음'의 부름을 받은 후 무덤으로 내려가기까지 '재물', '선
행', '앎' 등의 의인화된 가치들을 만나 동행을 요청하는 순례 과정을 담고 있다.

그게 그렇게 간단하지가 않아. …… 이건 빌둥스로만Bildungsroman, 즉 성장소설이지. 그게 바로 디킨스의 의도인 거야. 이건 그냥 엄격한 도덕 이야기가 아니라, 인간이 어떻게 성장……"

버클리가 말을 채 끝맺기도 전에, 데이비드가 거의 자리에서 튀어나오다시피 하며 불쑥 내뱉는다. "도스토예프스키 같은 거네요!"

당황한 버클리가 묻는다. "무슨 말이지?"

데이비드는 책상을 내려다본다. 그의 창백한 피부가 점점 붉어지기 시작한다. 그는 다시 고개를 들어 도와 달라는 표정으로 간절히 선생님의 얼굴을 쳐다본다. 교실 내 다른 학생들은 데이비드나 선생의 눈길을 피하는데, 몇몇은 서로 어색하게 눈을 마주치고 바로 그 순간의 창피함을 모면하기 위해 재빨리 눈을 뗀다.

"뭐, 생각해 보면『죄와 벌』을 그런 관념에 대한 유희로 읽을 수도 있겠네." 버클리는 품위 있게 도스토예프스키로부터 벗어나 빌둥스로만이라는 관념으로 돌아와서, 그 용어의 의미와 그것이 왜 여기서의 논의와 밀접한 관련이 있는지를 설명한다. 데이비드가 또 한 번 끼어들며 소리친다. "그렇죠!" 마치 버클리가 이런 방향으로 이야기를 진행해 갈 것임을 처음부터 다 알고 있었다는 듯이 말이다. 버클리는 이 두 번째 돌출 발언을 무시한 채 수업을 계속한다.

여기서 버클리는 그보다 앞서 무수히 많은 선생들이 했던 일을 반복한다. 완벽하게 창피한 상황에서 학생을 구해 주는 일 말이다. 위에서도 보았듯이, 세인트폴의 교육 철학은 위대한 사상을 가르치고 수많은 텍스트들을 잘 엮어서 서구 문화에 대한 큰 그림을 그리는 것을 자랑으로 한다. 학생들은 이를 그대로 모방한다. 그러나 결과는 기껏해야 뒤죽박죽이다. 대담함에는 대가가 따르는 것이다. 설득력 있는 연결 고리들을 만들기 위해서는 관련 텍스트들뿐만 아니라 그것을 둘러싼 맥락에 대한 깊은 이해가 필요하다. 세인트폴의 장점이자 부조리함은, 학생들이 매 순간—자신이 무슨 말을 하고 있는지 정말 알든 모르든 간에—이런 연결 고리들을 만들 수 있고 또 만들어야 한다는 생각을 학교가 나서서 장려한다는 것이다.

나중에 나는 선생 중 한 명으로부터 데이비드가 "또래보다 어린 편"이라는 이야기를 들었다. 그는 극도로 활력이 넘치는데, 거의 과잉 행동에 가깝다. 동기들 사이에서 호감을 사는 편이지만, 그의 어딘가 예측 불가능하고 아둔한 태도 때문에 진짜 친한 친구는 없다. 그의 강단 있어 보이는 골격과 부산한 움직임은 고삐 풀린 망아지 같은 성격을 드러내는데, 그래서 데이비드와 이야기하는 건 매력적인 동시에 불안한 일이다. 데이비드가 그 도스토예프스키를 언급하는 발언을 했을 때, 나는 곧바로 궁금해졌다. "데이비드가 정말로 도스토예프스키를 읽기는 한 걸까?" 수업이 끝나고 버클리에게 물어봤다. 내 짐작이 맞았다. "당연히 아니죠." 몇 주 뒤 내가 데이비드에게 이에 대해 물었을 때, 그는 그런 일이 있었던 것조차 기억하지 못했다. 그는 씩 웃으며 이렇게 말했다. "모르겠어요. 어떨 때 전 그냥 아무 말이나 해요. 그 사람[도스토예프스키] 이름을 들어보긴 했어요. 영화에서 봤던가?"

데이비드처럼 멋대로 연관 지어 이야기하는 건 이 학교에서 일상 다반사다. 교과과정 자체가 학생들이 과목의 경계를 넘나들며 연결고리를 만들도록 짜여 있기 때문이다. 하나의 수업에도 철학, 역사, 영문학, 미술사, 사회학, 정치학, 경제학 모든 게 뒤섞여 있다. 수학 수업에서 선생들은 지금 배우는 관념이 다른 과학 수업에서 하고 있거나 이전에 했던 공부와 어떻게 연결되는지(혹은 사용되는지) 이야기한다. 예술 수업들도 인문학 수업과 연계해 볼 수 있도록 구성돼 있다. 이것이 마치 아마추어 애호가를 양성하기 위한 교육 체계 같은 인상을 준다 해도, 그 묘사가 크게 잘못된 것은 아니라고 생각한다. 내가 참관했던 수업들은 위에서 묘사한 상호작용의 이런저런 변주들로 가득했다. 이날의 대화는 디킨스를 배우기에는 썩 훌륭하지 않았지만 그래도 칵테일을 마시며 나눌 만한 좋은 이야깃거리가 되기엔 충분한 것이었다. 그러나 세인트폴에서 한 해를 보내며 나는 좀 더 복잡한 진실을 알게 된다.

봄 학기에 나는 두 명의 식스 폼[12학년 졸업반] 학생들, 어거스트와 리에게 도덕철학 선택과목을 가르치게 됐다. 이 강좌는 정규 교과과정에 속한 건 아니었다. 하지만 수없이 많은 선택과목 수업들 외에도 학생들은 선생에게 관심 있는 주제에 대해 별도로 연구 지도를 해달라고 요청할 수 있었다. 인문학 V 수업 경험으로 이 두 졸업반 학생은 근대 도덕 사상의 문제들에 관심이 생긴 것이었다. 이때쯤에 나는 두 학기 동안 수업들을 참관한 상태여서 그들의 제안에 다소 회의적이었다. 둘은 스피노자, 칸트, 그리고 니체를 읽고 싶어 했다. 나는 이게 그들에게 너무 과중하다고 생각했고, 나 자신의 철학적 이해의 한계를 늘려야 한다는 것도 부담스러웠다. 그러나 어거스트와 리는 나를 강하게 밀어붙였다. 이전 학기에 자신들을 가르쳤던 인문학 선생한테까지 내게 부탁해 달라고 이야기를 해둔 터였다. 그 선생은 이 둘이 "이 학교에서 가장 훌륭한 철학적 사고를 가진 학생들"이라 했다. 이런 설명은 참고가 되라고 한 말이라기보다는 웃자고 한 얘기였지만, 이 둘을 가르쳐야겠다는 쪽으로 내 마음이 기우는 데 일조했다. 부분적으로는, 세인트폴 학생들의 지적 수준이 진짜 얼마나 높은지, 그리고 그들을 훈련시키면 높은 학문적 수준, 그러니까 학생들이 도달할 수 있을 거라고 내가 끊임없이 들었던 그런 수준에 정말 도달할 수 있을지 보고 싶은 마음도 있었다.

이 강좌를 준비하면서 난 먼저 학생들에게 어디까지 알고 있는지 물어보았다. 그들은 내게 칸트에 대해서는 상당히 잘 알고 있고 계몽주의 철학의 배경이 되는 관념들에도 익숙하다고 말했다. 깊은 인상을 받은 나는 내가 지금까지 수업 중에 관찰했던 모습들 ― 그런 지식을 갖고 있을 법하지 않은 ― 에 대한 나의 냉소적인 견해가 틀린 것이었는지 궁금해졌다. 나는 데카르트로 시작해 장 주네의 소설로 끝나는 강좌를 설계했다. 학생들은 다음과 같은 책들을 읽어야 했다.

- 데카르트, 『성찰』
- 흄, 『인간의 지성에 관한 탐구』
- 스피노자, 『에티카』
- 칸트, 『도덕 형이상학 정초』
- 와일드, 『도리언 그레이의 초상』
- 밀, 『자유론』과 『공리주의』
- 니체, 『도덕의 계보』
- 주네, 『꽃의 노트르담』

이 작품들은 10주로 이루어진 한 학기 동안 다뤄질 예정이었다. 나의 오만한 고지식함을 모든 독자들이 또렷이 눈치챘을 것이다. 나는 이 강좌가, 도전 의욕을 불러일으킬 정도로 힘들긴 하겠지만 해볼 만한 것이리라 믿었다. 나는 이미 세인트폴의 일부가 되어 있었던 것이다.

내 학생들 안에 비범한 가능성이 있다는 생각을 믿고 또 그런 생각을 불어넣어 주는 탁월한 선생 말이다.

　세미나 첫날, 나는 어거스트와 리에게 계몽주의의 기본 원칙들을 말해 보라고 했다. 둘은 계몽주의의 발전과 느슨하게나마 연결 지어 볼 만한 그 어떤 관념도 입 밖에 내지 못했다. 그들이 이전 학년에 수료했던 인문학 V 강좌의 교과과정과 그때 그들을 가르쳤던 선생한테 들은 화려한 추천사를 감안해 보면 충격적이었다. 이 두 학생을 변호해 보자면, 그들은 마지막 학기를 장식해 줄 재미있고 흥미로운 수업을 기대하고 있었지, 지난 봄 이후로 이런 관념들에 대해서 생각해 본 적은 없었을 것이다. 내가 둘의 멍한 표정에 충격을 받은 것만큼이나 둘 역시 나의 완고한 접근 방식에 충격을 받은 것 같았다.

　하지만 나는 속은 것만 같은 느낌이었다. 이 학교의 "정신 습관"에 대한 강조가 결국 각 텍스트를 다른 뭔가와 결부시키는, 관념들과 직접 씨름하기보다는 그 언저리를 맴돌며 이러쿵저러쿵 이야기할 뿐인, 영리하긴 하지만 공허한 방식들로 변형돼 버렸다는 증거가 나온 것이다. 이 학생들이 계몽주의에 대해 알고 있는 것 중에 구체적인 것이라곤 없었다. 그들은 아는 것처럼 보이도록 말하는(또한 그럼으로써, 아마 뭔가를 아는 것보다 더 중요한 일인, 나를 속이는) 법을 알고 있었다. 나중에 둘에게 왜 하필 스피노자—어려운 문체로 악명 높은 저자이자 고등학생이 알아야 할 정도로 딱히 "일반적인" 철학자도 아닌—를 가르쳐 달라고 했는지 묻자, 정말 쓴웃음 나오는 속 터지는 대답이 돌아왔다. "그 이름을 언젠가 봤었는데, 맘에 들더라고요. 그래서 그런 거예요." 내가 속은 이유는, 그들이 어떤 역량을 가졌는지 보여 주기도 전에 뭔가 혁신적인 것부터 요구했기 때문이다. 둘은 소설, 오페라, 그림을 철학과 접목시키고 싶어 했고, 도덕관념들을 이론화의 맥락뿐만 아니라 예술과 문학의 맥락에서도 이야기해 보고 싶다고 했다. 나는 이런 흥미진진한 가능성에 마음을 빼앗겼고, 그 흥미진진함에 휩쓸려 그만 이런 얘기 뒤에 별로 남는 게 없다는 사실을 간파하지 못했던 것이다.

　이런 험난한 시작에도 불구하고, 어거스트와 리는 나를 놀라게 만들었다. 비록 그들의 사고는 내가 물색없이 기대했던 수준에는 못 미쳤지만, 대부분을 그들은 알아들었다. 이건 그들이 [철학적 사고에] 특성화되어 있기 때문이었다. 리는 철학적 관념들을 자신이 쓴 소설 속 인물들과 연결 지었고, 어거스트는 논변들을 조금씩 추적해 가며 그 형식논리를 그려 낼 줄 알았다. 이 수업에서 특별히 심오한 일은 일어나지 않았지만, 나는 곧 내가 그런 것을 기대하지 말았어야 했다는 사실을 깨달았다. 다른 동료 교사들처럼 나도 예외적인 것의 신화에 사로잡혀 어떻게든 이 아이들이 지금의 그 모습, 즉 평범한 고등학생 이상의 뭔가가 되어야 한다는 생각에 빠져 있었던 것이다. 그 아이들은 열여덟 살에 불과했다. 다른 애들이 올림픽에서 우승하거나 필즈 메달을 받거나 카네기 홀에서 설 리 없는 것과 마찬가지로, 고등학교 졸업반 학생인 이 두 아이도 세계 "최고의 철학자"는 아니었던 것이다. 그들은 고등학생이었고, 매우 유능한 아이들이었지만 그 이상은 아니었다. 그들의 평범함은 사실 꽤나 안도감을 주었다. 예외적인 것의 신화가 꼭 흥미진진한 잠재력만을 의미하는 것은 아니다. 이는 또한 엄청난 부담, 지금 그 모습 이상의 뭔가가 되어야 한다는 큰 짐이 될 수도 있다.

　자신들이 비범하게 보일 곳을 찾던 와중에, 어거스트와 리 같은 학생들은 자신이 다른 학생들보다 "더 잘하는" 영역을 탐색한 것이었다. 이런 특기들을 우린 이미 본 적이 있다. 제이슨은 수학에 매우 능했기 때문에 학교에서 유명했고, 지미가 동기들에게 인정받는 이유는 모두가 지미의 바이올린 연주를 봤기 때문이었다. 꼭 맞는 분야를 찾으려고 고군분투하는 신입생들의 모습도 볼 수 있다. 어떤 애들은 기타를 연주했고, 어떤 애들은 연극 무대에 도전하거나 코미디 그룹에 들어가거나, 그 외에 이 학교에서 자신이 특별해질 수 있는 무언가를 찾아다녔다. 천문학 클럽을 운영한다든지, 모형 로켓을 만든다든지, 하키팀 수비수로 뛴다든지, 글짓기, 철학, 그림, 비디오게임 등 거의 아무거나 상관없었다.[10] 이런 특성화는 학생들에게 뭐 하나는 뛰어날 수 있는 분야를 제공했고, 대학 입시 과정에서 이는 특히 중요성을 띠게 되었다.

대학 입시
알 수 없는 셈법

세인트폴에는 거의 100개에 달하는 공식 조직과 그보다 훨씬 더 많은 비공식 조직이 존재한다. 학생이 고작 500명밖에 되지 않는다는 점을 감안하면, 이는 사실상 거의 모든 학생들이 (특히나 졸업반이 되는 해에는) 이런 그룹 중 하나를 운영한다는 뜻이다. 마찬가지로, 폭넓게 개설돼 있는 교과목들도 학생들에게 서로 다른 분과들에서 뛰어날 수 있는 기회를 제공했다. 이런 거의 무수한 선택지들을 통해 이 학교는 모든 학생이 어느 한 곳에서는 최고가 될 수 있도록 조직되어 있다.

폭넓으면서 동시에 특성화되어 있다는 데에는 이점이 있다. 이런 이점은 대학 입시 과정에서 가장 적나라하게 드러난다. 열세 살에 기숙학교들을 알아볼 당시 나는 그로튼을 방문했는데, 이곳은 우수한 고등학교이자 이 나라 엘리트의 본고장이라는 위상 면에서 세인트폴과 매우 비슷했다. 함께 교정을 걸으면서, 그로튼의 내 투어 가이드는 우쭐한 투로 이렇게 말했다. "예전에 여기 교장 선생님은 졸업반 학생들을 불러 모아서 종이 세 장을 건네줬어요. 종이 하나엔 맨 위에 '하버드'라고 적혀 있었고, 다른 종이엔 '예일', 마지막 종이엔 '프린스턴'이라고 적혀 있었죠. 이 종이를 졸업반 학생들 사이에 죽 돌리면, 학생들이 각자 하나를 선택해 자기 이름을 적어 냈죠. 그렇게 대학에 들어간 거예요. 지금은 달라졌지만, 그렇게 많이 달라진 것도 없죠." 이 이야기는 물론 사실이 아니었지만, 이는 기숙학교에 다닌다는 것이 어떤 의미인지에 대한 엘리트적 관념을 대변한다.

비슷한 이야기는 세인트폴에도 있었다. 나는 한 졸업생으로부터, 1980년대까지만 해도 하버드에서 학생들 면접을 보러 세인트폴에 왔다는(여기서 중요한 건, 하버드가 학생들한테 찾아왔다는 것이다) 이야기를 들었다. "예전엔 하버드 입시 관계자들을 스커더 하우스에 묵게 했었죠. 그곳을 술로 가득 채웠고요. 그들은 우리 애들과 면접을 하고 바로 그 주말에 결정을 내렸죠. 그들이 결정을 내릴 때에는 항상 우리 쪽 사람이 방 안에 같이 있도록 했어요." 나는 이 이야기를 어디서도 확인할 수가 없었는데, 일부 사실도 있겠지만 대부분은 환상일 거라고 생각한다. 어쨌든 이런 것이야말로 엘리트 기숙학교의 전설이다. 이런 고등학교들은 이 나라의 가장 좋은 대학들—그리고 하버드나 예일, 프린스턴 학위에 따라오는 풍족한 삶에 대한 일체의 약속과 명망—과 불가분의 관계에 있다고 간주된다.

기숙학교들이 입학 결정이 내려지는 방에 자신들의 대변인을 둘수 있다는 생각은 오늘날까지도 지속된다. 세인트폴은 수많은 "비범한" 학생들을 활용해 다른 학교들의 부러움을 살(혹은 분노를 자아낼) 정도의 합격률을 유지한다. 세인트폴 같은 학교들과 엘리트 대학들 사이의 상호작용을 가장 잘 설명할 수 있는 말은 협상이라 할 수 있겠다. 대학 입시 과정이 점점 더 경쟁적이 되어 감에 따라, 대학들 역시 순위를 지키기 위해 서로 점점 더 경쟁적이 되었다. 엘리트 학교들은 상황을 장악하기 위해 이런 경쟁 심리를 이용한다. 이는 그로튼 쪽 이야기만큼 단순하지는 않을 수 있다. 그러나 효과는 대체로 같다.

당신이 하버드 입시 담당자라고 가정해 보라. 당신네 학교의 순위에 주요한 측면 중 하나는 등록률, 즉 합격시키는 학생 수 대비 실제로 진학하는 학생의 비율이다. 등록률은 높을수록, 합격률은 낮을수록, 학교 순위가 높아진다. 그러나 우수한 학생들─게다가 이런 학생들의 수는 엄청 많다─을 보면, 당신은 해결해야 할 도전 과제를 갖게 된다. 이런 우수한 학생들은 프린스턴과 예일, 스탠퍼드를 비롯해 그 어디에서나 우수하다고 여겨질 것이다. 당신이 뽑은 학생들이 과연 당신의 학교에 진학하리라는 걸 어찌 알겠는가? 지원자들을 무턱대고 믿을 수가 없는 게, 그들은 분명 모두가 당신의 학교에 정말로 가고 싶다고 이야기할 것이기 때문이다. 그리고 만약 당신이 합격시킨 학생들이 다른 곳으로 간다면, 당신이 할 수 있는 일은 딱히 없다. 하지만 당신은 더 나은 정보─당신이 알고 싶은 정보─를 그들의 고등학교로부터 받을 수 있다. 그리고 좋은 정보를 주면 그 학교에 보상을 해주고 쓸모없는 정보를 주면 제재를 가할 수 있다.

이제 당신이 세인트폴 쪽이라고 상상해 보라. 당신은 최대한 많은 아이들을 하버드, 예일, 프린스턴, 스탠퍼드를 비롯한 최상위 대학들로 진학시키고 싶다. 대다수 고등학교들과 달리, 당신은 합격할 가능성이 높은 학생들을 많이 데리고 있다. 하지만 문제가 하나 있다. 다른 학생들보다 살짝 우위에 있는 학생들이 있다는 것이다. 이런 학생들은, 진학할 수 있는 대학은 한 곳뿐이지만, 분명 한 군데 이상의 대학에 합격할 것이다. 이는 당신의 "차상위" 학생들이 최상위 대학들에 합격할 확률을 낮춘다. 그렇다면 어떻게 해야 할까? 학생들과 진짜 어느 학교에 가고 싶은지에 대해 얘기를 나눠 본다. 그러고는 대학들과 얘기를 나누는 것이다. 이를 위해 만들어진 것이 바로 대부분의 학교들은 꿈만 꿀 수 있는 대학 진학 상담사 조직 — 약 140명의 졸업반 학생들을 위해 일하는 4명의 구성원들로 이루어진 — 이다. 그들의 업무는 각 학생들을, 즉 그들의 재능과 장단점, 그리고 가장 중요하게는 그들이 어느 대학에 가고 싶은지를 시시콜콜하게 아는 것이다.

내가 세인트폴의 진학 상담 교사이고, 나한테 두 명의 매우 유능한 학생, 수잔과 빌리가 있다고 가정해 보자. 수잔은 모든 곳에 합격할 수 있다. 그녀는 최고 중에서도 최고이기 때문이다. 빌리는 아마 몇몇 최상위 대학들에 합격할 수 있을 테지만, 보장되어 있다고 할 정도는 못 된다. 빌리는 예일에 정말 가고 싶어 한다. 수잔은 하버드에 정말 가고 싶어 한다. 그럼 나는 뭘 해야 될까? 일단 하버드에 전화를 건다. 데리고 있는 아이들 가운데 하버드를 지망하는 아이들에 대해 이야기하면서 나는 그들에게 수잔이 얼마나 대단한지 말해 준다. 나는 수잔을 합격시켜야 한다는 걸 주지시키기 위해 애쓴다. 이것이 하버드에 전달해 주는 바는, 수잔은 합격시키면 무조건 들어온다는 사실이다. 심지어 나는 이런 사실을 명시적으로 말할 수도 있다. 그들과 나의 관계가 얼마나 끈끈한지에 따라, 나는 심지어 하버드가 내게 수잔을 합격시킬 것이라는 말까지 하게 만들 수도 있다.

그 다음엔 예일에 전화를 건다. 나는 빌리를 위해 예일에 작업을 한다. 그들에게 빌리가 얼마나 대단한 학생인지 이야기해 주는 것이다. 만약 예일 측에서 수잔에 대해 물으면, 나는 그들에게 "여러분이 진짜 원하는 건 빌리예요"라고 말한다. 예일은 내 말이 무슨 뜻인지 눈치챈다. 수잔은 예일에 진학하지 않을 거란 뜻이다. 나는 심지어 그들에게 명시적으로 수잔이 하버드에 갈 거라 말해 줄 수도 있다. 예민하게 신경 써서 처리해야 할 문제 중 하나는 예일 측이 자기네가 차상위 학생을 받는 것만 같은 느낌을 갖지 않도록 하는 것이다. 곧바로 우리는 이런 난제에 대한 해결책을 보게 될 것이다. 세인트폴엔 "최우수" 학생들이 많다는 것이다. 수잔이 최고인 분야도 있고 빌리가 최고인 분야도 있다. 빌리를 잘 아는 나는 그가 얼마나 진정한 "예일맨", 즉 그들이 원하는 종류의 학생인지를 강조할 수도 있다(수잔은 이에 반해 좀 더 "하버드스러운 성격"을 가진 것이다). 이런 대화를 통해, 예일은 빌리를 합격시키는 것이다.

이 같은 비공식 협상들로 인해, 세인트폴의 입시 담당자인 나는 방금 아이비리그 한 곳의 합격을 두 곳으로 늘렸다. 세인트폴이 아이비리그로 보낼 아이들의 수를 두 배로 늘린 것이다. 하버드와 예일의 입장에서 보면, 나는 그들의 등록률을 높여 준 것이 된다. 이 게임은 해당 고등학교의 입시 상담 교사가 활용할 만한 학생들을 많이 데리고 있고, 그 학생들을 잘 알고 있으며, 대학들과 장기간에 걸친 관계를 유지하고 있고(따라서 신뢰할 만하다고 알려져 있고), 문제의 대학들이 이런 전화를 받는 데 관심이 있는 경우에만 실현 가능하다. 요컨대, 이 게임은 엘리트 고등학교들과 엘리트 대학들 사이에서 완벽하게 작동한다. 많은 탐나는 학생들이 선택되기만을 기다리고 있고 학생과 딱 맞는 학교를 찾아 연결해 주는 것이 가치 있는 일이 되는 그런 곳에서 말이다.

독자들에게 이런 상황을 "상상"해 보라고 요청한 건 내가 대학 진학 상담 교사들이나 입시 담당자들로부터 이런 과정이 진짜로 있는지 검증받지 못했기 때문이다. 난 이런 논의가 오가는 걸 직접 본 적도 없고, "공개를 전제로" 나와 그런 얘기를 하려는 사람도 없었다. 이 시나리오는 분명, 한 치의 의심도 없이, 모든 관련자들이 단호히 부인할 것이다.[11] 내가 독자들에게 분명히 말해 줄 수 있는 사실은 이것이다. 엘리트 고등학교들은 열심히 전화를 돌린다. 어느 엘리트 기숙학교의 대학 진학 상담 교사 한 명은 내게 이렇게 말했다. "저는 하버드가 우리 전화를 받지 않는 날이 올까 봐 두려워요. 그렇게 되면 어찌 해야 할지 모르겠어요. 아시다시피, 그들이 그런 전화를 꼭 받아야 하는 건 아니잖아요."

과거와 같이 오늘날에도 여전히 엘리트 대학들은 엘리트 고등학교들의 얘기를 듣는다. 내가 세인트폴에서 가진 어느 회의 도중에, 교장이 손에 편지 하나를 들고 불쑥 끼어든 적이 있었다. 그 편지는 아이비리그 학교에서 온 것이었고, 한 학생에게 그녀의 조기 입학 전형이 보류되었음을 알리는 내용이었다. 교장은 내 동료 교사를 향해 그 편지를 미친 듯이 흔들어 대며 소리쳤다. "이거 어떻게 좀 해봐요. **지금 당장.**" 이 말뜻은 단순했다. 그 학교에 전화를 걸어 그 학생을 데려가도록 설득하라는 것이다. 독자들은 이 여학생이 바클레이 기숙사에서 다른 여학생들에게 행한 신고식 때문에 한 학기 동안 정학을 당했던 아이들 중 하나였다는 사실을 들으면 크게 놀랄 수도 있겠다. 그런데도 여전히 그 여학생은 학교가 나서 싸워 줄 만한 존재였고, 세인트폴과 이 아이비리그 학교 간의 긴밀한 관계가 그녀를 위해 활용될 참이었다. 이것이 분명히 보여 주는 바는, 학생들의 대학 입학이 단지 그들의 자질만으로 결정되는 게 아니며 엘리트 고등학교들과 대학들 간의 관계가 얼마나 좋은지도 큰 영향을 미친다는 것이다. 대학들이 항상 세인트폴이 좋아할 만한 결정만 내리는 것은 아니지만—어떨 때 상담 교사들은 대학들이 잘못된 결정을 하고 있다고 불평하곤 했다—그럼에도 불구하고 정보가 흘러 들어가고, 연줄이 이용되면서 엘리트들은 자기들끼리 혜택을 누리고 있었다.

그렇다고 해서 학생들의 자질이 중요하지 않다거나, 그들은 그저 뒷짐 지고 앉아 학교 시스템이 다 알아서 하게 내버려 둔다는 말은 아니다. 나의 예시로 돌아가 보자면, 수잔과 빌리 둘 다 해야 할 중요한 일이 있다. 이런 걸 지적하는 게 우스꽝스럽게 보일 수도 있지만, 당연히 한 학년의 5퍼센트만이 상위 5퍼센트에 들 수 있다. 아무리 우수한 고등학교라 해도 상위권이 아닌 학생을 합격시켜 달라고 최고 대학들을 설득할 수는 없다. 그렇다면 이 학교들은 어떻게 그 학년의 대다수 학생들을 상위 5퍼센트에 들게 만드는 걸까? 여기엔 뭔가 불가능한 셈법이 작용하는 것으로 보인다. 대체 어떻게 이런 학교들의 하위 50퍼센트 학생들도 계속 유수의 대학들에 합격하는 것일까?

가장 먼저 주목해야 할 점은 세인트폴에서는 하위 50퍼센트가 매우 쟁쟁하다는 사실이다. 내가 세인트폴에서 가르쳤던 해에 [세인트폴 학생들의] SAT 평균은 1600점 만점에 1390점이었다. 이는 하버드 신입생들의 평균 점수(1470점)보다 살짝 낮은 정도다. 하지만 더 중요한 것은, 상위 5퍼센트의 학생들이 많이 존재할 수 있다는 점이다. 이 사실을 깨달으면 불가능해 보이는 셈법이 가능해진다. 우리는 통상 전교 상위권 하면 공부가 기준이라고 생각한다. 학생들의 등수를 매기는 대부분의 고등학교에서는 그게 거의 맞을 것이다. 그러나 세인트폴은 학생들의 등수를 매기지 않는다. 그리고 이곳의 성적 평가 체계(최우등, 우등, 우수 통과, 통과, 탈락)는 평점을 내지 않게 되어 있는데, 성적이 수치가 아니라 범주이기 때문이다. 세인트폴 학생들이 단일 척도로 평가받지 않게 해놓은 이런 장치들은 상당히 효과적이다. 여기서 트릭은 최대한 척도를 많이 만드는 것이다. 그러면 공부는 학생들을 비교하는 한 가지 기준일 뿐 다른 요소도 많이 볼 수 있게 된다. 스포츠라든지 다양한 종류의 예술 활동, 심지어 공동체 봉사 활동까지, 아이들을 성공으로 이끄는 활동 무대는 아주 많다. 거의 모든 학생을 대학들이 원하는 기본적인 성적 기준 위로— 충분히 높은 학점과 표준 시험 점수들을 갖도록— 올려놓고, 그들 각자가 잘할 수 있는 분야들을 많이 만들어 줄 수 있다면, 순식간에 "최상위" 학생들이 많아지는 것이다.

대학 입시라는 거대한 게임을 보면, 세인트폴 고등학교 같은 곳에서 대체 무슨 일이 벌어지고 있는지 다른 방식으로 이해해 볼 수 있다. 그곳 학생들이 학업적으로 얼마나 뛰어난지와 상관없이, 상위 5~10 퍼센트는 언제나 전교생의 5~10퍼센트뿐일 것이다. 그러나 만일 전교생 모두가 대다수 다른 고등학교의 상위 10퍼센트와 맞먹는 자격을 가질 수 있다면, 게다가 다른 특별한 뭔가를 갖고 있기도 하다면— 조정漕艇을 엄청 잘한다든지, 오보에를 연주하거나 스쿼시를 한다든지, 바이올린이나 그림, 수학에 능하다든지, 흥미진진한 소설을 쓴다든지, 아니면 심지어 흥미로운 철학적 심성을 갖고 있다고 주장할 수 있다면— 한순간에 대학들이 훨씬 더 흥미를 가질 만한 아이가 된다. 이런 학교엔 상위 5퍼센트가 아주 많고, 학생들 대다수는 어딘가에서 상위권에 들게 된다. 이들은 성적도 웬만한데다가 특화된 재주도 있다. 이런 조합을 통해 그들은 기본적인 자격 조건뿐만 아니라 흥미로운 요소까지 갖춘 학생들로 새학기 강의실을 채우고자 하는 대학들이 탐내는 존재가 되는 것이다.

어느 엘리트 리버럴아츠 칼리지의 내적인 작동 방식에 대한 자신의 민족지에서, 미첼 스티븐스는 대학들이 계속해서 한 가지 부류의 학생—예를 들면 학업 성적이 우수한 자—만을 뽑으려 하지는 않는다는 점을 발견한다.[12] 오히려 그들은 각각 뭔가 흥미로운 자기 이야기가 있는—아이다호 주의 시골 동네에서 감자 농장을 하는 집 아이부터 지난여름 킬리만자로를 오른 아이까지—학생들을 뽑으려고 한다는 것이다. 이런 학생들은 대학들로 하여금 자기네 학생들이 얼마나 다양하고 매력적이며 자질을 갖추었는지 내세울 수 있게 해준다.

이렇게 단일한 학업 기준을 거부하는 조치는 다양성을 신장시키는 데 도움이 될 거라고 생각할 수도 있겠지만, 역사적으로 이런 관행은 그보다는 좀 더 악의적인 기원을 가지고 있었다. 하버드, 예일, 프린스턴의 입시에 대한 제롬 카라벨의 연구는 이 학교들이 어떻게 순수한 학업 성적을 합격 기준으로 삼는 길을 포기하고 대신에 "인성"이라는 보다 가변적이고 애매하며 무정형적인 것에 초점을 맞추기로 했는지를 보여 준다.[13] 입시 담당자들과 대학 학장 및 총장들의 개인 저술들을 살펴보면서, 카라벨은 학업 기준으로부터 인성으로의 이동이 뿌리 깊은 반유대주의에서 촉발되었음을 발견했다. 20세기 초 동부 연안 전역에 걸쳐 유대인 이민자 자녀들은 학업적으로 발군이었고 그 덕분에 전국의 가장 명성 있는 학교들에 진학할 기회를 얻고 있었다. 기존의 부유한 개신교 가문의 자녀들의 훈련장으로 기능했던 이 학교들은 점점 늘어나는 유대인들의 존재를 대체로 멸시했고, 그들을 배제할 방법을 궁리했다. 하버드, 예일, 프린스턴이 도달한 해결책은 바로 학업 성적의 비중을 줄이고 대신에 백인 앵글로색슨 개신교도들에게서 나타나는 경향이 높은 인격적 특성에 초점을 맞춰 보자는 것이었다.

"훌륭한 성품이나 흥미로운 성격"이라는 기준이 서서히 대학 입시 과정에 도입되었다. 아이비리그의 이런 전략은 대체로 성공적이었다. 그런 "흥미로운 성격들"은 주로 백인 앵글로색슨 개신교도들이 하기 좋아하는 것(그리고 하는 경향이 높은 것)으로 정의되는 경향이 있었고, 백인 앵글로색슨 개신교도가 아닌 이들이 이런 성격적 특징을 획득하기에는 감당해야 할 부담이 컸기에, 이 학교들은 위로 치고 올라오는 사회 구성원들을 배제하고 힘 있는 자들을 보호할 방법을 결국 발견해 낸 것이다. 스티븐스가 보여 주듯이, 지금도 이 나라 전역의 학교들은 계속 성격에 초점을 맞추고 있다. 그리고 한때 배제에 뿌리를 두었던 것이, 이제는 고등교육기관들에서 다양성의 승리를 축하하는 데 동원되고 있다. 엘리트 학교들이 이전보다 훨씬 더 다양해졌다는 사실을 부정하는 것은 지적으로 정직하지 못한 일일 것이다. 하지만 우리는 "인성"에 기초한 선발이 지속적으로 엘리트 학교 출신들을 돕게 되는 방식에 대해서도 생각해 봐야 한다. 왜냐하면 그들에게는 엘리트 학교교육의 일상에서 핵심을 차지하는 다양한 종류의 활동들을 통해 "흥미로운 성격"을 개발할 기회가 훨씬 더 많으니 말이다.

자원은 정말 중요한 것이다. 학생들이 성공을 거둘 수 있는 분야를 많이 만들어 내려면 돈이 있어야 하는데, 그것도 그들 모두를 기본적인 기준선 위로 끌어올리는 데 투자하고도 남아, 각각이 다양한 관심사를 갈고닦을 수 있는 많은 분야들을 지원할 수 있을 만큼의 돈이 있어야 한다. 학생 1인당 8000달러의 예산으로는, 대부분의 고등학교가 음악, 미술, 사진, 조각, 무용 프로그램을 만들 수 없다. 문학, 철학, 외국어 동아리부터 로봇 동아리, 자기 관측소를 가진 천문학 동아리까지, 무수히 많아 보이는 클럽들을 가지는 것도 불가능하다. 대부분의 고등학교들은 기본적인 교과과정을 운영하는 데서부터 어려움을 겪는다. 그러나 학생 1인당 8만 달러의 예산을 가진 세인트폴은, 그보다 훨씬 많은 것들을 할 수 있다. 학생 각자가 최고가 될 수 있는 곳을 찾아 줄 수 있고, 각자가 주목할 만한 성격을 개발할 수 있다. 그러니 대학 입시 상담 교사들이 수화기를 들 때에, 그들은 거의 모든 학생들에 대해 흥미로운 이야기 — 대학들이 듣고 싶어 하는 이야기 — 를 구비하고 있는 것이다.

대담함의 결과

피프스 폼[11학년]에 올라가는 학생들은 대개 아이반 레임을 인문학 교사로 맞게 될까 봐 몹시 두려워한다. 그는 과제는 엄청나게 많은데다 학점은 지독히 짜게 주는 교사로 알려져 있다. 1학기[가을 학기]에는 분명 소문 그대로인데, 이때 그가 주는 학점은 동료 교사 대다수에 비해 낮고 과제에 남기는 코멘트들도 매우 비판적이다. 하지만 지난 몇 해 동안 그의 수업을 들었던 학생들과 얘기해 보니, 그의 수업에서 받을 수 있는 최고 학점을 받았다고 말하는 학생 수가 충격적으로 많았다. 레임이 맡은 수업의 학년말 학점 분포를 확인해 보니, 수강생들 중 거의 80퍼센트가 우등 성적을 받은 것을 알 수 있었다. 그는 학교에서 가장 쉬운 선생들 중 한 명이었던 것이다. 사실 A를 받지 않기가 꽤 어려울 정도였다. 그럼에도 학생들은 자신이 어려운 관문을 통과했다고 믿었다. 그리고 교사들도 자신이 지도하는 학생들에 대해 마찬가지로 감격해 했다. 그것은 "대단한 성취"였으며, 한 지도교사가 표현한 바로는, 열심히 배우고 노력한 끝에 "레임이라는 닫힌 금고를 연" 것이었다.

이런 상호적인 자기기만은 기이한 역설을 암시한다. 학생들은 수업에 필요한 자료들을 읽지 **않는다**고 서로 공공연히 이야기한다. 교사들은 기숙사에서 학생들을 지켜보며 (공부를 하고 있어야 할 시각인) "저녁 시간에 학생들이 공부를 안 한다"고 한탄한다. 그런데도 학생과 교사 모두, 겉으로는 여전히 이 학교의 학업 부담이 노력과 훈육 없이는 감당할 수 없을 정도로 엄청나다는 듯이 군다. 여기서 질문은 "왜?"이다. 나는 이 같은 허울이 너무나 소중한 나머지 현실이 끼어들 틈이 없기 때문이라고 본다. 학생과 교사 모두 학생들이 열심히 노력하고 있다고, 그것이 현대 엘리트의 삶을 인증하는 데 있어 핵심이라고 **믿으려** 애쓴다. 그들의 능력이 그들의 성취를 설명해 주고, 따라서 그들의 성취는 그들의 엘리트 위치를 정당화해 준다고 말이다.

이런 일이 가능해지는 가장 간단한 방법은 "바쁨"을 실천하는 것이다. 즉, 캠퍼스 안을 이리저리 돌아다니며 친구들도 만나고 동아리 모임에도 가는 것이다. 이런 바쁨의 실천은 분명 일종의 일이긴 하다. 관계를 맺고 유지하는 일, 동아리에 참여하는 일, 독특한 개인적 특성을 개발하는 일 같은 것 말이다. 그러나 그런 일들은 책상 앞에 앉아 과제를 수행하는 것과는 관련이 없다. 그런 일들은 고전적인 학업 수행 활동보다는 (자기 자신이든 남들과의 관계든 뭔가를) 관리하는 일에 훨씬 가깝다. 그러니 이제 좀 더 솔직해져 보자. 학생들은 얼마나 열심히 노력하는 걸까? 그들은 수업에서 요구되는 것들을 다 할까? 간단한 대답은 대부분의 학생들이 그럭저럭 버틸 수 있을 만큼, 최소한만 한다는 것이다. 그러면서 동시에 그들은 자신이 꽤나 열심히 노력한다는, 심지어 고군분투한다는 상상 속에서 움직인다.

아주 조금 과장 섞어 말하자면, 세인트폴에서 근무한 1년 동안 나는 책 읽는 학생을 거의 보지 못했다. 학생들이 소화해야 하는 자료의 양을 감안하면, 이는 놀라운 사실이다. 실험 삼아 나는 강의계획서들을 모아서 세인트폴의 평균적인 피프스 폼 학생이 해야 할 일을 일주일 동안 해보기로 했다. 그랬더니 매일 두 시간 반가량 책을 읽게 됐다. 다른 종류의 일들—수학 문제 풀기부터 생물 실험과 악기 연습까지—을 하는 데도 족히 한 시간 이상이 들었다. 하지만 그 일주일 동안 내 기숙사에서 저녁 7시 반부터 11시 사이—학생들한테는 주된 "공부 시간"인—에 30분 이상 책을 읽는 학생은 한 명도 없었다. 물론 그날 하루 중 다른 시간에 책을 읽었을 수도 있지만, 그들은 일과 시간엔 보통 수업과 과외 활동들로 상당히 바쁘다. 그리고 대부분의 학생들이 자정이 되기 전에 잠자리에 든다. 이 학생들이 모두 나보다 훨씬 빨리 일을 처리할 수 있었던 걸까? 훨씬 더 그럴듯한 설명은, 실망스러운 동시에 뻔한 것이다. 학생들이 해야 할 일을 모두 다 해내지는 않는다는 설명 말이다.

그런데 수업에 계속 들어가 보니, 학생들이 수업 자료를 잘 알고 있는 듯했다. 그들이 보여 주는 모습은 전부 할 일을 다 해내고 있노라 말해 주었다. 뭔가 앞뒤가 맞지 않았다. 나는 학생들과 이런 불일치에 대해 얘기했고 내 기숙사 학생들이 뭘 어쩌는지 지켜보았다. 우리 대다수가 그렇듯, 학생들은 구글 검색을 했다. 위키피디아에 의존하기도 했다. 방대한 양의 수업 읽기 자료를 숙지하기 위해 그들은 기본적으로 온라인에 있는 요약본을 수업 "준비" 차원에서 애용했다. 가장 흔히 사용되는 스파크노트를 비롯해 엄청나게 다양한 온라인 요약본들에 의존하고 있었다.[14] 이를 알고 나는 처음엔 격노했다. 난 학생들이 이 학교의 학업 정신에 대해서만이 아니라 그들 자신에게도 "부정한 짓"을 하고 있다고 생각했다. 내가 학생들에게 이 문제를 따지고 들었을 때 그들이 보인 반응은 방어도 분노도 아니었다. 오히려 그들은 마치 내 공격이 별스럽고, 어쩌면 다소 정직하지 못한 것인 양 굴었다.

"어유, 생각을 좀 해보세요, 칸 선생님!" 닉이 의기양양하게 말했다. "제가 어쩌면 좋을까요? 『베오울프』를 읽느라 세 시간씩 써야 할까요?"

그의 룸메이트인 그레이엄이 끼어들었다. "맞아요! 그건 말이 안 돼요."

좌절한 나는 억지로 답을 끌어냈다. "그게 중요한 거지. 네가 그걸 다 읽고 말이 **되게** 만드는 거." 하지만 내 입꼬리가 올라가는 건 참을 수 없었다.

그레이엄은 그냥 넘어가지 않았다. 그는 못 믿겠다는 듯 나를 바라보면서, 화난 척하는 내 반응을 받아들이지 않았다. "설마 **선생님은** 여기 학생일 때 모든 자료를 다 읽었다고 말씀하시려는 건 아니겠죠."

"난 어마어마하게 읽었어."

"**지금**은 그러시겠죠." 그레이엄이 대답했다. "근데 그때는 어떠셨는데요?"

이런 질문이 아무 소득도 없을뿐더러 또 내 학창 시절에 대해 좀 과하게 사적으로 캐는 것 같다는 사실을 깨달은 닉은 자신의 본래 논점으로 되돌아갔다. "제 말은 이거예요. 『베오울프』 내용이 뭔지 알아야 한다고요? 그래요. 전 지금 그게 무슨 내용인지 알아요."

"그게 중요한 게 아니잖아." 내가 소리쳤다. "중요한 건 네가 그걸 찬찬히 읽으면서 생각을 해보는 거라고. 그건 그냥 무슨 일이 일어났는지를 아는 것 이상이지."

"그게 과제를 내주는 이유잖아요."

"그래서 너는 과제를 어떻게 써내는데?" 나는 궁금했다. "그때는 그럼 책을 읽는 거니?"

'읽기'에 대한 내 끈질긴 강조를 비웃으며, 닉은 고개를 저었다. "당연히 아니죠. 하지만 제 과제는 문제없어요. 전 정말로 잘하고 있어요." 그는 요약본을 이용하는 것이 텍스트에서 꼭 필요한 부분을 찾아내는 데 도움이 되며, 그렇게 찾은 부분들을 가지고 선생들 마음에 드는 과제를 써낼 수 있다고 설명했다. 내가 믿을 수 없다는 반응을 보이자, 그레이엄이 닉과 합세해서 나를 비웃었다. "믿으셔야 할 걸요!" 굉장히 통쾌해 하는 목소리였다.

내 좌절감을 또다시 감지한 닉은 의아해 하는 태도로 되돌아갔다. "아니, 근데 진짜로, 차이가 뭔데요?" 그레이엄도 다시 합세했다. "맞아요. 그러니까 제 말은, 전 사실 책을 진짜 읽었을 때 결과가 더 나빴다고요."

지난 2년간 그레이엄의 룸메이트였던 닉이 친구를 짓궂은 표정으로 쳐다봤다. "네가 언제 책을 다 읽었는데?"

"뉴비였을 때." 닉의 의구심은 부인할 수 없는 것이었다. 그레이엄은 말을 계속했다. "진짜예요. 하지만 전 지금 훨씬 더 잘 해요. 온라인에서 본 다음에 책으로 돌아갈 수도 있겠죠. 근데 온라인 요약본은 정말 이해해야 할 것들을 이해하는 데 도움이 돼요. 모두가 그렇게 하는 걸요."

내가 이야기를 나눈 학생들은 이 학교의 "범생" 부류에 속하는 아이들, 그러니까 다른 학생들 눈에 공부를 **가장** 많이 하는 걸로 보이는 아이들이었다. 그럼에도 그들마저 과제를 해낼 때 대충 빠른 길로 가는 것이 일반적이라고 생각하는 것이다. 남학생들이 그런 짓을 더 많이 할 것 같긴 했지만, 그렇다고 여학생들이 그런 편법을 전혀 사용하지 않는 건 분명 아니었다. 『베오울프』를 "아는" 것만으로 충분했다. 그것을 **어떻게** 아는지 혹은 얼마나 깊이 아는지는 중요하지 않았다. 사실 그걸 스스로 터득하는 일은 거의 바보 같은 방법으로 여겨졌다. 게다가 닉과 그레이엄이 했던 방식으로 준비해서 과제를 잘해 낼 수 있었다는 사실은 그들이 그렇게 교재를 터득해 가는 방식이 더할 나위 없이 좋다는 충분한 증거로 받아들여졌다.

내가 손쉬운 편법을 이용하는 학생들을 본 게 비단 인문학 수업에서만은 아니었다. 수학 수업을 위해 학생들은 끊임없이 문제 푸는 연습을 해야 했지만, 나는 아이들이 숙제를 내야 할 때만 실제로 문제를 푼다는 사실을 발견했다. 이는 외국어 수업이나 과학 수업에서도 마찬가지였다. 나는 학생들이 곧 시험을 앞두고 있거나 실험 보고서 제출일이 임박해서가 아니면 과학 교과서를 "공부"하는 모습을 거의 보지 못했다. 심지어 훌륭한 음악도인 학생들도 연습을 정기적으로 하지 않았다. 콘서트나 수행평가를 앞둔 며칠 동안 학생들이 각자 악기를 들고 "벼락치기"로 울려 대는 열띤 소리들로 볼 때 그 점은 분명했다.

열중해서, 지속적으로, 면밀하게 이루어지는 공부가 부족하다는 데 나는 좌절감을 느꼈다. 하지만 닉과 그레이엄의 반응은 결국 내가 나 자신을 좀 더 반성적으로 돌아보는 계기가 되었다. 내 학창 시절을 떠올려 보았다. 그레이엄의 질문에 나는 어떻게 대답할 수 있을까? 궁금해졌다. 졸업반일 때 나는 한 학기 동안 써내야 하는 25매 분량의 문예 창작 과제들을 어떻게 했던가? 마지막 과제 제출일 24시간 전에 한 꺼번에 써냈다. 내가 대학원생 때 과제를 부여받았던 방식에 대해, 또 입장을 바꿔서 지금 내가 내 학부생과 대학원생들에게 과제를 부여하는 방식에 대해서도 생각해 보기 시작했다. 그 과제들은 종종 터무니없으며, 학생들이 그 모든 걸 완전히 다 해낼 것이라고 **정말로** 기대하는 건 아니다(혹은 그렇게 기대한다 하더라도, 학생들이 그걸 잘 해낼 거라고 기대하진 않는다). 나는 내 대학원생들이 정말 일주일 안에 프랑스 사회 이론 책 한 권을 다 읽을 수 있을 거라고 생각하는 것인가? 당연히 아니다. 나는 컬럼비아 대학의 핵심 필수과목을 가르치는데, 거기서 학생들은 서양 고전 "명작들"을 접하게 된다. 우리는 그런 텍스트들을 순식간에 휙휙 섭렵해서 지나가기 때문에, 만일 누가 몰아붙인다면, 학생들이 정말로 그 텍스트를 배운다는 주장을 방어할 수 없을 것 같다. 우리가 처음으로 읽는 작품은 플라톤의 『국가』이다. 이 책은 300쪽 가량의 분량에 복잡한 철학적 생각들을 담고 있다. 우리 대학에서 이 텍스트에 들이기를 권장하는 시간이 어느 정도냐고? 강의 두 번이다. 학생들이 일주일 만에 『국가』를 배울 거라고 정말로 기대하는 것은 아니다. 하지만 내 수업을 듣고 나면 배운 척은 할 수 있다.

엘리트 대학들이 어떻게 고등학생들을 합격시켜 왔는지 그 역사를 돌이켜 생각해 보면, 기득권층 학생들에게 혜택을 주기 위해 그들이 어떻게 다른 요인들("인성")을 앞세우며 학업 우수성의 중요성을 깎아내려 왔는지 알 수 있다.[15] 비록 우리 같은 학자들은 보통 학점과 학업 우수성을 매우 중요하게 생각하지만, 모두가 그런 기준에 동의하는 건 아니라는 점을 잊지 말아야 한다. 실제로 그것은 엘리트층의 실천을 통해 자리 잡게 된 것이 아니다. 내가 집요하게 강조했듯이, 세인트폴에서 중요한 건 단순히 다른 이들이 알지 못하는 것을 아는 게 아니라 다양한 생각들과 상황들에 편안해지는 것이다. 스파크노트를 사용하는 것도 바로 이것의 연장선상에서 벌어지는 일이다.

그레이엄과 닉에 대한 내 좌절감은 서서히 진정되었다. 비록 발끈하긴 했어도 그들은 그저 솔직했을 뿐이다. 내 격노가 훨씬 솔직하지 못한 태도였다(그건 일종의 부인이었다). 나는 컬럼비아 대학의 내 학생들에게 수업 준비를 어떻게 하는지 물어보았다. 그들의 대답은 세인트폴 학생들의 학업 실천[관행]이 그다지 특이한 게 아님을 보여 주었다. 그레이엄과 닉은, 내가 세인트폴에 다닐 때 그랬던 것처럼, 과정이 결과만큼 중요하지는 않다는 걸 터득했을 뿐이다. 기준은 선생이 내 과제를 좋아하는지 아닌지에 있었다. 혹자는 그 결과 학생들이 자신의 공부 방향은 물론이고 더 중요하게는 세상의 방향을 결정하는 데서 놀라울 정도로 중요한 역할을 하게 되는 거라고 추측할지도 모르겠다. 그러나 흥미롭게도, 나는 실제로 그렇다는 사실을 발견하지 못했다. 대신에, 대다수 학생들은 이 학교의 교육적 이상을 뒷받침했다. 자신의 장래 삶에 없어서는 안 될 "더 대단한 뭔가"를 배우고 있었던 것이다. 이 "더 대단한 뭔가"는 세상에 대한 앎이 아니었다. 그것은 세상과 관계 맺는 방식이었다. 위에서 내가 관찰한 것들을 밀고 나가면, 『베오울프』 읽기는 중요한 것이 아니다. 적어도 그렇게나 대단히 중요하지는 않다. 누구나 『베오울프』를 읽을 수 있다. 앎을 둘러싼 장벽에 구멍이 많아지면서, 특정 형태의 문화적 앎이 갖는 가치는 점점 떨어졌다. 『베오울프』나 초서 혹은 셰익스피어를 아는 건 상류층 문화를 둘러싼 상징적 장벽들이 여전히 꽤 굳건했던 한 세대 전까지는 의미 있는 차이를 만들어 냈을지 모른다. 그러나 오늘날에는 거의 모든 십대가 고등학교에 다니고, 고등학생은 누구나 셰익스피어를 읽는다. 세인트폴 같은 엘리트 학교에 다니는 학생들이 손쉽게 이용할 수 있는 광범위한 텍스트 요약본들에 의존한다는 사실은 이런 상징적 장벽들이 거의 다 무너졌음을 시사한다. 앎이 더 민주화되면서, 그것은 더 이상 위계질서 안에서 차이를 만들어 내거나 문화적으로 가진 자와 가지지 못한 자를 구별해 주지 못한다. 이제 앎은 누군가를 구분해 주는 수단이 아니다. 오히려 학생들은 앎에 거의 무심하다. 닉이 내게 우쭐한 만족감을 드러내며 이렇게 말했듯이 말이다. "『베오울프』 내용이 뭔지 알아야 한다고요? 그래요. 전 지금 그게 무슨 내용인지 알아요."

현재 세인트폴의 인문학 교과과정은, 앞에서 보았듯이, 사실상 특정한 앎을 중시하지 않는다. 선생들이 수 세기에 걸친 역사와 철학, 정치사상, 문학, 시, 예술, 문화를 깊이 알고 있으리라 기대할 수는 없다. 그들이 그 모든 영역에서 무슨 일이 일어났는지 학생들에게 가르치는 것도 도저히 불가능하다. 대신에, 교사로서 우리는 이런 것들이 알 수 있는 것들이며, 그 모든 걸 속속들이 앎으로써가 아니라 그것들을 대강 연결해 봄으로써 이해할 수 있다는 생각을 길러 준다. 우리는 선생으로서 무심함 또한 꽤 중요하다는 사실을 인정해야 한다. 『베오울프』도 〈죠스〉처럼 다룰 수 있는 것이다. 이런 무심함은 평가 절하와는 다르다. 『베오울프』를 〈죠스〉처럼 다루면서 교사들은 학생들을 문화 평등주의자들로 만들며 문화적 수준을 평준화한다[즉, 고급문화와 대중문화의 구분을 없앤다]. 이것이 『베오울프』가 중요하지 않다는 말은 아니다. 분명 중요하다. 다만 진정으로 중요한 것이 될 정도는 아니라는 뜻이다. 『베오울프』를 끌어오는 건, 배제를 위해서가 아니라, 오히려 세상이 얼마나 이용 가능하고, 알 수 있는 것이며, 원하는 대로 쓰일 수 있는지 강조하기 위한 것이다. 세상을 이렇게 다루는 재주가 진짜 중요한 것이지, 남들이 모르는 것들을 아는 게 중요한 것은 아니다.

이런 엘리트적 행태에서 아이러니는 그것이 뭔가를 평준화하는 것처럼 보이는 것에 의존한다는 점이다. 앎의 세계는 평평해지고 있으며, 더 많은 사람들이 이용 가능하게 되었고, 꼭대기에 있는 이들이 구별짓기를 위해 이용하는 경우는 점점 줄어들고 있다. 그러나 이런 앎의 평준화에는 불공평한 결과가 따르는데, 그런 앎을 어떻게 활용하고 배치하고 통합하며, 또 그 앎에 어떻게 관련되는지가 다양하기 때문이다. 세인트폴의 학생들이 자신을 다르게 만들기 위해 앎 그 자체를 이용하는 건 아니다. 우리는 이 민주화된 능력주의 세상에서 모두 똑같은 앎을 공유할 수 있다. 그러나 연결 고리를 만들기 위해 앎과 맺는 관계 ─ 무심함 또는 편안함, 그리고 앎이 사용되는 방식 ─ 는 쉽게 알아볼 수 있는 차이의 표식을 만들어 낸다. 세상 그 모든 변화에도 불구하고, 이런 엘리트 표식은 그들이 입는 옷에서부터 듣는 음악, 그리고 『베오울프』를 읽거나 〈죠스〉를 보는 방식에 이르기까지 모든 곳에 남아 있다. 그리고 이런 편안함은 새로운 평등을 통해 기존의 불평등을 (보이지 않게 만드는 동시에) 영속화하는 것을 가능하게 해준다.

비범한 무심함

세인트폴 학생들에게는 수업 외에도 학교 밖 현장학습과 외부인 초대 강연과 같은 풍부한 교육 기회가 제공된다. 세인트폴 캠퍼스는 특별한 내빈들이 드나드는 회전문 역할을 한다. 최근에 연사로 왔던 이들 중에는 작가 토바이어스 울프와 릭 무디, 싱어송라이터 패티 라킨, 학자 로널드 다카키, 계관 시인 빌리 콜린스와 로버트 핀스키, 시인 마야 안젤루, 음악가 요요마와 미도리, 지휘자 벤 잰더, FBI 국장 로버트 뮬러, 그리고 존 케리 같은 정치인들(마지막 두 명은 이 학교 졸업생이다)이 있다. 이 연사들이 단순히 강연만 하고 바로 떠나 버리는 것도 아니다. 그들은 거의 항상 학생들과 상당한 시간을 보낸다. 라킨은 학생들을 데리고 작곡 워크숍을 진행했으며, 다카키는 캠퍼스에서 교사 및 학생들과 함께 다문화주의에 대해 토론하면서 며칠을 보냈고, 핀스키는 시 워크숍을 개최해서 몇 차례 낭송회를 가졌다. 또 울프는 다수의 픽션·논픽션 창작 강좌를 진행했고, 요요마는 마스터 클래스를 열었다.

내가 이 모든 행사에서 발견한 특별한 점은, 거기에 [학생들이 느끼는] 특별함이 부족하다는 것이었다. 내가 학생일 때 마틴 루터 킹의 미망인 코레타 스콧 킹이 마틴 루터 킹 기념일[매년 1월 셋째 주 월요일]에 우리 학교를 방문한 적이 있었다. 내 부모님께서는 자신들도 참석할 수 있는지 물으셨다. 당시에 나는 부모님의 그런 문의가 너무 이상하게 느껴졌다. 학교에 그런 걸 물어보기도 창피했다. 부모님과 함께 그 행사에 걸어 들어가면서 나는 킹 부인의 강연을 보게 된다는 두 분의 엄청난 흥분을 느낄 수 있었다. 내겐 그저 여느 때와 똑같은 하루에 불과했는데 말이다. 왜 부모님이 여기까지 일부러 오셨는지, 왜 아버지가 일을 하루 쉬셨는지(이건 정말 드문 일이었다) 나로서는 분명히 알 수 없었다. 지금은 이 사실을 인정하기가 부끄럽지만, 당시에는 코레타 스콧 킹의 강연을 보는 일이 그저 그렇게 느껴졌다.[16]

이 기억은 내가 캠퍼스로 돌아온 뒤 1년 동안 마치 유명한 미국인들이 행진이라도 벌이듯 세인트폴을 방문하는 광경을 보면서 되살아났다. 토바이어스 울프가 강연을 시작할 수 있도록 우리 기숙사 학생들을 자리에 앉게 하려고 돌아다니는 동안, 나는 한 학생이 이렇게 말하는 소리를 들었다. "나 진짜 지금 이런 거 들을 시간 없는데. 내일 실험 보고서 내야 된다고." 또 다른 학생은 패티 라킨이 "좀 이상한 히피"라며 그녀 때문에 자기가 해야 할 일을 못하게 됐다고 다 들릴 정도로 불평했다. 교내 행사에 대해서만 그런 것도 아니었다. 한 졸업생이 학생들을 위해 뉴욕의 메트로폴리탄 오페라 공연 티켓을 사서 토요일에 그들이 뉴욕으로 올 수 있는 항공편까지 마련해 줬다. 이른 아침 학교에서 출발해 정오쯤 뉴욕에 도착, 오페라 관계자들과 메트로폴리탄에서 점심을 먹고 오페라를 관람한 후 저녁에 귀가하는 일정이었다. 학생 때 나는 이런 행사에 참여해 파바로티가 베르디의 〈가면무도회〉를 부르는 모습을 볼 수 있었다.

이 모든 행사들에는 비범함의 평범함이 있다. 학생들은 단순히 뉴욕에서 메트로폴리탄 오페라의 오후 공연matinee을 보러 비행기에 올라탈 수도 있고, 수업을 듣고 있어야 할 시간에 보스턴 심포니 공연을 보러 가거나, 로버트 핀스키에게 시 쓰는 법을 배우거나, 릭 무디와 현대 소설의 발달에 대해 대화를 나누거나, 아침 예배 시간에 요요마의 첼로 연주를 듣거나, 로널드 다카키에게 자기가 속한 공동체의 다양성 이슈들에 어떻게 대처하면 좋을지 조언을 얻을 수 있다. 세인트폴에서는 이런 일들이 평범하게 느껴진다. 그리고 어떤 면에서는 세인트폴이 이미 국제적으로 비범한 사람들로 이루어져 있다는 가정 때문에 이런 캠퍼스 방문들이 더 평범해져 버리기도 한다. 이런 풍부한 비공식적 학습 기회들은 모든 것이 가능한 듯 보이는(그리고 특정한 앎을 위해서는 전문가들을 데려올 수 있으니 굳이 자신이 알 필요는 없고, 다만 과제는 그 모든 걸 종합하는 것뿐인) 세상에 대한 폴리의 지향성을 강화하는 데 일조한다. 이런 지향성은 단순히 놀라운 것을 기대할 수 있다는 게 아니라 그런 것에 거의 무심할 수 있다는 것이다. 미국의 가장 위대한 작가들 중 한 명이 그들과 이야기를 나누기 위해 방문한 순간에, 그들은 그것을 실험 보고서 숙제 같은 다른 평범한 일을 방해하는 또 하나의 평범한 경험이라고 생각할 수 있는 것이다.

　물론 아직 어린 이 학생들에게 세인트폴이 제공하는 모든 순간에 감사할 것을 기대할 수는 없다. 하지만 비범한 것들에 대한 이 지속적인 무심함은 놀랍다. 내 기숙사 학생 중 한 명인 스티븐이 메트로폴리탄 오페라 공연을 보고 돌아왔을 때, 나는 그에게 공연이 어땠냐고 들떠서 물었다. 그는 메조소프라노의 가창력에 대해 냉철한 평가(오페라에 문외한이었으므로, 분명 어딘가에서 주워들었을 법한)를 내렸고, 제피렐리의 무대 장치가 흥미로웠다는 견해를 밝혔다. 우리의 대화를 또 다른 학생이 지나가다 듣고는 이렇게 물었다. "오, 너 그 메트 뭐시기에 갔다 왔어? 볼 만했냐?" 스티븐은 이렇게 답했다. "그럭저럭." 그 행사에 대해 내가 들은 말은 그것이 마지막이었다. 다시 말하지만, 고등학생이 오페라 공연에 열광할 거라 기대하긴 어렵다(그리고 설사 열광한다 해도 그걸 인정할 것 같지 않다)는 점을 나도 잘 알고 있다. 그럼에도 불구하고 여기서 분명히 드러나는 것은 무심함이다. 뉴욕에서 하루를 보내기 위해 비행기를 타는 것, 국제적으로 명성 있는 음악가들과 점심 식사를 하는 것, 그들의 공연을 관람하는 것, 그리고 그날 저녁에 비행기를 타고 집으로 돌아오는 것에 대한 무심함 말이다. 그런 무심함이 때로는 일부러 꾸며낸 것이라 할지라도, 꽤 실감 나는 연기라는 점은 부인할 수 없다.

세인트폴 학생들이 강조하거나 드러내는 것은 자신들이 습득한 문화적 앎이 아니다. 위에 제시된 사례들이 잘 보여 주듯이, 세인트폴은 학생들에게 문화적 앎을 문자 그대로 쏟아붓는다. 그러나 대부분의 학생들이 그런 경험을 대하는 방식은, 그 기회를 붙잡는 것도 아니고, 열심히 추구하는 것도 아니고, 호기심을 가지고 자기 것으로 흡수하는 것도 아니고, 대안적 관점에서 그것에 도전하는 것도 아니다. 오히려 그들은 그런 기회들을 시큰둥한[좋은 건지 싫은 건지 모를] 태도로 대하도록 배운다. 어느 따뜻한 봄날 오후, 나는 돌을 던지고 있는 한 무리의 학생들 옆을 지나치고 있었다. 처음에는 아무 생각 없이 지나다가, 곧 그들이 캠퍼스 내 많은 조각상들 가운데 하나에 돌을 던지고 있다는 사실을 깨달았다. "너희들 뭔 짓을 하고 있는 거야?!?" 나는 소리를 질렀다. "그건 알렉산더 칼더 작품이라고!" 나를 쳐다보는 그들은 약간 얼떨떨한 표정이었다. "아, 죄송해요"라고 대답한 뒤 그들은 다른 쪽으로 몸을 돌려 유명한 예술가의 조각상 대신 연못으로 돌을 던졌다. 크게 당황하는 기색은 없었다. 그들에게 칼더 작품은 그저 수많은 아름다운 건물들 중 한 곳의 야외에 위치한, 정성스레 손질된 수많은 잔디밭 중 한 곳에 놓인, 수많은 쇳덩어리들 가운데 하나일 뿐이었다.

세인트폴 학생들은 자신을 남들과 구분 짓기 위해 문화적 앎을 과시하는 짓은 하지 않는다. 사실 그렇게 앎을 과시하는 짓 — 데이비드가 수업 중에 도스토예프스키를 언급했던 것이나 셔츠가 몇 수짜리인지 훈수를 늘어놓는 것이나 에번 윌리엄스가 다른 뉴비들에게 자신의 "내부자" 지식을 뽐냈던 것 같은—은 대부분 실패로 돌아갔다. 그들의 "문화 자본"은 다른 이들이 모르는 걸 그들이 안다는 게 아니었다. 오히려 그들의 문화 자본은 상호작용적인 것, 그러니까 그들이 문화 (상·하류 문화 모두)와 관계 맺는 방식, 그리고 서로서로 관계 맺는 방식에 있었다. 그들의 무심함은 일종의 편안함의 발휘이다. 편안함은 태도, 즉 내가 누차 보여 주고자 했던 엘리트 청소년의 자세이다. 학생들이 항상 무심한 것은 아니다. 그들은 옷차림이나 위계질서, 지위 따위에 신경을 쓴다. 하지만 그럴 때에도 그들은 언제나 편안하다. 그런데 수업에서도 상류 문화와의 관계에서도 편안할 수 있는 길은 바로 그 모든 것에 무심해지는 데 있다. 대단히 귀중한 작품에다 돌을 던질 수도 있고 또 어느 유명인이 방해가 된다고 짜증을 낼 수도 있는 것이다.

열심히 하면 낙오할지니

우리가 해온 탐색이 암시하듯이, 비범함의 신화는 특별히 선호하는 수취인이 있는 것으로 보인다. 백인 남학생들 말이다. 이 사실은, 오랫동안 엘리트층을 주도해 온 것이 앵글로 남성들이라는 점을 감안하면 그다지 놀랍지 않지만, 세인트폴의 현실과 이곳이 그렇게나 함양하려고 애쓰는 능력주의를 감안하면 실망스럽다. 세인트폴의 여학생들이 남학생들보다 학업적으로 더 뛰어나다는 것은 이미 다 아는 사실이다.

해가 갈수록 여학생들의 성적은 높아지고 있다. 미국 전역의 고등학교
들에서 여학생이 남학생을 능가하듯이 세인트폴의 여학생들도 그렇
다. 그러나 적어도 세인트폴에서 여학생들은 상을 더 적게 받는다. 남
학생들만큼 정기적으로 예배당에서 공연을 하거나 연설을 하지도 않
는다. 학생회 안에서 중책을 맡는 경우도 거의 없다. 여학생들이 이 학
교에 다니기 시작한 건 1969년부터이지만, 학생회장을 여학생이 맡은
경우는 딱 한 번밖에 없었다. 아닌 게 아니라, 내가 여러 학생들에게
각기 다른 분야에서 "가장 뛰어난" 학생을 누구로 생각하는지 가볍게
물었을 때에도, 거론되는 건 거의 항상 남학생들이었다.[17] 가장 뛰어난
예술가도 남학생, 가장 뛰어난 운동선수도 남학생, 가장 공부를 잘하
는 학생도 남학생이었다. 심지어 교과목별로 나눠서 물어봤을 때도,
각 과목에서 가장 우수한 학생은 거의 언제나 남학생들이었다. 물리만
이 예외였는데, 이 과목에서 가장 우수하다고 지목된 학생은 트랜스젠
더 남학생이었다. 남학생들은, 여학생들이 더 잘하고 있음에도 불구
하고, 비범함의 영역에서 우위를 차지했다.

내가 이 사실을 지적하면 학생들은 대개 충격을 받았다. 사실 예
외 없이 그들은 가장 뛰어난 남학생들과 경쟁할 수 있거나 심지어 그
들을 이길 수 있을 법하다고 생각하는 여학생의 이름을 재빨리 생각해
냈다. 하지만 나는 학생들의 머릿속에 제일 먼저 떠오른 이가 누구였는
지에 우선적으로 흥미를 가졌다. 게다가, 간헐적으로 입에 오른 흑인
운동선수와 음악 하는 아시아계 학생을 제외하고는, 거명된 남학생들
이 모두 백인이었다. 비록 세인트폴에는 어느 분야에든 비범한 아이들
이 존재한다고 여겨졌지만, 학생들이 비범하다고 지목하는 이들은 사
실 아주 작은 집단—"올드 보이스 클럽"의 청소년 버전 같은—에 불

과했다. 내가 관찰해 낸 이런 사실들을 교사들에게 이야기하자, 대부분은 내게 자신들이 가르쳐 본 "가장 우수한 아이들 중"에는 유색인종 학생들도 많았다고 재빨리 상기시켜 주었다. 나는 세인트폴이 노골적으로 인종차별적이거나 성차별적인 곳이라고는 생각하지 않는다. 그러나 특권이 실현되는 데 있어서는 분명 인종적·성적 차이가 존재했다.

이전의 주제로 돌아가서, 이제 학생들의 공부 습관에 대해 좀 더 입체적인 시각으로 생각해 보자. 학생들이 모두 할 일을 다 하지 않는다고 말하는 건 틀린 소리일 것이다. 내가 세인트폴에 있던 1년 동안에도 아주 열심히 공부하는 학생들이 여럿 있었다. 이 학생들은—내가 거기 있던 해뿐만 아니라 일반적으로도—유색인종이 많았고, 대개 여학생들이었다. 내가 앞서 지적했듯이, 세인트폴에서 가장 높은 성적을 받는 건 아시아계 학생들이다. 흑인 학생들은 가장 낮은 성적을 받는다. 우리는 2장에서 언급했던 흑인 학생 데빈을 떠올려 볼 수 있을 텐데, 그는 내게 이렇게 말했다. "전 이런 곳에 두 번 다시 들어올 수 없을 거예요. 설사 제가 하버드에 가더라도, 이렇지는 않을 거예요. 이건 제 기회에요. 전 이 기회를 최대한 활용하는 거죠. 선생님께서도 이젠 아실 때가 되지 않았나요. 세인트폴은 성적 그 이상의 의미가 있는 곳이에요." 데빈은 매우 열심히 노력했다. 대다수의 흑인 동기들 또한 그랬다. 그들은 대체로, 특히 대다수의 백인 동기들보다는 훨씬 더 자주, 할 일을 실제로 "해냈다." 하지만 결과가 더 좋은 건 아니었다. 실은, 훨씬 못했다.

데빈은 한사코 자기가 『베오울프』를 읽었다고 주장했다. 만일 그랬다면, 그는 분명 스파크노트를 이용한 애들보다 더 열심히 노력한 것이다. 스파크노트가 요약해서 떠먹여 주기 때문에 『베오울프』를

"이해"하는 데 별 문제가 없다던 닉이나 그레이엄과 달리, 데빈은 그 이야기를 이해하느라 힘들었다고 했다. 내가 다른 아이들은 책을 다 읽지 않는다고 말해 주자, 그는 이렇게 답했다. "알아요. 근데 그건 걔 네 손해죠. 저는 그걸 하는 게 중요하다는 걸 알거든요." 데빈은 세인 트폴에서 보내는 시간을 최대한 활용하고 있었다. 이는 결과적으로 더 좋은 성적을 받지는 못할지언정 할 일은 다 한다는 뜻이었다. 성적이 중요한 게 아니라 경험을 통해 배우는 게 중요했다. 그리고 그렇게 하 는 가장 좋은 방법은 공식적으로 해야 할 일들을 하는 것이었다. 그에 게는 세인트폴이라는 장소 그 자체가 중요했다. 하지만 우리가 편안함 의 중요성에 대해 이 책이 지금까지 했던 주장을 믿는다면, 책을 다 읽 는 게 중요하다고 생각하는 데빈은 어쩌면 틀렸을지도 모른다. 어쩌면 손해를 보는 건 그 자신인지도 모른다.

이에 반해, 내가 이야기를 나눴던 아시아계 학생들에게는 세인트 폴이 "장소 그 자체"로 중요하다는 낭만적 생각이 전혀 없었다. "세인 트폴을 최대한 활용한다"라거나 "세인트폴은 성적 이상의 의미"가 있 다는 소리 같은 건 한 번도 듣지 못했다. 릴리 웡은 홍콩에서 자랐다. 그녀는 그곳의 영어를 사용하는 학교에서 교육받았고, 엘리트 가문 출 신이었다. 나는 릴리와 그녀의 세인트폴 생활에 대해 이야기하는 걸 좋아했고, 그녀는 정기적으로 내 사무실에 들렀다. 그런데 그녀가 내 맞은편 의자에 앉을 때면 항상 어떤 긴장감이 느껴졌다. 마치 자신이 어디 다른 곳에 있어야 한다고 생각하는 듯했다. 독자들에게 그녀는 4 장에서 본 메리를 바로 떠오르게 할지도 모르겠다. 하지만 릴리의 긴 장은 다른 학생들이 거의 그러려니 예상하는 것이었고, 백인인 메리와 는 달리 그녀가 긴장을 드러내는 것은 용인되었다. 학생들은 아시아계 학생들이 점점 더 압박을 느끼는 모습을 드러내는 걸 용인해 주는 것 같았다. 아마 그들도 아시아계가 엘리트 대학에 들어가기가 훨씬 더 어렵다는 걸 알아서였을지도 모른다.[18] 공부에 대해 메리가 드러낸 태도는 그녀가 이 학교를 대하는 방식에 있어 백인 동기들보다 오히려 릴리나 데빈과 더 비슷한 점이 많다는 사실을 보여 준다. 그러나 메리는 백인 여학생이었기 때문에 같은 백인 학생들에게 (릴리나 데빈에 대해서는 결코 느끼지 않을) 불편한 느낌을 주었던 것이다. 이는 백인 학생들이 자기 백인 동기들에게 하듯 유색인종 학생들에게 잔인하게 굴기를 꺼리기 때문이라는 데에는 의심의 여지가 없다—인종차별주의자로 보일 위험은 조심스럽게 피하는 것이다. 릴리의 긴장감은 사회적으로 불편한 감정을 불러일으키지 않았다. 그것은 모두에게 이해할 만한 문제로 보였다. 그리고 인정하기 부끄럽지만, 심지어 내게도 그랬다.

"압박이 너무너무 심해요." 릴리가 내게 말했다. "학교 때문은 아니고요. 아니 뭐 (웃음) **학교 때문인 것도 확실히 있죠.** 하지만 집에서 오는 압박이 커요. 전 제가 잘 해야 한다는 걸 알아요. 부모님이 매일같이 상기시키시죠. 두 분은 저한테 이메일도 하시고 전화도 하셔요. 가끔은 두 분이 매일 제 곁을 지키고 서서 잘해야 한다고 말해 줄 사람을 고용하지 않은 게 놀라울 정도라니까요! (웃음) 그러니까 제 말은, 제가 왜 이 학교에 왔는지 안다는 거예요. 부모님은 저한테 특별한 뭔가가 있길 원하세요. 그리고 이게 그 일부고요. 여긴 제 인생의 한 단계예요. 거기로 가는 길의 일부인 거죠."

내가 릴리에게 다음 정거장은 어디냐고 물었을 때, 그녀는 웃으면서 이렇게 말했다. "하버드였으면 좋겠네요!" 그녀에게 세인트폴은 장소 그 자체로 중요한 게 아니었다. 이곳은 엘리트 대학으로, 그리고 그 후에는 이미 계획된 출세의 길로 향하는 디딤돌이었던 것이다. (그녀의 부모님께—그리고 바라건대 그녀 자신에게도—다행히도 그녀는 하버드에 합격했다.) 릴리의 전략에서 세인트폴은 어떤 과정의 일부다. 이곳은 장기적인 인생 계획과 관련된 훨씬 방대한 계산 안에 존재한다. 데빈의 전략은 그것과 동일한 궤적을 갖지 않는다. 세인트폴은 그 자체로 가치가 있는 것이다. 릴리에게는 세인트폴이 계획으로 가득한 삶에서 하나의 훌륭한 정거장이지만, 데빈에게 세인트폴은 다시는 없을 독특한 경험이다. 그러나 흑인과 아시아인이라는 두 집단이 이용할 수 있는 후속 기회들과 관련해 릴리와 데빈을 본다면, 이런 인종적 차이에는 좀 아이러니한 측면이 있다. 아시아계 학생들이 최상위 대학에 입학하기는 매우 어렵다. 지원자 풀이 유난히 더 경쟁적이기 때문이다. 이와는 대조적으로, 세인트폴 같은 곳 출신의 흑인 학생들에게 최상위 대학 입학은 그만큼 경쟁적이지 않으며, 지원자 풀도 비교적 약하다(일단 세인트폴에 입학한 단계에서 경쟁이 어느 정도 정리됐기 때문이라는 데에는 의심의 여지가 없다).[19] 세인트폴 출신 흑인 학생들은 대학 입시 과정에서 유난히 좋은 성과를 거둔다. 그들은 대체로 소외 계층 출신이 많으며, 세인트폴을 졸업하면서 보다 상위의 특권 기관들로 나아가는 법을 터득한다. 기숙학교 출신의 소외 계층 학생들은 대학들이 하고 싶어 하는 이야기를 할 수 있도록 해주는 존재다. 자신들이 엘리트층뿐만 아니라 진짜 소외층도 교육하고 있다는 이야기 말이다. 그러나 부유한 엘리트 대학 환경에서 고전을 면치 못하는 경우가 많은 대부분의 소외 계층 출신들과 달리, 기숙학교 출신 소외 계층은 자신이 이런 종류의 교육 문화를 헤쳐 나갈 줄 안다는 걸 이미 증명한 경우라 할 수 있다.

따라서 성적 스펙트럼의 이런 양 "극단"에 위치한 두 집단은 얼핏 보면 꽤 달라 보이지만—수행 방식도, 학교에 적응하는 법도 다르다—모두 학교에서 열심히 노력하고 주어진 건 그대로 다 해내는 경향이 있다. 흑인 학생들은 세인트폴이라는 다시 오지 않을 기회에 감사함을 느끼기 때문에 그것이 제공하는 것들을 최대한 자기 것으로 흡수하려 한다. 또 아시아계 학생들은 학교에 대한 가족의 애착과 이미 너무나 치열한 대학 입시 과정에서 경쟁력을 갖춰야 하기 때문에 열심히 한다.

그러나 이 학교의 다수 백인 학생들을 어떤 지표로 본다면, 이런 방향 설정은 틀렸다. 릴리와 데빈 그리고 그들과 비슷한 사고방식의 유색인종 학생들이 세인트폴에서 행동하는 방식에 본질적으로 잘못된 것은 없다. 릴리와 데빈이 나쁜 선택을 하고 있는 게 아니다. 그들은 그저 대다수 백인 동기들과는 다른 제약 조건에 있고, 따라서 결국 달리 행동하게 되는 것이다. 여학생들과 아시아계 학생들이 점점 더 경쟁에 대한 압박감에 시달리고, 흑인과 라틴계 학생들에게는 세인트폴에서의 경험이 유일무이하고 특별하게 느껴진다는 것은 그들의 행동이 뭔가 다르다는 뜻이다. 데빈의 이 학교에 대한 해석은, 그것을 "개소리"라고 여겼던 칼라와는 뚜렷하게 다르다. 하지만 데빈과 칼라 모두에게 인종에 따른 특권 표현의 문제는 상존한다. 공부에 열심인 데빈의 태도는 그를 무심함은 갖추지 못한 학생으로 보이게 만들고, 학교에서 나오는 이야기가 모두 개소리에 지나지 않는다는 칼라의 생각은 학교의 다른 이들에게 그녀가 가면을 쓰고 있는 것처럼 보이게 만들며, 그녀와의 관계는 수월하지 않고 진심이 아닌 것처럼 느끼게 한다.

주목할 것은, 릴리도 데빈도 특권을 완전히 획득하지는 못한다는 점이다. 그들이 방이나 도서관에 앉아 공부를 하는 동안, 그러니까 내가 닉과 그레이엄이 하고 있었어야 한다고 생각하는 것을 하는 동안, 그들은 특권의 편안함과 과제에 대한 무심함에 반하는 일을 하고 있었던 셈이다. 릴리와 데빈의 전략을 진공 상태에 놓고 생각할 수는 없다. 그들과 그 가족들이 직면하는 제약 조건과 사회구조 속에서 그들은 다른 전략과 다른 행동을 하게 된다. 다른 학생들(과 교사들)이 그들과 상호작용 하는 방식도 그들의 행동에 영향을 미친다. 우리는 이런 전략들이 릴리나 데빈 내부에 자리하고 있다는 식으로 주장하며 문화를 개별화하지 않도록 조심해야 한다. 오히려 그런 전략들은 상호작용적인 맥락 속에서 나타나며, 게다가 상호작용의 상대편(그것이 학교든 부모든 친구든 교사든지 간에)에 있는 이들이 기대하는 바도 중요하다. 특권이 인종에 따라 구분되는 이유는 특권층이 인종차별주의자이거나 유색인종들이 잘못된 결정을 내려서가 아니라, 역사적·상호작용적 맥락들이 서로 다른 선택을 하도록 만들기 때문이다. 데빈과 릴리가 지금처럼 행동하는 데는 다 "이유가 있다." 하지만 그런 식으로 행동하면서 그들은 특권이나 편안함이라는 특권적 태도와는 모순되는 이해와 지향, 상호작용 양식을 발전시키게 된다.

엘리트들을 둘러싼 세상은 변했다. 배타적인 실천[관행]들은 더 이상 가능하지도 지속될 수도 없다. 구별짓기는 평등으로 대체되었다. 신엘리트층이 되기 위한 전략은 잡식성이며, 그것은 세상을 향한 어떤 본질적인 태도, 즉 편안함을 토대로 한다. 잡식성이 된다는 것은 구별 짓지 않는다는 뜻이다. 구별지어서는 안 되며, 구별짓고 싶어 하지도 않고, 할 필요도 없다는 뜻이다. 그것은 심지어 평등의 가장 기본적인 형태처럼 보일 수도 있다. 〈죠스〉와 『베오울프』는 둘 다 건드려 볼 수 있는 문화 자산이며, 둘 다 똑같이 존중 받을 가치가 있다. 비록 세인트폴의 엘리트들에게 놀라운 기회들이 엄청나게 쏟아지긴 하지만, 그렇다고 그들이 더 많은 것을 아는 건 아니다. 그들은 다르게 아는 것이다. 앎의 방식에서의 이런 차이는 한 개인이 갖는 표식이다. 우리 가운데 일부만 이 표식을 가지고 있다(그리고 우리 중 대부분은 그렇지 않다)는 게 불평등해서 생기는 일은 아니다―앎에 대한 접근권은 우리 모두에게 있다. 하지만 엘리트들의 관점에서 보면, 자신들이 가진 개인적 자질과 특징으로 인해 우리 인간 삶을 규정하는, 필수적인 위계질서 내부에 불평등이 **생겨난다.**

세인트폴 출신 학생들은 이 세상이 제약이 아니라 가능성에 의해 규정된다는 세계관을 갖고 졸업한다. 만일 우리가 학교에 대한 다른 민족지적 연구들―그리고 많은 이들의 경우 자신의 학창 시절 경험―을 생각해 본다면, 규칙과 제약, 처벌의 존재는 무엇보다 중요하다. 그러나 그런 것들이 세인트폴에 대한 우리의 이야기에서는 거의 완벽하게 부재한다. 캠퍼스 안에서, 세상은 학생들에게 장악당할 준비가 되어 있는 일종의 빈 캔버스로 제시된다. 세상을 가능성의 공간으로 생각하는 건 능력주의 프레임과도 일치한다. 세상은 네 것이고, 요구되는 건 오직 노력과 재능뿐이라는 것이다. 학생들은 자신이 극도로 열심히 노력하며 또 예외적으로 재능이 있다고 믿는다. 세인트폴 학생들의 특징이 노력에 있다고 말할 수는 없지만(종종 할 일을 진짜로 다 해내지는 않으니까) 그들은 확실히 바쁘다. 이런 바쁨은 열심히 노력한다는 외양과 느낌을 선사한다. 그리고 세인트폴에 재능 있는 아이들이 아주 많다는 것도—비록 학생들이 믿고 있는 것만큼 눈부시게 다양한 재능들은 아니지만—분명 맞는 말이다

자신과 세상을 보는 이런 비전—둘 다 학교가 심어 주고 학생들이 열렬히 키워 나가는—은 중대한 파문을 낳는다. 세상이 계속해서 이용 가능하다—게다가 자신은 특별히 유능하다—는 태도는 단순한 능력주의 프레임 그 이상이다. 이 세상과 세상의 무수히 많은 가능성들은 그들이 편안하게 헤쳐 나갈 수 있고 또 헤쳐 나가야 하는 공간이다. 앞에서 내내 보았듯이, 이런 편안함은 폴리의 필수적 자세이며, 그것은 때로 그들에게 주어지는 놀라운 기회들에 대한 무심함으로 표현된다. 이 학생들은 비범한 것을 일상적으로 본다. 학생들은 값을 매길 수도 없는 조각상에 돌을 던질 수 있다. 메트로폴리탄 여행을 떠올리면서, 그것이 즐길 만했는지 아닌지에 대해 그들이 내놓을 수 있는 최선의 답은 "그럭저럭"이다. 그런 무심함으로 볼 때 이 학생들은, 그들의 관점에서는 문화 평등주의자들이다. 그들은 〈제리 스프링어 쇼〉를 보다가 힙합 음악을 듣고 오페라에도 가며, 공식 만찬을 위해 격식 있게 차려입든 학교 댄스파티에서 "포주"나 "창녀"처럼 차려입든 똑같이 편안해 한다. 그들은 메트로폴리탄 오페라에 가기 위해 비행기에 올라타는 것을 신인 싱어송라이터의 노래를 듣기 위해 동네 커피숍에 가는 것처럼 일상적인 일로 여긴다.

만일 최근 새롭게 등장한 이런 엘리트 구성원들이 문화 평등주의자들이라면, 자연스럽게 뒤따르는 질문은 이런 것이다. 그럼 문화적

위계질서는 어떻게 만들어지고 유지되는가? 우리가 아는 표준적인 이야기는 엘리트들이 특정한 문화적 표지들을 획득해서 배타적으로 만든다는 것이다.[20] 그래서 우리는 오페라를 상류 문화로, 폴로를 부자들의 스포츠로 생각하게 된다. 나머지 우리는 그런 엘리트 삶의 항목들을 우리와는 거리가 먼 것으로 상정한다. 내가 이런 이야기를 의심할 이유는 없다. 그런데 여기서 꽤나 기발한 트릭은, 우리가 사는 세상에 여전히 남아 있는 그 어떤 불평등도 전부 밑바닥에 있는 이들 —문화 평등주의자가 **아닌** 이들— 탓으로 돌릴 수 있다는 것이다. 그들이 문화적 편협함으로 인해 우리의 이 새로운, 더 평등해진 세상의 과실을 붙잡으려 들지 않는다고 말이다. 이런 식의 해석을 토대로 엘리트층은 구조적 불평등을 조건의 산물이 아니라 각자의 행위의 산물로 설명한다. 이 세상이 가능성으로 열려 있는 공간이라면, 왜 어떤 사람들은 실패하는가? 그건 그들이 세상에 존재하는 (모두가 이용 가능한) 가능성을 붙잡지 않기 때문이다.

세인트폴이 가르치는 건, **배움**의 스타일로 이는 곧바로 **삶**의 스타일[생활양식]이 된다—여기서 강조되는 건, 사상과 텍스트들을 깊이 파고들기보다는 그런 것들을 서로 연결하는 방식이다. 이런 교육학 모델에서 비롯된 결과가 무심함—비단 『베오울프』에 대해서만이 아니라 삶의 기회들 대부분에 대한—이라는 건 전혀 놀랍지 않다. 이런 편안함은 특권을 나타내는 표식일 뿐만 아니라 그들의 위치를 보호해 주는 표식이기도 하다. 만일 엘리트층이 진짜 노력의 가치를 인정해 버릴 경우, [다른 계급에 의해] 따라잡힐 수도 있기 때문이다. 편안함은 모호할 뿐만 아니라 신흥 계급들이 숙달하기 어려운 것이기도 하다. 그들은 편안함을 성취하기 위해 열심히 노력해야 하는데, 이런 노력이 그들에게 표식을 남기지 않기란 거의 불가능하다. 특권층은 자신들의 잡식성을 발동해 개방 사회의 부산물들을 받아들였다. 하지만 편안함이라는 특유의 표식을 통해 그들은 그런 개방성 안에서도 [다른 계급의] 출세를 제한하는 동시에 자신들의 위치를 보호하는 방법을 발견했던 것이다.

결론

서로 다른 사람들이 보이는 타고난 재능의 차이란 사실은 우리가 의식하는 것보다 훨씬 작다. 장성하는 동안 상이한 직업을 가진 사람들을 구분 지어 주는 것처럼 보이는 바로 그 상이한 소질은 노동 분업의 원인이라기보다는 결과인 경우가 더 많다. 가장 다른 특성들 간의 차이, 예컨대 철학자와 거리의 평범한 짐꾼 간의 차이는 천성이 아니라 습관과 풍습, 교육에서 비롯되는 것으로 보인다.

애덤 스미스

모든 시민으로 하여금 고귀한 희망을 품을 수 있도록 해준 바로 그 평등이, 그들 개개인이 그런 희망을 실현할 수 있도록 하는 능력은 아주 허약하게 만든다. 평등은 시민들의 욕망에는 자유로운 기회를 주면서도 그들의 힘은 모든 면에서 제한하는 것이다. 시민들은 쇠약해질 뿐만 아니라 걸음을 내딛을 때마다 처음에는 인식하지 못했던 거대한 장애물들을 만나게 된다. 그들은 몇몇 동료 시민들이 누리던 거북한 특권들을 타파했는데, 결과적으로 모두와 경쟁해야 하는 상황에 처했다. 요컨대 장벽은 없어졌다기보다는 그 모양이 바뀌었다.

알렉시스 드 토크빌

벽지에 위치한 이 작은 곳에서 우리가 알게 된 것은 무엇일까? 세인트 폴은 뉴햄프셔 주 콩코드 시 외곽의 후미진 곳에 박혀 있는, 학생 수가 고작 500명밖에 안 되는 고등학교이다. 나처럼 미국적인 경험에 관심이 있는 사람이라면, 이곳은 그런 것에 관해 알 수 있는 전형적인 장소는 아니다. 그리고 이제 세인트폴에 대해선 안다손 치더라도, 미국적인 불평등의 특징에 대해서도 더 알게 된 것일까? 나는 그렇다고 생각하고 싶다. 우리는 특히 엘리트들에 대해 알게 된 게 있다. 그들이 어떻게 21세기의 변화에 적응했는지에 대해서 말이다. 나는 내가 세인트폴에서 지낸 시간 동안 인상에 남았던 몇 가지를 여기 기록해 두고자 한다. 나는 우리가 국가적 차원에서 시도해 볼 법한 어떤 계획적인 변화들을 제안하고 싶은 충동은 억누를 것이다. 하지만 간단지만 도발적인 주장을 몇 가지 제기해 볼 것이다. 나는 대담하게 이 단일 사례를 넘어 생각해 봄으로써 우리의 신엘리트층과 우리의 새로운 불평등이 우리의 새로운 세기에 어떤 의미를 가질지 이해해 보려 한다.

개인적인 것의 부상과 집단주의 정치의 종말

1960년대 집단주의 운동들의 아이러니한 결과들 중 하나는 집단적인 것이 종말을 고하고 개인적인 것이 커다란 승리를 거두었다는 것이다. 흑인, 여성, 동성애자, 이민자 등과 같은 집단들은 똘똘 뭉쳐 그들을 같은 집단으로 묶는 속성이 중시되어서는 안 된다고 주장했다. 중요한 것은 우리 자신의 인적 자본이어야 한다고, 그러니까 우리는 모두 귀속적 특징이 아닌, 우리의 능력을 기반으로 기회를 가져야 한다고 말이다.

엘리트층은 대체로 이런 입장을 받아들였다. 이들은 자신들을 일관된 집단, 특정한 역사와 취향을 가진 계급으로 보던 데서 벗어나, 미국에서 가장 재능 있고 가장 열심히 노력하는 개인들의 집합으로 이해하기 시작했다. 그들은 보다 다양해진 것처럼 보이는데, 이 말은 그들이 예전에는 배제하던 구성원들을 이제는 포함시켜 준다는 뜻이다. 그들은 자신들을 하나의 계급으로 식별해 준 특정한 자원과 자질들 주변에 쳤던 담장과 해자를 거부하고, "노력해서 출세하라"라는 근본적으로 미국적인 이야기를 받아들였다. 그들은 개인적인 특성과 역량, 기술, 재능, 자질의 측면에서 사고한다. 그들은 분명 이런 것들이 모두 계발할 수 있는 것들이지만, 계발을 위해선 노력이 필요하며, 접근 기회는 생득권보다는 역량을 통해 주어진다고 알고 있다. 내가 서론에서 윤곽을 제시했던 특권의 세 가지 가르침을 상기해 보자. ① 위계는 자연스러운 것이며 누군가에게 유리하게 사용될 수 있다, ② 타고나거나 물려받은 자질보다 경험이 더 중요하다, ③ 남들에게 당신의 엘리트 지위를 나타내는 방법은 어떤 사회적 맥락에서든 편안함과 개방성을 보여 주는 것이다. 불평등은 언제 어디나 존재하지만, 엘리트들은 이제 그것을 공정하다고 여긴다. 위계는 제약이 아니라 가능성이다. 개인의 고유한 특성이 중요하지 가정교육이나 피부색 혹은 철 지난 집단성collectivity의 낌새를 보이는 것 따위는 중요하지 않다.

배제된 이들이 받아들여지면서, 우리는 배제의 원리로 사용되었던 특징들의 중요성이 점점 줄어들고 있다고 생각했다. 사회평론가들은 계급 없는 새로운 사회의 도래를 알렸다. 우리는 "탈인종" 시대에 접어든 걸 축하한다. 우리 대학들도 이런 변화를 받아들인 것처럼 보이지만, 어느 정도 주의가 필요하다. 인종은 여전히 엘리트층 사이에서 중요하며, 이는 미국 어디서나 다 마찬가지이다.[1] 접근 기회가 평등과 동일한 것은 아니며, 사회적 불평등은 누군가의 삶의 기회에 인종과 젠더가 여전히 지속적으로 중요한 영향을 미치고 있음을 보여 준다.

엘리트 학교들이 문호를 개방한 것처럼 보이긴 하지만, 그 범위가 넓지는 않았다는 점을 되풀이해서 언급할 필요가 있다. 최상위 학교들에는 25년 전보다 부유한 아이들이 더 많아졌으며, 가난한 아이들은 줄어들었다. 앞에서 보았듯이, 미국에서 계급 언어와 계급 정체성의 결여는 날로 커져 가는 계급 불평등과 맞서는 데 어려움을 초래한다. 부유한 사람들과 가난한 사람들 간의 차이는 아주 단순하게 이해해 보면 이런 것이다. 부유한 사람들은 가난한 사람들보다 돈이 더 많다. 그리고 그 돈을 이용해 자신과 아이들에게 이점이 되는 것들을 구매한다. 그들이 그렇게 돈을 쓰는 곳 중 하나가 바로 세인트폴이다. 그리고 오늘날 이렇게 구매된 이점들이 부리는 트릭은 바로 엘리트들이 누리는 그와 같은 이점을 자연화하는 것이다.

이는 분명 우리가 1960년대의 권리 혁명들 이후에 도달하리라 예상했던 곳은 아니다. 개방성이 증가했는데 불평등도 증가했으니 말이다. 능력주의의 발흥은 귀족의 지배보다 훨씬 더 바람직한 세상처럼 보인다. 마찬가지로 개방성 역시 폐쇄성보다는 훨씬 더 좋은 것처럼 느껴진다. 어떻게 우리는 이런 상황에 이르게 되었을까?

다양성을 평등과 동일시하는 데에는 문제가 있다. 우리가 이렇게 하는 이유는 부분적으로 우리에게 기술적이고 공감을 불러일으키는 사회적 범주로서의 계급이 없기 때문이며, 그 부작용에 대처하는 데 필요한 정치적 연대가 거의 부재하기 때문인 탓도 있다. P. G. 우드하우스의 지브스*가 한 말을 빌리자면, "계급을 구별짓는 데 민감한" 신 엘리트층은 계급 구조를 넘나들며 [사회에] 통합될 수 있지만, 그 구조에서 위로 올라가기 위해서는 체화된 앎이 필요하며, 이는 [엘리트가 아닌] 다른 이들을 배제하는 경향이 있다. 계급의식이 부재한 상태에서의 사회 통합의 아이러니는, 엘리트들이 더 효과적으로 그들의 지위를 유지하고 강화할 수 있는 도구를 갖게 되었다는 것이다. 이 아이러니는 꼭 해결해야만 하는 문제도 아니고, 심지어 반드시 문제인 것도 아니지만, 여하튼 내가 그게 사실임을 보여 주었길 바란다.

우리가 이런 상황에 이르게 된 이유는 미국 예외주의가 가진 주요 특징 중 한 가지, 즉 개인주의 때문이기도 하다. 우리가 사는 세상은 "우리"보다 "나"의 세상이다. 집단주의는 유토피아와는 거리가 멀다. 그것은 의미상 배제적("우리"와 "그들"이 존재하니까)이며 혁신을 제한할 수 있다. 하지만 미국에서는 개인주의가 너무 지나치게 소중히 여겨진다. 그리고 그것이 능력주의와 결합되면, 우리 사회를 난처하게 만들 것이 분명한 불평등의 정당화를 가능케 한다. 개인에 대한 이런

■ 영국의 코미디 작가 펠럼 그렌빌 우드하우스Pelham Grenville Wodehouse의 "지브스와 우스터 시리즈"에 등장하는 집사 캐릭터로, 허점 많은 귀족 버티 우스터를 보살피는, 철두철미하고 유능한 집사로 등장한다.

집중은 우리가 스스로 만든 조건들을 무시하게 만들었다. 우리는 우리가 거둔 성공을 우리 자신이 노력한 결과라고 생각하고(실패에 대해서는 거의 그렇게 생각하지 않는다) 우리의 위치는 우리의 자질에 따라 달라지는 것이라고 생각하는 경향이 있다. 이는 분명 맞는 말이다. 하지만 우리의 위치는 사회적 맥락 속에서 이루어지는 우리 활동의 일부라는 점에 주목하는 것이 중요하다. 우리는 평평한 세상에 살고 있는 것이 아니라, 가능성의 조건이 서로 다른 세상에 살고 있다. 이런 조건들은 귀속적 특징들과 아주 밀접하게 연결되어 있어서 끈질긴 불평등을 만들어 낸다.

인종, 계급, 그리고 집단주의 정치의 몰락을 묶어서 생각해 보면, 교육기관들에서 얻을 수 있는 게 무엇인지 진지하게 궁금해진다. 중요한 것은, 소외된 이들의 무기가 그들의 숫자와 조직화에 있다는 사실이다. 이들의 숫자를 늘리고 조직화하는 것은 모두 집단적 정체화와 집단행동을 통해서만 가능하다. 개인의 승리와 집단 정치의 종말은 인종 역시 계급과 같은 말로를 맞도록 할지 모른다. 점점 더 불평등의 근원이 되어 가지만, 그런 끈질긴 불평등에 저항할 수 있는 능력은 약화되는 길 말이다. 이것이 사실이라는 증거는 꽤 많다. 인종 및 계급 간 평등을 통해 발생하는 이점은 대부분 사라졌다. 집단주의 정치의 시간 동안 소득 불평등이 줄어들었고, 흑인과 백인 간의 임금 격차 또한 줄었다. 하지만 1980년대 이후 이 같은 추세는 사라졌다. 개인의 특성과 역량 이야기가 거둔 승리는 집단주의의 종말 및 인종과 소득 불평등의 강고한 결합이었다. 우리가 사회적 신뢰와 연대를 일부나마 회복하기 전까지 나는 이런 난관들이 해결될 수 있으리라 낙관하지 못하겠다.

특권의 트릭
새로운 민주주의적 불평등

이 모든 것이 말해 주는 바는, "새로운" 불평등은 곧 불평등의 민주화를 의미한다는 것이다. 우리는 그것을 민주주의적 불평등이라 부를 수 있겠다. 계급과 배제, 상속이라는 귀족주의적 표식들은 거부되었고, 공평한 기회를 갖는 개인들에 대한 민주주의적 포용은 거의 완성되었다. 결과의 차이는 사람들의 능력으로 설명된다. 즉 엘리트층은 사람들 간의 역할의 차이는 포용하면서도 자신들과 다른 이들 간의 위계는 받아들이고 심지어 성화聖化했다. 내가 특권의 "트릭"이라고 불렀던 이런 움직임에서 난점은, 위계질서를 항구적인 체계적 과정이라기보다는 자연스러운 과정으로 보이게 만드는 데 있다. 이를 설명하기 위해 나는 피에르 부르디외의 작업에 직접적으로 의지해 체화와 편안함이라는 관념을 끌어들임으로써 그런 사회적으로 생산된 차이들이 어떻게 자연화되는지 보여 주었다.

체화는 어려운 말로 보이지만 그것이 나타내는 생각은 단순하다. 즉, 우리는 경험을 달고 다닌다는 것이다. 우리가 세상에서 보내는 시간은 우리의 몸 자체에 각인된다. 엘리트 공간에서 보내는 시간은 중요하며, 엘리트 공간이란 그 의미상 이미 배타적인 곳이다. 체화가 중요한 이유는, 일단 사회적 경험들이 체화되면 자연스러워 보이기 때문이다. 그저 자신을 그렇게 보여 주는 게 되는 것이다. 우리는 모두 일정한 방식으로 행동해야 한다. 즉, 당신이 체화한 것이 당신의 방식이다. 신엘리트층의 특별한 체화 형식은 바로 편안함이다. 이 편안함은 어마어마하게 광범위하다. 그들은 배제되어 온 이들을 통합하면서,

이전에는 꺼려 했던 문화적 표지들에도 많이 적응했다. 그리하여 신엘리트층은 광범위한 분야에서 편안함을 느낀다.

이것이 함축하는 바는, 어쩌면 문화적 위계질서는 배타적 실천들에 의해 단순히 위로부터 부과되는 것[2]이 아니라 아래로부터 유지된다는 것이다. 엘리트들이 문화적 상징들을 넘나드는 것에 **일반적으로** 무심하다면(혹은 편안함을 드러낸다면), 상류 문화 표지들의 "특별함"은 엘리트들의 배타적 실천을 통해서만이 아니라, 문화적으로 엘리트적 표식을 드러내는 실천에는 참여하지 않는 비엘리트들에 의해서도 유지되는 것이다. 내 연구는 이 점을 단지 느슨한 가설로만 고려한다. 하지만 여기서 잠깐 예를 들어 콘서트에 대해 생각해 보자. 메트로폴리탄 오페라의 티켓 가격은 록밴드 U2 공연의 티켓 가격보다 결코 높지 않다. 세인트폴 학생들은 두 곳에 다 간다. 콩코드 고등학교 학생들은 (거의) 후자에만 간다. 그러니 문화적 배타성이 어디서 오는지 질문해 볼 수 있을 것이다. 문화 전반을 소비하는 이들로부터인가 아니면 편향된 소비 성향을 가진 이들로부터인가? 이 질문이야말로 신엘리트층이 세상에 묻는 것이다. 그리고 그 대답은, 그들이 열린 사고를 하고 있고 다른 이들은 편협한 사고를 한다는 것이다.

엘리트층이 자의로든 압력에 의해서든 세상에 대해 개방적으로 변모했음에도 불구하고, 세상이 모두에게 개방된 것은 아니다. 접근 기회가 통합과 같은 것은 아니다. 하지만 중요한 것은 그 누구도 노골적으로 배제되지는 않는다는 점이다.[3] 그 결과 비엘리트들은 [다른 문화에 대한] 관심이 부족하다고 비난받는다. 우리가 보았듯이, 이런 논리의 결과는 끔찍하다. 엘리트와 나머지 우리들이 다른 건 선택인 것처럼 보인다. 엘리트들이 보기에 자신들은 세계주의cosmopolitanism적인 것이고, 참여하지 않기로 선택한 이들은 편협한 것이다. 문제는 개인적 자질과 능력이지 항구적인 불평등이 아니다. 이런 관점에서 보면, 성공하지 못한 이들이 반드시 불이익을 받아서[불리한 위치에 있어서] 그런 것은 아니다. 그들은 단순히 우리의 새로운, 개방된 사회가 제공해 주는 기회들을 잡지 못한 것일 뿐이다.

체화된 편안함은 이런 개방성의 육체적 표현이며, 이는 차이들을 자연스럽게 만든다. 불평등은 그 사람의 출신이 아니라 그 사람 자체가 만들어 낸 것이 된다. 사회는 엘리트층의 머릿속에서 사회문제의 온상으로 치부되어 왔다. 사회는 가능한 한 유순하게 만들어야 한다. 우리가 평평한 운동장에서 우리 삶을 경주하는 동안 가만한 배경이 돼 주어야 하는 것이다. 세상은 평평하다. 다들 그렇다고들 이야기한다. 이는 망상이며, 엘리트층이 자신들의 지속적인 지배와 상속을 모호하게 하기 위해 그들 자신과 다른 이들에게 들려주는 우화다. 당신의 사회적 위치를 나타내는 최적의 지표 가운데 하나가 부모의 사회적 위치라는 점은 반복해서 언급할 만한 가치가 있다. 나는 아이비리그 대학에서 직업을 갖게 된 것이 내 재주 덕분이라고 생각하고 싶다. 하지만 여기에는 더 많은 이야기가 있다. 부모님의 부는 나를 난관에서 빼내올 수도 있었고 재능을 만들어 줄 수도 있었다. 중학교 때 내가 아주 뛰어난 축에 들지 못하자 부모님은 과외 선생님을 붙여 주었다. 재주가 충분치 않았을 때에는 엘리트 기관에 속해 있다는 편안함 — 값비싼 학교교육을 통해 구매한 — 에 기댈 수 있었다. 이런 과정들은 대개 잘 보이지 않는다. 엘리트들은, 값비싼 경험을 체화함으로써, 그저 필요한 자질을 갖추고 있는 것처럼 보이는 것이다.

특권의 경험은 엘리트 사이에서도 균일하지 않다. 학생들에게는 다양한 모순이 존재한다. 이 점을 가장 분명하게 보여 주는 것이 흑인 학생들과 여학생들의 사례다. 우리는 학교에서 하는 말들이 개소리라고 생각한 칼라나, 열심히 노력한다는 이유로 놀림을 당했던 메리, 세인트폴을 일생에 단 한 번뿐인 기회로 생각한 데빈, 댄스파티에 가는 것처럼 보이거나 몸을 파는 것처럼 보이거나 기업 간부처럼 보이는 옷차림을 피하려고 고군분투하던 리, 혹은 섹슈얼리티를 핵심 매개로 신고식을 행했던 바클레이 기숙사의 여학생들을 떠올려 볼 수 있다. 이 학생들에게 특권 경험과 인종 및 젠더 경험 간에는 모순이 존재한다. 내가 방금 강조한 사례들은 사회적 범주[계급, 젠더, 인종]가 세인트폴 학생들의 경험에 어떤 영향을 미치는지뿐만 아니라, 이런 모순적 경험들로부터 (범주적) 불평등이 끈질기게 지속될 수 있다는 사실을 잘 보여 준다. 여학생들에게 섹슈얼리티가 지배적인 상황은 편안함을 표현하는 데 있어 긴장을 만들어 낸다. 앞날을 생각해 볼 때, 섹슈얼리티가 그런 식으로 지배적으로 작용할 때, 특히 젊은 여성들의 경우, 사회적 성공에 제한이 있을 수 있다. 흑인 학생들의 경우, 이 기관을 숭배하거나 거부한다는 것은 학교에서 보내는 시간이 "자연"스럽지 않다는—즉 말도 안 되는 개소리이거나, 아니면 두 번 다시는 해보지 못할 종류의 경험이라는—뜻이다.

　인종, 젠더, 계급이 점점 강단 좌파들이 써먹는 허울 좋은 말로 치부되거나 유용성이 다해 버린 낡은 사회적 범주로 취급되면서, 학생들은 자신의 경험을 이해하기 위한 도구들을 잃어 가고 끈질긴 불평등에 도전하는 일은 점점 더 어려워지고 있다. 성공은 자수성가가 되는 반면, 실패는 그 사람의 내적 결함으로 인한 것이 된다.

문제는 자신의 무능력이다. 민주주의적 불평등에는 민주주의적 난제가 따른다. 자신들이 "모든 것을 수용하며" 그것도 갈수록 개방되어 가는 세상에서 그렇게 한다는 신엘리트층의 주장은, 사회변혁에 요구되는 집단주의를 더욱 어렵게 만든다. 그리고 이것은 기이하고 아이러니하기까지 한 결과로 이어진다. 즉, 점점 더 민주적이 됨으로써 엘리트들은 미국 사회에서 약자들의 힘을 약화시켜 온 것이다.

개인의 승리에 대한 엘리트 이야기가 해온 역할은 바로 그것이다. 기껏 해봤자, 그것은 신화다. 학교에서 아무리 더 잘해도, 여성은 여전히 남성보다 수입이 적고, 흑인은 백인보다 수입이 적으며, 세인트폴 학생들은 비엘리트 학교 학생들보다 더 좋은 대학에 들어간다. 이런 "신엘리트층"은, 체이스 애벗이 그렇듯, "구엘리트" 선조들보다 솔직하지 못하다. 여기서 내가 그들을 비난하려는 건 아니다. 하지만 중요한 것은 부가 아니라 노력이요, 혈통이 아니라 재능이라고 주장할 때 엘리트들은 허구 속에 있다는 것이다. 과거의 폐쇄적이고 더 투명했던 엘리트들보다 오늘날의 개방적이지만 모호한 엘리트들이 그래도 더 낫지 않냐고? 물론이다. 세인트폴이나 아이비리그 대학들 같은 공간에서 일어난 변화는 엄청난 것이었으며, 기회의 평등을 높이 평가하는 사람이라면 누구라도 그런 변화를 낙관적으로 바라볼 것이다. 능력주의는 다른 모든 것들과 다를 바 없는 사회적 약속이다. 다시 말해, 그것은 [누군가가 가진] 이점[특혜]들을 가리기 위해 조정될 수 있는, 그러면서도 그것을 집단적 가치들에 기반해 정당화시켜 줄 수 있는 느슨한 규칙이다.

그래서 나는 낙관론을 고이 접어 둘 수밖에 없다. 우리의 경제적 추세가 지속된다면, 다수가 만들어 낸 성과가 점점 더 소수의 차지가 된다면, 엘리트들의 이런 변신은 계속될지도 모른다. 즉, 우리는 다양해진 엘리트 계급을 가지게 될 수도 있다. 그리고 내 생각에 엘리트들은 이를 우리 사회가 누구든 공평한 기회를 가질 수 있는 개방 사회임을 보여 주는 증거로 들먹일 것이 분명하다. 하지만 다양성이 유동성을 의미하지는 않으며, 분명 평등을 의미하지도 않는다. 우리의 엘리트들은 더 불평등해진 세상에서 더 다양해진 엘리트들이다. 우리의 민주주의적 불평등이 낳은 결과는, 특권이 생산되며 계속해서 불평등이 재생산되는 상황에서도 이 세상이 공정한 세상이라 말할 수 있다는 것이다. 약자들의 무기는 제거되었으며, 불평등을 만들어 낸 책임은 우리의 민주주의적 약속이 저버린 사람들이 짊어지게 되었다.

방법론적·이론적 성찰들

이 책은 불평등에 대한 문화 연구로서 고전적인 민족지적 방법을 사용하고 있다. 이 방법은 학자가 연구하고자 하는 관계 속으로 들어가 연구 대상들과 함께 오랜 시간을 보낸다는 뜻이다. 나에게 이것은, 세인트폴 학교에 취직해 학교 안에 있는 숙소로 이사하고, 테니스와 스쿼시팀 코치를 맡고, 가르치고, 기숙사 학생들을 지도하고, 가장 중요하게는 이 학교의 일상생활을 관찰한다는 뜻이었다. 세인트폴에서 1년을 보낸 후 나는 여러 차례 학교로 다시 돌아가 졸업생들을 수소문해 인터뷰하고 내가 알게 된 것들에 대해 의견을 들어 보려 했다. 이 책의 기초가 된 자료는 이런 관찰과 토론을 바탕으로 수집한 것이다.

민족지적 방법의 목적은 어떻게 사람들이 특정 공간에서 서로 함께 삶을 영위하는지에 대한 설명을 제공하는 것이다. 연구를 위해 세인트폴에 들어가면서 나는 내 연구 프로젝트에 관해 모든 걸 솔직히 털어놓았다. 학교에 내 목표—"미국의 엘리트층 이해하기"—와 그것을 어떻게 성취할지에 대해—학교에서 살면서 이곳이 어떻게 돌아가는지를 관찰하고 사람들과 이야기를 나누겠다고—밝혔다. 연구를 수행한 1년 동안 나는 지속적으로 이런 내 목적을 사람들에게 환기시켰다. 이런 솔직함은 민족지적 프로젝트에서 필수적이다. 이것은 우리가 연구하는 사람들에 대한 도덕적 의무 그 이상의 문제다. 연구 대상들 앞에서 연기하거나 모호하게 흐리거나 속임수를 쓰거나 뭔가를 숨기는 것은 연구하고자 하는 관계의 일부가 되기 위해 필요한 신뢰에 반하는 행위이다. 내가 이 학교의 졸업생인 동시에 내 연구 대상들의 이야기와 삶에 지속적으로 개입하고 있다는 점에서, 일부 독자들은 이 점을 틀림없이 걱정할 것이다. 내가 어떻게 객관적인 관찰자가 될 수 있는가?

나는 그럴 수 없다. 하지만 연구자들은 때로 과학적 권위를 주장한답시고 객관성이라는 거짓된 가면 뒤에 숨곤 한다. 사람들 외부에서서, 사람들이 무슨 실험실이나 스노우볼 안에 있기라도 한 양 그들의 삶을 지켜보는 것은 그들을 이해하지 않겠다는 것과 다름없다. 세인트폴에서 보낸 처음 몇 주간 나는 뭐든 알아내는 데 엄청난 어려움을 겪었다. 사람들은 나를 믿지 않았다. 상호작용은 어색했다. 나는 학교 안 어디에도 고정된 내 자리를 만들지 않으려 했는데, 내부자가 되면 보지 못하는 커다란 사각지대가 생길 거라고 생각했기 때문이다. 하지만 나는 객관적인 입장에 서려고 해서는 거의 아무것도 볼 수 없다는 점을 깨달았다.

운 좋게도 나는 무심코 학교의 여러 관계들 속에 자리 잡게 되었다. 내가 학교에 들어온 지 얼마 안 됐을 때였다. 교사들은 신고식 사태에 대해 논의하는 회의를 준비 중이었는데, 학교 변호사들이 이와 관련해 우리의 이해를 돕고자 보고서 하나를 돌렸다. 그건 정말 형편없었다. 나는 변호사들이 돌린 자료를 토대로 학교 정책이 수립되어서는 안 된다고 주장하며, 그것을 맹렬히 비난하는 이메일을 보냈다. 곧 나는 동료 교사들로부터 이메일을 받았는데, 내가 해고당하는 건 시간문제라며 짐 싸는 걸 도와주겠다고 농담하는 내용들이었다. 나는 그런 반응에 놀랐고, 이후 결과에 대해 걱정했다. 비록 학교 변호사들의 권위를 손상시켰다는 이유로 본부로부터 호된 질책을 듣긴 했지만, 사람들은 곧 내게 입을 열기 시작했다. 그들은 내가 어떤 입장에 서있는지 알았고, 이는 교감을 가능하게 만들었다. 본부와의 관계가 다소 나빠졌지만, 그들조차도 이전에는 절대 논의하지 않던 일들을 나와 논의하기 시작했다. 어떻게든 "외부에" 있거나 "객관적"이고자 해서가 아니라 자리매김을 하게 되면서 나는 성공적인 민족지학자가 될 수 있었던 것이다. 그렇다고 해서 내가 포스트모던 인식론을 믿는다는 말은 아니다. 나는 내심 현실주의자이자 경험주의자다. 단지 인간관계에 대한 연구는 불가피하게 그 관계 속으로 들어갈 수밖에 없다고, 그러지 않으면서 그런 척만 하는 건 연구를 분명히 하기보다 모호하게 한다고 생각할 뿐이다.

우리는 아는 사람들 사이에서 자신을 드러내고 또 우리 자신이 된다. 민족지학자의 과제는 내부로 깊이 들어감으로써만 성취될 수 있다. 객관성이 희생될 수도 있지만, 그것은 애초에 가능한 게 아니다. 중요한 것은, 훨씬 더 중대한 뭔가를 얻을 수 있다는 사실이다. 바로 이해 말이다. 그렇다고 해서 어려움이 따르지 않는다는 뜻은 아니다. 우선 연구 대상들이 친구가 된다. 당신은 모든 것을 충실하게 받아 적는 연구자에게는 말하지 않을 뭔가를 친구에게는 말할 것이다. 책임감 있는 민족지학자라면 때로 연구 대상들에게 그들이 연구 대상임을, 그러니까 방금 쏟아 낸 은밀하고 군침 도는 세부 정보들이 책이나 논문에 들어갈 수도 있음을 상기시켜야 할 것이다. 이런 의미에서, 연구 대상들의 사전 동의는 하나의 과정이지 일회성 행사가 아니다. 그리고 이런 과정을 통해 긴장이 발생할 수도 있고, 감정이 상할 수도 있다. 친구들은 당신이 자기들 삶에 들어온 것이 연구를 위해서이며 단순히 친구가 되기 위해서는 아니라는 점을 상기하게 된다. 학생들은 그들의 사적인 순간이 공적으로 폭로당할 수도 있음을 떠올린다.

이로 인해 끝내 이 책에 담지 못하게 된 것들이 많다. 내가 사람들에게 내 역할을 상기시키거나 혹은 내가 기록한 대화 내용의 사실 확인을 위해 나중에 그들에게 연락했을 때, 내가 보고 들은 것을 포함시키지 말아 달라고 요청받는 경우가 있었다. 나는 이런 요청들을 존중했다. 그렇다고 해서 내가 쓴 모든 것을 바꿔 놓을 정보가 있다거나, 그런 일들을 완전히 제쳐 두었다는 말은 아니다. 사실 나는 때론 그것들을 적극적으로 기억해 내 논변을 구성하는 데 이용했다. 하지만 나는 내 연구 대상들과 쌓은 신뢰는 물론 신중해 달라는 그들의 요청도 존중했다.

이에 더해, 나는 모든 학생들의 이름을 비롯해서 때로는 내가 별로 중요하지 않다고 판단한 그들 삶의 세부 사항들에 대해서는 변형을 가했다(코네티컷 출신의 학생이 실은 뉴욕이나 매사추세츠 출신일 수 있으며, 학년이 다를 수도 있다). 이는 대부분의 교사와 직원들에 대해서도 마찬가지다. 처음에 나는 학교 이름도 모호하게 두려 했다. 하지만 곧 그것은 불가능에 가깝다는 걸 깨달았는데, 장소에 대한 세부 정보나 내 이력이 이 학교가 어딘지 분명하게 만들 것이기 때문이었다. 그해 중반쯤 나는 본부 책임자들에게 학교의 이름을 사용해도 좋은지 허락을 구했고, 승인을 얻었다. 이 책을 쓰면서 나는 익명성이 때로 연구 대상보다 연구자를 보호하기 위한 방법이라는 미첼 더나이어Mitchell Duneier의 주장을 점점 지지하게 되었다.[1] "똑바로 해야" 한다는 의무감은 세인트폴이라는 이름을 드러냄으로써 더 커졌던 것 같다. 어린 학생들과 학교에서 일하는 사람들을 보호하는 것이 그야말로 온당한 처사로 보였기 때문이다.

이 민족지 연구를 수행하면서 내게는 "시험"해 보고 싶은 아이디어가 몇 가지 있었고, 구조화되지 않은 관찰 결과들에 많은 시간을 할애했다. 민족지학은 이론을 시험해 보기 가장 좋은 방법[2]이라거나 혹은 이론적인 질문들에 구애받지 않고 단순히 관계를 관찰할 때가 최선[3]이라고 주장하는 어떤 방법론 학파에도 속하고 싶지 않다. 나는 이 양 극단을 실용적으로 혼합한 방법을 이용했으며, 민족지학은 사람들의 삶을 똑바로 이해하고 장소와 기관에 대해 정확한 설명을 제공하며 그 논변이 우리를 둘러싼 세상을 이해하는 데 도움이 될 때 최선이라고 생각한다. 내가 체화를 강조한 것을 고려하면, 장소에 대한 감각은 필수적이었다. 혹자는 이를 "육체적 사회학"carnal sociology[4]의 일종으로 부를 수도 있을 것이고, 자신이 처한 위치에 따라 경험도 입장도 달라진다고 보는 훨씬 더 오래된 페미니스트 인식론에서 나온 관념[5]에 의지했다고도 할 수 있을 것이다. 어쨌든 세인트폴의 학생이자 교사로서 내가 직접 "해본" 게 이 학교생활을 이해하는 데 도움을 주었다.

이론적으로 나는 이 책을 쓰기 위해 다시 유행하고 있는 엘리트 사회학뿐만 아니라 문화 사회학의 오랜 전통에 의지했다. 이 프로젝트에서 주요 대화 상대는 불행히도 내 아이디어들에 대해 직접 이야기를 나눠 볼 기회가 없었던 사람, 바로 피에르 부르디외였다. 내 프로젝트의 가장 초기 단계에서 나는, 폴 윌리스의 『노동자 되기』*Learning to Labour* [국내에는 『학교와 계급 재생산』으로 소개되었다]에 나오는 영국 노동자계급 "사내애들"lads 연구와 유사한 민족지적 방법을 사용하면서, 부르디외가 『국가 귀족』*The State Nobility*에서 던진 것과 유사한 질문들을 던져 보았다. 내가 이 책에 붙일 제목으로 제일 처음 생각한 것은 『지배자 되기』*Learning to Rule*였다. 하지만 부르디외와 윌리스를 지배하는 재생산 이야기가 내 연구에는 결코 잘 맞는 것 같지 않았다. 대신에 나는 내가 직접 관찰한 결과들에 입각해 신엘리트층 내부의 편안함이라는 아이디어를 발전시켰다.

부르디외 읽기는 문화를 행위자들이 **소유한** 어떤 것으로서 바라보지 않으면서도 계속 그것에 대해 생각할 수 있는 길잡이가 돼 주었다. 따라서 문화 자본을 "지갑 속에 있는 돈"에 비유하는 것은 다소 오해의 소지가 있다. 대신에 나는 문화를 관계적 방식으로 생각했다. 내 관찰 결과들은 문화를 소유물이 아니라 실천practice으로 생각하도록 이끌었다. 특권의 상호작용적인 편안함(위계질서를 천장이 아니라 사다리로 보고 올라가는)이 바로 이런 역학의 한 예다. 이에 대해 생각해 볼 수 있는 또 다른 방식은, 자본은 오직 남들이 당신 것을 받아들여야만(당신의 통화를 그들이 받아야만) "쓰인다"는 것이다. 나는 내스카NASCAR* 경주에 어울리기 위해 열심히 노력할 순 있을 것이다. 하지만 경기장에서 훨씬 더 많은 경험을 쌓지 않는 이상, 남들이 내가 그 스포츠에 대해 아는 것을 받아들이는 일은 없을 것이다. (나는 가상의 내스카 리그에 소속 — 세인트폴에서 두 번째로 보낸 시간 동안 친구들과 같이 가입했다 — 되어 있어서 내스카에 대해 **알고** 있기는 하지만, 그 실천을 제대로 체화하고 있지는 못하다.)

문화를 상호작용의 능력으로 생각한다는 것은 문화 자본이라는 관념의 다양한 측면을 강조하는 것이다. 그때 강조점은 행위자들이 **하**

▪ 전미스톡자동차경주협회National Association for Stock Car Auto Racing의 약어로 미국에서 개조 자동차 경주 대회를 주최하는 가장 큰 공인 단체로 알려져 있다.

는 것에 있다. 그런 '하기'는 상호작용 안에 있는 다른 이들로부터 존중받거나 거부된다. 그렇다면 문화를 이해하기 위해서는 그저 행위자들의 신념이나 사후 설명을 살펴보는 것만으로는 충분하지 않고, 행위자들이 타인 및 제도와 나누는 상호작용을 봐야 한다. 우리는 그런 신념과 정당화가 실제로 행해지는 것을 봐야 하며, 그렇지 않다면 문화가 상호작용 속에서 만들어지는 순간 자체가 아니라 단지 그 전과 후를 볼 뿐이다. 이런 의미에서, 효율적으로 사용된 민족지적 방법은 설문조사나 인터뷰로는 불가능한 방식으로 문화를 보게 해준다.[6]

이 책은 엘리트들에 대해, 그중에서도 특히 엘리트 학교교육에 대해 연구한 다른 이들이 있기에 가능했다.[7] 이런 문헌들에서 나온 통찰은 학교교육(과 더 일반적으로는 자녀 양육)의 제도적 배치가 어떻게 불평등을 영속시키는지 볼 수 있도록 인도해 주었다. 내가 그런 목소리들에 덧붙였기를 바라는 것은, 체화된 상호작용적 역학들—특히 위계질서를 넘나드는 편안함—과 그런 역학의 트릭이 끈질긴 불평등을 모호하게 만드는 방식에 대한 관심이다.

엘리트 사회학을 할 때 내 목표는 불평등에 대한 우리의 이해에 기여하는 것이다. 이 분야 연구의 절대 다수는 가난한 사람들을 대상으로 한 것이며, 물론 그럴 만한 충분한 이유가 있다. 하지만 나는 엘리트들을 조명함으로써 독자들에게 가난이 가난한 사람들의 한 측면이나 소유물이 아니라 가난한 사람들이 사회의 나머지 사람들과 맺는 관계임을 일깨우고 싶다. 이는 엘리트들에 대해서도 똑같이 말할 수 있다. 엘리트는 그저 그들이 누구인지[능력이나 특성 등 그들의 됨됨이] 때문에 엘리트인 것이 아니라, 다른 사회적 행위자나 기관들과의 관계에서 누구인지 때문에 엘리트인 것이다. 엘리트는 만들어진다. 이 책이 그렇게 되는 방식의 일부를 어느 정도 보여 주는 데 일조했다면, 나는 성공이라고 생각한다.

감사의 말

세인트폴은 내게 문을 열어 주었다. 그들은 내가 들어가서 그곳의 내부 작동 방식을 캐묻고 다니도록 허락하는 용감하고 대담한 수를 두었다. 학교는 내게 사무실과 머물 수 있는 거처와 영양을 공급해 줄 음식, 그리고 돌아다닐 자유를 주었다. 그들이 부디 그런 결정을 후회하지 않길 바란다. 학교를 묘사한 내 그림에 항상 좋은 모습만 나오는 것은 아니다. 하지만 내가 모교에 대해 가진 존경심은 분명히 보였으면 좋겠다. 학생들에게는 특별한 감사 인사를 표해야 마땅하다. 사춘기는 가뜩이나 쉽지 않은 시기인데, 자신이 뭘 하고 있는지 기록하는 사람이 옆에 있으니 더 어려웠을 것이다. 나와 시간을 보내 주고, 질문들을 참고 받아 주고, 또 내가 자신들의 삶을 이해하지 못한다고 생각될 때 새로운 방향으로 가보도록 밀어준 데 감사한다. 교사와 교직원들은 학생들의 교육에 자신을 바치는데, 나는 그런 소명을 존중하고 존경한다. 학생들을 향한 그들의 애정과 보살핌이 이 원고에서도 잘 드러났기를 바란다. 종종 나는 그런 헌신에 경탄하곤 했다. 세인트폴에서 두 번째로 보낸 시간 동안 나는 지금도 내 삶을 함께하는 친한 벗들을 많이 얻었다. 그들이 이 책에서 아주 친숙하면서도 때로는 놀라워할 만한 것들을 볼 수 있으면 좋겠다.

위스콘신 대학은 수년간 내 집이었다. 그곳의 사회학과는 이 프로젝트를 위한 다시없을 완벽한 인큐베이터였다. 내가 젊은 학자로서 기

틀을 잡는 데 도움을 주기 위해 무수히 많은 시간을 내준 이들의 조력과 지도가 없었다면 내 연구는 결코 가능하지 못했을 것이다. 이런 임무를 맡아 주었던 교사진은 일일이 다 거명할 수 없을 정도로 많은데, 다만 지적 고향 두 곳에는 특별히 감사를 표하고 싶다. 페미니즘 세미나와 정치·문화·사회 그룹이 그곳이다. 또한 위스콘신에는 지적으로 계속 나를 자극할 뿐만 아니라, 더 중요하게는, 행복하게 해주었던 대학원생들이 있었다. 안젤라 배리언과 제시카 브라운, 에릭 슈나이더 한에게 특별한 감사의 말을 전한다. 장기 프로젝트는 힘든 법이다. 그래서 안젤라, 제시카, 에릭은 내가 계속 정신을 바짝 차리고 현실에 발 붙이고 있게 도와주었다. 그들이 베풀어 주었던 애정 덕분에 나는 그 과정을 통과할 수 있었다. 밥 하우저와 해리 브릭하우스는 이 프로젝트가 완성되도록 이끌어 주었다. 패트릭 배럿은 공감할 줄 아는 동시에 현장에 밀착한 학자가 된다는 것이 무슨 의미인지 가르쳐 주었다. 마이라 맑스 페레이는 나를 제자로 거둬 주었고 한계까지 밀어붙이되 언제나 신중했다. 그리고 학생들을 위한 에릭 올린 라이트의 지칠 줄 모르는 헌신과 통찰은 아직도 나를 놀라게 만든다. 에릭은 내가 학자로서 되고 싶은 모습을 보여 준 일상적 모델이다. 마지막 감사의 말은 무스타파 에미르바예르에게 돌아가야 한다. 이 프로젝트와 내게 믿음을 갖는 이들이 (나 자신을 포함해서) 거의 없을 때 그는 믿어 주었다. 이 프로젝트는 그로 인해 시작되었다. 그리고 내게 가장 중요한 점은, 그렇게 해서 우정이 싹텄다는 것이다.

컬럼비아 대학 사회학과는 내게 기회를 주었다. 컬럼비아에 도착했을 때 내가 가진 아이디어는 절반도 완성되지 않은 상태였다. 지난 2년간 동료들과 대학원생들이 그 아이디어가 형태를 갖춰 가도록 나와 함께 일해 주었다. 학과는 내게 연구를 발전시킬 공간을 제공했고, 동료들 모두 그것을 읽고 논평해 주는 데 무척이나 관대했다. 이 점에서 나는 그들에게 큰 빚을 졌다.

각 장들에 제시된 아이디어들은 컬럼비아 대학과 펜실베이니아 대학, 하버포드 칼리지, 뉴욕 대학, 예일 대학, 콜로라도 대학 볼더 캠퍼스, 미시간 대학 앤 아버 캠퍼스에서 발표된 것들이다. 당시 청중들도 내가 생각을 진전시키는 데 도움을 주었다. 프린스턴 대학 출판사의 편집자인 에릭 슈워츠는 나의 이 첫 번째 책이 순조롭게 진행되는 데 길잡이가 되어 주었다. 그의 통찰과 조언은 최종 결과물에 매우 값진 역할을 했다. 나는 평생 고마워할 것이다. 데이비드 로벤스틴은 내 아이디어들을 명료화하는 작업을 함께 해주었다. 그는 내가 학문적인 용어들 뒤에 숨어 버리지 않도록 나를 몰아붙였다. 그 결과 훨씬 더 나은(그리고 더 통찰력 있는) 책이 되었다고 믿는다. 나는 젠 배커의 훌륭한 교열 작업의 수혜자이다. 그녀의 세심한 노고에 감사한다.

마리아 아바스칼, 캐런 바키, 루디 배첼, 피터 베어만, 하워드 베커, 클라우디오 벤제크리, 이논 코헨, 매튜 데스몬드, 미첼 더나이어, 무스타파 에미르바예르, 데이나 피셔, 허브 간스, 필 고르스키, 패트릭 잉글리스, 콜린 제롬맥, 미셸 라몽, 댄 네이본, 팸 올리버, 아론 패튼, 제러미 슐츠, 리처드 세넷, 하렐 샤피라, 칼라 셰드, 데이비드 스타크, 미첼 스티븐스, 마디하 타히르, 다이앤 본, 수디르 벤카테시, 그리고 조쉬 휘트포드 이 모두가 이 책의 최종 초안을 읽고 귀중한 논평을 해주었다. 최종 결과물이 그들의 수고에 값하는 것이면 좋겠다. 쿡 켈시는 특별한 감사의 인사를 받아 마땅하다. 쿡은 내 연구의 아주 초기 원고를 읽고 또 읽어 주었다. 그의 가차 없는 반박으로 인해 나는 원고에

1년을 더 매달렸다. 그 덕분에 내 연구는 훨씬 좋아졌다.

뉴욕으로 돌아오고 나서 나는 다시 연주를 하기 시작했다. 리처드 세넷, 래리 우, 수잔나 프로우, 하워드 블리와이즈와 함께 나는 실내악 레퍼토리와 셀 수 없이 많은 와인 병을 처리했다. 이 수요일 저녁들은 내 한 주의 가장 빛나는 순간으로 집필하는 동안 나를 지탱하는 데 필수적인 개인적 기쁨과 성취감을 제공해 주었다.

마크 굴드는, 다른 많은 학생들에게도 그랬듯이, 나를 사회학에 입문시켜 주었다. 나는 마크 때문에 사회학자가 되었다. 그의 조언들은 내가 글을 쓸 때 여전히 내 머릿속을 맴돈다. 그가 어린 영혼에게 줄 수 있는 가장 값진 것, 시간을 내게 내어 준 데 대해 감사하다는 말로는 모자란다. 나는 아직도 학생들에 대한 그의 헌신에 경탄한다.

이 프로젝트를 진행하는 동안 내 시력이 약화되기 시작했다. 취리히의 파르하드 하페치 박사는 내가 다시 앞을 볼 수 있도록 도와준 수술들을 집도해 주었으며, 뉴욕의 스티븐 트로켈 박사는 내 시력 회복을 돕기 위해 지칠 줄 모르고 힘써 주었다. 나는 트로켈 박사의 친절함과 지성, 통찰력, 그리고 인내심에 특히 큰 신세를 졌다. 이 두 의사가 아니었다면, 많은 것들이 불가능했을 것이다.

존슨 스트리트 친구들은 대학원 시절 내내 내가 정신적·육체적으로 건강한 상태를 유지할 수 있도록 해주었고, 오늘날까지도 이는 계속 이어지고 있다. 이 모임은 일요일 저녁 식사를 함께하는 것으로 시작해 훨씬 더 많은 것을 함께하게 되었다. 그들은 애정을 통해 삶이 일에 의해서가 아니라 우정에 의해서 평가된다는 것을 내게 보여 주었다. 벤, 조니, 사라, 그레이스, 팀, 메리, 그리고 다른 모두에게, 당신들이 함께해 주어서 내 삶이 한량없이 좋다고 전한다.

마지막으로, 내 가족들이 있다. 어릴 적 나는 광활한 이 나라에 마치 우리 네 식구밖에 없는 것 같았다. 다른 친척들은 다 어디 먼 해안가에 있고 말이다. 오마르와 디브야가 내게 어떤 의미인지 그 두 사람이 알았으면 좋겠다. 그리고 어머니와 아버지께 전하고 싶다. 너무나도 많은 이유에서 이 책은 당신들 것이다.

엘리트들의 '공정' 사회

엄기호(문화연구자)

1

에번의 사례로부터 이야기를 시작해 보자. 에번은 누나가 이미 세인트
폴을 졸업했기에 세인트폴에 대한 사전 지식이 있었다. 물론 그의 부
모는 이런 엘리트 학교와 오랜 인연이 있는 사람이었다. 당연히 에번
은 자기가 다른 동기들에 비해 세인트폴에 대해 잘 알고 있다고 생각
한다. 그래서 에번은 입학하자마자 동기들에게 세인트폴에 대해 아는
척을 했다. 자신과 같은 배경을 갖지 못한 친구들 앞에서 자기가 아는
것을 과시한 것이다. 그는 마치 세인트폴이 자신의 홈그라운드인 양
굴었다.

그런데 에번은 신입생 동기들에게는 잠시 환대를 받았지만 교사
와 선배들의 예기치 못한 공격에 직면한다. 세인트폴에 대한 사전 지
식을 과시하는 것은 가혹할 정도로 단속된다. "니가 아는 게 뭐가 있다
는 것이냐"라는 것이고 그건 '개소리'로 치부된다. 이 과정에서 에번
은 자기가 가진 사전 지식에 대한 과시로 고립되는 경험을 하게 된다.

이 책은 에번과 같은 사고를 특권 의식entitlement이라 부른다. 특
권 의식은 자기가 속한 집단으로부터 온다. 신분이나 계급, 혹은 가문

과 같은 것 말이다. 내 자신의 능력과는 무관하게 내가 속한 곳으로부터 부여되는 타이틀에 의해 나라는 존재의 위치가 정해지고 그 위치에 분배되어 있는 특별한 권리들을 당연하다는 듯이 누리는 것이 특권 의식이다.

얼핏 생각하면 미국에서도 상당한 부자들이나 보낼 수 있는 기숙학교에 들어올 수 있었다는 것 자체만으로도 다들 '특권 의식'을 가지고 있을 것이라고 가정하게 된다. 자신들은 선별된 존재이며 다른 학교를 다니는 학생들과는 구별되는 특별한 존재라는 의식 말이다. 에번이 드러낸 것이 바로 이런 특권 의식이었다.

이런 특권 의식의 가장 큰 특징은 사회적 관계나 사회를 피라미드처럼 인식한다는 것이다. 특권 의식을 가진 사람들은 사회가 서로 넘나들기 힘든 장벽으로 나누어진 피라미드이며, 피라미드의 단계마다 권리도 차별적으로 나눠져 있다고 믿는다. 그렇기에 특권 의식을 가진 사람들은 자기와 다른 신분이나 계급에 속한 사람들과 어울리려 하지 않는다. 이들에겐 자기들만의 폐쇄적인 세계가 있으며, 그 폐쇄성은 오히려 특권의 징표이기도 하다.

모든 시민들이 평등하다는 가정에 기초한 근대 공화주의 국가에서 특권 의식이 비난받는 이유가 여기에 있다. 특권 의식을 가진 이들이 공개적으로 드러나는 순간, '같은 운명을 가진 사람들'이라는 의미에서의 평등한 시민이라는 환상은 깨진다. 다른 세계가 있고, 그 다른 세계에 속한 사람들은 나와는 전적으로 다른 운명을 가지고 다른 삶을 살아가고 있다는 게 드러나는 것이다.

한 세계 안의 다른 삶이 아니라 다른 두 세계가 별도로 존재한다는 것을 사람들이 깨닫는 순간 '사회'는 위험해진다. 왜냐하면 사회가 유지되기 위해서는, 정도의 차이는 있을지언정, 그 안에 속한 사람들 사이에 '유대감'이 필요하기 때문이다. 이 유대감은 같은 세계 안에 속한 사람들끼리 갖는 것이지 전적으로 다른 세계에 속한 사람들 사이에서는 좀처럼 형성되지 않는다. 따라서 우리가 전혀 다른 세계에 살고 있다는 것을 확인시켜 주는 '특권 의식'의 존재는 사회를 유지하는 데 큰 해악이다.

물론 근대사회라고 해서 특권 의식이 사라진 것은 아니다. 세인트 폴과 같은 학교의 존재 자체가 실은 이런 특권층의 존재를 증명하지 않는가? 이런 엘리트 학교 학생들의 대다수는 하버드나 예일 같은 최상위 대학에 진학한다. 이 책의 5장은 이런 최상위 고등학교가 어떻게 최상위 대학들과 '협상'하는지 보여 준다. 다른 일반적인 학교라면 어림 반푼어치도 없는 소리일 것이다.

다시 에번의 이야기로 돌아가 보자. 부유한 집안 출신에, 이미 이 학교를 다닌 누나가 있는 그는 자신의 세인트폴 입학 또한 자기 집안 내력을 볼 때 당연하다고 생각했을 것이다. 그리고 그 비슷한 배경을 가지고 그곳에 온 사람들에게 자신의 사전 지식을 통해 자기 또한 '이미' 이 특권계층의 일부임을 드러내고 인정받으려 했다. 그런데 그런 그의 노력은 전부 '개소리' 취급을 받게 되고 예상치 못한 공격을 받게 된다. 왜 그럴까?

이 책에 따르면 이는 특권의 의미와 엘리트의 성격이 변화했기 때문이다. 에번과 같은 특권 의식을 가진 엘리트는 구엘리트일 뿐이다. 이들은 폐쇄적이고 고립적인 성격으로 인해 더할 나위 없이 개방적이고 개인주의화된 현대 세계에서는 더는 유능한 엘리트일 수 없다. 오히려 특권을 주장해 대중들에게 다른 세계의 존재를 드러나게 해서 그들의 분노를 폭발시킬 뿐이다. 효율적인 지배의 관점에서도 이 구엘리트들은 이제는 유용하지 않을뿐더러 유해하기까지 하다.

세인트폴은 더 이상 특권 의식을 가진 학생들을 받아 특권 의식을 강화해 내보내는 그런 교육기관이 아니다. 이제 세인트폴에서는, 모든 지식은 오로지 경험을 통해서만 얻어야 한다고 가르친다. 몸으로 부딪치고 얻은 지식만이 진짜 지식이며 그렇게 성취한 것만이 값진 것이다. 세인트폴의 교육은 구엘리트들을 교육할 때처럼 '자기 자리에 가만있는 법'을 가르치는 것이 아니라 몸으로 부딪치며 자신의 재능과 능력, 그리고 노력으로 '위로 올라가는 법'을 배우는 것이다.

칸이 주장하는 것처럼 귀족들은 위로 올라가지 않는다. 그들의 자리는 고정돼 있다. 거기서 배워야 하는 것은 '제자리'에 있는 것이었다. 마치 오래전부터 그 자리가 내 자리였던 것처럼, 그리고 앞으로도 변함없이 그 자리만이 내 자리이기 때문에 그 자리에 맞게 행동하는 법을 배운다. 이게 피라미드식으로 고정된 사회질서이고 그 질서에서의 자기 위치이다.

이에 반해 신엘리트들은 지위 내에서 상승하기 위해 노력하는 법을 배운다. 그 결과 상승에 성공한 신엘리트들에게는 독특한 의식이 생겨난다. 첫 번째로 이들은 사회의 불평등한 위계를 고정된 피라미드가 아니라 '사다리'로 인식한다. 이 사다리는 자신이 가진 재능과 능력, 노력을 통해 타고 올라가면 된다. 위계가 피라미드가 아니라 사다리가 되면 이것은 더 이상 불평등이 아니라 기회가 된다. 그리고 모든 사람들은 자기가 가진 모든 것을 동원해 그 기회를 활용할 줄 알아야 한다.

그 결과 두 번째로 신엘리트들에게는 이 모든 것이 자기 노력의 결과로 받는 당연한 보상이라는 의식이 생긴다. 소위 말하는 능력주의다. 자기가 누리고 있는 것은 특권 의식처럼 자신과 무관하게 자기가 달고 있는 타이틀 그 자체에서 오는 것이 아니다. 오로지 이 모든 것은 그런 특권 의식을 내려놓고 밤새 노력해 꽃피운 자신의 재능과 능력의 결과이다. 이런 것이 바로 (특권 의식과는 다른) 신엘리트들의 특권privilege이다.

우리는 특권 의식이 특권으로 변화하고 있는 사회에서 살아가고 있다. 지금 대다수의 엘리트 교육기관은 학생들이 특권 의식을 가지고 남용하는 것을 허용하지 않는다. 너의 배경이 무엇이든지 간에 너의 재능과 능력으로 너 자신을 증명하라고 요구한다. 자기가 누구인지가 중요한 것이 아니라 네가 경험한 것이 무엇이며, 그 경험으로부터 무엇을 증명할 수 있는지를 보여 줘야 한다.

이것은 세인트폴의 입학 과정에서 상징적으로 드러난다. 신입생들은 학교에 도착해서 학교의 공식 명부에 자기 이름을 올린다. 학부모가 자녀의 이름을 명부에 올리는 것이 아니다. 학생들은 스쿨펜을 손에 쥐고 스스로 자기 이름을 올려야 한다. (저자는 부모덕에 학교에 입학했으면서도 정작 부모를 쏙 빼놓는 이 의례에 대해 불평을 늘어놓는 부모들도 있다고 말한다.)

저자에 따르면 이 의례 자체가 상징하는 것이 바로 특권 의식을 내려놓고 특권을 향해 가는 신엘리트 양성 기관으로서의 세인트폴이다. 이 의식을 통해 학생들은 자기 관리 의식과 책임감을 갖게 된다. 어느 '가문' 출신인지가 중요한 것이 아니라 이제부터 교육 과정을 통해 자기 자신과 자신의 능력, 그리고 기량에 대해 알아야 한다. 그게 출발점이다. (계급이나 젠더, 인종 등의) 집단 정체성이 아닌 이런 자의식을 갖게 하는 것이 중요하다. 계급적·신분적 특징이 아니라 개인적 특성을 갈고닦는 것이 신엘리트 양성의 핵심이다.

이 신엘리트들이야말로 누구보다 더 구엘리트들의 특권 의식에 반대하고 분노하는 사람들이다. 자기들이 실험실에서 밤잠을 설치며 갖은 노력 끝에 써낸 논문 한 편 한 편으로 올라온 사다리를 특권 의식을 가진 구엘리트들은 그들만의 폐쇄적인 네트워크와 자원을 동원해 손쉽게 한 번에 올라가 버리기 때문이다. 신엘리트들에게 자신들의 특권은 '고난과 역경'의 산물이지만 구엘리트들에게 그것은 '특권 의식'의 반칙이기에 이들은 하층보다 구엘리트들을 더 경멸하고 분노한다.

2

신엘리트들의 경멸은 사회의 아래로도 향한다. 구엘리트들이 사회의 하층에 대해 무관심으로 일관하며 착취하고 차별한다면, 이들은 하층을 향해 노골적인 경멸을 드러내며 차별주의자가 된다. 자신들의 성취는 다른 사람들을 귀족주의적으로 배제해 얻은 것이 아니라 민주적인 실천을 통해 획득한 것이다. 반대로 말하면 이런 성취를 이루지 못한 자들은 그들의 노력과 재능이 부족해서이지 결코 불평등한 사회구조 때문이 아니다.

여기서 가장 나쁜 점은 약자들이 무기를 잃어 간다는 것이다. 저자가 주장하는 것처럼 불우한 이들의 무기는 언제나 그들의 숫자와 조직화였다. 약자들은 집단적 정체화와 집단행동을 통해 자신들의 몫을 요구하고 쟁취했다. 개인이 아니었다. 저자가 '집단주의'라고 말하는,

약자들이 자신들의 운명을 공통의 운명으로 바라볼 수 있도록 해주는, 그런 유대감을 가능하게 하는 언어가 약자들의 가장 강력한 무기였다.

그런데 성공과 실패 이 모든 것이 개인의 재능과 노력의 문제로 보이기 시작하면서 우리는 불평등을 설명할 언어를 잃어버리고 말았다. 계급이나 인종, 젠더 등 불평등을 설명하고 약자들의 유대감을 결성하는 말들은 '집단주의적' 개념이기에 시대에 뒤떨어진 것으로 취급된다. 나약한 자들이나 이런 집단주의적 언어에 자신의 게으름을 감춘다.

약자들이 이런 언어에 기대 불평등을 설명하는 길이 이 능력주의 사회에서는 봉쇄되어 있다. 저자가 "민주적으로 불평등한 사회"라고 부르는 사회에서 무엇보다 불길하고 나쁜 것이 바로 이것이다. 중요한 것은 구엘리트와 신엘리트 사이의 갈등이나 권력 교체가 아니다. 불평등을 설명하고 약자들의 유대를 만들어 낼 수 있는 우리의 언어를 되찾아 와야 한다.

약자들의 힘을 결집시킬 수 있는 유대의 언어, 이 언어의 가능성에서 특히 문제적인 것이 '계급'이다. 이 책에서 저자는 계급적 결집의 가능성을 인종이나 젠더와 비교하며 매우 흥미로운 주장을 한다. 그는 세인트폴의 교육 과정을 누가 더 쉽게 받아들이고 더 잘 동화되는가를 관찰한다. 유색인종이나 여학생들의 경우에는 세인트폴의 세계관과 삶의 태도를 받아들이기 위해 '자기 세상'을 포기하는 데 덜 적극적이다. 자신을 흑인이나 여성으로 인식하는 한, 이들은 자신의 선조들이 열심히 투쟁해서 얻은 흑인이나 여성으로서의 '자아'를 쉽게 내버릴 수 없다. 그들은 세인트폴이 그들에게 바꾸기를 원하는 방식에 대해 불평하며 어려움을 겪는다.

반면, 백인 노동계급 출신의 남학생들은 세인트폴의 세계관을 더 적극적으로 수용한다. 그들은 세인트폴에 들어오기 전에 속했던 자신들의 공동체, 즉 노동계급의 세계에서 배운 것을 포기하는 데 그리 큰 어려움을 겪지 않는다. 흑인이나 여성과 달리 노동계급 출신들은 세인트폴에서 배우는 것이 고향에서 그들이 배울 수 있는 그 어떤 것보다 더 가치가 있다고 느끼기 때문이다.

왜 그럴까. 단적으로 말해 지난 시기 젠더와 인종이라는 정체성은 그 정체성에 대해 '자부심'pride을 느끼자는 문화 운동과 함께했다. 집단의 정체성에 대해 긍정하고, 그 긍정을 통해 자아를 발견하는 방향으로 움직였다. 따라서 세인트폴의 세계관을 무조건적으로 받아들이는 것은 자신들이 고향에서 삶의 자부심으로 받아들여 왔던 것을 포기해야 하는 것이 된다. 따라서 이들은 세인트폴에 들어오기 전의 가장 주요한 경험을 신엘리트가 되기 위해 벗어 버려야 하는 것에 대해 저항할 수밖에 없다.

반면 계급은 그렇지 못했다. 계급은 정체성이 되지 못했으며 따라서 계급에 따라붙은 문화 운동—노동계급으로서 자부심을 가져라!—은 부재했다. 흑인들의 자부심은 지난 50년간 부유하고 세련된 생활 방식이 되었지만, 가난한 이들에게는 '자부심'이라는 말 자체가 존재하지 않았다. 노동계급의 문화에 대한 자부심을 고양시키는 문화 운동은 부재하지 않았던가? 이전이라면 분명히 존재했을 계급 문화 말이다.

여기서 우리는 지난 몇십 년간 계급을 둘러싼 드라마틱한 변화를 읽어 낼 수 있다. 우리는 계급을 이야기할 때 더 이상 '노동'계급을 문제 삼지 않는 지형에 있다. 대신 '하층'계급을 문제 삼는다. 『차브』(오언 존스 지음, 북인더갭, 2014)라는 책에서도 잘 다루고 있는 것처럼 노동계급에는 일말의 자부심의 근거가 존재했지만 '하층'계급은 그렇지 않다. 하층과 가난이란 극복해야 할 상태이지, 어떤 자부심을 느낄 수 있는 정체성이 아니다.

세인트폴의 교육과 정치가 먹힐 수 있는 근거가 바로 여기에 있다. 세인트폴은 위계를 사다리로 인식하도록 한다. 그리고 개인의 노력과 재능으로 그 사다리는 타고 올라갈 수 있다. 우리가 하층을 문제삼는 한, 하층은 노력을 통해 위로 올라가 극복해야 할 위치이지 결코 스스로를 긍정할 수 있는 위치가 아니다. 노동에서 하층으로의 전환은 기가 막힐 정도로 세인트폴의 능력주의와 맞아떨어진다.

따라서 전환의 방향은 단 하나밖에 없는 것처럼 보인다. 다시 하층에서 노동으로의 전환이다. 노동이 과연 정체성인지에 대해서는 논란의 여지가 많을 것이다. 그러나 노동'계급'은 하층이라는 말과 달리 집단의식을 만들고 그 집단의식에 '자부심'을 결합시켰다. 부르주아들의 위선과 탐욕, 그리고 이기주의를 비웃고 조롱하는 그런 방식으로라도 말이다.

문제는 이 노동계급의 자부심을 지금 누가 주도하고 있는가이다. 노동계급의 자부심은 육체, 직접적인 생산, 협력, 동지애 등으로만 구성되지 않는다. 폴 윌리스가 『학교와 계급 재생산』(이매진, 2004)을 통해 이미 오래전에 밝힌 것처럼, 노동계급의 자부심은 다른 한편에서는 성차별주의, 인종주의와 강력한 친화력을 갖고 있다. 육체노동에 대한 찬미, 육체노동자들의 유대에 대한 찬미가 여성을 배제하고 차별하고 인종을 차별하는 방향으로 구성될 수 있는 것이다.

진보-좌파들이 양극화와 격차 사회를 문제 삼으며 전략적으로

노동계급을 '하층'으로 부르면서 그들의 자부심을 깎아 먹고 있는 동
안, 이들을 노동계급으로 호명하며 성차별주의와 인종차별주의로 계
급 정체성을 반동적으로 구성하고 있는 것, 이것이 지금의 우파 정치
아닌가.

3

한편 한국 사회는 어떠한가? 미국의 엘리트들의 구조 변동을 다루는
이 책은 지금 한국 사회에서 왜 '공정'이 가장 뜨거운 이슈가 되었는지
를 이해할 수 있게 해준다. 한국 역시 미국과 마찬가지로 엘리트들의
구조 변동을 겪고 있는 중이며 신엘리트들이 구엘리트들의 특권 의식
에 저항하고 있다. '공정'은 바로 그 구엘리트들의 특권 의식의 정당성
을 문제 삼는 신엘리트들의 무기이다. 자신의 재능과 노력을 통해 성
취한 것만이 정당하다는 것이 공정 담론이다.

　사실 한국은 오래전부터 능력주의 신화가 지배하는 사회였다. 특
권 의식을 가지고 있는 사람들조차 자신들의 특권을 신분과 같은 출신
이 아니라 '시험'을 통해 정당화했다. 사람들은 시험만이 절대적으로
공정하다고 믿었다. 따라서 어디를 가나 시험을 쳐야 했고, 시험을 통
과한 자들에게는 그렇지 못한 사람들과 비교해 절대적인 특권이 주어
졌다.

　한 번의 시험이 평생을 좌우했고 그것이 신분처럼 고정되었다. 시
험은 권리의 안과 밖을 갈랐다. 시험을 통과한 자에게는 절대적인 권
리가 생겼고, 그렇지 못한 자에게는 거의 아무런 권리도 주어지지 않

왔다. 정규직과 비정규직의 차별을 가르고 정당화하는 것도 시험이었다. 시험을 통과했다는 것이 그 사람의 능력과 재능을 영원히 인증해 주고 특권을 정당화시켜 줬다. 시험을 통해 신분이 만들어지는 사회가 한국 사회였던 것이다.

문제는 '공정'이 결과에 따른 차별에 대해서는 전혀 문제 삼지 않는다는 점이다. 오히려 능력주의와 결합한 한국에서의 공정 담론은 결과의 지나친 불평등을 정당화하는 기제가 되었다. 시험을 통과하고 나면 모든 것을 독식하는 것이 정당화된다. 다만 현재 한국 사회에서는 그것을 자식에게까지 물려주기 위해 온갖 편법을 동원하는 것이 공정하지 않다는 점만 부각되고 있다. 세습까지 가능하게 하는 결과적 불평등에 대해서는 입을 닫고 세습 과정의 불공정만 따지고 있는 것이다.

여기에서 한국의 신엘리트들은 이 책이 묘사하는 미국의 신엘리트들과 갈라진다. 다시 세인트폴의 이야기로 돌아가 보자. 세인트폴은 왜 교과과정을 저렇게 '혁명적'으로 바꾸었을까? 그것이 민주화된 대중사회에서 엘리트들이 특권을 유지하고 정당화할 수 있는 방식이기 때문일까? 아니다.

여기서 우리는 엘리트 양성 기관이 스스로에게 부여하는 소명 의식이 무엇인지를 살펴봐야 한다. 세인트폴의 소명은 학생들을 특권층으로 키워 내는 것이 아니라 세인트폴의 이념을 실현시킬 수 있는 사회의 '지도자'들로 키워 내는 것이다. 엘리트들은 사회의 지배계급이지만 동시에 지도자들이다. 독재 체제가 아닌 이상 지배계급은 지도를 통해서만 지배할 수 있다. 세인트폴은 이런 의미에서 지배계급으로서 자기 이익을 지키는 것만이 아니라 사회를 지도할 수 있는 엘리트들을 키우는 것을 소명으로 한다.

어디 가서 자기의 특권 의식을 강조하는 것이 아니라 어디를 가나 편안하게 여유를 가지고 개방적이고 유연한 태도를 가지게 하는 것, 이것이 과거와 다른 현재 대중사회에서 지배계급이 되기 위해 엘리트들에게 가장 필요한 기술이고 바로 이것을 세인트폴은 교과와 비교과를 넘나들며 학생들에게 가르치고 있는 것이다. 교육 개혁가들이 소프트 기술soft skill이라고 부르는 것을 다시 개혁해 교육에 통합시킨 것이다. 그리고 그들의 그런 태도를 보며 대중들은 그들이 누리고 있는 특권을 승인하게 된다.

이 점에서 한국의 신엘리트와 그들의 교육은 실패했다고 단언할 수 있다. '공정'을 중심 가치로 내세우며 구엘리트들의 특권 의식에 도전하는 신엘리트들은 그들의 특권을 정당화하는 데는 성공할지 모르겠지만 사회를 지도하는 지도력을 구성하는 데에는 무능함을 그대로 노출시키고 있다. 이것이 한국에서 구엘리트들과 신엘리트들이 충돌할 때, 통념과는 달리, 나머지 사람들이 신엘리트들의 헤게모니에 포섭되지 않고 그들을 바깥에서 냉소하는 이유이다. 요컨대 한국의 엘리트 교육에서 공정과 능력주의는 신엘리트들을 정당화하는 이데올로기이지 엘리트로서의 지도력이라는 역량으로 이어지지는 않는다. 물론 엘리트들이 지도력을 발휘해 통합된 사회가 좋은 사회라고 말하려는 건 아니다. 그런 통합도 사실은 지도라는 이름으로 엘리트들의 지배를 정당화하는 것이다. 다만 내가 강조하는 것은 한국의 엘리트들은 그렇게 사회를 통합해 지배할 만한 지도력이 없는 매우 무능한 집단이라는 점이다.

이들은 어디를 가서 자기가 특별한 존재임을 내세우지 않고 유연하게 사람을 다루면서 세상을 이끌어 가지 못한다. 자신의 출신을 드러내지 않고 '역량'으로 지도하는 게 아니라, 출신을 드러내는 것만을 통해서 자기들의 우월함을 정당화한다. 이를 상징하는 것이 몇 년 전 서울대에 등장한 출신 특목고 이름을 새겨 넣은 과티의 등장이다. 이런 모습은 이 책에서 세인트폴이 양성하는 태도와는 정반대되는 행태이다. 그 차이의 원인은, 세인트폴은 변화된 세상을 지도할 역량 있는 인재를 양성하는 데 목적을 두고 있는 반면, 한국의 엘리트 양성 교육 기관은 이런 지도력마저도 대학 입시를 위한 스펙 쌓기의 도구로 만들어 버린 데 있다.

나는 이 지점에서 이 책이 하고 있는 것처럼 한국의 엘리트 양성 과정에 대한 심도 깊은 연구가 필요하다고 생각한다. 왜 한국의 엘리트들은 사회를 지도하는 데 실패하고 있는 것일까? 엘리트의 구조 변동은 이 책이 다루고 있는 미국과 같은 다른 세계와 마찬가지로 함께 겪고 있고 그 양상은 비슷함에도 불구하고 왜 한국의 엘리트들은 사회를 지도하는 데 무능하고 그 지도를 정당화하는 데 실패하는 것일까?

나는 이 책이 한국 사회 엘리트들의 구조 변동과 동시에 한국 엘리트들의 무능을 이해하는 데 좋은 영감이 될 것이라고 확신한다.

옮긴이 후기

"음, B가 하나 있군. 그래도 다른 성적들을 보니 우리 학교에 입학하는데는 전혀 문제없겠네요."

소위 '명문'이라 불리는 영국 케임브리지 시의 한 고등학교 입시 담당자가 내 중학교 성적표를 보고 건넨 첫 마디였다. 내가 다니던 중학교에서 주선한 면담 자리였는데, 다짜고짜 내 성적에 대해 노골적으로 평가하는 그녀의 말에 몹시 당황했던 기억이 난다. 결국 내 모교가 된 그 고등학교는 영국에서 옥스퍼드 대학과 케임브리지 대학에 가장 많은 학생들을 보내는 학교 중 한 곳이었다(영국에서도 그게 '명문 학교'의 지표다). 그곳은 전교생이 거의 모두 백인으로, 재학 기간 동안 내가 들은 그 어떤 수업에서도 동양인은커녕 영국 국적이 아닌 외국인이나 유색인종 영국인조차 찾아볼 수가 없었다. 그곳의 내 친구들은 모두 자신을 "중산층 이상"이라고 표현하는 백인 영국인들이었고, 케임브리지 시외에 자리한 으리으리한 집에 살았다. 그리고 졸업 학년이 되면 마치 선택지는 당연히 둘뿐이라는 듯이 "케임브리지에 갈 건지, 옥스퍼드에 갈 건지" 묻곤 했다.

그런 친구들 속에서 나는, 부모님과 동생을 한국으로 떠나보낸 뒤혼자 남아 시내의 방 한 칸에서 홈스테이 생활을 하며 고교 시절을 보내던 동양인 여자애였다. 그래서인지 이 책을 펼치자마자, 세인트폴에 처음 발을 내딛은 1993년 당시의 저자에게 저절로 감정이입이 되어 서론을 단숨에 읽어 내려갔다. 아마도 그래서였을 것이다. 이 책이 고전적인 민족지적 방법론을 활용한 엘리트 사회학 및 문화 사회학 분야의 역작이며, 토크빌 같은 고전 사상가에서부터 부르디외와 버틀러 같은 현대 이론가들까지 자유롭게 넘나들며 분석의 틀로 활용하고 있다는 사실을 알고 있었음에도, 전공자가 아닌 내가 이 번역을 맡아 보겠노라 호기롭게 나섰던 까닭 말이다.

책 제목이 정직하게 말해 주듯이, 이 책은 (미국의) 엘리트층이 어떻게 길러지고 그들이 누리는 특권의 본질은 무엇인지를 주제로 한다. 방대한 관련 연구들과 역사적 사실들에 대한 저자의 분석은 역자에게 때로 고역의 시간을 안겨 주기도 했다. 하지만 그럼에도 끝까지 흥미를 잃지 않고 번역을 마칠 수 있었던 이유는, 이 책이 결국 세인트폴 '학생들'의 이야기였기 때문이다. 모든 걸 아는 척하며 대장 노릇을 하려 드는 에번 윌리엄스와 세인트폴 세계에 전혀 익숙하지 않지만 그렇기에 그 세계의 모든 것에 감사해 하는 흑인 학생 데빈의 상반되는 모습, 한국 못지않게 엄격한 세인트폴의 '선배 공경' 문화, 인종과 계급을 망라해서 여학생들이 겪어야 하는 이중고, 새빌 로우에서 공수해 온 최고급 셔츠를 입거나 주말에 전용기를 타고 가족 여행을 갔다 오는 미국 부유층 고등학생들의 일상과 "열심히 공부하지 않으면 엄마가 날 죽이려 들 거다"라고 외치는 아시아계 에릭의 하소연, 자신의 목소리가 아니라 선생님들이 원하는 방식으로 "개소리"를 해야 성적을 잘 받을 수 있다는 흑인 우등생 칼라의 강변 등 저자는 엘리트층 학생들과 (인종적·성적·사회경제적) '소수' 학생들의 이야기를 때로 덤덤하게 때로 신랄하게 교차해서 그려 낸다. 비록 우리와는 문화도 여건도 다른 미국 고등학생들의 이야기지만, 고등학교 시절을 지났거나 지금 지나고 있는 누구라도 어느 한 군데서쯤은 바로 내 모습 혹은 내 친구의 모습을 발견할 수 있을 것이다. 이 책이 들려주는 것은 결국 민주주의 사회가 경험하는 '새로운 불평등'이라는 보편적 이야기이기 때문이다.

이 책을 번역하는 동안 특히 내가 공감했던 부분은 (3장에서) 저자가 "어디 출신이냐?"Where are you from?라는 질문에 항상 틀린 대답을 하게 된다는 대목이었다. 나 또한 출신 성분을 따지는 질문이 늘 곤혹스러웠다. 초등학교 입학 당시부터 미국과 영국을 오가며 유학생활을 했던지라 영어는 그들과 전혀 다름없이 구사했지만, 동양인이라는 내 외모가 그들과 나를 '구별지어' 주었다. 하지만 나는 내가 한국에서 태어나 초등학교 때 미국에 있었고, 중고등학교는 영국에서 다녔으며, 대학은 다시 미국으로 왔다는 배경을 길게 설명하며 굳이 그 질문이 함축하는 나와 그들 간의 구분을 확정하고 싶지 않았다. 그래서 그런 질문을 받을 때면 언제나 "나는 여러 곳에서 왔어"I'm from many places라고 대답하곤 했다. 그런 질문을 하는 이들이 딱히 나를 소외시키거나 배제한다는 느낌을 받았던 것은 아니다. 그보다는 내 자신을 증명해야 한다는 강박관념이 강했던 것 같다. 나를 당황시켰던 앞서의 그 입시 담당자 말에 억울함을 느꼈을 정도로 나는 A에 대한 집착이 심했다. 성적 관리뿐만 아니라, 동아리 회장을 맡고, 학생 신문 편집장이 되고, 봉사 활동에 나서고, 이런저런 자격증을 따고, 런던 올림픽 통역 요원까지 지원하며 나는 할 수 있는 모든 걸 다했다. 내심 내가 이런 학교에, 이런 친구들 사이에 속해 있을 만하다고 입증해 보이고 싶었던 것이다.

한국과 미국, 영국에서 두루 교육받고 영어를 원어민과 다를 바 없이 구사하는 나는 우리 사회에서 이른바 '엘리트층'에 속한다고 분

류될지 모른다. 이 책의 흥미로운 주장에 따르면, 엘리트층이 누리는 '특권'의 중요한 한 특징은 '편안함'이다. 그런데 학창 시절 내내 내게 엘리트의 '편안함'이란 사치였다. 이 책은 미국이라는 나라를 중심으로 한 국가 내에서 작동하는 엘리트와 비엘리트 간의 위계적 계층 질서를 보여 주지만, 전 지구적 차원에서 볼 때 그런 위계질서는 서구 국가(사람들)와 비서구 국가(사람들) 간에도 존재한다. 그러니까 한국 국적의 동양인 여자애였던 나는 인종적 위계질서와도 맞닥뜨려야 했던 셈인데, 돌이켜 보면 그 사다리를 오르기 위해 내가 택한 전략은 이를테면 편안함을 연기하는 것이었다. 영국에서 법적 성인(만 18세)이 되고 처음으로 친구들과 함께 바에 가게 되었을 때였다. 그 당시 내 친구들은 이미 일상적으로 부모님과 집에서 고급 와인을 곁들인 저녁 식사를 하고 사교 파티에서 다양한 종류의 칵테일도 맛본 아이들이었다. 마셔 본 거라곤 맥주가 전부였던 나는 어린 마음에 주눅 들고 싶지 않았다. 그래서 인터넷을 검색해 그 바의 메뉴를 찾아보고 네티즌들의 후기도 참고하면서 가장 맛있는 칵테일이 무엇이며 그것을 어떻게 주문할지 연구했다. 밤새 "말리부 앤 콕, 얼음 없이, 라임 추가"Malibu & coke, neat, with lime를 달달 외운 나는 다음날 친구들과 다름없이 '편안하게' 생전 처음 마셔 보는 칵테일을 주문해 낼 수 있었다.

그 후로도 그런 노력은 계속되었다. 한 번도 가본 적 없는 뉴욕의 극장을 능숙하게 찾아가기 위해 지도를 외우고, 미술 지식이 뒤쳐진다는 인상을 주지 않도록 첼시의 유명 갤러리들을 조사하고, 와인 메뉴를 볼 때 혼란스러워 한다는 걸 들키지 않도록 동네 리커샵의 와인들을 섭렵하기도 했다. 그 당시 나는 생김새에서부터 드러나는 차이에도 불구하고 내가 그들과 다르지 않다는 걸 보이기 위해 나름 고군분투하고 있다는 정도로 내 노력을 이해했다. 하지만 이 책을 번역하면서 만난 특권의 '편안함'이란 아이디어는 내가 막연히 느꼈던 나와 내 친구들 간의 차이를, 그리고 그런 차이를 좁혀 보려던 내 노력의 핵심을 새로운 각도에서 바라보게 해주었다. 나는 그렇지 않은데 내 친구들은 자연스럽고 편안하게 해내는 것, 그것이야말로 그들과 나를 달라 보이게 하는 점이란 걸 아마도 나는 어슴푸레 느꼈던 것 같고, 그래서 편안함을 가장하기 위해 스스로 고생을 자초했던 것이다.

이 책이 시사하는 바에 의하면, 결국 친구들과 비슷해 보이기 위해 기울였던 내 노력은 어쩌면 나도 특권적이고자 하는 욕망을 반영한 것이었는지도 모르겠다. 그리고 실제로 그런 노력과 경험은 어느 순간 나를 어느 정도 특권적인 위치에 서게 한다. 친구들이 당연하게 누리거나 자연스레 행한 것들을 열심히 공부하고 의도적으로 익혀 내 안에 문화적 소양으로 쌓아 가면서 나는 점점 더 다채롭고 풍요로운 삶을 맛보게 되었는데, 그러다 불현듯 주위 사람들이 낯설어 하는 상황에서 편안함을 자연스레 드러내고 있는 나를 만나게 되었다. 남들과 구분당하지 않으려던 내 노력이 남들과 나를 구분하고 배제하는 결과로 이어지게 된 것이다. 이는 내가 의도한 상황이 전혀 아니었지만 의식적으로 경계하지 않으면 쉽게 빠지게 되는 함정이기도 하다는 걸 깨달았다.

이렇듯 이 책은 내 학창시절의 조바심을 새롭게 이해하고 위로하는 계기가 되었을 뿐만 아니라 그간 당연하다고 생각했던 것들 혹은 무심히 지나쳤던 것들을 반성적으로 돌아보는 기회도 만들어 주었다. 기계적으로 돌아가는 일상생활에 지쳐 갈 무렵 적절한 긴장과 지적 자극을 주는 감사한 기회였다. 이 책이 독자들에게도 그런 기회가 된다면 더할 나위 없이 기쁠 것 같다.

사실 번역을 시작한 것은 2017년 겨울이었는데, 어느덧 2년 가까운 시간이 훌쩍 지나 2019년 여름이 되었다. 주중엔 회사에 매여 있느라 거의 주말 시간밖에 짬을 내지 못해 마무리가 너무 늦어져 버렸다. 과분한 믿음과 한량없는 인내심으로 기다려 주신 출판사 분들께 그저 죄송하고 감사할 따름이다. 나의 이 '은밀한' 프로젝트를 밥과 술로 응원해 준 든든한 회사 동기들에게도 고마움을 전한다. 이제 열여덟 살 어엿한 청년으로 자라 멋진 미래를 준비하고 있는 자랑스러운 내 동생 의준이는 학교생활로 바쁜 와중에도 이 책의 초역에 참여하여 큰 힘이 되어 주었다. 책의 출판을 동생과 함께 축하할 수 있어 말할 수 없이 기쁘다. 앞으로도 계속 이렇게 서로 고마운 일들을 주고받는 남매간이 되리라 믿는다. 끝으로, 이 자리를 빌려 가장 큰 감사 인사를 드리고 싶은 분들은 나의 부모님이다. 내가 이 책의 번역을 시작하게 된 것도, 이 정도로나마 마무리 지을 수 있었던 것도, 여러 의미에서 모두 부모님 덕분이다. 문지영 박사님과 강철웅 교수님, 이 두 분이야말로 지금까지 그랬듯 앞으로도 영원히 내 삶의 진정한 '특권'일 것이다.

2019년 8월 여름의 끝자락에서

강예은

미주

서론　민주적 불평등

1 Massey and Denton 1998을 보라.

2 Ruben Gaztambide-Fernandez(2009)는 엘리트 기숙학교에 대한 연구에서 이 점을 자세히 기술하고 있다.

3 나는 이 말을 찰스 틸리로부터 가져왔다. 그는 이렇게 주장한다. "인간들 사이에 존재하는 이점에 있어서의 중차대한 불평등들은 자질이나 성향, 수행[성과] 등에서의 개인적 차이보다는 대체로 흑인/백인, 남성/여성, 시민/외국인, 무슬림/유대인 같은 범주적 차이들과 부합한다. …… 범주들 간에 영속적인 불평등이 발생하는 이유는, 가치를 생산하는 자원에 대한 접근 기회를 통제하는 사람들이 범주적 구별짓기를 이용해 긴급한 조직적 문제들을 해결하기 때문이다"(Tilly 1999:6).

4 데이터들은 불평등이 중요한 문제이며 사회에 해롭다는 점을 명확히 보여 주는 것 같다. Jencks 2002; Wilkinson and Pickett 2009를 보라.

5 Bowen and Bok 2000:4.

6 Buchmann and DiPrete 2006.

7 미국의 평균 가계소득은 4만261달러에서 5만303달러로 증가했다(보고된 모든 수치는 2008년 달러 기준이다). 상위 5퍼센트는 소득이 10만7091달러에서 18만 달러로 증가했으며, 상위 1퍼센트는 42만2710달러에서 136만4494달러로, 그리고 상위 0.1퍼센트는 144만7543달러에서 712만6395달러로 증가했다. 이 자료들은 미인구조사국 및 Piketty and Saez 2003에서 나온 것으로, 온라인(http://elsa.berkeley.edu/-saez/)에서도 볼 수 있다.

8 Delbanco 2007. 관련 수치는 Bowen, Kurzweil, and Tobin 2005를 보라. 11개 대학들은 다음과 같다. 버나드, 컬럼비아, 오벌린, 펜실베이니아 주립대, 프린스턴, 스미스, 스워스모어, 펜실베이니아 대학, 웰슬리, 윌리엄스, 예일.

9 나아가 하버드 학부생 중 오직 8퍼센트만이 (연소득이 4만 달러 이하인 가정에 주어지는) 펠그랜트(Pell Grants)[연방정부의 학자금 지원]를 받는다. 실제 중간 소득은 미국의 엘리트 대학들에서 엄청나게 낮게 대표된다. Fischer 2006.

10 Bowen, Kurzweil, and Tobin 2005:103.

11 대학들의 이런 계급 구성에는 분명 인종적 영향이 있다. 비록 우리는 계급이나 인종 같은 요인들을 분석적으로 별개의 것이라며 분리하는 경향이 있지만, 그런 요인들은 빈틈없이 뒤얽혀 있다. 이 점을 볼 수 있는 가장 쉬운 방법은 인종별 가계소득을 검토하는 것이다. 흑인 가정의 평균 소득은 백인 가정 평균 소득의 62퍼센트 정도이며 아시아계 가정 평균 소득의 거의 절반에 해당한다. 흑인들과 히스패닉계는 미국인 평균보다 훨씬 더 가난하며, 이런 가난은 그들의 대학 입학과 진로에 영향을 끼친다. 따라서 우리는 계급의 중요성을 이야기할 때, 결코 인종을 논외로 해서는 안 된다. 윌리엄 보웬 등은 다음과 같이 지적하고 있다. "[4년제 대학들에서] 소수집단 학생의 등록률 격차는 주로 저대표된 소수집단 학생들의 경우 저소득 가정 출신일 확률이 다른 학생들보다 더 높기 때문에 나타나는 결과다." Bowen, Kurzweil, and Tobin 2005:76.

12 흔히 인용되는 Stacy Dale and Alan Krueger의 논문(2002)은 엘리트 교육이 중요한 게 아니라 [엘리트 교육기관에] 합격할 수 있는 역량이 중요하다는 점을 보여 주는 연구로 종종 언론에 오르내린다[명문대와 일반대에 모두 합격했지만 일반대에 진학한 519명의 졸업 후 연봉을 조사한 결과, 명문대만큼 높은 연봉을 유지했다는 결과 때문이다]. 그러나 이런 보도는 기만적이다. [이 연구에는 명문고 졸업생과 일반고 졸업생, 아이비리그 졸업생과 일반대 졸업생을 추적 조사한 결과도 포함돼 있는데, 이에 따르면 전자가 후자보다 훨씬 연봉이 높았다.] 언론이 인용하는 모델들은 Dale and Krueger가 학교들이 학생 지도에 쏟는 자원이나 학비 같은 요인들을 통제한 결과다. 하지만 이 두 요인 모두 [졸업생들의] 수입을 눈에 띄게 증가시키며, 모두 엘리트 학교를 나타내는 표식이다. 게다가 이 연구는 교육기관의 질은 명망이 아니라 SAT 점수의 산물이라고 말하고 있지만[SAT 성적이 좋은 경우 명문대에 들어가지 못했어도 최종 소득이 명문대생과 비슷했다], 사실 출신 학교의 명망은 장래 엘리트 지위를 예견해 주는 데 있어 SAT 점수보다도 훨씬 더 정확한 변수다. 아마도 이를 가장 간단하게 확인할 수 있는 자료는 바로 Dale and Krueger의 연구일 텐데, 거기서 우리는 ([금융 전문지] 배런스Barrons의 평가에 따라) 가장 경쟁력 있는 대학 출신들이 매우 경쟁력 있는 대학 출신들보다 수입이 23퍼센트 더 높다는 사실을 발견할 수 있다[1976년에 아이비리그 대학들에 입학한 학생의 1995년 연평균 소득은 9만2000달러였지만, 일반 대학교에 입학한 학생의 연평균 소득은 7만 달러에 그쳤다]. 이는 엄청난 임금 격차다. 이 연구에 대한 비평은 http://www.overcomingbias.com/2009/03/college-prestige-matters.html을 보라. 엘리트 기숙학교를 다니는 것도 이와 유사하게 분명한 이점이 있다. S. Levine 1980을 보라.

13 Lemann 2000을 보라. 조건의 평등은 결과의 평등과 같은 것이 아니다. 그것은 사회의 모든 구성원에게 평등한 성공의 기회가 주어져야 한다고 말한다. 누구는 성공할 수도 있고, 누구는 아닐 수도 있다. 하지만 그런 결과는 게임이 어떻게 진행되는지에 따른 결과이지, 그 게임이 어떻게 설계되었는지에 따른 결과는 아니다.

14 Ibid.

15 Tsay et al. 2003; Brim et al. 1969; Friedland and Alford 1991; Sen 1999.

16 Young 1994; Lemann 2000을 보라

17 SAT는 대학 첫 해의 성적을 예측하는 약한 변수일 뿐이라는 점을 지적해 두는 것이 중요하다. 이 시험 점수는 가족의 부나 인종 같은 인구학적 요인과 상관관계가 높으며, 학급 석차나 고등학교 성적 같은 다른 지표들이 대학에서의 성과를 예측하는 훨씬 나은 변수이다.

18 Karabel 2006:267[국역본 615쪽].

19 Ibid.

20 이 연구에 사용된 방법론에 관한 설명은 이 책의 "방법론적·이론적 성찰들" 부분을 참조하라.

1   새로운 엘리트들

1 Robert De Niro, dir., *The Good Shepherd*(2006).

2 귀속 집단ascriptive group은 (귀족과 같은) 지위, 인종, 성별, 혹은 종교에 기반을 둔다. 이런 집단의 구성원 자격은 획득하는 것이 아니라 태생부터 "할당"되는 것이다.

3 이 용어는 원래 토크빌이 미국의 정치적·종교적 기관들이 유럽 사회의 그것들과 질적으로 얼마나 달랐는지를 지적하면서 만들어 낸 것이었다. 그가 강조한 것은, 높은 수준의 사회적 평등주의(봉건적 잔재의 부재와 그에 따른 엄격한 사회 계급 및 지위 구분의 부재)와 사회적 유동성, 종교의 영향력, 그리고 중앙 정부의 나약함이었다. 이후 마르크스와 엥겔스는 "미국인들에게 보내는 편지"Letters to Americans에서 미국의 예외적 성격에 대한 논의를 더 확장했다. 미국은 가장 민주적인 국가였고 봉건적 전통도 그것에 맞선 투쟁도 없었기 때문에, 독특한 근대적이고 부르주아적인 문화를 가지고 있었는데, 그와 더불어 노동자계급에는 부르주아적 편견이 강하게 뿌리내리고 있었다. 미국 예외주의에 대한 분석을 부활시킨 것은 Werner Sombart(1906)에 빚진 바 크다. 그는 토크빌의 분석을 이어받아, 민주주의 제도와 봉건적 유산에서 나오는 엄격한 계급 구분의 부재로 "유럽의 거의 모든 노동자들이 갖고 있는 계급 낙인"이 없음으로 인해 미국이 유럽보다 더 자유롭고 더 평등주의적이라고 주장했다. 다른 많은 저자들도 이와 비슷한 결론을 내리며, 미국에서 부의 분배의 불평등은 더 심해졌지만, 엄청난 경제적 성장으로 인해 노동자계급의 소비 수준과 전반적인 삶의 질은 계속해서 향상돼 왔다고 주장했다. 따라서 계급의식은 비교적 높은 삶의 질, 평등주의적인 사회적 관계, 그리고 사회적 유동성을 향한 폭넓은 기회에 대한 믿음 때문에 억제됐다는 것이다. Lipset(1996)과 Lipset and Marks(2001)는 이를 비롯한 여러 분석들을 기반으로 미국이 자본주의 내에서 능력주의를 중시하는 고전적 자유주의 사회라는 점을

강조했다. 그람시의 "미국주의"Americanism(1971)에 대한 분석을 따라 이 연구는, 개인주의적인 종교적 전통, 반국가주의, 그리고 반권위주의를 강조하는 미국적 가치와 이념에 초점을 맞추며, 이런 것들이 미국의 노동운동 내에서 자유주의자와 생디칼리스트 — 국가 집산주의와는 반대되는 — 기질을 만들어 낸다고 말한다. 미국주의—반국가주의, 자유방임주의, 개인주의, 포퓰리즘, 그리고 평등주의—가 사회주의의 이념적인 대체재로 기능했다는 것이다.

4 실제로 19세기 중반 프랑스 귀족peerage의 거의 절반 이상이 옛 귀족의 자손들이었다. 20세기로의 전환기에도 유럽에는 공화국이 단 두 국가 — 공화국으로서의 위치가 매우 불안정했던 프랑스와 스위스 — 뿐이었다는 점을 지적하는 것만으로도 충분할 것이다.

5 Hobsbawm 1989.

6 Smith 1993.

7 Tocqueville [1831] 2003:646–47[727].

8 Smith 1993. 로저스 스미스가 보여 주었듯이, 미국인들은 종종 자유주의적인 정치와 배타적 정치 모두를 동시에 받아들이며, 복합적인 전통 속에서 움직였다. Smith 1997도 보라.

9 예를 들어, 비록 뉴욕의 판 렌셀라어르 가Van Rensselaer의 재산은 당초 17세기 네덜란드 공화국에서 무역을 통해 쌓은 부에 의해 축적된 것이지만(킬리아언 판 렌셀라어르는 네덜란드서인도회사 이사였다), 빠르게 그 근거지를 신세계로 옮겼다[당시 뉴욕은 네덜란드령 식민지였다]. 판 렌셀라어르의 저택인 '렌셀라어르빅'Rensselaerswyck의 면적은 놀랍게도 1200제곱마일[약 3364제곱킬로미터로 현재 요세미티 국립공원 면적보다 크다]에 달했다. 이 땅의 마지막 상속자인 스티븐 판 렌셀라어르는 그를 역사상 가장 부유한 남자 중 하나로 만들 정도의 땅을 갖고 있었다(오늘날 금액으로 환산하자면 약 880억 달러에 달한다). 그리고 뉴욕의 다른 '니케르보커르'Knickerbocker[뉴욕의 네덜란드 이민자] 가문들(스타이베산츠 가, 스하윌러스 가, 드 페이스터스 가, 판 웡클레스 가, 간스보르츠 가, 판 담스 가, 제라르드 가, 판데바터스 가, 다윅킨스 가, 그리고 판 디커스 가)처럼, 이 부는 땅뿐만 아니라 장원 영주Lords of Manors나 지주Lords of Patroons 등의 작위와 밀접하게 연관되어 있었다. 이런 특권 지주 체계patroonship는 17세기에 네덜란드계 회사들에 의해 수립된 것이었다. 도금 시대의 산업적 변화 및 그와 연관된 금융 부문의 증가와 더불어, 이런 대토지를 소유한 가문들은 그 지역의 경제와 사회에 대해 쥐고 있던 영향력을 상당 부분 상실했다.

10 Beckert 2003:294. 그것은 오늘날에도 여전히 그 자리에 있다. 그리고 그 호화로운 방들은 그 시대의 풍요에 바치는 헌사로 남아 있다.

11 Ibid., 295.

12 Beisel 1997.

13 L. Levine 1990; Bourdieu 1984; Bourdieu and Passeron 1977; Beisel 1997.

14 토머스 아널드는 1828년부터 1841년까지 영국의 명문 럭비 스쿨[잉글랜드 중부 럭비 시에

위치한 사립학교]을 이끌었다. 그는 19세기 초 절망적 상황에 놓여 있던 럭비 스쿨에서 수많은 개혁을 도입한 것으로 유명하다. 아널드는 빅토리아시대 많은 교육개혁에 있어 중심적 역할을 했던 "강건한 기독교"muscular Christianity 운동의 일원이었다. 강건한 기독교의 기본 원칙은, 도덕적 건강과 육체적 건강은 뗄 수 없는 관계이며, 이상적인 교육이라면 활기차고 남성적인 인간을 양성해야 한다는 것이었다. 이것의 초기 형태는 루소의 고전적 논문『에밀』에 잘 나타나 있다(Rousseau 1979). 아널드는 럭비 스쿨에서 이런 도덕적·육체적 교육의 이상들을 실현하고자 했으며, 이를 통해 럭비 스쿨뿐만 아니라 영국의 교육 체계 전반을 변화시키는 데 일조했다. 아널드에 대한 추가적인 내용은 Copley 2002를 보라. 강건한 기독교(특히 도금 시대 미국에서 그것이 어떻게 나타났는지)에 대한 추가적인 내용은 Putney 2001을 보라.

15 McLachlan 1970:150. Bamford 1967도 보라. 뱀포드의 연구는 1800년대 초중반 공립학교들의 빈사 상태에 가까운 환경을 잘 보여 준다. 맥라클랜이 입증해 주고 있듯이, 미국 기숙학교의 모델이 된 건 사실 영국 학교가 아니라 스위스와 독일 학교들이었다.

16 Heckscher 1996:6.

17 McLachlan 1970:151–52. 이런 학교 출신들은 나중에 자신의 학창시절을 돌아보면서 성적 학대나 체벌, 그밖에 고된 생활상에 대한 기억을 털어놓기도 한다.

18 [독일의 괴팅겐 대학에서 돌아온] 조지 밴크로프트는 매사추세츠 주의 노샘프턴에서 라운드 힐 스쿨을 [스위스에서 유학하고 온 조셉 콕스웰과 함께] 공동 창립했다. 스위스 교육자 페스탈로치의 교육적 이상을 기반으로 지어진 실험적인 중등학교였던 라운드 힐은 학생들이 도덕적·정신적 역량을 타고났다고 생각했으며, 따라서 지적 성장을 위해 그들에게 높은 수준의 개인적인 책임감(과 자유)을 갖도록 고무했다. 이 학교는 엘리트 자녀들을 교육시키면서 당시 하버드의 거의 세 배에 달하는 등록금을 받았고, [재정난에 시달리다] 얼마 못 가 11년 만에 문을 닫았다. 이 학교는 미국의 초월론자들 사이에서 인기가 있었으며, 일부 사상은 세인트폴을 비롯한 이후의 학교들에 엄청난 영향을 끼쳤다. 아이들의 순수함, 그리고 자연의 아름다움과의 교감을 통해 성장할 수 있는 그들의 기량에 대한 관점은 세인트폴의 창립자이자 그 자신도 라운드 힐의 졸업생이었던 조지 셰턱에게 계승되었다. 셰턱은 "초록의 들판과 나무, 개울과 연못 …… 꽃과 광물들"(Shattuck to trustee, Ohrstrom Library, St. Paul's, Concord, NH) 사이에 뿌리 내린 공간을 상상했다. 그리고 그는 이를 대부분 세인트폴 캠퍼스에서 이루어 냈다. 세인트폴을 그토록 성공적 사례로 만든 요인은 바로 이런 낭만주의와 종교적 교육 — 특히 성직자 헨리 코이트의 상상에 가까운 — 의 결합에 있었다.

19 Heckscher 1996:16.

20 이런 영향은 도시의 가난한 이들, 이민자들, 그리고 유대인들로부터 비롯되는 것이었다. Beisel 1997을 보라.

21 1860년대 하버드는 오늘날 대학과 거의 유사한 형태로 탈바꿈한 상태였다. 졸업생은 대략

20세에서 21세였는데, 1820년대에 졸업생들은 16세 정도였다.

22 이에 반해 소녀들은 결혼하기 전이나 후나 모두 집에 격리되었다. 그런 격리가 보호책이었던 것이다. Aries 1962를 보라. 지금은 소년들에 대한 이런 실천이 그들을 "여성화"하거나 "유아화"하는 것은 아닌지 의문에 부쳐지고 있다. Sommers 2000과 Sax 2007을 보라. 이런 우려가 나타난 이유는 현재 학교에서 남학생들이 여학생들보다 뒤처지고 있는 탓이 크다. Buchmann and DiPrete 2006과 Buchmann, DiPrete, and McDaniel 2008을 보라.

23 Aries 1962:269–70[국역본 437쪽].

24 Beisel 1997:6.

25 기숙학교에 대한 중요한 연구로는 Cookson and Persell 1985가 있다.

26 Goffman 1961.

27 Cookson and Persell 1985:124.

28 Matthew Warren to alumni, Alumni Horae 41(June 1960).

29 Piketty and Saez 2003. 이는 경제 금융화의 일부로 이해될 수도 있겠다.

30 Brandeis [1914] 1995:27.

31 Mills 1956:18, 강조는 추가.

32 Baltzell 1962:71–72. See also Baltzell 1987.

33 Domhoff 1974:109.

34 우리는 돈을 더 가지거나 덜 가질 수도 있고, 다른 맥락에서 가치가 있는 다양한 통화들을 가질 수도 있다. Bourdieu 1984를 보라.

35 나는 U.S. News and World Report의 대학 순위를 측정 방식으로 사용했다.

36 Becker 1988:10.

37 Brooks 2001:11.

38 Duncan et al. 2005; Mazumder 2005.

39 정량적으로 생각하는 경향이 있는 이들을 위해 설명하자면, 관찰 결과 세대 간 탄력성은 0.62까지 높아질 수 있다. 이 지표는 부모의 소득과 자식의 소득 간의 관계를 백분율로 본 것이다. 그렇다면 한 세대 내 가족들 간의 소득 차는 다음 세대까지 어느 정도 지속되는 걸까? 세대 간 탄력성이 0.62인 경우, 부모 세대의 소득에서 10퍼센트가 차이가 나면 자식 세대의 소득에 6.2퍼센트의 차이가 난다는 뜻이다. 그러므로 수치가 0에 가까울수록 "공평한 기회"의 가능성이 높아지는 것이며, 수치가 1에 가까울수록 부동성이 높아지는 것이다. 이런 수준의 세대 간 탄력성은 Mazumder 2005에 보고되어 있다. Mazumder가 도출한 수치는 다른 학자들보다도 높은데, 이는 개별적인 어느 한 시점이 아니라 10년에 걸친 기간 동

안 소득을 관찰한 결과다. 나는 그의 추산이 꽤 타당하다고 생각한다.

40 Skrentny 2002를 보라.

2 　　　자리 자리 찾기

1 마태복음 5장 1절[『새번역 성경』]: "예수께서 무리를 보시고 산에 올라가 앉으시니 제자들이 그에게 나아왔다."

2 내 연구 기간 1년 동안 이 학교를 자퇴한 학생은 500명 중 단 둘뿐이었다.

3 노력을 통해 자기 자리를 얻는 이런 미국식 행위 규범은 미국과 프랑스의 중상층 노동자를 비교한 미셸 라몽의 연구에서도 비슷하게 목격된다. 그녀가 발견한 사실은, 미국인들은 노력 — 내가 쓴 용어로는, 행위자가 하는 일 — 에 초점을 맞추는 데 반해, 프랑스인들은 타고난 재기才器 — 내가 쓴 용어로는, 행위자가 누구인지 — 를 칭송한다는 것이었다(Lamont 1992).

4 뉴햄프셔 주의 콩코드는 백인이 압도적으로 많은 마을이다. 세인트폴의 교직원들도 거의 모두가 백인이다. 따라서 대체로 엘리트들(혹은 미래의 엘리트들)의 시중을 드는 저소득 유색인 노동자라는 인종적 역학이 잠재돼 있지는 않다고 볼 수 있다.

5 Tocqueville [1831] 2003[국역본 674쪽].

6 상징적 경계들에 관한 연구로는 Lamont 1992을 보라.

7 감정적 일[감정 업무]에 대한 연구로는 Hochschild 1979를 보라. 이런 감정적 일에 대한 아이디어는 "감정 노동"에 대한 생각으로 확대되었는데, 여기서 감정 노동이란, 노동자들이 조직의 목표를 위해 업무의 일부로서 특정한 감정들을 드러내 보인다는 것이다. Rafaeli and Sutton 1987을 보라.

8 올드리치는 1988년 저서에서 과거 미국의 자산가들old wealth에 대한 자신의 경험에 대해 쓴 바 있었다. 우리의 점심 식사는 올드리치가 내 프로젝트와 세인트폴에서 지낸 시간에 대해 알게 된 뒤 고맙게도 허브 간스Herb Gans가 주선해 준 것이었다.

9 교사진을 대표해서 부교장이 교사진에 대해 설명하는 온라인 글이다.

10 성공을 나타내는 기질적 "표식"이라는 아이디어는 Weber 1958에게서 온 것이다. 베버는 칼뱅주의자들이 예정설에 대한 대응 속에서, 어떤 식으로 자신들의 선택의 "표식"을 드러내 보이려 했는지에 주목한다.

3   특권의 편안함

1 Bourdieu 1996:21.

2 신입생 대부분은 함께 쓰는 방에 배정된다. 일부는 독방을 갖기도 하지만, 전반적으로는 룸메이트가 있어서 생기는 이득(정말로 힘들 때 알아봐 줄 수 있는 누군가가 생기는 것일 뿐만 아니라 빠르게 가까워질 수 있는 친구가 생긴다는 점)이 잠재적인 리스크(룸메이트끼리 서로를 끔찍이 싫어하는 상황)를 훨씬 능가한다.

3 입학 지원 과정은 매우 경쟁적인데, 200명 정원에 대략 2000명의 지원자가 몰린다.

4 학생들 간의 신체적인 차이는 보통 상당한데, 세인트폴에 입학할 때는 막 사춘기에 들어선 상태지만 졸업할 즈음이 되면 성인이 되기 때문이다.

5 Mansbridge 2001:1.

6 Massey and Denton 1998.

7 Wilson 1978:1–2, 144.

4   젠더와 특권의 수행

1 Foucault 1995:26[국역본 56-57쪽].

2 Bourdieu 2000:141[204-205]. 부르디외의 젠더에 대한 논의는 Bourdieu 2001을 보라.

3 Bourdieu 2001:63[국역본 91쪽].

4 학생들은 토요일에는 반일半日 수업만 듣는다.

5 Buchman and DiPrete 2007과 Meadows, Land, and Lamb 2005를 보라.

6 이는 특히나 엘리트 대학들에서 그렇다. 많은 비엘리트 대학들은 이제 성적이 더 높은 여학생들에게 유리한 60대 40의 성비를 채택하고 있지만, 엘리트 학교들은 균등한 비율을 유지하기 위해 계속해서 [여학생들보다] 성적이 낮은 남학생들을 받아 주고 있다. 나는 종종 대학 입시에서 최대의 차별 철폐 정책은 남자들을 위한 것이라고 농담하곤 한다.

7 여기서 또 다른 모순을 놓쳐서는 안 될 것이다. 몸을 드러내 보이는 것corporeal display과 신체적 편안함[몸이 편안함을 느끼는 것]corporeal ease이 같은 게 아니라는 모순 말이다. 후자는 일생 동안 지속될 수 있지만, 전자의 경우 나이를 먹을수록 다르게 여겨진다. 요컨대, 젊음은 소중히 여겨진다. 젊고 건강한 신체는 우리 모두를 행복하게 만든다. 젊고 건강한 신체를 보고 어떤

사람은 성적으로 흥분할 수도 있고, 어떤 사람은 자신의 젊음을 회상하며 향수에 젖을 수도 있고, 또 어떤 이들은 인간의 몸이 가진 활기를 찬양할 수도 있을 것이다. 그러나 늙고 축 늘어진 신체는 우리에게 그다지 감흥을 주지 못한다. 혹자는 학교에서 이루어진 내 민족지적 연구가 다룰 수 없는 다음과 같은 질문을 던져 볼 수도 있을 것이다. "몸을 드러내 보이는 것이 여성에게 중요하다면, 노숙한 여성이 젊은 여성에 비해 신체적으로 불리해지는 노년의 삶에서 이는 어떻게 관리되는가?"

8 C. 라이트 밀스가 주장했듯이, 이렇게 서로 다른 어휘를 사용하는 것은 [그것이 가리키는] 행위 및 행위의 결과에 대한 해석상의 기대가 다르다는 뜻이다. "사람들은 특정 어휘들을 가지고 상황을 파악하며, 행위의 결과에 대한 예측도 이런 제한된 어휘 속에서 이루어지는 것이다. 동기를 설명하는 말들은 기대하는 결과와 특정 행위와 연결돼 있다"(Mills 1940:906).

9 Mannheim 1967:249. 또한 Butler 1990도 보라.

10 Garfinkel 1984를 보라.

11 Butler 1990:179[국역본 349쪽].

12 이 점을 내게 지적해 준 Angela Barian에게 감사를 표하고 싶다.

13 이 학교에서 동성애가 얼마나 흔한지, 음주·마약·섹스가 얼마나 흔한지 궁금해 하는 독자들도 있을 것이다. 엘리트 아이들에 대한 기존의 이미지나 고정관념과는 달리 실제 이들 사이에서 마약에 취한 단체 섹스나 광란의 파티가 벌어지는 일은 드물다. 이런 일들은 절대 캠퍼스 내 — 들켜서 징계를 받게 될 위험성이 높은 — 에서는 일어나지 않는다. 그리고 학생들에 대한 건강검진에서도 학교는 사실상 세인트폴의 학생들이 다른 고등학교의 학생들과 비슷하다는 점을 발견했다. 이곳 학생들은 스트레스를 조금 더 받을 뿐이었는데, 이는 놀라운 사실은 아니었다. 하지만 그들이 성관계를 갖는 비율, [이곳에서] 첫 성적 접촉을 하게 되는 비율, 그리고 술을 마시거나 마약을 하는 비율은 이 나라 전역에 있는 학생들과 똑같았다. 학생들은 보통 규칙을 어길 때는 캠퍼스 밖으로 나간다. 그런 짓을 캠퍼스 내에서 벌이다 들키게 된다면 대학들에서 그들의 위반 행위에 대해 알게 될 수도 있고, 이는 그들의 합격에 지장을 초래할지도 모를 일이기 때문이다. 집이나 호텔방에서 그런 짓을 한다면 대학들은 도무지 알 길이 없다.

14 Garfinkel 1984의 아그네스[가핑클이 연구 대상으로 삼은 성전환 여성]와 대단히 흡사하다.

5   『베오울프』도 배우고 〈죠스〉도 배우고

1 Bryson 1996와 Peterson and Kern 1996을 보라.

2 L. Levine 1990.

3 Bryson 1996, Emmison 2003, Gans 1974, Peterson and Kern 1996, 그리고 Sintas and Alvarez 2002를 보라. 이런 주장이 상정하는 바는 "사회적 계층화와 문화적 계층화는 아주 밀접하게 서로 연관돼 있다"는 것이다(Chan and Goldthorpe 2007:1). 마이클 에미슨은 이렇게 주장했다. "한때 엘리트 혹은 고급문화적 전통을 '담지'한다고 여겨졌던 이들의 문화생활이 점점 다양화되고 포괄적이며 잡식성이 되어 가고 있다"(Emmison 2003: 226).

4 이 아이디어는 Weber 1958에서 왔다.

5 Plato 1991:518c[국역본 455-456쪽].

6 머튼은 다음과 같이 주장한다. "사람들은 어떤 상황의 객관적인 특징들에만 반응하는 게 아니라, 어떨 때는 주로 그 상황이 그들에게 주는 의미에 반응한다. 그리고 그들이 일단 그 상황에 일정한 의미를 부여하고 나면, 그에 따른 그들의 행동과 그 행동의 결과의 상당 부분은 자신들이 부여한 그 의미에 의해 결정된다"(Merton 1968:475-76). 이런 생각의 선례는 "토머스 정리"에서 찾아볼 수 있다. 토머스 부부는 이렇게 썼다. "만일 사람들이 어떤 상황을 현실로 규정한다면, 그 상황은 결과적으로 현실이다"(Thomas and Thomas 1928:571-72). 이런 생각을 가장 체계적으로 제시한 건 카이 에릭슨과 하워드 베커 같은 일탈deviance을 연구한 이들이다. 에릭슨은 이렇게 주장했다. "일탈은 어떤 특정한 종류의 행태에 **내재하는** 속성이 아니라, 그 행동에 **부여되는** 속성이다"(Erikson 1966:6). 마찬가지로 베커는 이렇게 주장했다. "**사회집단은 위반하면 일탈이 되는 규칙들을 만듦으로써 일탈을 야기한다.** ...... 이런 관점에서 보면 일탈은 그 사람이 저지른 행위의 특징이 아니라 오히려 다른 이들이 '위반자'에게 규칙과 제재를 적용한 결과이다"(Becker 1963:9). 이런 접근은 사회학자들에게 "낙인 이론"으로 알려져 있는데, 이 이론은

> 비행delinquency의 초기 행위들은 비교적 무해한 일차적 일탈의 사례라고 주장한다. 그 아이의 관점에서 보면 이런 행위들은 "놀이"나 "장난"으로 정의되지만, 더 큰 공동체의 관점에서 보면 "악행" "위법"으로 여겨지는 것이다. 공동체의 반응은 ...... 그 아이를 "나쁘다" 혹은 "악하다"라고 낙인찍는 것이다. 그 결과 이런 낙인은 그 아이가 자기 자신을 나쁜 아이 혹은 문제아로 여기도록 자아상에 영향을 미치고, 이는 결국 미래에 일탈을 저지를 가능성을 키운다. ...... 낙인 이론의 특징은 일탈이라는 낙인이 사회 구조 전반에 무작위로 분배되는 게 아니라 약자들, 불우한 이들, 그리고 가난한 이들에게 적용될 확률이 높다고 본다는 데 있다(Matsueda 1992:1588).

그러나 성화되는 긍정적인 특징들에 대해서는 사회학계에서 [이 낙인 이론이] 공평하게 적용되

지 못했다.

7 Durkheim [1912] 1995:243-44[국역본 304-305쪽].

8 여기서 제시된 사례가 전부 남학생들인 건 결코 실수가 아니다. 이 점에 대해서는 다음 절에서 다룰 것이다.

9 이는 종종 학교에서 "야단을 맞는", 계층화 체계의 밑바닥에 있는 아이들과 극명하게 대조된다. 앤 퍼거슨은 흑인들의 남성성과 중학교 과정에 대한 그녀의 연구에서 다음과 같은 사실을 발견했다. "나는 학생들이 학교의 일부 어른들로부터 괴롭힘을 당하거나 무례한 취급을 받는 모습을 목격했다. 이런 언어적 경멸과 아이들이 듣는 야단은 특정한 부류의 아이들에게 필요한 훈육이라는 이름으로 행해졌는데, 주어진 상황을 감안하면, 그것은 질서를 만들고 유지하기 위해 필수적인 수단으로 보였다. 통상 이는 흑인이거나, 가난하거나, 이미 골칫거리라고 낙인찍힌 아이들을 상대로 행사되었다"(Ferguson 2000:70).

10 이런 특성화에 대한 좀 더 철저한 설명으로는 Lareau 2003을 보라. 라루는 중상층의 육아(노동자 계층의 육아와 대조되는)를 나타내는 표식 중 하나는 부모들이 자녀가 특별한 기술이나 재능 혹은 관심사를 기르도록 확실하게 노력한다는 점이라고 강력히 주장한다.

11 그러나 대학 입시 과정에 대한 최근의 연구들은 이와 같은 종류의 공모와, 더 중요하게는, 엘리트 고등학교 학생들에게 제공되는 혜택들이 아직 어느 정도 존재함을 시사한다. Golden 2006, Stevens 2007, Schmidt 2007, 그리고 Soares 2007을 보라.

12 Stevens 2007.

13 Karabel 2006을 보라.

14 http://www.sparknotes.com

15 Karabel 2006을 보라.

16 이를 단순히 인종적으로 둔감해서라고 해석해서는 안 된다. 영국의 위대한 바이올리니스트 토머스 보우스Thomas Bowes가 캠퍼스에 와서 마스터 클래스를 열었을 때 나는 거기서 연주를 해야 했는데 거의 연습을 하지 않았다. 거듭 말하지만, 그것은 내게 별로 신기할 것 없는 평범한 행사였던 것이다.

17 이는 결코 과학적인 통계는 아니다. 그러나 내가 여러 학생들에게 물었고 남학생 이름이 압도적으로 많이 거론되었다는 점을 감안하면, 비범한 재능을 가진 학생으로 남학생들을 지목한 게 실수라고 의심할 수는 없다. 여학생들은 다른 여학생을 거명할 확률이 더 높았지만 그래도 여전히 남학생들에 대해 얘기할 확률이 훨씬 더 높았다(그 당시 남학생들의 이름은 80퍼센트 이상 거론되었는데, 여학생들이 남학생을 거명한 비율은 70퍼센트였다).

18 Espenshade and Radford(2009)는 엘리트 학교 지원자들에게 상당한 "아시안 페널티"가 적용됨을 보여 준다. 간단히 말하면, 아시아계 학생들은 아시아계 지원자들의 성적이 높은 편이기

때문에 합격하려면 더 뛰어난 자격 조건을 갖춰야 하며, 대학들은 아시아계 학생들의 전반적인 입학 비중을 제한하려 한다는 것이다. 해당 연구의 3장을 보라.

19 물론 이런 지적은 지원하기까지에 이르는 과정들을 무시한 것이다. 지원율과 합격률의 차이에 대해서는 Espenshade and Radford 2009의 3장을 보라.

20 Beisel 1997.

결론

1 데바 페이저Devah Pager의 연구는 이 점을 분명하게 보여 준다. Pager 2007과 Pager, Western, and Bonikowski 2009를 보라. Pager는 노동시장의 고용 과정에서 흑인에 대한 편견은 끈질기게 지속되고 있으며 전과 기록이 노동시장에서 기회를 잡는 데 매우 부정적인 영향을 (흑인들에게 불균형적으로) 미친다는 점을 보여 준다.

2 L. Levine 1990.

3 L. Levine 1990; Beckert 2001.

방법론적·이론적 성찰들

1 Duneier 2000.

2 Burawoy 1998.

3 Duneier 2000.

4 Wacquant 2004.

5 Harding 1986, 1987.

6 나는 이 아이디어를 콜린 제롤맥과 함께 발전시켰다. Jerolmack and Kham 2010을 보라.

7 나는 다음 연구들에 큰 신세를 졌다. Stevens 2007, Gaztambide-Fernandez 2009, Karabel 2006, Cookson and Persell 1985, Lareau 2003.

참고문헌

Aldrich, Nelson. 1988. *Old Money*. New York: Alfred A. Knopf.

Aries, Philippe. 1962. *Centuries of Childhood: A Social History of Family Life*. Trans. Robert Baldick. New York: Vintage[『아동의 탄생』, 문지영 옮김, 새물결, 2003].

Baltzell, E. Digby. 1962. *An American Business Aristocracy*. New Haven: Yale University Press.

_____. 1987. *The Protestant Establishment: Aristocracy and Caste in America*. New Haven: Yale University Press.

Bamford, T. W. 1967. *Rise of the Public Schools: A Study of Boys' Public Boarding Schools in England and Wales from 1837 to the Present Day*. London: Nelson.

Becker, Gary S. 1988. "Family Economics and Macro Behavior." *American Economic Review* 78(1): 1-13.

Becker, Howard S. 1963. *Outsiders*. New York: Free Press.

Beckert, Sven. 2001. *The Monied Metropolis: New York City and the Consolidation of the American Bourgeoisie, 1850-1896*. Cambridge: Cambridge University Press.

Beisel, Nicola. 1997. *Imperiled Innocents: Anthony Comstock and Family Reproduction in Victorian America*. Princeton: Princeton University Press.

Bourdieu, Pierre. 1984. *Distinction: A Social Critique of the Judgment of Taste*. Cambridge, MA: Harvard University Press[『구별짓기: 문화와 취향의 사회학』, 최종철 옮김, 새물결, 2005].

_____. 1996. *The State Nobility*. Trans. R. Nice. Stanford: Stanford University Press.

_____. 2000. *Pascalian Meditations*. Trans. R. Nice. Stanford: Stanford University Press[『파스칼적 명상』, 김웅권 옮김, 동문선, 2001].

_____. 2001. *Masculine Domination*. Trans. R. Nice. Stanford: Stanford University Press[『남성 지배』, 김용숙 옮김, 동문선, 2003].

Bourdieu, Pierre, and Jean-Claude Passeron. 1977. *Reproduction in Education, Society, and Culture*. Thousand Oaks, CA: Sage[『재생산: 교육 체계 이론을 위한 요소들』, 이상호 옮김, 동문선, 2000].

Bowen, William G., and Derek Bok. 2000. *The Shape of the River: Long-Term Consequences of Considering Race in College and University Admissions*. Princeton: Princeton University Press.

Bowen, William G., Martin Kurzweil, and Eugene Tobin. 2005. *Equity and Excellence in American Higher Education*. Charlottesville: University of Virginia Press.

Brandeis, Louis. [1914] 1995. *Other People's Money, and How the Bankers Use It*. New York: St. Martins Press.

Brim, Orville Gilbert, et al. 1969. *American Beliefs and Attitudes about Intelligence*. New York: Russell Sage Foundation.

Brooks, David. 2001. *Bobos in Paradise: The New Upper Class and How They Got There*. New York: Simon and Schuster[『보보스는 파라다이스에 산다: 보보스는 어떻게 세계경제·사회·문화 혁명을 이끌고 있는가』, 김소희 옮김, 리더스북, 2008].

Bryson, Bethany. 1996. "'Anything But Heavy Metal': Symbolic Exclusion and Musical Dislikes." *American Sociological Review* 61:884-99.

Buchmann, Claudia, and Thomas DiPrete. 2006. "The Growing Female Advantage in College Completion: The Role of Parental Education, Family Structure, and Academic Achievement." *American Sociological Review* 71:515-41.

Buchmann, Claudia, Thomas DiPrete, and Anne McDaniel. 2008. "Gender Inequalities in Education." *Annual Review of Sociology* 34:319-37.

Burawoy, Michael. 1998. "The Extended Case Method." *Sociological Theory* 16(11):4-33.

Butler, Judith. 1990. *Gender Trouble: Feminism and the Subversion of Identity*. Berkeley: University of California Press[『젠더 트러블: 페미니즘과 정체성의 전복』, 조현준 옮김, 문학동네, 2008].

Chan, Tak Wing, and John H. Goldthorpe. 2007. "Social Stratification and Cultural Consumption: Music in England." *European Sociological Review* 23(1):1-19.

Cookson, Peter W. Jr., and Caroline Hodges Persell. 1985. *Preparing for Power: America's Elite Boarding Schools*. New York: Basic Books.

Copley, Terence. 2002. *Black Tom: Arnold of Rugby: The Myth and the Man*. New York: Continuum.

Dale, Stacy Berg, and Alan B. Krueger. 2002. "Estimating the Payoff to Attending a More Selective College." *Quarterly Journal of Economics* 117(4): 1491-1527.

Delbanco, Andrew. 2007. "Scandals of Higher Education." *New York Review of Books* 54(5):March 29.

Domhoff, G. William. 1974. *The Bohemian Grove and Other Retreats: A Study of Ruling Class Cohesiveness*. New York: Harper Collins.

Duncan, Greg, Ariel Kalil, Susan Mayer, Robin Tepper, and Monique Payne. 2005. "The Apple Does Not Fall Far from the Tree." Pp. 23-79 in *Unequal Chances: Family Background and Economic Success*, ed. Samuel Bowles, Herbert Gintis, and Melissa Osborne Groves. Princeton: Princeton University Press.

Duneier, Mitchell. 2000. *Sidewalk*. New York: Farrar, Straus, and Giroux.

Durkheim, Emile. [1912] 1995. *Elementary Forms of Religious Life*. Trans. Karen Fields. New York: Free Press[『종교 생활의 원초적 형태』, 노치준·민혜숙 옮김, 민영사, 2017].

Emmison, Michael. 2003. "Social Class and Cultural Mobility: Reconfiguring the Cultural Omnivore." *Journal of Sociology* 39:211-30.

Erikson, Kai. 1966. *Wayward Puritans: A Study in the Sociology of Deviance.* New York: Macmillan.

Espenshade, Thomas, and Alexandria Radford. 2009. *No Longer Separate, Not Yet Equal: Race and Class in Elite College Admission and Campus Life.* Princeton: Princeton University Press.

Ferguson, Ann. 2000. *Bad Boys: Public Schools in the Making of Black Masculinity.* Ann Arbor: University of Michigan Press.

Fischer, Karen. 2006. "Elite Colleges Lag in Serving the Needy." *Chronicle of Higher Education*, May 12.

Foucault, Michel. 1995. *Discipline and Punish: The Birth of the Prison.* New York: Vintage[『감시와 처벌: 감옥의 탄생』, 오생근 옮김, 2016].

Friedland, Roger, and Robert Alford. 1991. "Bringing Society Back In." In *The New Lnstitutionalism in Organizational Analysis*, ed. Paul DiMaggio and Walter Powell. Chicago: University of Chicago Press.

Gans, Herbert. 1974. *Popular Culture and High Culture.* New York: Basic Books[『대중문화와 고급문화』, 강현두 옮김, 나남, 1998].

Garfinkel, Harold. 1984. *Studies in Ethnomethodology.* Malden, MA: Polity Press.

Gaztambide-Fernandez, Ruben. 2009. *The Best of the Best: Becoming Elite at an American Boarding School.* Cambridge, MA: Harvard University Press.

Goffman, Erving. 1961. *Asylums: Essays on the Social Situation of Mental Patients and Other Lnmates.* New York: Anchor[『수용소: 정신병 환자와 그 외 재소자들의 사회적 상황에 대한 에세이』, 심보선 옮김, 문학과지성사, 2018].

Golden, Daniel. 2006. *The Price of Admission: How America's Ruling Class Buys Lts Way into Elite Colleges-and Who Gets Left outside the Gates.* New York: Crown Publishers[『왜 학벌은 세습되는가: 퓰리처상 수상 기자가 밝힌 입학사정관제의 추악한 진실』, 이기대 옮김, 동아일보사, 2010].

Gramsci, Antonio. 1971. *Selections from the Prison Notebooks.* New York: International Publishers[『그람시의 옥중수고』 1, 2, 이상훈 옮김, 거름, 1999].

Harding, Sandra. 1986. *The Science Question in Feminism.* Ithaca: Cornell University Press[『페미니즘과 과학』, 이박혜경·이재경 옮김, 이화여자대학교출판문화원, 2002].

_____, ed. 1987. *Feminism and Methodology: Social Science Issues.* Bloomington: Indiana University Press.

Heckscher, August. 1996. *A Brief History of St. Pauls School.* Concord, NH: Trustees of St. Pauls School.

Hobsbawm, Eric. 1989. *The Age of Revolution: 1789-1848.* New York: Vintage[『혁명의 시대』, 정도영·차명수 옮김, 한길사, 1998].

Hochschild, Arlie Russel. 1979. "Emotion Work, Feeling Rules and Social Structure." *American Journal of Sociology* 85(3):551-75.

Jencks, Christopher. 2002. "Does Inequality Matter?" *Deadalus* 131(1):49-65.

Jerolmack, Colin, and Shamus Khan. 2010. "Culture in Interaction." Unpublished manuscript.

Karabel, Jerome. 2006. *The Chosen: The Hidden History of Admission and Exclusion at Harvard, Yale, and Princeton*. New York: Mariner Books[『누가 선발되는가?: 역사편. 하버드, 예일, 프린스턴의 입학사정관제』, 이종삼 옮김, 한울, 2011].

Lamont, Michele. 1992. *Money, Morals, and Manners: The Culture of the French and American Upper-Middle Class*. Chicago: University of Chicago Press.

Lareau, Annette. 2003. *Unequal Childhoods: Class, Race, and Family Life*. Berkeley: University of California Press[『불평등한 어린 시절: 부모의 사회적 지위와 불평등의 대물림』, 박상은 옮김, 에코리브르, 2012].

Lemann, Nicholas. 2000. *The Big Test: The Secret History of the American Meritocracy*. New York: Farrar, Straus and Giroux.

Levine, Lawrence. 1990. *Highbrow/Lowbrow: The Emergence of Cultural Hierarchy in America*. Cambridge, MA: Harvard University Press.

Levine, Steven. 1980. "The Rise of American Boarding Schools and the Development of a National Upper Class." *Social Problems* 28:63-94.

Lipset, Seymour Martin. 1996. *American Exceptionalism: A Double-Edged Sword*. New York: W. W. Norton[『미국 예외주의: 미국에는 왜 사회주의 정당이 없는가』, 강정인·문지영·하상복·이지윤 옮김, 후마니타스, 2006].

Lipset, Seymour Martin, and Gary Wolfe Marks. 2001. *It Didn't Happen Here: Why Socialism Failed in the United States*. New York: W. W. Norton.

Mannheim, Karl. 1967. *Man and Society in an Age of Reconstruction: Studies in Modem Social Structure*. New York: Harcourt Brace[『재건 시대의 인간과 사회: 현대 사회 구조 연구』, 정환용 옮김, 전남대학교출판부, 2016].

Mansbridge, Jane, and Aldon Morris. 2001. *Oppositional Consciousness: The Subjective Roots of Social Protest*. Chicago: University of Chicago Press.

Massey, Douglas S., and Nancy A. Denton. 1998. *American Apartheid: Segregation and the Making of the Underclass*. Cambridge, MA: Harvard University Press.

Matsueda, Ross. 1992. "Reflected Appraisals, Parental Labeling, and Delinquency: Specifying a Symbolic Interactionist Theory." *American Journal of Sociology* 97(6): 1577-1611.

Mazumder, Bhashkar. 2005. "The Apple Falls Even Closer to the Tree than We Thought." Pp. 80-99 in *Unequal Chances: Family Background and Economic Success*, ed. Samuel Bowles, Herbert Gintis, and Melissa Osborne Groves. Princeton: Princeton University Press.

McLachlan, James. 1970. *American Boarding Schools: A Historical Study*. New York: Scribner.

Meadows, Sarah, Kenneth Land, and Vicki Lamb. 2005. "Assessing Gilligan vs. Sommers: Gender-Specific Trends in Child and Youth Well-Being in the United States, 1985-2001." *Social Indicators Research* 70(1): 1-52.

Merton, Robert K. 1968. *Social Theory and Social Structure*. New York: Free Press.

Mills, C. Wright. 1940. "Situated Actions and Vocabularies of Motive." *American Sociological Review* 13:904-9.

_____. 1956. *The Power Elite.* New York: Oxford University Press[『파워 엘리트: 돈과 권력과 명성은 왜 소수의 사람들에게만 집중되는 것일까?』, 정명진 옮김, 부글북스, 2013].

Pager, Devah. 2007. *Marked: Race, Crime, and Finding Work in an Era of Mass Incarceration.* Chicago: University of Chicago Press.

Pager, Devah, Bruce Western, and Bart Bonikowski. 2009. "Discrimination in a Low-Wage Labor Market: A Field Experiment." *American Sociological Review* 74:777-99.

Peterson, Richard A., and Roger M. Kern. 1996. "Changing Highbrow Taste: From Snob to Omnivore." *American Sociological Review* 61:900-907.

Piketty, Thomas, and Emmanuel Saez. 2003. "Income Inequality in the United States: 1913-1998." *Quarterly Journal of Economics* 118:1-39.

Plato. 1991. *Republic.* Trans. Alan Bloom. New York: Basic Books[『국가, 정체』, 박종현 옮김, 서광사, 2005].

Putney, Clifford. 2001. *Muscular Christianity: Manhood and Sports in Protestant America, 1880-1920.* Cambridge, MA: Harvard University Press.

Rafaeli, A., and R. I. Sutton. 1987. "Expression of Emotion as Part of the Work Role." *Academy of Management Review* 12:23-37.

Rousseau, Jean-Jacques. [1762] 1979. *Emile, or On Education.* Trans. Allan Bloom. New York: Basic Books[『에밀』, 김중현 옮김, 한길사, 2003].

Sax, Leonard. 2007. *Boys Adrift: The Five Factors Driving the Growing Epidemic of Unmotivated Boys and Underachieving Young Men.* New York: Basic Books[『알파걸들에게 주눅 든 내 아들을 지켜라: 자신감 없고 의욕도 없는 우리 아들 '기 살리기' 프로젝트』, 김보영 옮김, 웅진, 2008].

Schmidt, Peter. 2007. *Color and Money: How Rich White Kids Are Winning the War over College Affirmative Action.* New York: Palgrave Macmillan.

Sen, Amartya. 1999. "Merit and Justice." In *Meritocracy and Economic Inequality*, ed. Ken Arrow, Sam Bowles, and Steven Durlauf. Princeton: Princeton University Press.

Sintas, Jordi Lopez, and Ercilia Garcia Alvarez. 2002. "Omnivores Show up Again: The Segmentation of Cultural Consumers in Spanish Social Space." *European Sociological Review* 18(3) :353-68.

Skrentny, John D. 2002. *The Minority Rights Revolution.* Cambridge, MA: Harvard University Press.

Smith, Rogers. 1993. "Beyond Tocqueville, Myrdal, and Hartz." *American Political Science Review* 83(3):549-66.

_____. 1997. *Civic Ideals: Conflicting Visions of Citizenship in U.S. History.* New Haven: Yale University Press.

Soares, J. A. 2007. *The Power of Privilege: Yale and America's Elite Colleges.* Stanford: Stanford University Press.

Sombart, Werner. [1906] 1976. *Why Is There No Socialism in the United States?* New York: Sharpe.

Sommers, Christina Hoff. 2000. *The War against Boys: How Misguided Feminism Is Harming Our Young Men*. New York: Simon and Schuster.

Stevens, Mitchell. 2007. *Creating a Class: College Admissions and the Education of Elites*. Cambridge, MA: Harvard University Press.

Thomas, William I., and Dorothy Swaine Thomas. 1928. *The Child in America: Behavior Problems and Programs*. New York: Alfred Knopf.

Tilly, Charles. 1999. *Durable Inequality*. Berkeley: University of California Press.

Tocqueville, Alexis de. [1831] 2003. *Democracy in America*. Trans. Gerald Bevan. New York: Penguin[『미국의 민주주의』 1, 2, 임효선·박지동 옮김, 한길사, 1997].

Tsay, Angela, Michele Lamont, Andrew Abbott, and Joshua Guetzkow. 2003. "From Character to Intellect: Changing Conceptions of Merit in the Social Sciences and Humanities, 1951~1971." *Poetics* 31:23-49.

Wacquant, Loïc J. D. 2004. *Body and Soul: Notebooks of an Apprentice Boxer*. Oxford: Oxford University Press.

Weber, Max. 1958. *The Protestant Ethic and the Spirit of Capitalism*. Trans. Talcott Parsons. New York: Scribner[『프로테스탄티즘의 윤리와 자본주의 정신』, 김덕영 옮김, 길, 2010].

Wilkinson, Richard, and Kate Pickett. 2009. *The Spirit Level: Why More Equal Societies Almost Always Do Better*. New York: Bloomsbury Press[『평등이 답이다: 왜 평등한 사회는 늘 바람직한가?』, 전재웅 옮김, 이후, 2012].

Willis, Paul. 1982. *Learning to Labour: How Working Class Kids Get Working Class Jobs*. New York: Columbia University Press[『학교와 계급 재생산: 반학교문화, 일상, 저항』, 김찬호·김영훈 옮김, 이매진, 2004].

Wilson, William Julius. 1978. *The Declining Significance of Race: Blacks and Changing American Institutions*. Chicago: University of Chicago Press.

Young, Michael. 1994. *The Rise of the Meritocracy*. New York: Transaction Publishers[『교육과 평등론: 교육과 능력주의 사회의 발흥』, 한준상 옮김, 전예원, 1986].

찾아보기

특권
명문 사립 고등학교의 새로운 엘리트 만들기

1판 1쇄. 2019년 11월 11일
1판 2쇄. 2020년 1월 11일

지은이. 셰이머스 라만 칸
옮긴이. 강예은

펴낸이. 정민용
편집장. 안중철
책임편집. 이진실
편집. 최미정, 윤상훈, 강소영

펴낸 곳. 후마니타스(주)
등록. 2002년 2월 19일 제2002-000481
주소. 서울 마포구 신촌로14안길 17, 2층(04057)
편집. 02-739-9929, 9930
제작·영업. 02-722-9960
팩스. 0505-333-9960
블로그. blog.naver.com/humabook
페이스북, 인스타그램, 트위터. @humanitasbook

인쇄. 천일 031-955-8083
제본. 일진제책 031-908-1407

값 20,000원

ISBN 978-89-6437-335-4 03300

이 도서의 국립중앙도서관 출판시도서목록(CIP)은 e-CIP 홈페이지(http://www.nl.go.kr/ecip)에서
이용하실 수 있습니다(CIP제어번호: CIP2019041771).